에듀윌과 함께 시작하면,
당신도 합격할 수 있습니다!

자소서와 면접, NCS와 직무적성검사의 차이점이 궁금한
취준을 처음 접하는 취린이

대학 졸업을 앞두고 취업을 위해 바쁜 시간을 쪼개며
채용시험을 준비하는 취준생

내가 하고 싶은 일을 다시 찾기 위해
회사생활과 병행하며 재취업을 준비하는 이직러

누구나 합격할 수 있습니다.
이루겠다는 '목표' 하나면 충분합니다.

마지막 페이지를 덮으면,

에듀윌과 함께
취업 합격이 시작됩니다.

누적 판매량 217만 부 돌파
베스트셀러 1위 2,420회 달성

공기업 NCS | 100% 찐기출 수록!

NCS 통합 기본서/실전모의고사
피듈형 | 행과연형 | 휴노형 봉투모의고사
PSAT형 NCS 수문끝

매1N
매1N Ver.2

한국철도공사 | 부산교통공사
서울교통공사 | 국민건강보험공단
한국전력공사 | 한국가스공사

한국수력원자력+5대 발전회사
한국수자원공사 | 한국수력원자력
한국토지주택공사 | 한국도로공사

NCS 10개 영역 기출 600제
NCS 6대 출제사 찐기출문제집

대기업 인적성 | 온라인 시험도 완벽 대비!

20대기업 인적성 통합 기본서

GSAT 삼성직무적성검사
통합 기본서 | 실전모의고사 | 봉투모의고사

LG그룹 온라인 인적성검사

SKCT SK그룹 종합역량검사
포스코 | 현대자동차/기아

농협은행
지역농협

영역별 & 전공

이해황 독해력 강화의 기술
석치수/박준범/이나우 기본서

공기업 사무직 통합전공 800제
전기끝장 시리즈 ❶, ❷

취업상식 1위!

다통하는 일반상식

공기업기출 일반상식

기출 금융경제 상식

더 많은
에듀윌 취업 교재

취업 대세 에듀윌!
Why 에듀윌 취업 교재

기출맛집 에듀윌!
100% 찐기출복원 수록

주요 공·대기업 기출복원 문제 수록
과목별 최신 기출부터 기출변형 문제 연습으로 단기 취업 성공!

공·대기업 온라인모의고사
+ 성적분석 서비스

실제 온라인 시험과 동일한 환경 구성
대기업 교재 기준 전 회차 온라인 시험 제공으로 실전 완벽 대비

무료 강의 ➕ 부가 자료

합격을 위한
부가 자료

교재 연계 무료 특강
+ 교재 맞춤형 부가학습자료 특별 제공!

eduwill

취업 교육 1위
에듀윌 취업 무료 혜택

교재 연계 강의

[한국전력공사 NCS 실전모의고사 무료특강]
- 2024년 2월 시행 기출복원 모의고사 NCS 주요 문제풀이 무료특강 2강
- 교재 연계 수리 무료특강 1강(2022년 상·하반기 기출복원 문제 선별)

※ 2024년 8월 5일에 오픈될 예정이며, 강의 명과 강의 오픈 일자는 변경될 수 있습니다.
※ 무료 특강 이벤트는 예고 없이 변동 또는 종료될 수 있습니다.

교재 연계 강의 바로가기

교재 연계 부가학습자료

다운로드 방법

STEP 1	STEP 2	STEP 3
에듀윌 도서몰 (book.eduwill.net) 로그인	도서자료실 → 부가학습자료 클릭	[한국전력공사 NCS+전공 실전모의고사] 검색

- NCS 실전모의고사(PDF)
- 한국전력공사 인성검사(PDF)

온라인모의고사
& 성적분석 서비스

응시 방법

QR 코드 링크 접속 후 로그인	해당 온라인모의고사 [신청하기] 클릭	대상 교재 내 응시코드 입력 후 [응시하기] 클릭

※ '온라인모의고사&성적분석' 서비스는 교재마다 제공 여부가 다를 수 있으니, 교재 뒷면 구매자 특별혜택을 확인해 주시기 바랍니다.

온라인 모의고사 신청

모바일 OMR
자동채점 & 성적분석 서비스

실시간 성적분석 방법

STEP 1 QR 코드 스캔	STEP 2 모바일 OMR 입력	STEP 3 자동채점 & 성적분석표 확인

※ 혜택 대상 교재는 본문 내 QR 코드를 제공하고 있으며, 교재별 서비스 유무는 다를 수 있습니다.
※ 응시내역 통합조회
　에듀윌 문풀훈련소 → 상단 '교재풀이' 클릭 → 메뉴에서 응시확인

처음에는 당신이 원하는 곳으로
갈 수는 없겠지만,
당신이 지금 있는 곳에서
출발할 수는 있을 것이다.

– 작자 미상

최신판

에듀윌 공기업
한국전력공사
NCS+전공 실전모의고사

2024년 2월 시험 분석

2024년 상반기 시험 정보

① 2024년 상반기 시험의 출제대행사는 휴노로, 2022년 상·하반기 시험의 출제대행사와 동일했습니다.
② 2024년 상반기 직무능력검사는 70분으로 진행되었습니다.
③ NCS 문제는 의사소통능력, 수리능력, 문제해결능력 순서대로 출제되었습니다. 여기에 사무 직렬은 자원관리능력과 정보능력, 전기 직렬은 자원관리능력, 전기 외 직렬은 정보능력이 출제되었습니다.
④ 전공이 출제되는 직렬에서는 전공 15문항(1~15번)이 먼저 출제된 다음 NCS 4개 영역 총 40문항 (16~55번)이 10문항씩 순서대로 구성되었습니다.

구분	사무	배전·송변전	ICT·토목·건축
직무능력검사	(공통) 의사소통능력, 수리능력, 문제해결능력		
	자원관리능력, 정보능력	자원관리능력, 기술능력(전공)	정보능력, 기술능력(전공)
인성·인재상 · 조직적합도검사	한전 인재상 및 핵심가치, 태도, 직업윤리, 대인관계능력 등 인성 전반		

※ 사무: NCS 50문항(100점), 기술: NCS 40문항(70점)+전공 15문항(30점)
⑤ 기술 분야의 전공 문항은 기사시험의 필기 및 실기 수준으로 출제되었습니다.
⑥ 인성검사는 필기시험과 같은 날 시행되었습니다.
⑦ 2차(필기) 전형에서 사무·배전·송변전 2.5배수, 기타 직렬은 4배로 선발하였습니다.
⑧ 2차(필기) 전형 합격자에 한하여 자기소개서를 제출하였습니다.

2024년 상반기 채용 경쟁률

(단위: 명)

구분	1차(서류)		2차(필기)			최종	
	응시인원	선발인원	응시인원	선발인원	합격률	채용인원	경쟁률
사무(일반)	4,283	1,878	1,374	65	21.1:1	23	186.2:1
사무(장애인)	47	47	31	8	3.9:1	3	15.7:1
배전	1,131	1,052	861	92	9.4:1	35	32.3:1
송변전	1,850	1,534	1,144	112	10.2:1	42	44.0:1
ICT(일반)	805	483	340	42	8.1:1	11	73.2:1
ICT(장애인)	5	5	5	4	1.3:1	1	5:1
토목	708	461	324	30	10.8:1	8	88.5:1
건축	405	266	183	20	9.2:1	5	81:1

출처: ALIO, 공공기관 경영정보 공개시스템

최신 필기시험 경향

구분	출제경향 및 기출 키워드
의사소통능력	• 전기 등과 관련 없는 비문학 지문 다수, 전기 관련 지문은 소수로 출제되었으며 지문의 길이는 다양했으나 한 페이지를 가득 채우는 정도로 길이가 긴 지문의 비중이 높았다는 평 존재함 • 대체로 1지문 2문항이 세트로 출제됨 • 논리 추론, 내용 일치/불일치, 문단 배열, 글의 제목 찾기, 빈칸에 내용 넣기, 비판 및 반박, 사자성어 등의 문제 유형이 출제됨 [최신 기출 키워드] - 색맹과 염색체 관련 지문 - 에디슨의 전기 사업(테슬라 포함) 관련 지문 - 영화와 관련된 철학적인 지문 - 달 관련 우주항공 지문 - 자원 전쟁(석유, 희토류) 관련 지문 - 자외선과 노화, 안면홍조 관련 지문 - 한국전력공사가 제공하는 사업, ESG 등 한국전력공사 관련 지문 - 사기죄, 기망 행위 관련 지문
수리능력	• 응용수리 문항이 1~2문항 출제되고, 나머지는 그래프와 표를 해석하는 자료해석 문항으로 출제됨 • 표 2~3개가 제시된 2문항이 세트인 문제가 다수 출제됨 [최신 기출 키워드] - 순열을 이용한 경우의 수 관련 응용수리 문제 - 방정식과 부등식 활용 관련 응용수리 문제 - 영업이익, 매출액, 매출이익 관련 자료해석 문제 - 생산가능인구, 경제활동인구, 고용률, 실업률 관련 자료해석 문제 - 녹색자원 관련 자료해석 문제 - 주식과 환율 관련 자료해석 문제 - 그래프 증감 비교, %와 %p 차이 계산, 증감률-비중-자료를 가공한 그래프 관련 자료해석 문제
문제해결능력	• 초반에 명제, 진실게임, 조건추리 유형의 문제가 소수 문항으로 출제됨 • 주어진 자료를 해석하는 문제가 출제됨 • 비문학 지문 등 의사소통형 문제와 의사소통능력과 정보능력이 혼합된 유형의 문제가 출제됨 [최신 기출 키워드] - 제주도, 전기자동차 등의 키워드가 제시되는 문제 - 등산 동아리 활동과 관련된 조건추리 문제 - 타 지역 발령 시 받을 수 있는 비용(이전비)을 구하는 문제 - 전기요금 관련 자료를 해석하는 문제 - 등장인물의 발언+특정인이 거짓을 말할 때 특정 상황에 해당하는 사람을 고르는 조건추리 문제 - 항상 참인 것, 주어진 조건이 모두 참일 때 무조건 거짓인 사람을 고르는 등의 조건추리 문제
자원관리능력	• 물적관리, 인적관리, 예산관리 문항이 골고루 출제되었고, 계산을 필요로 하는 문제의 비중이 높았음 • 긴 자료와 2문항이 세트로 출제됨 [최신 기출 키워드] - 상품별 예산과 불량률을 보고 매출액을 비교하는 문제 - 법률, 실비(출장여비), 성과급 등 급여와 관련된 문제 - 워크숍, 식사비용, 공간 대관, 공영주차장 요금 등 실생활과 관련된 비용 문제 - 업무, 회의 시간 등을 고려하여 일정을 정하는 문제
정보능력	• 주로 제품 코드를 해석하는 문제로 출제됨 • 정보능력과 관련한 의사소통형(지문형)으로 문제가 출제됨 [최신 기출 키워드] - ISBN(도서코드), 생산 코드 방식 설명과 함께 코드 비교 등 코드 해석하는 문제 - 5W2H, 커넥티드 카, ISO27001 관련 문제 - 도형의 변화 규칙 설명 및 예시와 함께 적용하여 푸는 문제

교재 구성

최신 출제경향을 완벽 반영하여 구성한 실전모의고사

NCS+전공 기출복원 모의고사

2024년 상반기 필기시험(NCS+전기 전공) 후기를 분석하여 기출 키워드를 반영한 문제를 통해 최신 출제경향을 파악할 수 있도록 하였다.

NCS+전공 실전모의고사 4회

한국전력공사 최신 필기시험(NCS+전기 전공)을 분석하여 실제 시험 난이도와 기출 유형을 반영한 NCS 실전모의고사 4회분을 통해 시험 전 실전 대비를 완벽하게 할 수 있도록 하였다.

■ 전 회차 모바일 OMR 채점 서비스

회차별 수록되어 있는 QR코드를 통해 자신의 점수와 타 수험생들의 점수를 비교하여 자신의 실력을 점검할 수 있도록 모바일 OMR 채점 및 성적분석서비스를 제공하였다.

상세한 해설이 담긴 정답과 해설

QUICK해설

학습한 문제 중 아는 문제의 경우, 정답과 정답에 대한 핵심 해설이 담긴 QUICK해설을 빠르게 확인하여 넘어갈 수 있도록 구성하였다.

상세해설 · 오답풀이

수험생들에게 어려운 문항까지 확실하게 파악할 수 있도록 상세한 해설과 오답풀이를 제공함으로써 오답인 이유까지 완벽하게 이해할 수 있도록 하였다.

CONTENTS

차 례

한국전력공사 시험 분석 SPECIAL GUIDE

2024년 2월 시험 분석

최신 필기시험 경향

01 **기출복원 모의고사(전기+NCS)** 09
• 전기
• 의사소통능력/수리능력/문제해결능력/자원관리능력
  /정보능력

02 **실전모의고사 1회(전기+NCS)** 65
• 전기
• 의사소통능력/수리능력/문제해결능력/자원관리능력
  /정보능력

03 **실전모의고사 2회(전기+NCS)** 121
• 전기
• 의사소통능력/수리능력/문제해결능력/자원관리능력
  /정보능력

04 **실전모의고사 3회(전기+NCS)** 175
• 전기
• 의사소통능력/수리능력/문제해결능력/자원관리능력
  /정보능력

05 **실전모의고사 4회(전기+NCS)** 229
• 전기
• 의사소통능력/수리능력/문제해결능력/자원관리능력
  /정보능력

※ 지원하는 직군에 따른 NCS 영역의 학습 순서에 대해
  모의고사별로 첫 페이지에서 안내하고 있습니다.

별책 **정답과 해설**

한국전력공사

실전모의고사
(전기 전공 + NCS)

2024년 2월 시행
기출복원 모의고사

※ 2024년 2월 시행 한국전력공사 필기시험의 복원 정보(후기, 키워드 등)를 활용하여 실제 기출에 가까운 형태로 모의고사를 구성하였습니다.

시험 구성 및 실전모의고사 활용법

· **최근 한국전력공사 직무능력검사는 분야별로 다음과 같이 출제되었습니다.**

구분	문항/시간	구성	출제영역
사무	50문항/70분	NCS 50문항	의사소통능력, 수리능력, 문제해결능력, 자원관리능력, 정보능력
전기	55문항/70분	전공 15문항+NCS 40문항	전기 전공, 의사소통능력, 수리능력, 문제해결능력, 자원관리능력
기타	55문항/70분	전공 15문항+NCS 40문항	전공, 의사소통능력, 수리능력, 문제해결능력, 정보능력

· **지원하시는 직군에 따라 실전모의고사를 다음과 같이 활용하시길 권장합니다.**

　– 사무 분야: NCS 1~50번 순차적으로 풀이(총 50문항/70분)

　– 전기 분야: 전기 전공(15문항) + NCS 1~40번(40문항) 순차적으로 풀이(총 55문항/70분)

　– 기타 분야: NCS 1~30번(30문항) + 41~50번(10문항) 순차적으로 풀이(총 40문항)

· **NCS의 구성은 다음과 같습니다. 영역별 풀이시간을 자율적으로 안배하여 풀이하시기 바랍니다.**

　– 의사소통능력 1~10번, 수리능력 11~20번, 문제해결능력 21~30번, 자원관리능력 31~40번,
　정보능력 41~50번

모바일
OMR 채점 서비스

정답만 입력하면
채점에서 성적분석까지 한 번에 쫙!

실전모의고사

번호	정답 체크
01	① ② ❸ ④ ⑤
02	① ② ③ ❹ ⑤
03	① ② ③ ④ ❺
04	① ❷ ③ ④ ⑤
05	❶ ② ③ ④ ⑤
06	❶ ② ③ ④ ⑤
07	

실전모의고사 성적분석

□ 나의 정답률

☑ [QR 코드 인식 ▶ 모바일 OMR]에 정답 입력

☑ 실시간 정답 및 영역별 백분율 점수 위치 확인

☑ 취약 영역 및 유형 심층 분석

※ 유효기간: 2026년 12월 31일

▸ 전기 직렬

eduwill.kr/XzXe

▸ 전기 외 직렬

eduwill.kr/IzXe

기출복원 모의고사 전기 전공

01

유전체의 경계조건에서 $\varepsilon_1 > \varepsilon_2$일 때의 설명으로 옳지 <u>않은</u> 것을 고르면?

① $\theta_1 > \theta_2$

② $E_1 < E_2$

③ $\dfrac{\tan \theta_1}{\tan \theta_2} = \dfrac{\varepsilon_1}{\varepsilon_2}$

④ $D_1 \cos \theta_1 > D_2 \cos \theta_2$

⑤ $E_2 \sin \theta_1 = E_2 \sin \theta_2$

02

다음 그림과 같은 자기 모멘트 성질을 나타낸 자성체에 대한 설명으로 옳은 것을 고르면?

① 강자성체이다.

② 상자성체이다.

③ 반자성체이다.

④ 위와 같은 성질을 나타내는 물질은 철, 니켈이 있다.

⑤ 위 그림과 같은 성질을 나타낸 자성체는 비투자율이 매우 크다.

03

다음과 같은 전선로의 단락지점 P에서 바라본 전체 $\%X$는 몇 $[\%]$인지 고르면?

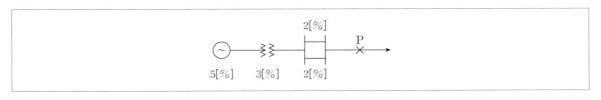

① $3[\%]$

② $5[\%]$

③ $7[\%]$

④ $9[\%]$

⑤ $11[\%]$

04

다음 중 전자 유도 장해에서 발생하는 유도전압(E_m)의 크기를 나타낸 식으로 옳은 것을 고르면?(단, I_0는 영상 전류이다.)

① $E_m = -jwMl(I_0)[\text{V}]$ ② $E_m = -jMl(3I_0)[\text{V}]$ ③ $E_m = -jwMl(3I_0)[\text{V}]$

④ $E_m = -jwMl(2I_0)[\text{V}]$ ⑤ $E_m = -jwMl(4I_0)[\text{V}]$

05

절연물의 최고 허용온도에서 H종과 B종의 온도 차이가 몇 [℃]인지 고르면?

① $10[℃]$ ② $20[℃]$ ③ $30[℃]$

④ $40[℃]$ ⑤ $50[℃]$

06

원통도체의 전계 세기 E_0를 옳게 나타낸 식을 고르면?(단, λ는 선전하 밀도, r는 반지름이다.)

① $E_0 = \dfrac{\lambda}{\pi\varepsilon_o r}[\text{V/m}]$ ② $E_o = \dfrac{\lambda}{2\varepsilon_o r}[\text{V/m}]$ ③ $E_o = \dfrac{\lambda}{2\pi\varepsilon_o r}[\text{V/m}]$

④ $E_o = \dfrac{2\lambda}{\pi\varepsilon_o r}[\text{V/m}]$ ⑤ $E_o = \dfrac{3\lambda}{2\pi\varepsilon_o r}[\text{V/m}]$

07

다음은 히스테리시스 곡선을 나타낸 것이다. 이 곡선에서 횡축과 만나는 H_c에 대한 명칭으로 옳은 것을 고르면?

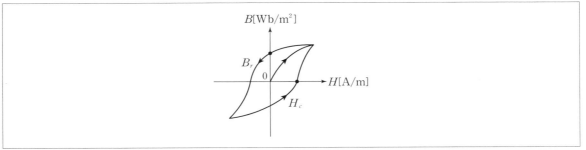

① 자장의 세기   ② 자속밀도   ③ 보자력

④ 잔류자기   ⑤ 전속밀도

08

제어계의 입력으로 임펄스 함수가 가해져 $\sin t$가 출력되었을 때 전달함수로 옳은 것을 고르면?

① $\dfrac{s}{s^2+1^2}$ ② $\dfrac{2s}{s^2+1^2}$ ③ $\dfrac{1}{2s^2+1^2}$

④ $\dfrac{1}{s^2+1^2}$ ⑤ s^2+1^2

09

무손실 선로에서 감쇠정수 α를 위상정수 β로 나누었을 때의 값을 고르면?

① ∞ ② 0   ③ 1

④ $\sqrt{ZY}$ ⑤ $\sqrt{\dfrac{Z}{Y}}$

10

2전력계법에서 전력계 $P_1=100[\text{W}]$, $P_2=200[\text{W}]$일 때 역률은 얼마인지 고르면?

① $\dfrac{1}{2}$ ② $\dfrac{1}{\sqrt{2}}$ ③ $\dfrac{\sqrt{3}}{2}$

④ $\dfrac{2}{\sqrt{3}}$ ⑤ $\dfrac{1}{\sqrt{3}}$

11

$300 \pm 300[\text{V}]$의 단상유도전압조정기에서 부하용량의 최댓값은 몇 $[\text{kVA}]$인지 고르면?(단, 자기용량은 6$[\text{kVA}]$이다.)

① 0   ② 3   ③ 6

④ 12   ⑤ 18

12

절대온도가 $1{,}000[^\circ\text{K}]$에서 $3{,}000[^\circ\text{K}]$로 변할 때 흑체에 복사되는 전 복사 에너지는 몇 배가 되는지 고르면?

① 3배   ② 9배   ③ 27배

④ 63배   ⑤ 81배

13

보호 등전위본딩 도체에서 주 접지단자에 접속하기 위한 등전위본딩 도체는 설비 내에 있는 가장 큰 보호접지 도체 단면적의 $\frac{1}{2}$ 이상의 단면적을 가져야 하고 다음과 같은 단면적 이상이어야 한다. 빈칸 Ⓐ와 Ⓑ에 들어갈 면적으로 옳은 것을 고르면?

구리 (Ⓐ)$[\text{mm}^2]$, 알루미늄 (Ⓑ)$[\text{mm}^2]$

	Ⓐ	Ⓑ
①	6	16
②	6	50
③	16	6
④	50	6
⑤	50	16

14

다음은 CV Cable(가교폴리에틸렌 절연비닐시스 케이블)의 단면도이다. 다음 빈칸 ⓐ, ⓑ에 들어갈 명칭을 바르게 짝지은 것을 고르면?

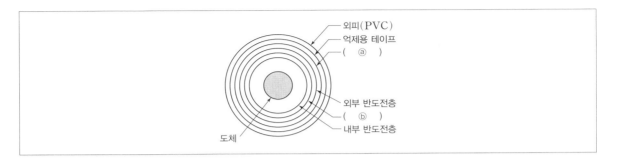

	ⓐ	ⓑ
①	절연체	차폐 연동 테이프
②	억제용 테이프	도체
③	억제용 테이프	차폐 연동 테이프
④	차폐 연동 테이프	절연체
⑤	차폐 연동 테이프	도체

15

다음 중 피뢰시스템에 대한 설명으로 옳지 <u>않은</u> 것을 고르면?

① 낙뢰로부터 보호가 필요한 건축물 또는 지상으로부터 20[m] 이상인 것에 설치한다.

② 수평도체 또는 메시 도체인 경우 지지 구조물마다 1가닥 이상의 인하도선을 시설한다.

③ 수뢰부 시스템은 내부피뢰시스템의 종류이다.

④ 피뢰시스템의 Ⅱ등급의 병렬인하도선의 최대간격은 10[m]이다.

⑤ 피뢰시스템의 Ⅳ등급의 병렬인하도선의 최대간격은 20[m]이다.

의사소통능력 01~10번

[01~02] 다음 글을 읽고 이어지는 질문에 답하시오.

사람의 염색체 수는 2n＝46이라고 표기한다. 이는 세포 하나에 들어있는 46개의 염색체가 어머니의 난자와 아버지의 정자로부터 각각 23개씩 물려받은 것이기 때문이다. 이 염색체들은 상염색체(常染色體)와 성염색체(性染色體)로 구분이 되는데, 상염색체는 염색체 중 성염색체를 제외한 나머지 염색체들을 일컫는 말이다.

사람의 염색체는 44개의 상염색체와 2개의 성염색체로 이루어져 있으며, 성염색체는 X염색체와 X염색체보다 크기가 훨씬 작은 Y염색체로 구분이 된다. 부모로부터 22개씩 물려받는 상염색체는 모양과 크기가 같은 염색체가 짝(22쌍)을 이루는데, 이렇게 짝을 이루는 염색체는 상동염색체(相同染色體)라고 부른다. 상동염색체들을 크기와 모양에 따라 쌍으로 구분하는 것을 핵형(核型, Karyotype) 분석이라 한다.

상동염색체 쌍은 길이 순서로 1번부터 22번까지 고유번호가 정해져 있어, 염색체들은 고유번호에 따라 구분이 되며, 성염색체는 X와 Y로 따로 구분한다. X와 Y로 구별되는 성염색체 조성에서 여성은 X염색체가 두 개(XX)인 데 비해 남성은 X염색체와 Y염색체를 하나씩(XY) 가지고 있다. 그래서 사람의 염색체 조합을 나타낼 때, 상염색체와 성염색체를 구별해 남성은 2n＝46＝44＋XY, 여성은 2n＝46＝44＋XX로 표기한다. 핵 안에 들어있는 22쌍의 상염색체와 한 쌍의 성염색체는 감수분열 과정을 통해 반으로 나뉘어져 정자와 난자로 들어가기 때문에 남성에서는 22＋X와 22＋Y의 두 가지 정자가 생성되지만, 여성에서는 22＋X의 한 가지 유형의 난자만 만들어진다. 그래서 난자에 정자가 들어가 수정이 될 때, 22＋X의 정자가 들어가면 딸이 태어나고, 22＋Y의 정자가 들어가면 아들이 태어나는 것이다.

유전자가 성염색체에 놓여있으면 유전 양상은 성(Sex)에 따라 차이를 보인다. 그 실례로 X염색체에 놓인 열성유전자에 의해 나타나는 색맹(色盲)의 유전에 대해 알아본다. 색맹의 유전에서 열성유전자를 가진 염색체를 X'로 표기할 때, 남성에서의 성염색체 조합은 XY와 X'Y의 두 가지이지만, X염색체가 두 개인 여성에서는 XX, XX' 및 X'X'의 세 가지 유형이 나타난다.

남성은 X염색체를 하나만 가지고 있기 때문에 X'Y 유전자형에서 열성유전자가 발현되어 색맹이 된다. 그에 비해 여성의 경우 XX는 정상, X'X'는 색맹으로 나타나지만, X'X는 색맹을 유발하는 열성유전자(X')가 우성유전자(X)에 눌려 외형적으로는 정상인 보인자(Carrier)로 나타난다.

아버지가 색맹(X'Y)이고 어머니는 정상(XX)일 때 태어날 수 있는 자녀들의 유전자 조합에 따른 표현형은 딸들은 모두 색맹유전자를 지니지만 외형으로는 정상인 보인자(X'X)로 태어난다. 그에 비해 아들들은 아버지가 색맹이지만 우성유전자를 지닌 어머니로부터 X염색체를 물려받기 때문에 모두 정상(XY)으로 태어난다. 아버지가 정상(XY)이고 어머니가 색맹(X'X')일 경우 자녀들의 성염색체 조합은 딸들은 모두 보인자(XX')로 태어나지만, 어머니로부터 X'염색체를 물려받고 태어나는 아들들은 모두 색맹(X'Y)으로 태어난다.

X염색체에는 천개가 넘는 유전자가 간직된 것으로 알려져 있다. 그에 비해 성의 결정에 관여하는 Y염색체는 X염색체에 비해 크기가 작을 뿐만 아니라 기능적인 유전자의 수도 40여 종 이하로 매우 적은 것으로 알려져 있다.

01

다음 중 글의 내용과 일치하지 <u>않는</u> 것을 고르면?

① 사람의 염색체는 44개의 성염색체와 2개의 상염색체로 이루어져 있다.
② 사람의 염색체는 상염색체와 성염색체를 구별하여 조합한다.
③ 성(Sex)에 따라 유전 양상이 차이를 보이는 이유는 성염색체 때문이다.
④ 아버지가 색맹(X'Y)이고 어머니는 정상(XX)일 때 딸들은 모두 색맹유전자를 지니고 태어난다.
⑤ 성의 결정에 관여하는 염색체는 Y염색체이다.

02

다음 중 글의 제목으로 가장 적절한 것을 고르면?

① 상동염색체와 핵형분석
② 성염색체 유전 — 색맹 유전
③ 염색체의 종류와 특징
④ 성염색체 유전 — 혈우병 유전
⑤ 성염색체와 인공 수정

03

다음 글의 내용과 일치하지 <u>않는</u> 것을 고르면?

인류에게 에디슨과 웨스팅하우스의 경쟁은 전쟁보다는 축복에 가까웠다. 전쟁의 승자인 교류는 변압이 용이하다는 장점 덕분에 장거리 송전에 활용되고 있다. 당시 패배했던 직류 역시 철도와 배터리, 태양광발전, 반도체 등 다양한 분야에 활용되고 있다. 이처럼 기업의 연구개발 노력의 결과로 다른 산업 분야의 기업들이 혜택을 누리는 현상을 경제학에서 '기술 파급 효과'라고 부른다. 오늘날 일상에서 활용되는 각종 기술 가운데 상당수가 이런 기술 파급 효과 덕분에 탄생할 수 있었다. 냉전 시기 미국과 러시아의 우주개발 경쟁이 대표적인 사례다. 당시 미국과 러시아는 유인 우주선과 로켓 등을 만들기 위해 천문학적인 비용을 투입해 각종 기술을 개발했다. 이 과정에서 파생·개량된 발명품으로 자동차 에어백, 내비게이션, 위성항법장치(GPS), 적외선 체온계, 메모리폼 등이 있다.

일부 경제학자는 기술 파급 효과가 광범위하게 발생하기 때문에 정부가 직접적으로 파급 효과가 큰 산업을 선택해 지원해야 한다고 주장한다. 예를 들어 반도체 메모리칩 개발의 파급 효과가 감자칩 개발의 파급 효과보다 크다면 반도체산업을 식품산업보다 더 적극적으로 지원해야 한다는 것이다.

정부의 인위적인 시장 개입을 반대하는 이들은 특허제도를 선호한다. 특허는 새로운 기술이나 물건을 발견한 사람에게 일정 기간 배타적인 독점권을 부여하는 제도다. 정부는 특허제도를 통해 외부효과를 가진 기술에 대한 독점권을 부여해 파급효과를 유도하고, 특허를 출원한 기업이 연구와 개발에 더 많은 노력을 기울이도록 하는 경제적 유인을 제공한다.

에디슨은 평생 특허 1,093개를 출원해 2003년까지 개인 기준 미국 최다 특허 출원 기록을 보유했다. 그중 전기 발명 관련 이야기는 전구를 발명해 어두운 밤하늘에 빛을 밝힌 발명왕 토머스 에디슨(베네딕트 컴버배치 분), 미국의 전기 보급 시장을 놓고 그와 경쟁한 조지 웨스팅하우스(마이클 섀넌 분)의 대결을 그린 영화 '커런트 워'(2017)에서 다뤄졌다. 에디슨제너럴일렉트릭이 직류 송전 방식인 데 비해 웨스팅하우스일렉트릭은 교류 방식이어서 비용면에서 우위에 있었다. 하지만 에디슨에게는 JP 모간(매슈 맥퍼딘 분)이라는 강력한 투자자가 있었고 두 회사는 끝없는 경쟁으로 같이 위기에 몰렸다. 에디슨은 기자들 앞에서 말을 교류 전기로 감전사시키며 전압이 낮은 직류는 안전하고, 전압이 높은 교류는 위험하다며 공세를 펼쳤다.

에디슨의 전략은 경영학에서 '네거티브 마케팅'이라고 부르는 마케팅 전략이다. 사회적으로 금기시되는 소재를 경쟁사의 상품과 연결하는 등 소비자에게 경쟁사에 대한 부정적인 인식을 심어주는 데 목적을 둔다. 1970년대 펩시가 내놓은 코카콜라 제품을 짓밟는 내용의 광고, 2019년부터 이어진 LG전자와 삼성전자 사이의 'TV전쟁'이 네거티브 마케팅의 대표적 사례다. 에디슨의 갖은 노력에도 네거티브 마케팅은 성과를 거두지 못한다. 기자들 앞에서 아무리 많은 동물을 감전시켜 봤자, 교류로 사망한 소비자가 등장하지 않는 이상 소비자들의 인식을 바꾸는 데는 한계가 있었다. 이에 에디슨의 비서인 인설은 "교류로 죽은 사람은 없고, 당신이 죽인 고양이, 개, 양 그리고 말 11마리뿐"이라고 비난한다.

네거티브 마케팅도 실패한 전류 전쟁의 필승법은 단 하나다. 직류와 교류 진영 중 한쪽에서 압도적인 기술력을 확보해 상대방이 도저히 따라올 수 없는 가격을 제시할 수 있을 정도로 생산비용을 낮추는 것이다. 그리고 웨스팅하우스는 이것을 달성해 줄 남자를 만난다. 오스트리아 헝가리 제국 출신 발명가 니콜라 테슬라(니콜라스 홀트 분)다. 테슬라는 한때 에디슨사의 직원이었지만, 교류 방식이 직류보다 우월하다는 소신 때문에 에디슨과 결별하고 웨스팅하우스와 손을 잡는다. 테슬라의 교류 전동기는 웨스팅하우스사의 한계비용을 획기적으로 떨어뜨린다. 에디슨의 직류 방식으로는 웨스팅하우스와 더 이상 경쟁할 수 있는 가격을 제시할 수 없게 됐다. 결국 두 회사가 사력을 기울인 시카고 세계박람회 전기 공급 계약에서 웨스팅하우스는 승리를 거둔다.

패배를 인정한 에디슨은 웨스팅하우스에게 "내가 전기를 연구했다는 사실을 사람들이 잊을 정도의 새로운 연구를 하겠다"는 말을 남기고 시카고를 떠난다. 교류는 지금까지 전 세계 송전 체계의 표준으로 남아 있다.

현재 우리나라에서 사용하는 전기 역시 220V 교류 방식이다. 에디슨의 바람대로 전기는 세상을 바꿨다. 다만 전기가 바꾼 세상을 지배한 것은 선구자 에디슨도, 전류 전쟁의 승자로 올라선 웨스팅하우스도 아니라 에디슨의 후원자 모간이었다. 모간은 전쟁에서 패배한 에디슨을 퇴출한 뒤 교류 방식을 채용하고 주요 경쟁사들을 공격적으로 인수한다. 이름도 에디슨일렉트릭에서 제너럴일렉트릭(GE)으로 바꾼다. 모든 경쟁을 이겨내고 실질적인 독점 사업자로 올라선 GE는 전기사업을 기반으로 한때 세계 최대 기업의 자리를 차지했을 만큼 막대한 이익을 거둔다.

① 특허는 새로운 기술이나 물건을 발견한 사람에게 일정 기간 배타적인 독점권을 부여하는 제도이다.
② 소비자에게 경쟁사에 대한 부정적인 인식을 심어주는 데 목적을 둔 마케팅을 네거티브 마케팅이라고 한다.
③ 전 세계 송전 체계의 표준은 교류 전압 방식이다.
④ 교류 전압과 직류 전압은 다양한 분야에서 활용되고 있다.
⑤ 기업의 연구개발 노력의 결과로 기업이 독점적인 혜택을 누리는 현상을 '기술 파급 효과'라 부른다.

매혹적인 속임수와 놀라운 속임수를 지닌 환상주의는 역사상 항상 청중을 사로잡았습니다. 마술 쇼의 초창기부터 영화와 TV의 현대 세계에 이르기까지 환상주의는 대중 문화에 침투하여 우리를 경외심과 경이로움에 빠뜨렸습니다. 이 섹션에서 우리는 대중 문화에 나타난 환상주의의 매혹적인 세계를 탐구하고, 그 다양한 형태와 그것이 우리 엔터테인먼트 산업에 미친 영향을 탐구할 것입니다.

환상주의가 번성한 가장 두드러진 매체 중 하나는 영화와 텔레비전 영역입니다. 수많은 영화와 TV 프로그램이 환상주의라는 개념을 받아들여 놀라운 속임수와 영리한 속임수를 선보였습니다. 그러한 예 중 하나가 크리스토퍼 놀란(Christopher Nolan)의 비평가들의 호평을 받은 영화 "프레스티지(The Prestige)"입니다. 이 영화는 두 마술사 간의 경쟁과 궁극적인 환상을 창조하려는 그들의 끊임없는 추구를 중심으로 전개됩니다. 영화는 환상주의의 예술성과 쇼맨십을 강조할 뿐만 아니라 환상주의 실천가에게 미치는 심리적 피해에 대해서도 자세히 설명합니다. 마찬가지로, 인기 TV 쇼 "레버리지(Leverage)"는 자신의 기술을 사용하여 정교한 강도를 시도하고 부패한 개인을 폭로하는 사기꾼 팀을 따릅니다. 기발한 줄거리 왜곡과 복잡한 계획을 통해 이 쇼는 시청자를 긴장하게 만들고 현실과 환상 사이의 경계를 모호하게 만듭니다.

환상주의는 음악 및 공연 예술의 세계에도 큰 영향을 미쳤습니다. 데이비드 카퍼필드(David Copperfield)와 같은 유명 음악가들은 라이브 공연에 환상을 접목하고 음악, 춤, 놀라운 기술을 결합하여 청중에게 진정한 몰입형 경험을 선사했습니다. 예를 들어, 그의 유명한 "비행" 환상에서 카퍼필드는 중력의 법칙을 무시하고 공중에 떠 있는 것처럼 보입니다. 이러한 음악과 환상의 결합은 공연에 또 다른 볼거리를 더해주며, 관객은 예술가의 기술과 창의성에 경외감을 느끼게 됩니다.

환상주의는 소비자를 사로잡고 지속적인 인상을 남기기 위해 기만 기술을 사용하는 광고 및 마케팅 영역으로 진출했습니다. 광고는 주의를 끌고 호기심을 불러일으키기 위해 시각적인 속임수와 환상을 사용하는 경우가 많습니다. 주목할 만한 예 중 하나는 "도브 에볼루션(Dove Evolution)" 캠페인입니다. 이 캠페인에서는 메이크업, 조명 및 디지털 조작을 통해 겉으로는 평범해 보이는 여성이 완벽한 모델로 변신하는 모습을 타임랩스 영상으로 보여줍니다. 이러한 환상은 마케팅의 힘에 주목하게 할 뿐만 아니라 우리가 미디어에서 보는 이미지의 진정성과 아름다움의 기준에 대한 의문을 제기합니다.

소셜미디어 시대에 환상주의는 인플루언서와 콘텐츠 제작자가 편집 도구와 시각 효과를 사용하여 추종자들에게 매혹적인 환상을 만들어내는 새로운 형태를 취했습니다. 놀라운 착시부터 입이 떡 벌어지는 마술까지, 이러한 디지털 착시 현상은 온라인 엔터테인먼트의 필수 요소가 되었습니다. 예를 들어, "보이지 않는 상자 챌린지"는 틱톡 및 인스타그램과 같은 플랫폼에서 사람들이 중력을 무시하고 보이지 않는 상자를 밟는 것처럼 보이는 방식으로 입소문이 났습니다. 이러한 추세는 환상주의가 어떻게 디지털 시대에 맞게 진화하여 관객을 사로잡고 현실과 허구의 경계를 모호하게 하는지 보여줍니다.

환상주의의 세계는 게임 및 가상현실 영역에서도 그 자리를 찾았습니다. 비디오 게임에는 환상과 기만적인 게임플레이 메커니즘이 통합되어 플레이어에게 도전하고 몰입감 넘치는 경험을 선사하는 경우가 많습니다. 인기 게임 "포탈(Portal)"에서 플레이어는 물리 법칙과 인식 법칙을 변경하는 포탈을 생성하는 장치를 사용하여 일련의 놀라운 퍼즐을 탐색합니다. 이러한 공간 조작의 환상은 게임에 추가적인 복잡성을 더해 플레이어의 문제 해결 기술을 활용하고 가상 세계에서 가능한 것의 경계를 넓힙니다.

환상주의는 다양한 형태의 엔터테인먼트에 스며들어 전 세계적으로 청중을 사로잡는 대중 문화의 필수적인 부분이 되었습니다. 영화, 음악, 광고, 소셜 미디어, 게임 등을 통해 속임수는 계속해서 우리를 매료시키고 놀라게 합니다. 환상주의의 세계를 계속 탐험하면서 우리는 인식의 힘과 비현실적인 영역에 있는 끝없는 가능성을 깨닫게 됩니다.

04

다음 중 글의 환상주의에 대한 설명으로 적절하지 <u>않은</u> 것을 고르면?

① 음악 및 공연 예술에서의 환상주의는 청중에게 진정한 몰입형 경험을 선사했다.

② 환상주의는 소비자를 사로잡고 지속적인 인상을 남기기 위해 광고 및 마케팅 영역에 진출했다.

③ 환상주의가 번성한 가장 두드러진 매체 중 하나는 영화와 텔레비전 영역이다.

④ 게임 및 가상현실에서의 환상주의는 문제 해결 기술을 저해시켰다.

⑤ 소셜미디어 시대의 환상주의는 온라인 엔터테인먼트의 필수 요소가 되었다.

05

다음 중 글의 내용과 일치하지 <u>않는</u> 것을 고르면?

① 매혹적인 속임수의 환상주의는 대중 문화에 침투하여 우리에게 경외심과 경이로움을 선사했다.

② 수많은 영화와 TV 프로그램은 환상주의라는 개념을 받아들여 놀라운 속임수와 영리한 속임수를 선보였다.

③ 음악과 환상의 결합은 관객들에게 예술가의 기술과 창의성을 느끼게 해 주었다.

④ 광고는 주의를 끌고 호기심을 불러일으키기 위해 사실의 재현과 환상을 사용한다.

⑤ 환상주의는 청중을 사로잡는 대중문화의 필수적인 부분이 되었다.

중국의 우주선 창어 4호가 달의 뒷면에 무인 탐사선을 착륙시켜 화제가 되었다. 여러 국가가 우주 탐사를 하고 있지만, 지금까지 달에 우주선을 착륙시킨 나라는 미국·러시아·중국 세 나라뿐이다. 중국은 창어 4호 전에 2013년 창어 3호를 달의 앞면에 착륙시킨 적이 있다. 중국 이전에 달에 탐사선을 보낸 곳은 구 소련이 1976년에 보낸 루나 24호가 마지막이라고 한다. 미국은 1972년 아폴로 17호가 마지막이다. 이후에는 금성·화성·목성·토성 등 더 멀리 떨어져 있는 태양계의 다른 행성들을 탐사하는 데 주력했다고 한다. 기술이 충분한데 왜 37년 동안 어느 나라도 달에 우주선을 보내지 않았던 걸까?

우주 전문가들은 "다시 달에 갈 과학적 이유가 없었기 때문"이라고 말했었다. 70년대에 진행된 달 탐사계획으로 달의 돌을 이미 지구로 가져왔고, 이 돌을 분석해서 달에 대한 궁금증은 충분히 분석할 수 있었기 때문이다. 그러나 1994년 나사의 달 탐사 위성이 달에 '얼어붙은 물'이라는 자원이 존재할 가능성을 보여주는 실험 결과를 얻은 후부터 달은 다시 전 세계 우주 연구의 중심이 되고 있다. 가까이 있는 데다가, 인류에게 필요한 자원이 있다면 달을 식민지 삼거나, 필요한 광물들을 캐서 쓸 수 있기 때문이다.

달에는 지구에서 얻기 힘든 자원이 풍부하다. 대표적인 자원이 '헬륨3'이다. 헬륨3은 헬륨의 동위원소(원자번호는 같고 질량수는 다른 원소)로 차세대 핵융합발전 원료로 주목받는 물질이다. 전문가들은 헬륨3 외에도 희토류, 백금, 우라늄 등 지구에 부족한 희귀 광물들이 다량 묻혀 있을 것으로 추정한다. 이 원소들은 채굴 및 가공 과정에서 엄청난 비용 부담 및 환경오염을 일으킨다. 달에는 이 원소들이 표면에 쌓여 있다고 한다.

미국은 2017년, 45년 만에 유인 달 탐사를 재개하겠다는 계획을 밝혔다. 우리나라에서도 올해 1월부터 '국가 우주 위원회-우주 협력 소위원회'를 설치하는 등 글로벌 우주 이슈에 대응하기 위해 움직임을 펼치고 있다. 민간에서도 연구가 활발한데, 전기차로 유명한 테슬라의 CEO 일론 머스크는 항공 우주 업체 '스페이스X'를 설립하고 달과 화성 탐사를 추진하고 있고 아마존 창업자 제프 베이조스도 '블루 오리진'이라는 회사를 설립하고 우주 탐사에 뛰어들었다. 이 와중에 중국이 가장 먼저 달의 뒷면에 도착한 것이다. 달에 도착한 우주선이 처음도 아닌데 화제가 되는 이유는 우주선 최초로 달의 뒷면에 착륙했기 때문이다. 달은 자전주기와 공전주기가 같기 때문에 지구와 톱니바퀴처럼 맞물려 돌아가고 지구에서 영원히 볼 수 없는 부분이 있다. 지구에서 볼 수 있는 부분을 달의 앞면, 지구에서 볼 수 없는 부분을 달의 뒷면이라고 부르는데, 창어 4호가 최초로 달의 뒷면에 도착한 것이다. 평평하고 낮은 앞면에 비해 뒷면은 험한 산지가 많아 더 많은 자원이 숨어있을 수도 있다고 한다. 그러나 지구와의 통신이 두절되는 완전히 단절된 공간이라 별도의 중계위성을 이용해야 했다. 중국은 창어 4호를 위해 위성 '췌차오(오작교)'를 2017년에 미리 발사하는 등 만반의 준비를 했다.

지구에서 발견되는 자원은 그 자원이 묻힌 땅 주인에게 소유권이 돌아간다. 한편 우주에는 아직 소유권이 없다. 우주에서 발견되는 자원들은 누구의 것이 되는 걸까? 시작은 달이지만 수십 년 내로 우주 기술이 발달하면 달 뿐 아니라 화성, 목성, 수성 등 우주 여러 행성에 대한 소유권 분쟁이 벌어질 것으로 보인다.

1967년 국제연합(UN)은 '우주조약(Outer Space Treaty)'은 우주 공간과 천체는 인류 공동의 유산이기 때문에 특정 국가나 기관이 상업적 목적으로 소유권을 주장할 수 없다고 정했다. 우리나라를 비롯한 미국, 유럽 등 100여 개국이 이 사항에 합의하고 있다. 하지만 조약은 공동 합의에 불과해 강제할 만한 법적인 효력이 없다. 또 조항도 미비해 국가나 기관이 소유할 수 없다는 조항만 있고 개인이 소유할 수 없다는 조항은 없다.

이런 상황을 방지하기 위해 모두가 달을 공평하게 소유하게 하자는 움직임도 커지고 있다. 대표적인 움직임이 Together Moon 운동 본부가 진행 중인 '다이아나'라는 시민 참여형 블록체인 프로젝트이다. 또한 특정 국가나 단체에 의한 달 독점을 차단하고 인류에게 평등하게 달 등기 기회를 가질 수 있게 블록체인을 달 등기소로 활용하는 운동을 펼치고 있다.

06

다음 중 [보기]의 ㉠과 ㉡에 들어갈 말을 바르게 짝지은 것을 고르면?

┌─ 보기 ┐

　　달에는 지구에서 얻기 (　　　㉠　　　) 자원들이 많이 매장되어 있습니다. 이 자원들은 특히, (　　　㉡　　　) 원료로 주목받는 물질들입니다.

└─────┘

	㉠	㉡
①	쉬운	핵융합발전
②	쉬운	원자력 발전
③	힘든	핵융합발전
④	힘든	원자력 발전
⑤	힘든	핵원자력발전

07

다음 중 글을 통해 알 수 있는 내용으로 가장 적절하지 <u>않은</u> 것을 고르면?

① 달에 인간의 생존과 관련된 물질이 존재할 가능성을 보여주는 실험 결과 이후 달은 다시 전 세계 우주 연구의 중심이 되고 있다.

② 헬륨3과 같은 지구에 부족한 희귀 광물들은 채굴 및 가공 과정에서 환경오염과 비용 부담 증가라는 문제점을 가지고 있다.

③ 달의 뒷면을 지구에서 영원히 볼 수 없는 이유는 자전 주기와 공전 주기의 동일성 때문이다.

④ 창어 4호가 최초로 달의 뒷면에 도착한 사건은 중국의 자원 확보에 큰 도움을 줄 수 있다.

⑤ 달의 소유권은 국가나 개인에게 없으며 법적 효력도 가지고 있지 않다.

몇 해 전 '요소수' 품귀 사태가 벌어져 많은 사람들이 불편을 겪고 있다. 우리나라는 요소수의 원료인 요소를 중국에서 90% 이상 수입해 왔는데, 갑자기 중국이 수출을 중단하자 대란이 벌어진 것이다. 요소수 사태는 중국과 미국의 갈등에서 비롯되었다. 미국이 중국을 견제하는 데 호주가 동참하자, 중국은 호주로부터 석탄 수입을 중단했고 석탄이 산업 곳곳에서 핵심 역할을 하는 중국에서 석탄 공급이 줄자 석탄 가격이 급등하게 되었다. 그 결과 석탄에서 추출하는 요소의 가격도 급등했고 결국 중국은 자국 내 요소 확보를 이유로 수출을 갑자기 중단해 버린 것이다. 이번 요소수 사태를 보면 자원이 얼마나 중요한지 알 수 있다. 그래서 21세기는 '총칼의 전쟁'이 아니라 '자원 전쟁의 시대'라는 말이 나오게 된 것이다.

19세기 말 석유 시추가 시작되면서 '석유의 시대'가 열렸다. 20세기 들어 세계 곳곳에서 대형 유전이 발견되었고 공급이 늘자 석유 가격은 떨어졌다. 원유 정제 기술을 갖고 있는 셸 등 대형 석유 회사들은 중동 산유국에서 원유를 값싸게 사들여 큰 이득을 남긴 반면, 정작 산유국들은 큰 이익을 누리지 못해 불만이 커졌다. 이에 세계 원유 수출량의 80% 이상을 담당하던 산유국들은 원유 가격 하락을 막기 위해 1960년 석유수출국기구(OPEC)를 창설했고 이런 상황에서 1973년 이집트·시리아 등 8국이 이스라엘을 협공한 '4차 아랍·이스라엘 전쟁'이 일어나게 되었다. 처음엔 아랍 국가들이 우세했지만, 미국이 이스라엘을 지원하며 전세가 역전되었고 아랍 국가들은 석유를 무기로 사용하기로 한다. OPEC을 통해 미국 등 일부 국가들에 원유 수출을 중단하고, 석유 가격을 인상했고 그 결과 원유 가격은 급격히 치솟아 1973년 10월 1배럴당 약 3달러 하던 원유 가격이 두 달 만에 네 배 가까이 오르게 되었다. 원유를 원료로 한 제품 가격도 잇따라 오르고 세계 각국의 물가가 폭등했고 이를 '1차 오일 쇼크(석유 파동)'라고 한다.

석유 공급 문제는 1979년 '이란 혁명'으로 팔레비 왕조가 무너지고 이슬람 원리주의에 입각한 공화국이 들어서며 다시 발생했다. 이란의 새 정권은 국내 정치 불안을 이유로 석유 수출을 중단했고 세계 원유의 10%를 차지하던 이란이 석유 수출을 중단하자 원유 가격은 또 치솟았다. 이를 '2차 오일 쇼크'라고 한다. 석유 파동 후 수십 년이 지나 선진국들은 기후 변화에 대한 관심을 갖게 됐고 대체 가능한 친환경 에너지에 눈을 돌리기 시작한다. 풍력·태양광 등 신재생 에너지에 투자를 확대하기 시작한다. 하지만 최근 들어 생각지도 못한 상황이 벌어지고 있다. 각국이 앞다퉈 탄소 배출을 규제하자 석유나 천연가스 생산량은 줄어들었지만, 수요는 그만큼 줄지 않아 가격이 급등하게 된 것이다. 풍력·태양광 발전량이 에너지 수요를 못 쫓아가면서 화석 연료 몸값이 올라가게 되었고 또 세계 각국이 재생에너지 발전과 전기차 생산을 늘리는 과정에서 필수적으로 쓰이는 원자재 가격도 치솟았다. 이 같은 현상을 '그린플레이션(Greenflation)'이라고 한다. 친환경을 뜻하는 '그린'과 '인플레이션'의 합성어인데, 기후 변화에 대응하는 과정에서 에너지와 원자재 가격이 오르는 현상을 말한다.

20세기 후반부터 전 세계적으로 '희토류'가 각광받고 있다. 희토류는 란타넘·이트륨 등 17개 원소를 말한다. 배터리, LCD, 스마트폰 카메라와 제트엔진 등 첨단 산업에 꼭 필요한 광물로 '첨단 산업의 비타민'이라고 불린다. 희토류는 중국이 전 세계 사용량의 95%를 공급하고 있다. 다른 나라에도 매장돼 있지만, 채굴이 어렵고 이 과정에서 오염 물질이 나온다는 이유로 선진국들은 적극적으로 생산하지 못했다. 그 사이 산업에서 중요성은 커져 다른 나라들은 중국에 의존할 수밖에 없게 되었다. 중국은 이런 점을 이용해 희토류를 국가 전략 무기로 사용한다. 중국이 2010년 9월 희토류에 수출 관세 20%를 부과하고, 2015년까지 수출량을 줄이겠다고 발표하자, 전 세계가 크게 동요했다. 같은 해 중국은 일본과 센카쿠(중국명 댜오위다오) 영유권 분쟁이 일어났을 때도 '희토류 수출 중단' 카드를 꺼내 들었다. 당시 일본은 센카쿠 열도 주변 영해를 침범했다는 이유로 구속했던 중국 어선 선장을 재판에 넘기지 않고 풀어줬는데, 중국이 희토류 수출을 중단하겠다고 한 것이 결정적 이유였다.

유럽 국가에서 여름철에 시계를 1시간 앞당기는 '서머타임' 제도도 자원과 관련이 있다. 1차 세계대전 때인 1916년 독일은 석탄 사용량을 줄여서 전쟁 물자를 조금이라고 아껴보려고 서머타임을 처음 도입했다. 시간을 앞당기면 그만큼 일을 일찍 시작하고 일찍 자기 때문에 에너지를 절약할 수 있다는 이유에서이다. 이후 1973년 1차 석유파동을 계기로 다른 국가들에도 퍼져나갔고 최근 수년간 서머타임이 인간의 생체 리듬을 깨뜨리고, 경제 효과도 별로 없다면서 반대하는 의견도 나오고 있다.

08

다음 중 각 문단의 소제목으로 적절하지 <u>않은</u> 것을 고르면?

① 1문단: 자원의 희소성으로 인한 자원 전쟁의 시대
② 2문단: 전 세계 뒤흔든 '오일 쇼크'
③ 3문단: 2차 오일 쇼크의 원인
④ 4문단: 중국의 전략 무기 '희토류'
⑤ 5문단: 석유 파동의 확대 '서머타임'

09

다음 중 글을 통해 알 수 있는 내용으로 적절하지 <u>않은</u> 것을 고르면?

① 최근 석탄 공급량의 하락은 요소 가격의 상승으로 이어졌다.
② 20세기에 들어 석유 공급량의 증가는 산유국들의 이익 감소에 영향을 미쳤다.
③ 원유 가격의 상승은 선진국들의 기후 변화에 관심을 가지게 된 계기가 되었다.
④ 최근 풍력·태양광 발전량이 풍부해지면서 화석 연료 가격의 하락에 영향을 미쳤다.
⑤ 서머 타임 제도는 유럽 여러 나라의 경제 발전에 큰 영향을 미치지 못했다.

10
다음 글의 내용과 일치하지 <u>않는</u> 것을 고르면?

최근 평균 수명 연장과 라이프스타일의 변화는 건강하고 아름다운 노후 생활에 대한 관심으로 이어지고 있다. 과거보다 외모 관리에 신경 쓰는 30~40대, 고령화로 실버세대가 많아짐에 따라 피부노화, 주름, 얼굴 처짐에 대한 고민과 노안 문제를 해결하려는 이들이 병원을 많이 찾고 있는 것이다.

나이가 들면서 정상적인 노화의 과정으로 근육 및 지방이 위축되고, 결합조직이 느슨해지면서 지방 조직이 원래의 위치에서 벗어나 중력 방향으로 늘어지게 된다. 또한 골조직의 흡수로 안면골의 형태 자체에도 변형이 온다. 피부는 누적된 자외선 노출과 노화 자체의 과정으로 인해 탄력이 줄어들고 모공이 확장되며, 여러 가지 색소 질환들이 생긴다. 이와 더불어 혈관의 수축과 탄성이 저하되어 안면홍조, 모세혈관 확장증 등의 증상이 나타나게 된다.

먼저 안티에이징이라는 용어가 다소 생소할 수 있어 간단히 설명하면, '노화(老化)'를 의미하는 영어 'aging'과 '반대', '거스르다'는 뜻의 접두어 'anti—'의 합성어이다. 번역하면 '항노화(抗老化)'이다. 과거에는 안티에이징을 위한 방법으로 고가의 기능성 화장품 사용, 주기적인 피부관리 등의 방법에만 의존했다면 최근에는 성형외과, 피부과 영역의 학문적이고 수술기법적인 발전과 더불어 그 이용에 대한 접근성이 좋아졌다. 과거에 쌍꺼풀 수술이 열풍이었던 것처럼, 현재는 각종 안티에이징 시·수술 또한 점차 일반화, 대중화되어 가고 있는 것이 사실이다.

다양한 기능성 화장품들과 마사지, 자외선 차단 등의 방법으로 관리하는 것이 일차적인 관리법이 될 수 있겠고, 최근 주목을 받는 각종 스킨 부스터 주사, 레이저 시술 및 고주파 치료, 고집적 초음파 시술, 실리프팅, 보톡스, 필러 시술 등이 간단하게 노화에 대한 고민을 해결해 줄 수 있는 방법이다. 나아가 보다 지속적이고 확실한 치료로서 상안검성형술, 하안검성형술, 중안면거상술, 이마거상술, 안면거상술 등의 수술적인 치료도 많이 알려져 있다.

얻는 것이 있으면 잃는 것도 있는 법이다. 시술이나 수술 후에는 정도의 차이가 있을 뿐, 붓기나 멍이 있을 수 있고 감각저하가 있을 수도 있다. 수술의 경우에는 잘 보이지는 않을지언정 흉터가 생길 수밖에 없고, 언론에서 때때로 접하는 것과 같은 심각한 부작용도 생길 수 있다. 따라서 관련 의학적인 지식에 대한 깊은 이해와 임상 경험이 풍부한 전문의를 통해 상담과 치료를 받는 것이 필요하다.

① 근육 및 지방이 위축되고 결합 조직이 느슨해지면서 정상적인 노화가 시작된다.
② 누적된 자외선 노출과 더불어 혈관의 수축과 탄성이 저하되어 안면홍조 증상이 나타난다.
③ 노화 방지를 위한 일차적인 관리법에는 기능성 화장품과 마사지, 자외선 차단 등이 있다.
④ 노화 방지를 위한 각종 안티에이징 시술은 아직 대중화되어 있지 않다.
⑤ 노화 방지를 위한 시술이나 수술 후에는 붓기나 멍이 있을 수 있고 감각 저하가 있을 수 있다.

11

면접장에 5개의 의자가 놓여 있고, 5명의 면접자 중 1명이 불참한 상황이다. 5개의 의자는 원래 지정석인데, 면접자들이 이를 모르고 무작위로 앉았다고 할 때, 본인의 지정석이 아닌 자리에 앉은 지원자 수가 2명 이하일 경우의 수를 구하면?

① 23가지   ② 25가지   ③ 27가지
④ 29가지   ⑤ 31가지

12

1, 2, 3, 4 숫자 4개로 네 자리 숫자를 만들 수 있는 경우의 수는 총 24가지이다. 이를 모두 더했을 때 얼마가 나오는지 고르면?

① 65,860   ② 66,660   ③ 67,060
④ 68,460   ⑤ 69,260

[13~14] 다음은 기업 활동에 관한 자료이다. 이를 바탕으로 이어지는 질문에 답하시오.

매출액은 기업이 기업 활동을 통해 벌어들인 금액의 총량을 나타낸다. 작년 동기 매출액과 비교하면 이번 당기에 회사가 얼마를 벌어들였는지를 알 수 있다. 그리고 영업이익은 매출액에서 영업비용에 해당하는 매출 원가와 판매관리비를 제외한 금액을 말한다. 매출액은 비슷하거나 더 늘었는데 영업이익이 줄었다면, 영업비용이 그만큼 증가했다는 것을 의미한다. 당기순이익은 일정 회계기간 동안 발생한 기업의 전체 수익에서 비용을 차감한 금액을 의미하는데, 매출액에서 영업비용을 제외하고 영업외손익을 더한 뒤 법인세 비용을 차감하여 구한다. 또한, 이를 이용하여 영업이익률과 당기순이익률을 구할 수 있는데, 일반적으로 영업이익률이 10% 이상이거나 당기순이익률이 5% 이상이면 수익성이 좋은 회사라고 할 수 있다. 두 이익률을 구하는 식은 다음과 같다.

- (영업이익률)(%) $= \dfrac{(영업이익)}{(매출액)} \times 100$
- (당기순이익률)(%) $= \dfrac{(당기순이익)}{(매출액)} \times 100$

2018년부터 2022년까지 △△기업의 매출액 현황을 확인해 보면 다음과 같다.

(단위: 억 원)

구분	2018년	2019년	2020년	2021년	2022년
매출액	1,280	1,050	1,320	1,500	1,650
영업비용	1,040	960	1,440	1,680	1,490
영업외손익	700	−360	420	−250	−90
법인세	70	13	45	21	40

13

다음 중 자료에 대해 설명한 것으로 옳지 <u>않은</u> 것을 고르면?

① 2018~2022년 영업이익률은 항상 당기순이익률보다 높다.
② 2018~2022년 5년간 △△기업의 영업외손익은 420억 원이다.
③ 2020년 영업외손익은 전년 대비 800억 원 미만으로 증가했다.
④ 2022년 △△기업의 매출액은 2019년 대비 55% 이상 증가했다.
⑤ 2021년 △△기업의 영업비용 중 판매관리비가 60%를 차지한다면, 매출원가는 672억 원이다.

14

다음 중 자료에 대한 설명으로 옳은 것을 [보기]에서 모두 고르면?

┤ 보기 ├
⊙ 2018년 △△기업은 수익성이 좋은 회사이다.
ⓒ 2019년 △△기업은 수익성이 좋은 회사이다.
ⓒ 2020년 △△기업의 당기순이익률은 20% 이상이다.
ⓔ 2018년 대비 2022년 △△기업의 당기순이익률은 66%p 이상 감소했다.

① ㄱ, ㄹ   ② ㄴ, ㄷ   ③ ㄴ, ㄹ
④ ㄱ, ㄴ, ㄷ   ⑤ ㄱ, ㄷ, ㄹ

[15~16] 다음 [표]는 2021년 7~11월 취업 및 실업 현황에 관한 자료이다. 이를 바탕으로 이어지는 질문에 답하시오.

[표] 2021년 7~11월 취업 및 실업 현황

(단위: 천 명, %)

구분	7월	8월	9월	10월	11월
취업자	27,083	26,907	27,055	27,090	27,184
취업자 전월 대비 증감 인원	−43	−176	148	35	94
실업자	1,039	1,133	1,024	973	909
실업률	3.7	4.0	3.6	3.5	3.2
취업준비자	678	670	732	724	701
구직단념자	546	533	556	526	535

15

다음 중 자료에 대한 설명으로 옳지 않은 것을 고르면?

① 2021년 8~11월 동안 실업자 수와 실업률의 증감은 일치한다.
② 7~11월 구직단념자의 평균은 54만 명 미만이다.
③ 7월 대비 11월 취업자 수는 10만 명 이상 증가했다.
④ 9월 취업준비자 수는 전월 대비 10% 이상 증가했다.
⑤ 7~11월 중 취업자 수가 전월 대비 가장 큰 폭으로 변화한 달은 8월이다.

16

다음 [보도자료]는 옆의 [표]와 함께 작성된 것이다. 이를 바탕으로 한 [보기]의 ㉠~㉤ 중 옳은 것의 개수를 고르면?

[보도자료]

2021년 하반기 우리나라의 취업 및 실업 현황을 조명하여 내용을 정리하면 다음과 같다.

• 2021년 하반기 취업자는 월평균 2,718.7만 명이다.
• 12월 실업자는 전월 대비 10% 감소하고, 실업률은 0.2%p 감소했다.
• 취업준비자는 10월과 11월에 전월 대비 감소했지만, 12월에는 전월 대비 증가한 74만 명으로 예상된다.
• 구직단념자는 7월부터 12월까지 매월 취업준비자의 70% 이상이다.

┌ 보기 ┐

㉠ 12월 취업자는 6월 대비 70만 명 이상 증가하였다.
㉡ 12월 취업준비자의 전월 대비 증가율은 5% 미만이다.
㉢ 2021년 하반기 월평균 실업자는 98만 명보다 많다.
㉣ 12월 구직단념자는 전월 대비 4% 이상 감소했을 것이다.
㉤ 하반기 동안 실업률이 가장 높은 달과 가장 낮은 달의 실업률은 1.2%p 이상 차이 난다.

---

① 1개   ② 2개   ③ 3개   ④ 4개   ⑤ 5개

[17~18] 다음 [표]는 △△공기업의 녹색제품 구매 금액에 관한 자료이다. 이를 바탕으로 이어지는 질문에 답하시오.

[표1] 녹색제품 구매계획 금액

(단위: 천 원)

물품	전체 구매계획 금액	녹색제품 구매계획 금액
복사기	622,676	617,009
개인용 컴퓨터	4,972,812	4,940,909
의자	917,590	882,540
책상(탁자)	491,046	401,706
OA칸막이	428,671	396,148
노트북	288,800	285,244
사무용지	267,821	253,610
프린터	158,915	157,275
카트리지(토너/잉크)	27,764	21,199
페인트	13,587	13,587
화장지	4,160	4,077
세제	996	975
합계	8,194,838	7,974,279

[표2] 녹색제품 구매 금액

(단위: 천 원)

물품	전체 구매 금액	녹색제품 구매 금액
복사기	1,150,864	1,145,001
개인용 컴퓨터	2,264,583	2,263,894
의자	833,465	682,816
책상(탁자)	557,773	357,477
OA칸막이	607,998	573,694
노트북	603,200	482,780
사무용지	238,430	188,173
프린터	155,832	150,996
카트리지(토너/잉크)	123,376	94,816
페인트	189,024	134,046
화장지	3,440	3,440
세제	1,170	972
합계	6,729,154	6,078,105

17

다음 중 자료에 대해 설명한 것으로 옳은 것을 고르면?

① 녹색제품 구매계획 금액보다 더 많은 금액을 쓴 녹색제품은 여섯 가지이다.
② 모든 물품을 녹색제품으로만 구매한 물품은 없다.
③ 각 물품은 모두 전체 구매 금액의 70% 이상을 녹색제품으로 구매하였다.
④ 녹색제품 구매개수가 가장 많은 물품의 구매 금액은 구매계획 금액의 절반 이하이다.
⑤ 전체 구매 금액 중 녹색제품 구매 금액이 차지하는 비중은 전체 구매계획 금액 중 녹색제품 구매계획 금액이 차지하는 비중보다 5%p 이상 낮다.

18

다음 [보기] 중 전체 구매계획 금액에서 녹색제품 구매계획 금액 비중이 큰 순서대로 나열한 것을 고르면?

보기
㉠ 복사기　　　　　㉡ 의자　　　　　㉢ 사무용지　　　　　㉣ 화장지

① ㉠ - ㉣ - ㉡ - ㉢
② ㉠ - ㉣ - ㉢ - ㉡
③ ㉢ - ㉣ - ㉠ - ㉡
④ ㉣ - ㉠ - ㉡ - ㉢
⑤ ㉣ - ㉠ - ㉢ - ㉡

[19~20] 다음 [표]와 [그래프]는 2015~2019년 어느 국가의 공공기관에 대하여 재무 현황을 조사하여 나타낸 자료이다. 이를 바탕으로 이어지는 질문에 답하시오.

[표] 최근 5년간(2015~2019년) 재무 현황 (단위: 조 원)

연도 구분	2015년	2016년	2017년	2018년	2019년
자산	182.9	185.9	177.9	193.4	204.9
부채	72.2	68.1	52.3	52.5	52.5
부채비율(%)	65.2	57.9	41.6	37.3	34.4
자본	110.7	117.8	125.6	140.8	152.4

[그래프] 주요 지표 전년 대비 증감 현황 (단위: 조 원)

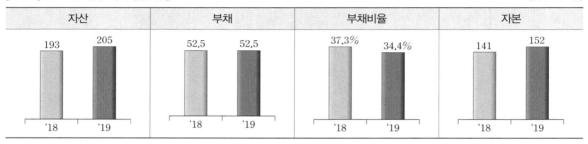

※ [그래프]는 [표]를 바탕으로 반올림하여 나타낸 것임.

19

다음 중 자료에 대한 설명으로 옳지 <u>않은</u> 것만을 [보기]에서 모두 고르면?

┌─ 보기 ├───
⊙ 지난 5년간 자본과 자산은 꾸준히 상승하였다.

ⓛ 자본이 전년 대비 가장 크게 증가한 해는 2018년이다.

ⓒ 2019년에는 전년 대비 자산이 11.5조 원 증가하였고, 부채는 변동이 없었다.

ⓔ 2019년에는 전년 대비 자산과 자본이 모두 증가하여 부채비율은 2.9% 감소하였고, 이는 지난 5년간 역대
　　최저이다.
└──

① ⊙, ⓛ   ② ⊙, ⓔ   ③ ⓛ, ⓒ

④ ⓛ, ⓔ   ⑤ ⓒ, ⓔ

20

다음 중 2018년 대비 2019년 자산과 자본의 증가 비율을 각각 바르게 짝지은 것을 고르면?(단, 소수점 둘째 자리에서 반올림한다.)

	자산 증가 비율	자본 증가 비율
①	5.9%	8.2%
②	5.9%	8.3%
③	6.1%	8.2%
④	6.1%	8.3%
⑤	6.2%	8.3%

21

A~E는 같은 학급의 학생이다. 등교 순서에 대하여 A~E가 다음 [대화]와 같이 말하였는데, 이 중 한 명은 거짓을 말하고 있다. 이때 가장 늦게 교실에 도착한 사람을 고르면?

┤ 대화 ├
- A: "나는 D보다 빨리 교실에 도착했어."
- B: "나는 가장 먼저 도착하진 않았지만, E보다 빨리 교실에 도착했어."
- C: "나는 E와 D보다 빨리 교실에 도착했어."
- D: "나는 B보다 빨리 교실에 도착했어."
- E: "내 바로 앞에 도착한 사람은 D야."

① A   ② B   ③ C
④ D   ⑤ E

22

A~E가 각각 정육면체 주사위를 2번씩 던진 결과가 다음 [조건]과 같을 때, 설명으로 옳지 않은 것을 고르면?

┤ 조건 ├
- A가 던진 주사위의 합은 3의 배수이다.
- B가 던진 주사위의 합은 4의 배수이다.
- C가 던진 주사위의 합은 5의 배수이다.
- D가 던진 주사위의 합은 홀수이다.
- E가 던진 주사위의 합은 짝수이다.

① A와 B가 던진 주사위 합이 같을 경우 그 합은 12이다.
② D가 던진 주사위 숫자는 각각 홀수와 짝수이다.
③ A와 C가 던진 주사위의 합이 같은 경우는 없다.
④ A가 던진 주사위가 모두 같은 숫자인 경우는 한가지 밖에 없다.
⑤ E가 던진 주사위는 모두 홀수거나, 모두 짝수이다.

23

동아리별로 연말 행사일정을 잡으려고 한다. 한 주에 1개의 동아리만 행사일정 예약이 가능하다. 다음 [조건]을 바탕으로 각 동아리의 행사일정을 알맞게 짝지은 것을 고르면?

> ┤ 조건 ├
> - 등산 동아리는 둘째 주 또는 다섯째 주에 행사 일정을 예약한다.
> - 축구 동아리는 둘째 주에 행사 일정을 예약하지 않는다.
> - 사진 동아리와 댄스 동아리 모두 둘째 주 또는 넷째 주에 행사 일정을 예약하지 않는다.
> - 사진 동아리는 축구 동아리보다 늦게, 댄스 동아리보다 먼저 행사 일정을 예약한다.
> - 여행 동아리는 넷째 주 또는 다섯째 주에 행사 일정을 예약한다.

① 첫째 주—사진 동아리
② 둘째 주—등산 동아리
③ 셋째 주—댄스 동아리
④ 넷째 주—축구 동아리
⑤ 다섯째 주—여행 동아리

26

다음 [표]는 제주도 전기차 충전 요금 및 전비, 주행거리 대한 자료이다. 이에 대한 설명으로 옳지 <u>않은</u> 것을 고르면?

[표1] 충전요금 및 적용 시간대

(단위: 원/kWh)

구분	여름(7~8월)	봄·가을(3~6월, 9~11월)	겨울(12~2월)
경부하 시간대	290	270	300
중간부하 시간대	320	280	330
최대부하 시간대	330	290	340

구분	경부하 시간대	중간부하 시간대	최대부하 시간대
전 계절	22:00~08:00	08:00~16:00	16:00~22:00

※ 토요일: 최대부하 시간대 → 중간부하 시간대 요금 적용
　일요일 및 공휴일: 전 구간 → 경부하시간대 요금 적용

[표2] 전기차종별 전비 및 배터리 용량

차종	전비(km/kWh)	배터리 용량(kWh)
A	6.0	65
B	5.5	70
C	4.5	75
D	4.0	80
E	4.0	88

※ 1회 충전 시 최대주행거리 = 전비×배터리 용량

① 전 시간대에서 봄·가을이 여름, 겨울보다 충전요금이 저렴하다.
② 1회 충전 시 최대주행거리가 가장 긴 차종은 B이다.
③ 시간대 중 최대부하 시간대가 계절 상관없이 충전요금이 가장 비싸다.
④ 토요일 충전요금은 16:00~22:00에 kWh당 충전요금은 08:00~16:00와 동일하다.
⑤ 일요일 충전요금은 시간 상관없이 동일하다.

[27~28] 다음 [표]는 주택용 전력에 관한 자료이다. 이를 바탕으로 이어지는 질문에 답하시오.

[표1] 주택용 저압 사용량별 전기요금

기본요금(원/호)		전력량요금(원/kWh)	
200kWh 이하	910	처음 200kWh까지	120
201~400kWh	1,600	다음 200kWh까지	215
400kWh 초과	7,300	400kWh초과	307

※ (당월사용량) = (구간 기본요금) + (전력량요금 구간별 합)

[표2] 주택용 고압 사용량별 전기요금

구간	기본요금(원/호)	전력량 요금(원/kWh)
300kWh 이하	730	105
301~450kWh	1,260	174
450kWh 초과	6,060	242

※ (당월사용량) = (구간 기본요금) + (전력량요금 구간별 합)

[표3] 고객별 주택용 종 및 당월 전기사용량

고객	계약구분	전월 사용량(kWh)	당월 사용량(kWh)
A	주택용 저압	140	180
B	주택용 고압	240	360
C	주택용 저압	260	420
D	주택용 고압	520	460
E	주택용 저압	420	350

27

다음 중 자료에 대한 설명으로 옳지 <u>않은</u> 것을 고르면?

① 모든 구간에서 주택용 저압의 기본요금은 고압보다 비싸다.

② 401~450kWh 사용 시 주택용 저압의 기본요금은 고압의 5배 이상 높다.

③ 고객 D, 고객 E 모두 전월 대비 당월 전기사용량이 10% 이상 감소했다.

④ 고객 A, 고객 B, 고객 C 모두 전월 대비 당월 전기사용량이 30% 이상 증가했다.

⑤ 주택용 저압과 고압 모두 최고구간 기본요금은 최저구간 기본요금보다 8배 이상 높다.

28

다음 중 고객별 당월 전기요금을 짝지은 것으로 옳지 <u>않은</u> 것을 고르면?

① A－22,510원　　② B－43,200원　　③ C－73,140원

④ D－66,080원　　⑤ E－57,850원

[29~30] 다음은 서울시 공영주차장 이용 요금 및 감면제도에 대한 내용이다. 이를 바탕으로 이어지는 질문에 답하시오.

[표1] 주요 공영주차장 이용요금

대상 주차장	매 5분당(기본요금)	일 주차권	월 정기권
잠실역	400원	28,800원	250,000원
한강진역	500원	36,000원	280,000원
사당역	300원	21,600원	180,000원
수서역	320원	23,000원	150,000원
영등포구청역	260원	18,700원	120,000원

※ 기본 5분 단위로 요금을 계산하며, 1일 주차요금기준은 입차시간 기준 24시간임.

[표2] 공영주차장 이용요금 감면제도

구분	감면내용	
	시간(기본)/일 주차권 주차요금	월 정기권
국가유공자	80% 감면	50% 감면
경차/저공해차	50% 감면	20% 감면
전기자동차 충전 시	1시간 면제 후 50% 감면	–
다자녀할인	(2자녀 이상) 50% 감면	(3자녀 이상) 50% 감면
보훈대상자	50% 감면	30% 감면

29

다음 중 자료에 대한 설명으로 옳지 <u>않은</u> 것을 고르면?

① 일 주차권과 월 정기권이 가장 저렴한 곳은 영등포구청역 공영주차장이다.

② 모든 주차장 8일 이상 주차 시 월 정기권 구매하는 것이 일 주차권 요금을 지불하는 것보다 저렴하다.

③ 경차가 수서역 공영주차장에 1시간 주차 시 요금은 1,920원이다.

④ 모든 주차장 400분 주차 시 일 주차권을 구매하는 것이 시간당 요금을 지불하는 것보다 저렴하다.

⑤ 보훈대상자가 한강진역 공영주차장 월 정기권 구매 시 요금은 200,000원 이하이다.

30

다음 중 공영주차장 이용요금에 대한 설명으로 옳지 <u>않은</u> 사람을 고르면?

① 국가유공자 A : "잠실역 공영주차장에 6시간 주차할 때 요금은 5,760원이다."

② 저공해차 소유자 B : "사당역 공영주차장의 월 정기권을 구매하면 요금은 144,000원이다."

③ 2자녀 가족 C : "수서역 공영주차장의 월 정기권을 구매하면 요금은 75,000원이다."

④ 보훈대상자 D : "영등포구청역 공영주차장에 4시간 주차 시 요금은 6,240원이다."

⑤ 전기차 충전 이용자 E : "한강진역 공영주차장에 6시간을 주차할 때 요금은 15,000원이다."

[31~32] 다음은 ○○사의 워크숍 일정 및 세부 내용과 관련한 내용이다. 이를 바탕으로 이어지는 질문에 답하시오.

[워크숍 일정표]

일차	시간	내용	비고
1일 차	09:00~12:00	집결 후 워크샵 장소 이동	버스대절
	12:00~13:00	중식 및 개인 짐 정리	내부 식당(130명)
	13:00~15:00	사업현황 보고 및 연구결과 보고	자체 진행
	15:00~17:00	부서별 계획 발표 및 성과 보고	자체 진행
	17:00~18:30	석식	내부 식당(130명)
	18:30~20:30	창의적 조직 결성하기	자체 진행
	20:30~	휴식 및 취침	
2일 차	07:00~08:00	아침 산책	
	08:00~10:00	조식 및 개인 짐 정리	내부 식당(130명)
	10:00~12:00	VISION 디자이너 초청 강연	전문 강사
	12:00~13:00	중식	내부 식당(130명)
	13:00~15:00	회사로 이동 및 해산	

[시설 비용]

분류	기준	최대 수용인원	금액
교육시설	대강의실/1일	150명	800,000원
	중강의실/1일	100명	500,000원
	소강의실/1일	50명	300,000원
숙박시설	1인실/1박	1명	100,000원
	2인실/1박	2명	80,000원

※ VAT(10%) 별도임.

[내부 식당 업체 비교]

업체	가격(원)			비고
	조식	중식	석식	
A	15,000	25,000	30,000	100명 이상 식사 시 10% 할인
B	12,000	28,000	32,000	3식 이상 예약 시 5% 할인
C	13,000	24,000	30,000	110명 이상 식사 시 석식 15% 할인
D	13,000	24,000	30,000	현금 결제 시 식사 10% 할인
E	20,000	24,000	30,000	150명 이상 식사 시 12% 할인

※ B업체와 E업체만 VAT(10%) 포함된 가격으로 나머지 업체 VAT(10%) 별도임.

31

워크숍 참여 예정 인원은 총 130명이다. 식사의 경우 인원이 많아 한 업체만 선택하여 예약을 하려고 한다. 이때, 예산을 최소화시키기 위해 선택해야 할 업체를 고르면?(단, 비용 처리를 위해 법인 카드로 결제한다.)

① A업체   ② B업체   ③ C업체
④ D업체   ⑤ E업체

32

이번 워크숍은 예산을 최소화하는 방향으로 진행할 예정이다. 이때, 워크숍 예산에 대한 내용으로 적절하지 <u>않</u>은 것을 고르면?(단, 버스대절 비용은 사내버스를 이용하기에 예산 산정 시 고려하지 않는다.)

① 식사 총비용 중 중식 총비용은 50% 이상을 차지한다.
② 전체 비용은 시설 비용의 2배 이상이다.
③ 교육시설 비용은 숙박시설 비용의 30%를 상회한다.
④ 중식 총비용은 조식 총비용의 3배를 초과한다.
⑤ 조식 총비용은 전체 비용의 10% 이상을 차지한다.

[33~34] 다음은 일상감사 매뉴얼에 대한 자료이다. 이를 바탕으로 이어지는 질문에 답하시오.

[일상감사 매뉴얼]

☐ 감사목적: 일반적인 사후감사로는 시정이나 치유가 곤란한 인력·예산집행 등과 관련된 주요사업 등에 대하여 행정적 낭비요인과 시행착오를 사전에 예방함으로써 감사의 실효성 확보 및 행정의 신뢰성 제고

☐ 감사근거: 공공감사에 관한 법률 제22조, 동법 시행령 제13조 및 제13조의2, 공단 감사규정 제5조

☐ 실시주체: 감사주관 부서

☐ 감사원칙: 일상감사 업무를 처리하고자 하는 부서의 장은 일상감사 실시기간을 고려해 충분한 시간 전에 요청

☐ 일상감사의 절차

일상감사의뢰		일상감사수행		감사결과 통보		조치결과 통보
집행부서 → 감사담당	➡	감사담당	➡	감사담당 → 집행부서	➡	집행부서 → 감사담당

☐ 일상감사의 범위

1. 기본사업계획의 수립 및 예산의 편성
2. 각 부서의 주요 건의 및 요망사항에 대한 조치
3. 예산의 전용, 이월사용과 예비비 지출
4. 매 건당 예정금액 1천만 원을 초과하는 공사, 예정금액 1천만 원을 초과하는 제조, 예정금액 5백만 원을 초과하는 물품구입의 경비 및 자본예산 지출. 다만, 다음 각 호의 어느 하나에 해당될 때에는 제외한다.
   가. 사전에 감사의 협의를 받은 사항
   나. 정기적으로 지출하는 인건비
   다. 국내 출장비
   라. 세금 등 제세공과금 및 공공요금
   마. 법령, 규정 등 일정한 기준에 의한 경비
   바. 월정액으로 확정된 경비
   사. 기타 부서장의 전결 사항으로서 감사가 제외함이 타당하다고 인정하는 사항
   단, 사전에 감사의 협의를 받은 사항이라도 이사회 의결사항(「이사회 운영규정」제3조 관련)의 경우 일상감사대상에 해당
5. 전 조의 경비 중 매 건 2백만 원을 초과하는 접대비와 잡비의 지출
6. 매 건당 2백만 원을 초과하는 가지급금의 지급. 다만, 지출을 요하거나 별도로 기관의장이 정하는 사항은 제외할 수 있다.
7. 제4호 사업 추진 중 설계 변경으로 인한 계약금액이 10% 이상 증액 또는 감액되는 사업
8. 결산, 가결산 및 잉여금 처분에 관한 사항
9. 중요한 물자의 대외 이관에 관한 사항
   – 취득가액 1천만 원을 초과한 자산의 이관, 공유재산 임대(사용·수익허가) 등
   – (수의계약인 경우) 금액무관, (입찰인 경우)예정가격 1천만 원 초과 시

33

다음은 일상감사 대상에서 제외되는 사업과 관련한 내용이다. 이를 바탕으로 일상감사의 범위에 속하는 경우를 고르면?

[일상감사의 제외 대상 사업]
① 「조달사업에 관한 법률」에 의한 조달발주 입찰사업
　　– 조달청 제3자 단가 입찰 계약품목 물품이거나 조달청을 통한 관급 자재 입찰 구매 · 발주
② 예산 변경사항 중 '조정'에 관한 사항
　　– 동일예산 "목" 내에서 '세목' 간 상호융통
③ 재공고 입찰 결과 유찰에 따른 수의계약(「지방계약법 시행령」 제26조 관련)
④ 단순 물량 조정에 따른 수정(변경)계약
⑤ 정책심의회에서 타당성 등의 심의를 거친 사업
⑥ 천재지변, 재해복구사업 등 긴급을 요하는 사업
⑦ 상품권, 콘도회원권, 유류, 종량제 규격봉투, 예술품, 보험 등과 같이 일상감사의 실익이 없다고 판단되는 물품(완제품) 구매 사업

① 갑작스러운 폭우로 인한 굴착 보수 공사 금액 1,200만 원이 지출되는 사업
② 시설 유지 보수를 위해 들어가는 인건비 1,000만 원이 자본예산으로 매달 지출되는 사업
③ ○○기관이 사택을 이용한 임대 수익을 올리기 위해 1,100만 원에 입찰되어 진행되는 사업
④ 작년 일상감사를 마친 3천만 원 계약 금액 전산시스템 구축 사업이 추진 중 설계 변경으로 인해 200만 원이 더 증액이 되어버린 상황
⑤ 송전철탑 안전 발판 물품 1,200만 원어치를 구입하기 위해 조달청에 발주를 넣어 입찰 계약을 진행한 사업

34

○○기관에서 9월 20일(수)에 일상감사 의뢰서가 접수되었다. 사안이 복잡하여 최종 결과 통보 때까지 최대한의 시간이 소요되었다면 집행 부서에 근무하는 강 대리는 늦어도 몇 월 며칠까지 결과를 감사담당자에게 제출해야 하는지 고르면?(단, 9월과 10월의 공휴일은 추석 연휴(9월 28~30일), 개천절(10월 3일)을 제외하곤 없다.)

[일상감사 통보 일정]
□ 통보 기한: 감사 의뢰일(문서접수일) 다음날부터 7일 이내 일상감사 의견서를 작성하여 집행부서에 회신
□ 기한 연장: 일상감사 사안이 복잡하거나 신중한 처리 등을 위하여 검토 기간의 연장이 필요한 경우에는 집행부서의 장과 협의를 거쳐 1차에 한하여 검토 기간(7일 이내)을 연장할 수 있음
□ 통보내용: '행정상 및 재정상 조치' 요구 또는 '특이사항 없음'
□ 결과통보: 집행 부서의 장은 일상감사 의견에 따라 적절한 조치를 취하고 그 조치결과를 감사 의견서를 통보 받은 날 다음날부터 14일 이내에 감사부서로 제출
※ 기한: 근무일 기준이며, 공휴일 및 주말은 포함하지 아니함.

① 10월 30일　　　　　　② 10월 31일　　　　　　③ 11월 01일
④ 11월 02일　　　　　　⑤ 11월 03일

[35~36] 다음은 물품 요청서에 관한 자료이다. 이를 바탕으로 이어지는 질문에 답하시오.

[물품 요청서]
1. 전기온풍기를 주문하실 때, 기준에 따라 코드를 순서대로 작성하여 주시기 바랍니다.
   - 코드번호: VK-① ② ③
   - 옵션은 선택 유무에 따른 작성

2. 전기온풍기 종류
   - 가격: 200,000원

구분		코드	기준
①	운전전류	35	최대 35A
		50	최대 50A
		80	최대 80A
②	제품규격(cm) (가로×세로×높이)	S	480×380×1,750
		M	550×430×1,860(대당 추가요금: 18,000원)
		L	930×430×1,860(대당 추가요금: 25,000원)
		XL	930×580×1,860(대당 추가요금: 29,000원)
③	인입전압	220	최대 220V
		380	최대 380V

※ 제품규격의 경우 코드 S를 제외하고 모두 추가요금이 붙음.

   - 제품규격에 따른 난방 면적(m²)
     - 480×380×1,750: 17~25
     - 550×430×1,860: 23~32
     - 930×430×1,860: 30~38
     - 930×580×1,860: 36~42

3. 차단기 추가(옵션)

구분	설명	코드	금액
누전차단기	주택분기회로에 사용 적합 Screw와 DIN-Rail 부착 가능	22GRC2-3P70A	25,000원
		22GRC2-3P80A	28,000원
		22GRC2-3P90A	30,000원

   - 각 코드에 따른 운전전류 차단 범위
     - 22GRC2-3P70A: 70A 초과
     - 22GRC2-3P80A: 80A 초과
     - 22GRC2-3P90A: 90A 초과

35

H사원은 다음 [표]의 조건에 맞춰 동일한 전기온풍기 12대를 주문하려고 한다. 이때, 물품 요청서에 적어야 하는 코드명으로 적절한 것을 고르면?

[표] 주문 조건

운전전류 범위(A)	난방 면적(m^2)	인입전압 범위(V)	예산 범위(원)
50~80	26~36	200~380	2,620,000~2,720,000

① VK−50L220
② VK−50XL380
③ VK−80L220
④ VK−80L380
⑤ VK−80XL380

36

H사원은 전기온풍기 구매 시 차단기도 함께 주문하기 위해 예산을 늘릴 예정이다. 또한, **35**번의 예산 범위를 제외하고 동일한 조건으로 전기온풍기 주문 시 주문 하려는 전기온풍기 사양에 맞추어 차단기도 함께 주문하려고 한다. 이때, 가능한 총예산은 최대 얼마인지 고르면?(단, 차단기는 전기온풍기 2대 당 1대 꼴로 주문한다.)

① 2,928,000원
② 2,916,000원
③ 2,880,000원
④ 2,868,000원
⑤ 2,860,000원

[37~38] ○○기업은 2024년 신입사원 교육을 위한 오리엔테이션을 준비 중이다. 이를 바탕으로 이어지는 질문에 답하시오.

Sent: Tuesday, October 28 , 2023
To: 규 대리
Subject: 2024년 신입사원 교육을 위한 오리엔테이션(OT) 1박 2일 준비 건

안녕하세요. 황 과장입니다. 2024년 신입사원 교육을 위한 오리엔테이션과 관련하여 연수원을 예약해야 하는데, 연수원 예약 가능 날짜를 확인하여 교육 일정을 확정할 예정입니다. 최근 5년 동안 교육을 실시하였던 연수원 리스트를 보내드립니다. 이 리스트 중에 한 곳을 예약한 후 교육 일정을 공지해 주시길 바랍니다. 금번 채용 인원은 150명이고, 주말을 제외한 날짜로 예약해 주시길 바랍니다. 또한, 아시다시피 신입사원의 자세 및 매너 교육을 세미나실에서 1일 차 오후 4시간, 2일 차 오전 3시간 동안 진행하되 2일 차의 경우 12시에 점심식사 후 해산할 예정이므로 참고하시길 바랍니다.

연수원	룸			세미나실(1일)		비고
	타입(평)	가격(원)	기준인원/최대인원	수용가능 인원(명)	가격(원)	
A	32	110,000	4명/6명	110~150	1,200,000	거리는 가까우나 식사가 별로임
B	28	100,000	4명/6명	130~150	1,300,000	현재 보수공사 중이라 소음이 있을 수 있음
C	40	150,000	6명/8명	120~160	1,200,000	부대시설은 양호하나 거리가 멂
D	30	90,000	4명/6명	150~170	1,500,000	깨끗한 시설을 갖추고 있으나 부대시설이 부족함
E	35	100,000	5명/6명	120~140	1,800,000	가장 최근에 리모델링을 한 후 후기가 많지 않음

※ 룸 기준인원 1인 초과 시 1명당 10,000원 추가됨.
※ 세미나실은 수용가능 인원에 맞춰 사용해야 함.

37
다음 [대화]를 바탕으로 규 대리가 예약할 연수원을 고르면?

┤ 대화 ├

황 과장: "지난번 신입사원 교육과 관련해서 연수원 섭외 요청 드렸었는데, 회사 기준에 적합한 신입사원이 부족하여 30명 적게 채용했다고 합니다. 또한, 기존 직원 15명이 진행요원으로 함께 하오니 연수원 섭외 시 참고하시길 바랍니다."

규 대리: "알겠습니다. 혹시 진행요원은 신입사원과 함께 방을 사용하나요? 또한, 제가 더 고려해야 할 사항이 있을까요?"

황 과장: "진행요원은 신입사원과 함께 방을 사용하지 않도록 해주세요. 그리고 저희 회사가 매출은 증가했으나 원자재 값이 올라 실제 영업이익은 줄었습니다. 최대한 비용을 줄이는 방향으로 부탁드립니다."

규 대리: "이해했습니다. 말씀 주신 내용을 바탕으로 리스트에서 연수원을 섭외하겠습니다."

① A연수원   ② B연수원   ③ C연수원
④ D연수원   ⑤ E연수원

38

규 대리는 연수원 예약 시 이틀 연속 동일한 세미나실을 이용해야 한다는 추가 요청을 받았다. 황 과장의 메일, 대화 내용, 세미나실 이용 시간을 모두 고려하여 연수원을 예약하려 할 때, 규 대리가 예약할 수 있는 날짜를 고르면?

[○○연수원 1월 세미나실 예약 일정]

일	월	화	수	목	금	토
3 RED(10) PINK(10) BLUE(11)	4 GREEN(11) RED(14) PINK(15)	5 GREEN(10) BLUE(14) RED(14)	6 BLACK(9) GREEN(10) PINK(11)	7 BLACK(10) GREEN(10) PINK(14)	8 BLUE(10) BLACK(11) GREEN(11)	9 PINK(10) RED(11) GREEN(13)
10 GREEN(10) RED(11) BLUE(13)	11 BLACK(10) BLACK(14) BLUE(15)	12 GREEN(9) PINK(11) BLACK(13)	13 GREEN(10) RED(10) PINK(11)	14 BLACK(10) PINK(10) GREEN(12)	15 BLACK(10) PINK(11) BLUE(14)	16 RED(10) PINK(11) GREEN(12)
17 BLACK(10) GREEN(13) RED(14)	18 PINK(12) BLUE(13) GREEN(14)	19 BLACK(9) GREEN(14) PINK(15)	20 GREEN(11) BLUE(12) BLACK(12)	21 GREEN(11) BLUE(13) PINK(13)	22 GREEN(14) BLACK(11) RED(12)	23 BLACK(10) PINK(12) BLUE(13)
24 BLUE(10) GREEN(11) RED(13)	25 RED(10) GREEN(12) BLUE(11)	26 BLACK(11) PINK(11) RED(12)	27 BLACK(10) GREEN(11) PINK(11)	28 GREEN(10) PINK(10) BLACK(11)	29 GREEN(10) PINK(11) BLACK(11)	30 RED(11) PINK(14) BLUE(14)

※ ( )는 현재 예약이 완료된 시간임.
※ 세미나실 이용시간은 오전 9시부터 오후 7시까지 가능함.
※ 세미나실 최대 이용시간을 초과할 수는 없음.
※ 세미나실은 최대 이용시간 적용 후 다음 예약팀이 바로 이용 가능함.

[표] 세미나실별 최대 수용 가능 인원 및 최대 이용시간

세미나실	최대 수용 가능 인원	최대 이용시간(1일)
RED	120명	4시간
BLACK	150명	4시간
BLUE	150명	3시간
GREEN	150명	4시간
PINK	160명	4시간

① 3~4일 ② 12~13일 ③ 18~19일
④ 20~21일 ⑤ 25~26일

[39~40] 다음 [표]는 발전소 구조물에 들어갈 자재를 만드는 ◯◯업체에 관한 정보이다. 이를 바탕으로 이어지는 질문에 답하시오.

[표1] 자재별 생산량 및 불량률

자재	생산량(톤/일)	불량률(%)			
		1분기	2분기	3분기	4분기
A	50	5	10	5	10
B	45	10	2	10	2
C	40	5	5	2	5
D	40	10	5	2	10
E	45	5	5	5	5

※ 각 분기는 90일로 계산함.
※ ◯◯업체에서 생산하는 자재의 판매 단가는 톤당 800,000원임.
※ ◯◯업체는 불량품이 아닌 자재만 판매할 수 있음.

[표2] 자재별 생산 공장 위치 및 운반비용

자재	발전소와의 거리(km)	교통수단별 운반비용(원/km)	
		화물트럭	화물기차
A	100	80,000	60,000
B	15	20,000	23,000
C	20	18,000	15,000
D	26	20,000	24,000
E	60	57,000	45,000

※ 각 자재는 위치가 다른 공장에서 생산됨.
※ 운반비용은 1일 운반 비용을 의미함.
※ 생산한 자재는 생산 당일 발전소로 운반되어짐.

39

○○업체에서 근무하는 박 대리는 1년 동안 매출이 가장 높은 자재에 예산을 더 많이 배정할 예정이다. 이때, 박 대리가 각 자재의 분기별 생산량 및 불량률만을 고려한다고 할 때, 가장 매출이 높은 자재를 고르면?(단, 공장에서 생산하는 정상 자재는 모두 판매된다.)

① A자재   ② B자재   ③ C자재
④ D자재   ⑤ E자재

40

박 대리는 전체 정상 제품 생산량이 가장 많은 분기에 자재별 매출을 비교할 예정이다. 이때, 운반비용을 고려하여 가장 높은 수익을 올리는 자재를 고르면?(단, 운송수단은 더 저렴한 것을 선택한다.)

① A자재   ② B자재   ③ C자재
④ D자재   ⑤ E자재

※ 전기 외 직렬만 풀이하시기 바랍니다.

[41~42] 다음은 S사에서 생산하는 바지의 제품 코드 생성 규칙이다. 이를 바탕으로 이어지는 질문에 답하시오.

[제품 코드 예시]

2018년 3월 서울 2공장에서 만들어진 털바지 38cm/18인치 중 12,242번째로 만들어진 제품의 제품 코드:

1803－A02－B2－BB2－12242

1803	－	A02	－	B2	－	BB2	－	12242
(제조연도)		(생산공장 코드)		(바지 종류 코드)		(바지 사이즈 코드)		(생산번호)

제조연도	생산공장 코드			바지 종류			바지 사이즈			제품 생산 번호
	코드	지역	번호	용도	종류	코드	크기 (cm)	인치	코드	
2018년 5월: 1805 2018년 10월: 1810 2019년 2월: 1902 2019년 5월: 1905	A	서울	01	여름	반바지 (표준)	A1	25	10	AA1	생산 순서대로 00001 부터 시작
			02		면바지	A2		13	AA2	
	B	대전	01	겨울	긴바지 (표준)	B1	38	15	BB1	
			02		털바지	B2		18	BB2	
	C	대구	01				50	20	CC1	
			02					23	CC2	
	D	부산	01							
			02							

41

다음 중 2019년 8월 18일에 열리는 패션쇼를 위해 제작될 가장 최신의 여름용 반바지 중 서울 공장에서 가장 큰 크기로 만들어질 바지의 제품 코드로 옳은 것을 고르면?

① 1807－A01－A1－CC2－16933
② 1807－B01－A1－CC2－16933
③ 1907－A01－A1－CC2－16933
④ 1907－B01－A1－CC2－16933
⑤ 1907－B02－A1－CC2－16933

42

다음 중 2018년 하반기 대구 2공장에서 만든 16,254번째 겨울 털바지 38cm/15인치 바지의 제품 코드로 옳은 것을 고르면?

① 1805－C01－B1－BB1－16254
② 1805－C01－B2－BB1－16254
③ 1810－C02－B1－BB2－16254
④ 1810－C02－B2－BB1－16254
⑤ 1810－C02－B2－BB2－16254

43

다음은 10자리 국제표준도서번호에 대한 설명이다. 이를 바탕으로 주어진 ISBN의 체크숫자로 옳은 것을 고르면?

전 세계에 유통되는 모든 서적을 체계적으로 유통 및 관리하기 위해 일정한 규칙에 따라 해당 도서만의 고유번호가 부여된다. 이것을 국제표준도서번호(International Standard Book Number), 즉 ISBN이라고 한다. ISBN은 과거 10자리 숫자로 사용되다가 출판량이 증가함에 따라 2007년부터 13자리로 사용되고 있다. 과거에 사용되었던 10자리 ISBN의 구성은 다음과 같다.

<table>
<tr><td>□□</td><td>□□□□</td><td>□□□</td><td>□</td></tr>
<tr><td>국가 코드</td><td>발행자 코드</td><td>책 코드</td><td>체크숫자</td></tr>
</table>

체크숫자는 ISBN의 각 자릿값에 10부터 1까지의 자연수를 차례로 곱해서 더한 값이 11의 배수가 되도록 정한다. 11은 소수이기 때문에 소수 배수가 되면 숫자가 단 한 개만 잘못 입력되어도 해당 오류를 무조건 찾아낼 수 있기 때문이다. 예를 들어 어떤 책의 ISBN이 아래와 같을 때 체크숫자를 구하면 다음과 같다.

ISBN 89$-$5673$-$716$-$□

$(10 \times 8) + (9 \times 9) + (8 \times 5) + (7 \times 6) + (6 \times 7) + (5 \times 3) + (4 \times 7) + (3 \times 1) + (2 \times 6) +$ 체크숫자$= a$라고 할 때, a가 11의 배수가 되도록 해야 하므로 $343 +$ 체크숫자$= a$가 11의 배수여야 한다. 343 이상이면서 343과 가장 가까운 11의 배수는 352이므로 체크숫자는 $352 - 343 = 9$이다. 만약 11의 배수가 되게 하는 체크숫자가 10이라면 X로 나타낸다.

ISBN 78$-$1739$-$849$-$□

---

① 3   ② 4   ③ 5

④ 6   ⑤ 7

44

다음은 한국십진분류법에 의한 도서 분류 방법에 대한 설명이다. 이를 참고할 때, 도서 청구기호 '423.72최26ㅈ'를 가진 책에 대한 설명으로 옳은 것을 고르면?

도서를 분류할 때 쓰이는 한국십진분류법(KDC)에는 약정된 각종 기호들이 사용되는데, 책의 이름표이자 주소와도 같은 청구기호는 숫자와 문자를 조합해 만든다. 청구기호에는 이 책이 어떤 책인지 미리 알 수 있는 비밀이 담겨 있다. 예를 들어 415번 대의 책은 어떤 책일까? 맨 앞자리가 4인 걸 보면 자연과학 쪽의 책이라는 걸 알 수 있다. 400번 대에서 둘째 자리가 1인 것은 수학이다. 수학은 자연과학 중에서 으뜸가는 학문이라는 뜻에서 1번을 차지한다. 세 번째 자리는 수학의 세부 분류를 뜻하는데, 기하학은 산수(1), 대수학(2), 확률과 통계(3), 해석학(4)에 이어 5번에 해당한다. 즉 도서관에서 415번 대의 책장에 꽂힌 책은 제목을 보지 않아도 기하학과 관련된 책이라는 것을 알 수 있다. 420번은 물리학, 430번은 화학, 510번은 의학, 520번은 농업, 농학 등의 방식이다. 세 자리 숫자 다음에 나타나는 소수점 아래 숫자는 더 구체적인 분류를 나타낸다.

도서관에 '고등수학 매일 10문제씩 풀자'라는 책이 새로 들어왔다고 하자. 도서관에서는 이 책을 어떻게 분류할까? 먼저 수학책이므로 맨 앞자리는 자연과학을 뜻하는 4, 그 다음은 수학의 1이 붙는다. 이 책은 수학의 특정 분야가 아닌 수학 이론 전체를 다루기 때문에 셋째 자리는 0이며, 이는 모든 분야에 공통으로 해당된다. KDC에서는 자습서나 문제집을 소수점 아래 .76으로 분류한다. 그래서 이 책의 분류기호는 410.76이다.

지금까지 살펴본 청구기호는 분류기호에 해당한다. 주소로 치면 '구' 정도까지 나눈 셈이다. 더 구체적인 주소는 분류기호 다음에 오는 도서기호로 알 수 있다. 도서기호는 저자기호라고도 하는데, 글쓴이의 정보에 책 제목을 더해 만든다. 도서기호는 리재철의 한글순도서기호법 제5표에 따라 다음과 같이 붙이게 된다.

위에서 언급된 '고등수학 매일 10문제씩 풀자'라는 책의 저자의 이름이 '강호동'이라면, 저자의 성에 해당하는 '강'을 그대로 쓰고 이름의 첫 자인 '호'에서 'ㅎ'에 해당하는 9와 'ㅗ'에 해당하는 5를 붙여 '강95'로 쓴다. 마지막에는 책 제목의 첫 글자인 '고'에서 초성인 'ㄱ'을 붙인다. 결국 '강95ㄱ'이 된다. 따라서 이 책의 도서 청구기호는 410.76강95ㄱ이 된다.

[리재철의 한글순도서기호법(제5표)]

자음기호				모음기호	
ㄱ, ㄲ	1	ㅇ	6	ㅏ	2
ㄴ	19	ㅈ, ㅉ	7	ㅐ(ㅑ, ㅒ)	3
ㄷ, ㄸ	2	ㅊ	8	ㅓ(ㅔ, ㅕ, ㅖ)	4
ㄹ	29	ㅋ	87	ㅗ(ㅘ, ㅙ, ㅚ, ㅛ)	5
ㅁ	3	ㅌ	88	ㅜ(ㅝ, ㅞ, ㅟ, ㅠ)	6
ㅂ, ㅃ	4	ㅍ	89	ㅡ(ㅢ)	7
ㅅ, ㅆ	5	ㅎ	9	ㅣ	8

① 통계에 관한 내용을 다루고 있다.
② 수학과 물리학 이외의 분야에 관한 책이다.
③ 물리학 분야에 관한 책이며, 자습서나 문제집 형태가 아니다.
④ 저자 이름의 첫 번째 글자 초성이 'ㅈ'이다.
⑤ 책의 제목은 2글자이며, 저자명을 정확히 알 수 있다.

45

다음 자료와 [상황]에 대한 설명으로 옳은 것을 고르면?

[전자제품 모델넘버 표기 방식]

AA65QK01M3W

    AA는 2020년 처음 출시된 해이며 AB는 2021년, AC는 2022년과 같은 규칙을 따른다. 65는 이 제품의 규격이고, QK는 국내 출시 제품, QI는 해외 출시 제품이다. 01은 1월 출시 제품임을 뜻하고, M은 판매처가 대형마트임을 나타내는 표기이며 이 외에 D는 백화점, S는 그 외 판매처임을 뜻한다. 3은 추가된 옵션의 개수이고, W는 흰색을 나타내는 표기이며 이 외에 B는 검정색, G는 회색, R은 그 외의 색을 뜻한다.

[고객 서비스]

• 무상 수리 보장 기간

구분 \ 판매처	마트, 백화점	그 외
구입 내역 증빙이 가능한 경우	구입일로부터 2년 이내	구입일로부터 2년 이내
구입 내역 증빙이 불가능한 경우	제품 출시월로부터 2년 이내	제품 출시월로부터 2년 이내

• 제품 정기 정비 시 소요 시간

판매처 \ 구분	국내 출시 제품	해외 출시 제품
마트, 백화점	기사 출장 시 기사 출장 도착 시점부터 $\{(\text{추가된 옵션 개수})^2+1\}\div 2$ (시간) 제품 수거 시 제품 수거 시점부터 $(\text{추가된 옵션 개수})^2\div 2+36$ (시간)	접수 불가
그 외	제품 수거 시 제품 수거 시점부터 $(\text{추가된 옵션 개수})^2\div 2+36$ (시간)	

• 제품 수거 가능 여부

구분	제품 수거 가능	제품 수거 불가능
제품 규격	70 미만	70 이상
컬러	흰색, 검정색	그 외 특수 컬러

┤ 상황 ├

오늘은 2024년 5월이다.

① AA75QI12S2W 제품을 2022년 3월 구매했다면 구입 내역 증빙이 가능한 경우 무상 수리를 받을 수 있다.
② AB55QI02S2G 제품은 구입 내역 증빙이 불가능하더라도 무상 수리를 받을 수 있다.
③ AC65QK02S2B 제품은 제품 수거 시점부터 4일 이내 정기 정비를 받을 수 있다.
④ AA75QK07S3W 제품은 제품 수거 시점부터 4일 이내 정기 정비를 받을 수 있다.
⑤ AC45QI01S1R 제품은 구입 내역 증빙과 상관없이 기사 출장 시점부터 1시간 내 무상으로 정기 정비를 받을 수 있다.

46

다음 설명을 참고할 때, 커넥티드 카를 실현하기 위하여 활용되는 핵심 기술 서비스를 일컫는 말을 고르면?

커넥티드 카(Connected Car)는 자동차와 인터넷과 모바일 기기 등 IT 기술을 융합하여, 사용자에게 안전성과 편의성을 제공하는 자동차를 말한다. 커넥티드 카 기술은 기반 기술인 OS와 통신기술과 서비스로 나눌 수 있다. 커넥티드 카 엔터테인먼트 OS 분야에서는 오픈 소스 플랫폼인 미러 링크(Mirror Link), 제니비(Genivi)가 있다.

애플과 구글은 2014년 3월과 6월에 자동차와 스마트폰을 연결해 자동차 대시 보드를 스마트폰처럼 사용하는 애플의 카플레이(CarPlay), 구글의 안드로이드 오토(Android Auto)를 발표하여 차량의 인터넷 연결을 넘어 차량 간, 차량과 인프라 간 통신 및 스마트폰의 다양한 기능을 통해 편의를 제공하는 차량용 인포테인먼트 시스템을 구현했다.

볼보의 V2V(Vehicle-to-Vehicle) 통신 시스템은 사용자에게 더욱 안전한 운전 경험을 제공하고 교통정체 개선을 위해 차량의 바퀴, 엔진, 헤드라이트 등에 탑재된 센서 정보를 공유해 빙판길이나 사고 상황을 실시간으로 볼보의 서버에 전송하여 주변 차량에게 경고해 추돌사고를 방지할 수 있게 도와준다.

① 플라잉 카 서비스   ② 텔레매틱스 서비스   ③ 사물인터넷
④ 유비쿼터스 서비스   ⑤ 클라리온 서비스

47

IT기기를 활용한 정보처리 과정은 '기획 → 수집 → 관리 → 활용'의 단계를 거친다. 다음 [보기]의 ㉠~㉣을 정보처리 과정의 각 단계에 부합하는 순서대로 재배열한 것을 고르면?

┤ 보기 ├

㉠ 5W2H의 요소들을 파악하여 이를 정보처리의 기준으로 활용한다.
㉡ 다양한 정보가 목적성, 용이성, 유용성의 원칙에 부합하는지를 고려한다.
㉢ 효과적인 예측을 통해 다양한 정보원으로부터 목적에 적합한 정보를 입수한다.
㉣ 문제 해결에 적합한 정보를 찾고 선택할 수 있는 능력, 찾은 정보를 문제해결에 적용할 수 있는 능력 등 다양한 능력이 수반되어야 한다.

① ㉠-㉢-㉡-㉣   ② ㉠-㉣-㉡-㉢   ③ ㉡-㉠-㉣-㉢
④ ㉢-㉠-㉡-㉣   ⑤ ㉢-㉣-㉠-㉡

다음 글은 바둑판 모양의 도형을 일정한 규칙의 적용에 따라 흰색과 검정 칸으로 변환하는 과정을 설명한 것이다. 이를 바탕으로 이어지는 질문에 답하시오.

바둑판 모양의 3×3 정사각형이 있고, 흰색 또는 검은색으로 채워져 있다. 각 칸의 색깔은 주변 최대 8개의 칸의 색에 따라 다음의 변환 순서로 변화한다. 규칙 1)을 적용하면 흰색 칸은 주변에 검은색 칸이 3개일 때 검은색으로 변한다. 규칙 2)를 적용하면 검은색 칸은 주변에 검은색 칸이 2개 또는 3개가 아닌 경우 흰색으로 변한다.

예를 들어 위의 규칙 1), 규칙 2)을 단계적으로 적용하면 아래의 처음 도형이 최종 도형으로 도출된다.

[예시]

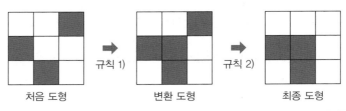

48
위의 글에서 파악된 규칙을 아래의 모양에 적용했을 때, 주어진 모양을 규칙에 맞도록 변환한 것을 고르면?

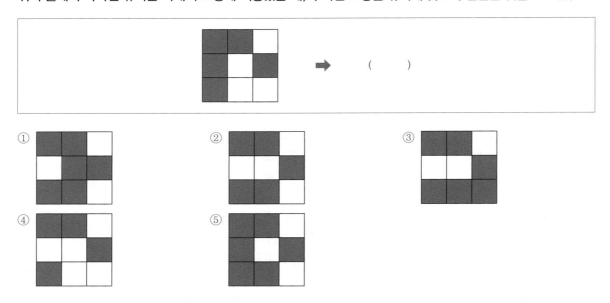

49

다음 중 글에서 파악된 규칙을 아래의 모양에 적용했을 때, 주어진 모양을 규칙에 맞도록 변환한 것을 고르면?

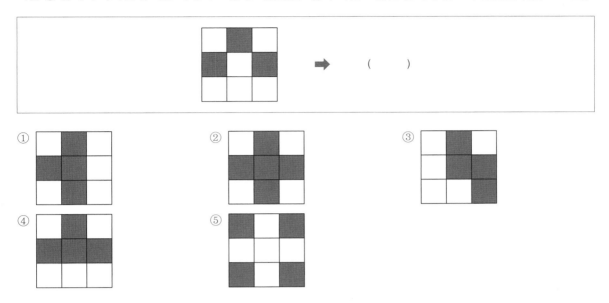

50

다음 글의 빈칸에 들어갈 말로 적절한 것을 고르면?

( )는(은) 국제표준화기구 및 국제전기기술위원회에서 제정한 정보보호 관리 체계에 대한 국제 표준이
자 정보보호 분야에서 가장 권위 있는 국제 인증으로, 정보보호정책, 기술적 보안, 물리적 보안, 관리적 보안
정보접근 통제 등 정보보안 관련 11개 영역, 133개 항목에 대한 국제 심판원들의 엄격한 심사와 검증을 통과
해야 인증된다.

① ISO 27001   ② ISO 50001   ③ ISO 22301
④ ISO 14001   ⑤ ISO 37301

에듀윌이
너를
지지할게
ENERGY

내 힘에 부치고 내 능력에 넘치는 일이 주어지는 까닭은
내가 업그레이드 될 때가 되었다는 사인입니다.

– 조정민, 『인생은 선물이다』, 두란노

모바일
OMR 채점 서비스

정답만 입력하면
채점에서 성적분석까지 한 번에 쫙!

실전모의고사

번호	정답 체크
01	① ② ❸ ④ ⑤
02	① ② ③ ❹ ⑤
03	① ② ③ ④ ❺
04	① ❷ ③ ④ ⑤
05	❶ ② ③ ④ ⑤
06	❶ ② ③ ④ ⑤
07	

실전모의고사 성적분석

☑ [QR코드 인식 ▶ 모바일 OMR]에 정답 입력

☑ 실시간 정답 및 영역별 백분율 점수 위치 확인

☑ 취약 영역 및 유형 심층 분석

※ 유효기간: 2026년 12월 31일

▶ 전기 직렬

eduwill.kr/szXe

▶ 전기 외 직렬

eduwill.kr/LzXe

실전모의고사 1회 전기 전공

정답과 해설 P.20

01

정사각형의 한 변의 길이가 $\sqrt{2}$[m]이라고 한다. 이 정사각형 4개 꼭짓점에 $+2\times10^{-9}$[C]의 전하가 각각 존재한다고 할 때 정사각형의 중심에서의 전위 [V]를 고르면?

① 0   ② 6   ③ 18
④ 36   ⑤ 72

02

정전 용량이 3[μF], 4[μF], 5[μF]이고, 각각의 내압이 300[V], 200[V], 250[V]인 콘덴서 3개를 직렬로 연결하여 전압을 서서히 증가시킬 때 나타나는 콘덴서의 상태를 고르면?(단, 유전체의 재질이나 두께는 같다.)

① 내압과 무관하게 동시에 모두 파괴된다.
② 3[μF]가 가장 먼저 파괴된다.
③ 4[μF], 5[μC], 3[μC] 순으로 파괴가 된다.
④ 4[μC], 3[μC], 5[μC] 순으로 파괴가 된다.
⑤ 5[μF]가 가장 먼저 파괴된다.

03

환상 솔레노이드의 권수(N)가 500회, 평균 반지름(r)이 10[cm], 비투자율은 20이라고 한다. 이 환상 솔레노이드에 2[A]의 전류를 흘릴 때 자장의 세기 [AT/m]를 고르면?

① 약 1,432   ② 약 1,592   ③ 약 1,753
④ 약 1,812   ⑤ 약 1,934

04

역률 60[%](지상)의 1,200[kW] 부하에 전력용 콘덴서를 병렬로 접속하여 합성 역률을 85[%]로 개선하고자 할 경우, 필요한 전력용 콘덴서의 용량 [kVA]을 고르면?

① 약 456

② 약 584

③ 약 666

④ 약 856

⑤ 약 943

05

연가를 하는 주된 목적으로 옳은 것을 고르면?

① 전선 절약
② 선로 정수의 평형
③ 유도뢰의 방지
④ 패란티 현상 방지
⑤ 미관상 필요

06

$e(t) = 432 \sin\left(\omega t - \dfrac{\pi}{6}\right)$[V]로 표시되는 전압과 주파수는 같으나 위상이 60° 앞서는 실횻값 300[A]의 전류 순싯값을 고르면?

① $i(t) = 300 \sin\left(\omega t + \dfrac{\pi}{6}\right)$[A]

② $i(t) = 300 \sin\left(\omega t - \dfrac{\pi}{6}\right)$[A]

③ $i(t) = 300\sqrt{2} \sin\left(\omega t + \dfrac{\pi}{6}\right)$[A]

④ $i(t) = 300\sqrt{2} \sin\left(\omega t - \dfrac{\pi}{6}\right)$[A]

⑤ $i(t) = 432 \sin\left(\omega t + \dfrac{\pi}{6}\right)$[A]

07

송전선에 낙뢰가 가해져서 애자에 섬락이 생기면 아크가 생겨 애자가 손상되는 경우가 있다. 이것을 방지하기 위하여 사용되는 것을 고르면?

① 댐퍼   ② 매설 지선   ③ 가공 지선
④ 소호각   ⑤ 아머로드

08

$R-L-C$ 직렬 회로에서 공진 시의 전류와 전압의 위상차를 고르면?

① $0°$ ② $90°$ ③ $180°$
④ $270°$ ⑤ $360°$

09

2단자 임피던스 함수가 $Z(s) = \dfrac{(s-2)(s+3)(s-1)}{(s+1)(s+4)}$ 일 때, 영점을 고르면?

① $2, 3, -1$ ② $2, -3, 1$ ③ $2, -3, -1$
④ $-2, 3, 1$ ⑤ $-2, -3, 1$

10

방의 가로가 10[m], 세로가 8[m], 광원의 높이가 3[m]인 방의 실지수를 고르면?

① 약 1.12   ② 약 1.34   ③ 약 1.48

④ 약 1.62   ⑤ 약 2.87

11

곡선 궤도를 운행하는 경우에 열차가 원활하게 통과하도록 내측 궤조의 궤간을 넓히는 정도를 뜻하는 말로 옳은 것을 고르면?

① 확도   ② 고도   ③ 침목

④ 도상   ⑤ 복진지

12

전력변환 기기 중에서 교류 전압을 직류 전압으로 변환하는 기기를 고르면?

① 초퍼   ② 변류기   ③ 인버터

④ 컨버터   ⑤ 사이클로 컨버터

13

권선형 유도전동기에서 비례추이를 할 수 <u>없는</u> 것을 고르면?

① 토크   ② 2차 전류   ③ 역률
④ 2차 효율   ⑤ 1차 입력

14

고압 및 특고압전로 중의 과전류차단기의 시설에 관한 내용에서 포장 퓨즈는 2배의 전류로 몇 분 안에 용단되어야 하는지 고르면?

① 2분   ② 20분   ③ 40분
④ 60분   ⑤ 120분

15

다음 중 지선에 대한 설명으로 옳지 <u>않은</u> 것을 고르면?

① 안전율은 2.5이다.
② 철탑에 사용한다.
③ 3가닥 이상의 연선이다.
④ 소선은 지름이 2.6[mm] 이상인 금속선이다.
⑤ 도로 횡단 시 5[m] 이상이다.

실전모의고사 1회 [NCS]

의사소통능력 01~10번

[01~02] 다음 글을 읽고 이어지는 질문에 답하시오.

[가] 2050년까지 이산화탄소의 실질적인 배출량을 제로로 만들겠다는 탄소 중립 방침이 정부 정책의 중요한 핵심이 되면서 신재생에너지에 대한 관심이 높아지고 있다. 특히 태양은 그 무한한 잠재력을 인정받으며 많은 기술 개발이 이뤄져 왔다. 태양광이라고 하면 지붕에 설치된 태양광 패널을 떠올리기 마련인데, 장소, 날씨를 불문하고 누구나 태양에너지를 쉽게 만들어 쓸 수 있는 시대가 열릴 것으로 전망된다. 바로 식물의 광합성 작용을 이용해 태양광을 전기로 바꾸는 염료 감응형 태양전지(Dye Sensitized Solar Cell, DSSC)가 주목받고 있기 때문이다.

[나] 지금까지 우리가 사용하고 있는 전기의 대부분은 석유와 석탄 등 화석연료를 통해 생산됐다. 하지만 이들 화석연료는 적게는 50년부터 길게는 130년이라는 유효기간밖에 남아 있지 않다는 사실이 알려지면서 인류는 전기를 얻을 수 있는 다른 방법에 골몰하기 시작했다. 이에 태양, 바람 등 청정자원을 이용한 에너지원이 화석연료의 대체로 떠오르기 시작하면서 심도 있는 연구가 이뤄지기 시작했고, 이 중 태양은 지속가능한 친환경 에너지로 조명받고 있다. 이유는 태양이 존재하는 한 무한한 양을 자랑하는 지속가능성을 지녔기 때문이다. 만약 한 시간 동안 지구에 전달되는 태양에너지를 손실 없이 100% 이용할 수 있다는 가정하에 만들어낼 수 있는 전기의 양은 인류가 1년 동안 사용할 수 있는 양이다. 또 하루 동안 지구가 태양으로부터 받는 에너지로 0도인 물 37조 톤(t)을 100℃까지 높일 수 있을 만큼 어마어마한 에너지를 자랑한다. 이외에도 필요한 전기량의 생산조절이 가능한 데다 진동과 소음이 적다는 장점도 있다.

[다] 이러한 태양을 이용해 에너지로 변환한 전지를 개발하는 기술 중 현재 가장 상용화된 기술은 실리콘 태양전지이다. 현재 판매되는 태양전지의 95% 이상은 실리콘으로 만들어진다. 하지만 실리콘 태양전지는 제작과정이 복잡하고 가격이 비싸다는 단점이 있다. 실리콘은 전기를 전달하는 능력이 뛰어나지만, 전지에 필요한 고순도의 실리콘을 만들기 위해서는 고도의 기술이 필요하고, 전지의 효율을 높이면 그만큼 비용도 올라가기 때문이다. 이에 더욱 효율이 높은 전지를 만들기 위해 염료를 주입해 가시광선 영역의 빛 흡수율을 높이는 연구가 한창 활발하게 진행되고 있다. 바로 이것이 염료감응 태양전지다. 염료감응 태양전지는 식물의 광합성을 모티브로 했다. 광합성은 식물의 엽록체에서 일어나는 생화학적 합성 반응을 뜻하는데, 바로 식물이 태양 빛을 흡수했을 때 들뜬 엽록소가 주변으로 높은 에너지의 전자를 전달하면 일련의 화학작용을 하면서 에너지원이 생성된다. 이러한 원리를 모방해 탄생한 염료감응 태양전지는 1991년 스위스 로잔공대(EPFL) 화학과의 미카엘 그라첼(Michael Gratzel) 교수가 처음 개발하면서 알려졌다. 염료감응이라는 단어에서 알 수 있듯이 별도의 전지판 없이 특수 염료만으로 전기·방사선·빛·열 등의 영향을 받아 전기나 자기를 띠는 현상을 만들어냈다.

[라] 염료감응 태양전지의 가장 큰 장점은 흐린 날씨든, 실내이든 장소를 불문하고 누구나 태양에너지를 생성할 수 있다는 것이다. 또 가시광선을 투과할 수 있어 유리창이나 자동차 등 디자인에 구애받지 않고 다양하게 응용이 가능하다. 투명성이 있어 건물 외벽에 부착할 때도 심미적인 부분도 해결할 수 있다. 또 제조 공정이 간단하고 우수한 성능으로 인해 기존 실리콘 태양전지의 대안으로 관심을 끌고 있다. 동시에 현재 많이 사용되고 있는 실리콘 전지에 비해 가격이 약 1/5 저렴하다는 점도 장점이다.

[마] 하지만 이러한 강점에도 불구하고 염료감응 태양전지에 대한 기술개발이나 연구는 활발히 이루어지고 있지 않다. 특히 다양한 디자인을 입고 여러 웨어러블 전자기기 등으로도 활용될 수 있음에도 불구하고 여전히 창호 형태로 제작해 유리창이나 건물에 부착해 전기를 생산하는 한정적인 용도로 거의 사용되고 있다. 이유는 실내 광이나 인공광의 조건에서는 낮은 광량으로 인해 염료 감응형 광전지 광전극의 광 수확 기능이 떨어져 광전 변환의 효율성이 낮기 때문이다. 하지만 이러한 한계를 극복하기 위한 연구는 계속 진행 중이다.

01

다음 중 문단 [가]~[마]의 핵심 내용을 제시한 것으로 옳지 않은 것을 고르면?

① [가]: 신재생에너지로 주목받고 있는 염료 감응형 태양전지
② [나]: 친환경에너지로 조명받고 있는 태양의 장점
③ [다]: 실리콘 태양전지의 장단점
④ [라]: 염료감응 태양전지의 장점
⑤ [마]: 염료감응 태양전지의 한계점

02

다음 중 글의 내용과 일치하지 않는 것을 고르면?

① 염료감응 태양전지의 가장 큰 장점은 장소를 불문하고 누구나 태양에너지를 생성할 수 있다는 것이다.
② 식물의 광합성 작용을 이용해 태양광을 전기로 바꾸는 전지를 염료 감응형 태양전지라고 한다.
③ 태양이 지속 가능한 친환경 에너지로 조명받는 이유는 무한한 양을 자랑하는 지속가능성을 지녔기 때문이다.
④ 염료감응 태양전지에 대한 기술개발이나 연구는 활발히 이루어지고 있다.
⑤ 태양을 이용해 에너지로 변환한 전지를 개발하는 기술 중 현재 가장 상용화된 기술은 실리콘 태양전지이다.

03

다음 글을 읽고 기망행위에 해당하는 것을 [보기]에서 모두 고르면?

불법적으로 상대를 속여 이득을 취하는 형태의 사기범죄가 기승을 부리고 있다. 사기 죄는 타인을 기망하여 재물의 교부를 받거나 재산상의 이익을 취득하는 경우 및 제3자로 하여금 재물의 교부를 받게 하거나 재산상의 이익을 취득하게 하는 행위를 했을 때 성립하는 범죄이다. 최근 사회적 문제로 불거지고 있는 전세사기 역시 사기죄에 해당한다. 부산지방경찰청은 잇따르는 전세사기 사건에 대해 특별단속을 벌여 지난해 7월부터 현재까지 248명을 검거하고 이 가운데 12명을 구속했다.

사기죄의 범죄 성립 요건인 기망은 재산상의 거래 관계에서 서로 지켜야 할 신의와 성실의 의무를 저버리는 모든 행위를 통칭한다. 의도적으로 상대방을 착오에 빠지게 하여 사익을 추구하는 것이 바로 기망이다. 기망 행위를 통해 본인이 직접적으로 얻지 않더라도 제3자로 하여금 이득을 보게 하여 편취하는 경우에도 사기죄는 인정된다. 사기죄는 형법 제347조에 의거해 사기죄 혐의가 인정되면 10년 이하의 징역형 또는 2,000만 원 이하의 벌금형에 처하는데, 범죄수익의 액수에 따라 특정경제범죄가중처벌법이 적용되어 처벌은 더욱 무거워진다. 피해 금액이 5억 원 이상 50억 원 미만일 경우 3년 이상의 유기징역, 50억 원 이상일 경우엔 5년 이상의 유기징역 또는 무기징역으로 처벌받을 수 있다.

이와 같은 사기죄는 채무불이행과 구분해야 한다. 빌린 돈을 갚지 않아 사기죄로 고소하는 경우가 많이 있는데, 기망행위 없이 단순히 경제적 사정으로 돈을 갚지 못한 경우에는 단순 채무불이행 문제가 될 수 있기 때문에 민사소송으로 해결해야 한다.

사기죄의 경우 관련 사건 경험이 많은 형사 전문 변호사의 법률적 조력을 받아 증거를 확보하고 소송을 준비해야 한다. 타인에게 재산상의 피해를 안기는 사기와 같은 재산범죄는 엄중히 다뤄지는 경우가 많다.

┤ 보기 ├
㉠ 의도적으로 착오에 빠지게 하여 사익을 추구하는 경우
㉡ 경제적 사정으로 단순히 돈을 갚지 못한 경우
㉢ 서로 지켜야 할 신의와 성실의 의무를 저버리는 경우
㉣ 기망행위를 통해 제3자가 이득을 보는 경우

① ㉠, ㉡, ㉢ ② ㉠, ㉡, ㉣ ③ ㉠, ㉢, ㉣
④ ㉡, ㉢, ㉣ ⑤ ㉠, ㉡, ㉢, ㉣

04

다음 중 문단 [가]~[바]를 순서대로 가장 바르게 배열한 것을 고르면?

[가] 스마트폰은 다양한 위치 측정 기술을 활용하여 여러 지형 환경에서 위치를 측정한다. 위치에는 절대 위치와 상대 위치가 있다. 절대 위치는 위도, 경도 등으로 표시된 위치이고, 상대 위치는 특정한 위치를 기준으로 한 상대적인 위치이다.

[나] 한편 실내에서 위치 측정에 사용 가능한 방법으로는 블루투스 기반의 비콘을 활용하는 기술이 있다. 비콘은 실내에 고정 설치되어 비콘마다 정해진 식별 번호와 위치 정보가 포함된 신호를 주기적으로 보내는 기기이다. 비콘들은 동일한 세기의 신호를 사방으로 보내지만 비콘으로부터 거리가 멀어질수록, 벽과 같은 장애물이 많을수록 신호의 세기가 약해진다. 단말기가 비콘 신호의 도달 거리 내로 진입하면 단말기 안의 수신기가 이 신호를 인식한다. 이 신호를 이용하여 2차원 평면에서의 위치를 측정하는 방법으로는 다음과 같은 것들이 있다.

[다] 근접성 기법은 단말기가 비콘 신호를 수신하면 해당 비콘의 위치를 단말기의 위치로 정한다. 여러 비콘 신호를 수신했을 경우에는 신호가 가장 강한 비콘의 위치를 단말기의 위치로 정한다.

[라] 삼변측량 기법은 3개 이상의 비콘으로부터 수신된 신호 세기를 측정하여 단말기와 비콘 사이의 거리로 환산한다. 각 비콘을 중심으로 이 거리를 반지름으로 하는 원을 그리고, 그 교점을 단말기의 현재 위치로 정한다. 교점이 하나로 모이지 않는 경우에는 세 원에 공통으로 속한 영역의 중심점을 단말기의 위치로 측정한다.

[마] 실외에서는 주로 스마트폰 단말기에 내장된 GPS(위성항법장치)나 IMU(관성측정장치)를 사용한다. GPS는 위성으로부터 오는 신호를 이용하여 절대 위치를 측정한다. GPS는 위치 오차가 시간에 따라 누적하지 않는다. 그러나 전파 지연 등으로 접속 초기에 짧은 시간 동안이지만 큰 오차가 발생하고 실내나 터널 등에서는 GPS 신호를 받기 어렵다. IMU는 내장된 센서로 가속도와 속도를 측정하여 위치 변화를 계산하고 초기 위치를 기준으로 하는 상대 위치를 구한다. 단기간 움직임에 대한 측정 성능이 뛰어나지만 센서가 측정한 값의 오차가 누적되기 때문에 시간이 지날수록 위치 오차가 커진다. 이 두 방식을 함께 사용하면 서로의 단점을 보완하여 오차를 줄일 수 있다.

[바] 위치 지도 방법은 측정 공간을 작은 구역들로 나누어 구역마다 기준점을 설정하고 그 주위에 비콘들을 설정한다. 그리고 나서 비콘들이 송신하여 각 기준점에 도달하는 신호의 세기를 측정한다. 이 신호 세기와 비콘의 식별 번호, 기준점의 위치 좌표를 서버에 있는 데이터베이스에 위치 지도로 기록해 놓는다. 이 작업을 모든 기준점에서 수행한다. 특정한 위치에 도달한 단말기가 비콘 신호를 수신하면 신호 세기를 측정한 뒤 비콘의 식별 번호와 함께 서버로 전송한다. 서버는 수신된 신호 세기와 가장 가까운 신호 세기를 갖는 기준점을 데이터베이스에서 찾아 이 기준점의 위치를 단말기에 알려 준다.

① [가]－[나]－[마]－[다]－[라]－[바]
② [가]－[마]－[나]－[다]－[라]－[바]
③ [나]－[가]－[다]－[라]－[마]－[바]
④ [다]－[가]－[나]－[마]－[바]－[라]
⑤ [다]－[나]－[가]－[라]－[마]－[바]

분노는 일종의 습관이다. 화를 내면 순식간에 뇌에 피가 쏠린다. 혈류량은 무려 6초 만에 절정에 달한다. 분노는 상대방이 반응할 때까지 끊임없이 끓어오르기 때문에 한 번 올라간 혈압이 떨어지기도 어렵다. 분노로 인해 올라간 뇌의 혈압이 정상으로 돌아오려면 대략 1시간이 걸리므로 분노는 결코 뇌 건강에 좋지 않다. 그렇다고 해서 쉽게 화를 내는 사람에게 화를 참아보라 해도 성향이 쉽게 바뀌지 않는다. 뇌에 분노하는 버릇이 들어 있기 때문이다. 분노가 습관이 된 사람은 화를 냄으로써 의식을 각성하고 자신이 분노한 상황을 이해하려 한다.

화를 잘 내는 사람에게 나타나는 공통된 특징은 수면 부족이다. 그래서 분노하는 버릇을 고치는 가장 효과적인 방법은 평소보다 30분 일찍 자는 것이라는 말도 있다. 특히 12시 전에 자는 것이 효과적이다. 잠자는 시간 동안 감정이 가라앉아 분노가 사라지는 것이 아니라, 잠이 직접적으로 화나 슬픔과 같은 감정을 희미하게 만들기 때문이다. 미국 일리노이대 연구팀은 수면 부족이 분노를 부채질하는지 확인하기 위해 재학생 202명을 대상으로 한 달간 수면·스트레스 요인·분노 상태에 대한 기록과 실험을 진행했다. 그러자 평소보다 잠이 부족하면 다음 날 화가 나는 상황을 겪는 경향이 나타났다. 이후 연구팀은 147명의 지역주민을 대상으로도 실험을 진행했다. 실험 참가자들은 평소 수면 스케줄을 유지하거나 평소보다 약 5시간 정도 수면 시간을 줄이는 조건 중 하나에 배정돼 이틀 후 실험실에서 자극성 소음에 노출되는 동안 느끼는 분노의 강도를 진술했다. 그 결과, 충분히 잔 사람은 소음에 대한 분노가 덜하지만, 수면이 부족한 사람은 소음에 반응해 분노가 높아지고 증폭됐다. 연구팀은 이 조사 결과를 토대로 수면 부족이 분노나 슬픔과 같은 감정적 반응 능력에 손상을 일으킨다고 주장했다.

한편 스위스, 이탈리아 공동 연구팀은 렘수면(REM) 동안 일어나는 감정 처리 과정을 이해하고자 했다. 수면은 크게 렘수면과 비렘수면(NREM)으로 나뉜다. 렘수면은 몸은 잠들었지만 뇌는 깨어있는 '얕은 잠'으로, 이 단계에서 우리는 꿈을 꾸며 실제 세상을 보듯 안구를 빠르게 움직인다. 반면 '깊은 잠'인 비렘수면은 몸과 뇌가 모두 잠들어 호흡과 심박수가 감소한 상태다. 전체 수면 시간 중 우리는 렘수면과 비렘수면을 번갈아 경험하는데 그 비율은 약 1:4이다. 뇌는 렘수면 중에 낮에 수집한 단기기억을 장기기억으로 저장한다. 우리는 일상 속에 여러 가지 경험을 한 후 그와 관련한 기억을 대뇌 피질에 임시로 저장해 두는데 렘수면 중 이러한 단기기억을 전문 기억 기관인 '해마'까지 운반하여 장기기억으로 바꾼다. 렘수면 중 우리는 피로를 해소하고 사회적 관계를 정리하며 그날의 기억 중 감정적인 기억을 장기기억으로 통합한다.

연구팀은 렘수면 동안 감정적 기억이 통합되는 과정을 밝히고자 쥐를 대상으로 뇌세포 활동을 측정했다. 쥐가 안전과 관련된 자극 또는 위험과 관련된 자극에 노출되도록 실험을 설계한 후 렘수면 동안에 뇌에서 일어나는 활동을 기록했다. 그 결과 렘수면 동안 감정 신호가 뇌신경 세포에서 다른 신경세포로 전달되지 못하고 차단되는 현상을 발견했다. 특히 (   ) 우리 뇌는 기억할 내용이 긍정적인지 부정적인지에 따라 처리하는 장소가 다르다. 긍정적인 기억은 해마가 처리하고 부정적인 기억은 편도체에서 처리한다. 이 같은 구조 덕분에 공포와 같은 부정적 감정은 쉽게 잊어버리고 긍정적인 기억만을 오랫동안 기억할 수 있다. 뇌신경 세포는 크게 신경세포의 몸통인 '세포체', 다른 신경세포에서 온 신호를 받아들이는 '수상돌기', 그리고 다른 신경세포에 신호를 보내는 '축색돌기'의 세 부위로 나뉘는데, 렘수면 동안에는 신경세포의 수상돌기가 받아들인 신호를 세포체 단계에서 차단하여 부정적인 감정을 폐기한다.

우리 뇌가 이렇게 진화한 이유는 뇌의 용량 부족 때문이다. 뇌에 집중적으로 입력되는 많은 정보를 실시간으로 장기기억으로 변환하기에는 뇌의 용량이 부족하다. 따라서 나중에 따로 시간을 내서 버려야 할 정보와 기억해야 할 정보를 구분하고 후자만을 장기기억으로 저장해야 한다. 렘수면은 신체의 에너지 소비를 최소화하면서 동시에 뇌의 활동을 그대로 유지해 신체는 휴식을 취하고 뇌는 활동적으로 낮 동안 얻은 단기 기억 중 기억할 만한 가치가 있는 긍정적인 기억을 장기기억으로 넘기는 적응적 진화의 산실이다. 그래서 잠이 부족하면 편도체보다 해마의 기능이 급격히 떨어져 우울하고 부정적인 기억이 오래 남게 되고, 분노와 슬픔과 같은 감정에 쉽게 빠져들게 된다. 즉, 렘수면에 빠진 상태에서 우리 뇌는 행복한 기억을 남기고 슬픈 기억을 지우는 것이다.

05

다음 중 글의 내용과 일치하지 않는 것을 고르면?

① 전체 수면 시간 중 비렘수면보다 렘수면 시간이 차지하는 비중이 높다.
② 수면이 부족한 사람들은 자극성 소음에 비교적 쉽게 분노하는 경향을 보였다.
③ 수집한 기억 중 부정적인 감정과 관련된 기억은 편도체에서 처리된다.
④ 습관적으로 분노하는 사람은 분노를 통해 자신이 처한 상황을 이해하고자 한다.
⑤ 뇌에서 단기기억을 장기기억으로 저장하는 활동은 렘수면일 때 이루어진다.

06

다음 중 글의 빈칸에 들어갈 내용으로 가장 적절한 것을 고르면?

① 부정적인 감정이 보다 쉽게 장기기억화되는 것으로 나타났다.
② 부정적인 기억은 긍정적인 기억으로 미화되는 경향을 보였다.
③ 해마보다 편도체의 기능이 활성화되는 것으로 밝혀졌다.
④ 부정적인 감정의 신호를 차단하는 경향이 뚜렷하게 나타났다.
⑤ 부정적인 감정 중 분노가 가장 먼저 제거되는 것으로 나타났다.

07

다음 글을 읽고 [보기]의 빈칸에 들어갈 가장 적절한 내용을 고르면?

2036년까지의 전력수급을 안정적으로 대응하기 위한 기본계획이 나왔다. 기본계획은 원자력 발전 용량을 꾸준히 늘리는 가운데 신재생에너지 비중을 현재보다 두 배 이상 확대하고 석탄 발전의 비중은 대폭 축소하는 방향으로 설계됐다.

올해부터 2036년까지의 전력수급 중장기 전망과 수요 관리, 발전 및 송·변전 설비계획 등을 담은 제10차 전력수급 기본계획을 자문하는 기구인 총괄분과위원회는 지난해 12월부터 33차례의 회의를 거쳐 마련한 기본계획 실무안을 공개했다. 정부는 실무안을 토대로 환경부 전략환경영향평가, 관계 부처 협의 등을 거쳐 정부 초안을 마련할 예정이다. 전력수급 기본계획은 전력수급의 안정을 위해 전기사업법에 따라 2년마다 수립하는 행정계획이다.

실무안에 따르면 2036년 최대 전력 수요는 데이터 센터 및 전기화 영향을 반영해 117.3GW로 추산됐으며, 연평균 증가율은 1.4%로 예상한다. 제10차 전력수급 기본계획 실무안에서는 태양광 발전 증가에 따른 변동성에 대응하고자 수요 전망 체계를 총수요 전망 체계로 전환했다. 이전에는 전력시장에서 시현되는 수요만 전망했다면 총수요 전망 체계는 한전 전력거래계약(PPA), 자가용 태양광을 포함해 총수요를 전망한 뒤 자가용 발전량을 차감한 사업용 전력 수요를 기준 수요로 했다.

위원회는 지난 8, 9차에서 반영을 유보한 4차 산업혁명 영향과 관련해 데이터 센터가 4차 산업혁명의 핵심 동인으로서 역할을 할 것이며, 여러 수치의 증가 추세가 빠를 것으로 검토돼 이를 주요하게 반영했다. 또 탄소중립 달성 등을 위해 산업, 수송, 건물 등 각 분야에서 나타나는 전기화 수요도 모형을 통해 추정한 결과를 반영했다. 더불어 전력수급 안정이 중요하나 석탄 발전 비중 감소 등을 통해 온실가스 배출 목표도 달성할 예정이다. 2036년 기준 목표 설비 용량은 같은 해 목표 수요인 117.3GW에 기준 설비 예비율 22%를 반영한 143.1GW로 산출됐다. 2036년 기준 확정 설비 용량은 운영 중, 건설 중, 폐지 예정 설비 등을 계산한 결과 142.0GW로 나왔다. 원전은 2036년까지 12기를 계속 운전하고 준공 예정인 원전 6기를 반영했다. 석탄 발전은 감축 기조를 유지해 2036년까지 가동 후 30년이 도래하는 26기를 폐지하는 것을 반영했다. 대신 폐지되는 석탄 발전 26기는 액화천연가스(LNG) 발전으로 전환되고 LNG 발전소 5기가 신설돼 LNG 발전량이 늘어날 전망이다. 이밖에 신재생 발전은 사업자 계획 조사에 기반해 실현할 수 있는 물량 수준으로 반영해 2036년까지 신규 설비 1.1GW가 필요할 전망이다.

─┤ 보기 ├─

기존 석탄에너지에서 신재생에너지로 바꾸는 이유는 (   )이다.

① 원자력 발전 용량을 꾸준히 늘리기 위해서
② 태양광 발전 증가에 따른 전력 공급 변동성에 대응하기 위해서
③ 탄소중립을 달성하기 위해서
④ 액화천연가스(LNG)의 소비 증가를 위해서
⑤ 안정적인 전력수급을 위해서

08

다음 중 필자의 주장을 반박하는 사례로 가장 적절한 것을 고르면?

　나는 이런 배경이 인간 사회에서 널리 나타나는 '오른쪽'에 대한 긍정과 '왼쪽'에 대한 반감을 어느 정도 설명해 줄 수 있으리라고 생각한다. 그러나 이 설명은 왜 애초에 오른손이 먹는 일에, 그리고 왼손이 배변 처리에 사용되었는지 설명해 주지 못한다. 확률로 말하자면 왼손이 배변 처리를 담당하게 될 확률은 1/2이다. 그렇다면 인간 사회 가운데 절반 정도는 왼손잡이 사회였어야 할 것이다. 그러나 동서양을 막론하고, 왼손잡이 사회는 확인된 바 없다. 세상에는 왜 온통 오른손잡이 사회들뿐인지에 대한 근본적인 설명은 다른 곳에서 찾아야 할 것 같다.

　한쪽 손을 주로 쓰는 경향은 뇌의 좌우반구의 기능 분화와 관련된 것으로 보인다. 보고된 증거에 따르면, 왼손잡이는 읽기와 쓰기, 개념적·논리적 사고 같은 좌반구 기능에서 오른손잡이보다 상대적으로 미약한 대신 상상력, 패턴 인식, 창의력 등 전형적인 우반구 기능에서는 상대적으로 기민한 경우가 많다.

　왼쪽과 오른쪽의 대결은 인간이라는 종의 먼 과거까지 거슬러 올라간다. 나는 이성 대 직관의 힘겨루기, 뇌의 두 반구 사이의 힘겨루기가 오른손과 왼손의 힘겨루기로 표면화된 것이 아닐지 생각한다. 즉 오른손이 원래 왼손보다 더 능숙했기 때문이 아니라 뇌의 좌반구가 인간의 행동을 지배하는 권력을 갖게 되었기 때문에 오른손 선호에 이르렀다는 생각이다. 그리고 이것이 사실이라면 직관적 사고에 대한 논리적 비판은 거시적 관점에서 그 타당성을 의심해 볼 만하다. 어쩌면 뇌의 우반구 역시 좌반구의 권력을 못마땅하게 여기고 있는지도 모른다. 다만 논리적인 언어로 반론을 펴지 못할 뿐이다.

① 과거에 오른손은 먹고 인사하고, 왼손은 배변 처리하는 관습에 따르지 않은 어린아이는 벌을 받았을 것이다.
② 왼손잡이 비율의 격차가 많은 두 문화권을 비교한 결과, 왼손에 대한 반감의 정도가 정비례하지 않았다.
③ 오른손잡이와 왼손잡이가 뇌의 해부학적 구조에서 유의미한 차이를 보이지 않는다는 사실이 입증되었다.
④ 진화 연구에 따르면 인류의 행동 성패를 좌우한 것은 언어 개념이 아닌 시각 패턴 인식 능력이었음이 밝혀졌다.
⑤ 외부와 교류 없이 수백 년 동안 존속해 온 원시 부족 사회는 왼손에 대한 반감을 전혀 갖고 있지 않았다.

리튬 이온 배터리는 리튬 이온이 전지의 양 끝을 이동하는 화학적 반응을 통해 전기를 만들어 낸다. 리튬 이온이 산화 반응을 통해 양극에서 음극으로 이동하면 배터리가 충전되고, 환원 반응으로 음극에서 양극으로 이동하면 배터리가 방전된다. 이때 산화 반응은 리튬과 같은 양극재를 이루고 있는 물질이 전자를 잃는 반응이고, 환원 반응은 잃었던 전자를 다시 얻는 반응을 의미한다.

배터리의 산화-환원 반응을 바탕으로 볼 때, 산화 반응을 활성화할 수 있는 물질로 구성된 양극재를 사용하면 배터리의 에너지 밀도를 높일 수 있다. 일반적으로 층상 전이 금속 산화물이라고 불리는 양극재가 가장 많이 사용되는데, 리튬, 산소, 망간, 전이 금속 등의 층상 구조로 구성되어 있다. 하지만, 이 산화물의 전이 금속이 산화 반응과 환원 반응을 일으키는 과정에서 오히려 에너지 밀도가 떨어지는 문제가 발생한다.

우선 배터리가 충전되고 방전되는 과정이 반복되면서 전압이 급격하게 감소한다. 일반적으로 배터리가 충전과 방전의 과정을 반복하게 되면 동일한 양의 전자를 주고받기 때문에 서서히 전압이 감소한다. 그런데 층상 전이 금속 산화물은 충전하는 과정에서 전이 금속의 산화 반응과 별개로 산소의 산화 반응이 추가로 발생한다. 이에 따라 배터리의 용량은 일시적으로 증가하지만, 배터리가 방전될 때는 환원 반응에 필요한 산소가 부족해진다. 결국 방출된 전자가 모두 흡수되지 못하기 때문에 다른 물질이 환원 반응을 통해 전자를 흡수하게 되는데, 양극재를 이루고 있는 물질 중에서 망간이 활용된다. 망간이 환원 반응에 참여하게 되면 양극재의 층상 구조 일부가 변형되고 전압이 급격히 감소한다. 따라서 방전될 때 흡수되지 못하는 물질을 흡수할 수 있도록 전이 금속을 활용한 산화-환원 버퍼를 추가로 포함하여 해결해야 한다.

하지만 산화-환원 버퍼가 포함되면 율속 특성이 나빠진다는 문제가 발생한다. 율속 특성은 배터리의 충전이나 방전 속도에 따라 용량이 유지되는 비율을 의미한다. 율속 특성이 나빠지는 이유는 전이 금속이 층상 구조 내부에서 자유롭게 이동하기 때문이다. 배터리가 충전될 때는 리튬 이온이 원래 있던 자리에서 음극으로 이동하고, 전이 금속은 리튬 이온이 있던 자리로 이동한다. 그리고 방전될 때는 전이 금속과 리튬 이온이 각각 원래 있던 자리로 돌아오게 된다. 그런데 전이 금속의 이동이 자유로우면 원래 위치에서 더 멀리 벗어나 되돌아오는 경로가 복잡해지고 시간도 오래 걸리기 때문에 용량을 회복하는 것이 어려워지는 것이다.

따라서 산화-환원 버퍼가 포함되더라도 배터리 용량이 급격하게 감소되지 않게 하려면 전이 금속의 이동을 최소화하는 것이 필요하다. 이를 위해 층상 전이 금속 산화물의 구조를 변경하는 방법을 사용할 수 있다. 일반적인 층상 전이 금속 산화물의 구조는 산소층 배열이 3회로 구성된 것으로, 전이 금속이 다른 층으로 이동할 때 층과 층 사이의 반발이 약해 전이 금속의 이동이 자유롭게 된다. 하지만 산소층 배열을 2회로 구성하면 전이 금속이 다른 층으로 이동할 때 반발이 강해지는 구간이 생겨 전이 금속의 이동이 제한된다. 이를 통해 율속 특성을 개선할 수 있다.

09

다음 중 글의 주제로 가장 적절한 것을 고르면?

① 리튬 이온 배터리의 수명을 늘리는 방법
② 리튬 이온 배터리의 에너지 밀도를 유지하는 방법
③ 리튬 이온 배터리의 충전 속도를 높일 수 있는 방법
④ 리튬 이온 배터리의 율속 특성을 유지하는 방법
⑤ 리튬 이온 배터리의 전기 생산 능력을 향상시키는 방법

10

다음 중 글을 통해 알 수 있는 내용으로 적절하지 <u>않은</u> 것을 고르면?

① 산화－환원 버퍼를 포함하면 망간의 환원 반응을 억제하는 것이 가능하다.
② 산화 반응은 전자를 잃는 반응으로 양극에서 이루어지는 반응을 의미한다.
③ 양극재로 사용되는 전이 금속 산화물은 층상 구조를 이루는 것이 일반적이다.
④ 배터리는 충전과 방전할 때 동일한 양의 전자를 주고받아 서서히 전압이 감소한다.
⑤ 층상 전이 금속 산화물의 구조를 변경하면 층 사이의 반발이 약해져 율속 특성을 개선할 수 있다.

11

P팀에는 팀원 A, 팀원 B, 팀원 C 총 3명이 있다. 팀원 A의 근속년수와 팀원 C의 근속년수를 모두 더하면 20년이고, 팀원 A와 팀원 B의 근속년수는 같다고 한다. 9년 뒤에는 팀원 C의 근속년수가 팀원 A의 근속년수의 2배에서 1년 모자라다고 할 때, 현재 3명의 근속년수를 다 더한 값을 고르면?

① 20년 ② 24년 ③ 28년
④ 32년 ⑤ 36년

12

다음 [표]는 거시경제 현황에 관한 자료이다. 이에 대한 설명으로 옳은 것을 [보기]에서 모두 고르면?

[표] 거시경제 현황 (단위: %, 억 달러)

구분	2022년	2023년			2024년(예상)		
		상반기	하반기	연간	상반기	하반기	연간
실질GDP 증가율	3.1	2.8	2.5	2.7	2.5	2.7	2.6
민간소비 증가율	2.6	3.2	2.4	2.8	2.4	2.8	2.6
설비투자 증가율	14.6	1.9	−6.8	−2.5	−0.1	3.8	1.9
건설투자 증가율	7.6	−0.1	−5.2	−2.7	−3.6	−2.6	−3.1
통관수출	5,737	2,967	3,136	6,104	3,088	3,242	6,330
통관수입	4,785	2,654	2,694	5,348	2,776	2,814	5,590
무역수지	952	314	442	756	312	428	740

※ 증가율은 전년 대비 기준임.

─ 보기 ─
ㄱ 2024년에는 전년 대비 연간 설비투자와 건설투자 모두 각각 증가할 것으로 예상된다.
ㄴ 2024년 실질GDP 연간 증가율은 2023년보다 낮은 것으로 예상된다.
ㄷ 연간 설비투자는 2023년에 전년 대비 감소하였다가 2024년에 증가할 것으로 예상된다.
ㄹ 2024년 통관수출의 연간 증가율은 전년 대비 3%대로 예상된다.

① ㄱ, ㄷ ② ㄱ, ㄹ ③ ㄴ, ㄷ
④ ㄱ, ㄴ, ㄹ ⑤ ㄴ, ㄷ, ㄹ

[13~14] P회사는 2010년부터 5개의 제품 A~E를 꾸준히 생산 중인 업체이다. 업체의 판매 실적에 관한 다음 [그래프]를 바탕으로 이어지는 질문에 답하시오.

[그래프1] 제품 A~E의 판매량 (단위: 백 대)

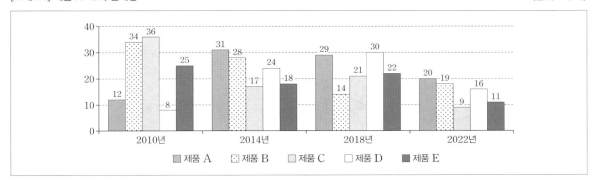

[그래프2] 2018년 총판매액 비중 (단위: %)

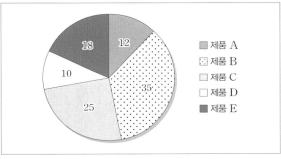

※ 2018년 총판매액: 150억 원

[그래프3] 2022년 총판매액 비중 (단위: %)

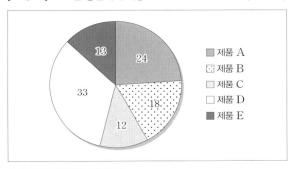

※ 2022년 총판매액: 120억 원

13

다음 중 자료에 대한 설명으로 옳지 <u>않은</u> 것을 고르면?

① 제품 D의 조사년도 연평균 판매량은 1,900대 이상이다.

② 다섯 개 제품 중 꾸준히 감소하거나 증가한 제품은 없다.

③ 2014년 제품 E의 판매량은 4년 전 대비 30% 이상 감소하였다.

④ 2018년 다섯 개 제품 총판매량은 4년 전 대비 200대 감소하였다.

⑤ 2022년 제품 A의 판매액은 4년 전 대비 10억 원 이상 증가하였다.

14

다음 중 2018년 제품 1대당 가격에 관한 내용으로 옳은 것을 고르면?

① 제품 C가 가장 비싸다.

② 제품 A는 60만 원 미만이다.

③ 제품 A가 제품 E보다 비싸다.

④ 제품 B가 제품 C보다 2배 이상 비싸다.

⑤ 제품 E가 제품 D보다 3배 이상 비싸다.

[15~16] 다음 [그래프]는 어느 지역의 산업기술인력 수급 현황에 관한 자료이다. 이를 바탕으로 이어지는 질문에 답하시오.

[그래프1] 2015~2023년 산업기술인력 및 인력부족률   (단위: 천 명, %)

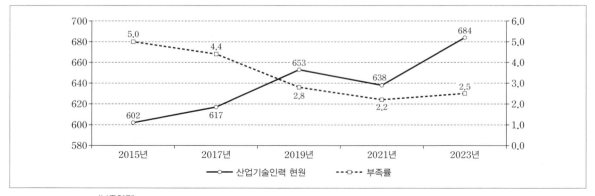

※ (인력부족률)(%) = $\dfrac{(부족인원)}{(현원)+(부족인원)} \times 100$

[그래프2] 2023년 12대 산업별 기술인력 현황   (단위: 천 명)

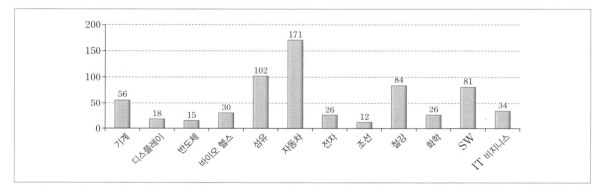

15

다음 중 자료를 통해 알 수 있는 것을 고르면?

① 2023년 12대 산업 중 섬유는 두 번째로 인력부족률이 낮다.
② 2021년 산업기술인력은 2015년 대비 5% 미만으로 증가하였다.
③ 2015년부터 2021년까지 산업기술인력부족률은 해마다 꾸준히 감소한다.
④ 2023년 디스플레이 기술인력은 산업 전체에서 종사자 수가 세 번째로 낮다.
⑤ 2023년 산업기술인력 중 12대 산업기술인력이 차지하는 비중은 94% 이상이다.

16

다음 중 2017년 산업기술인력 부족인원을 고르면?(단, 십 명 단위에서 반올림한다.)

① 28,400명   ② 28,500명   ③ 28,600명
④ 28,700명   ⑤ 28,800명

[17~18] 다음 [그래프]는 우리나라 비만율을 조사하여 나타낸 자료이다. 이를 바탕으로 이어지는 질문에 답하시오.

[그래프1] 2017~2022년 성별 비만율 (단위: %)

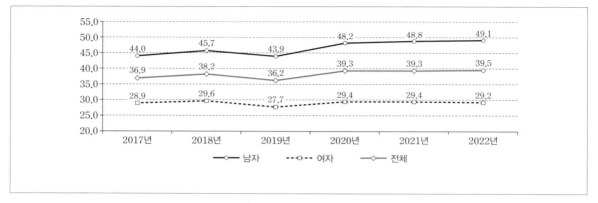

[그래프2] 2022년 연령대별 비만율 (단위: %)

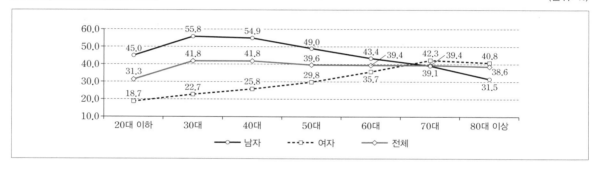

17

다음 중 자료에 대한 설명으로 옳은 것을 [보기]에서 모두 고르면?

┤ 보기 ├

㉠ 2020년 이후 남녀 모두 비만율이 꾸준히 증가한다.

㉡ 2022년 남자의 비만율은 5년 전 대비 5%p 이상 증가하였다.

㉢ 40대 이상 남자의 경우 2022년 비만율은 연령대가 높을수록 낮다.

㉣ 80대 미만 여자의 경우 2022년 비만율은 연령대가 높을수록 높다.

① ㉠, ㉢   ② ㉠, ㉣   ③ ㉡, ㉢

④ ㉠, ㉡, ㉣   ⑤ ㉡, ㉢, ㉣

18

2022년 우리나라 남자 인구수는 2,582만 명이고, 여자 인구수는 2,585만 명이다. 이때, 2022년 남자 비만 인구수와 여자 비만 인구수의 차를 고르면?(단, 천 명 단위에서 반올림한다.)

① 511만 명   ② 513만 명   ③ 515만 명

④ 517만 명   ⑤ 519만 명

[19~20] 다음 [표]는 2015년부터 2021년까지 R국가의 전체 인구 중 성별 암 발생률 추이를 나타낸 자료이다. 이를 바탕으로 이어지는 질문에 답하시오.

[표1] 2015~2021년 남성 암 발생률 추이 (단위: 명/10만 명)

구분	2015년	2016년	2017년	2018년	2019년	2020년	2021년
위	77.1	80.9	82.3	85.8	83.3	80.6	79.2
대장	56.1	61.8	64.6	69.5	70.1	66.2	63.8
간	48.3	48.5	48.5	49.3	48.7	48.3	47.5
췌장	9.8	9.9	10.2	11.3	11.8	11.9	12.6
폐	55.0	57.3	60.0	61.5	61.7	64.5	66.0
유방	0.3	0.2	0.3	0.3	0.3	0.2	0.3
전립선	26.7	30.2	32.4	36.2	37.1	37.9	38.6
고환	0.7	0.8	0.8	0.9	1.0	1.0	1.0
갑상선	17.5	21.0	25.4	28.3	32.4	33.6	24.3
백혈병	5.9	6.0	6.3	6.4	6.4	6.9	7.0

[표2] 2015~2021년 여성 암 발생률 추이 (단위: 명/10만 명)

구분	2015년	2016년	2017년	2018년	2019년	2020년	2021년
위	37.7	40.0	40.7	41.6	40.1	39.4	38.5
대장	37.8	40.8	42.1	44.5	46.5	44.0	42.5
간	16.0	16.5	16.9	17.4	16.5	16.4	16.2
췌장	7.9	8.2	8.7	9.2	9.9	10.1	10.9
폐	22.5	23.4	25.2	26.9	27.3	28.0	28.7
유방	51.8	54.9	58.6	64.3	66.2	68.6	72.1
자궁경부	16.3	15.4	16.0	15.1	14.4	14.5	13.8
난소	7.6	7.4	8.2	8.2	8.8	8.9	9.5
갑상선	93.2	110.0	122.0	136.4	144.7	135.8	97.0
백혈병	4.6	4.9	4.7	5.1	4.9	5.2	5.2

19

다음 중 자료에 관한 설명으로 옳지 <u>않은</u> 것을 고르면?

① 남성의 위암 발생률은 항상 여성의 2배 이상이다.

② 남성과 여성의 갑상선암 발생률 증감 추이는 동일하지 않다.

③ 남성 암 발생률 추이에서 해마다 발생률이 꾸준히 증가하는 암은 4개이다.

④ 2018년 남성에 대하여 전년 대비 10만 명당 환자 수가 가장 많이 증가한 암은 대장암이다.

⑤ 2015년 대비 2021년 여성의 유방암 발생률은 35% 이상 증가하였다.

20

다음 [표]는 2015년부터 2021년까지 R 국가의 성별 인구를 나타낸 자료이다. 주어진 자료와 [표]를 바탕으로 할 때, 국민 10만 명당 폐암 환자의 수가 2016년 대비 2021년에 몇 명 증가했는지 고르면?(단, 계산 시 백 명 단위에서 반올림한다.)

[표] 성별 인구수 현황 (단위: 만 명)

구분	2015년	2016년	2017년	2018년	2019년	2020년	2021년
남성	2,559	2,567	2,574	2,586	2,595	2,593	2,586
여성	2,543	2,555	2,563	2,573	2,582	2,591	2,589

① 3.8명   ② 4.3명   ③ 4.9명

④ 5.4명   ⑤ 5.7명

21

다음 [조건]을 바탕으로 할 때, A~E 중 희망 부서와 소속 부서가 동일한 사람을 고르면?

┤ 조건 ├
- A~E는 영업부, 홍보부, 재무부 중 한 곳을 희망하였고, 영업부, 홍보부, 재무부 중 한 곳에 배정되었다.
- 재무부에 2명, 영업부에 2명, 홍보부에 1명이 배정되었다.
- 희망 부서에 배정된 사람은 1명이다.
- 영업부를 희망한 사람은 E뿐이다.
- B는 홍보부에 배정되었고, D는 재무부에 배정되었다.
- 홍보부를 희망한 사람은 영업부에 배정되었다.
- A는 재무부를 희망하였다.

① A   ② B   ③ C
④ D   ⑤ E

22

A~E가 승진시험을 치렀고, 이 중 점수가 가장 높은 사람이 승진하였다. 다음 [조건]의 다섯 명의 직원 중 한 명은 반드시 참을 말하고, 나머지 네 명은 모두 거짓을 말한다고 할 때, 승진을 한 직원을 고르면?(단, A~E의 점수는 모두 다르며, 각 발언은 모두 참 또는 모두 거짓이다.)

┤ 조건 ├
- A: "나는 승진을 했어."
- B: "E가 승진을 하지 않았고, 나는 A보다 시험 점수가 높아."
- C: "내가 승진을 했고, E가 A보다 시험 점수가 높아."
- D: "나는 승진을 하지 않았고, C보다 시험 점수가 낮아."
- E: "나는 시험 점수가 두 번째로 높아."

① A   ② B   ③ C
④ D   ⑤ E

23

다음 글의 필자가 주장하는 바의 근거가 될 수 있는 배경지식으로 가장 적절한 것을 고르면?

전기자동차 기술개발 지원은 전기자동차 보급에 매우 중요한 요소 중 하나이다. 1회 충전 시 짧은 주행거리로 인한 불편과 내연기관 자동차의 주유 시간에 비해 충전 시간이 긴 전기자동차의 기술적 단점을 극복하기 위해 배터리 충전 성능 향상 및 충전 시간 단축 등 정부 주도의 기술개발 지원이 이루어져야 할 것이다. 전기자동차 보급 촉진을 위한 법령 개정이나 내연기관 자동차 규제 강화는 전기자동차 구매나 이용 시 직접적인 영향을 미치는 요인으로 보기 어렵기 때문에 상대적으로 낮은 중요도를 나타낸다고 볼 수 있으나, 궁극적으로 전기자동차 이용에 따른 문제점들을 해결하기 위해서는 전기자동차에 대한 법적, 제도적 장치가 잘 마련되어야 한다.

하지만 현재 우리나라의 전기자동차 관련 제도적 수준은 여전히 미흡한 편이다. 이에 대한 몇 가지 사례를 살펴보면, 첫째, 전기자동차 분류 기준이 정립되어 있지 않다. 「자동차 관리법 시행 규칙」 제2조의 내용을 살펴보면, 자동차의 종류 구분은 배기량을 중심으로 차량의 길이, 너비, 높이 등의 차량 재원, 차량 중량, 적재량에 따라서 경형, 소형, 중형, 대형으로 분류하고 있다. 그러나 전기자동차는 배기가스가 배출되지 않아 배기량을 제외한 차량의 재원만으로 구분되는데, 이로 인해 일부 전기자동차의 경우, 배터리의 안정적인 장착을 위해 차량 전장의 길이가 동급 경형 내연기관 차량보다 길게 제작되어 경형의 기준 초과로 경차의 혜택을 받지 못하는 경우가 있다.

둘째, 전기자동차의 부품에 대한 기능 및 안전검사 기준이 없다. 「자동차관리법」 제43조, 「대기환경보존법」 제62조와 제63조, 「소음진동규제법」 제37조의 2에 따라 운행 중인 자동차는 안전도 적합 여부 및 배출가스 허용기준 준수 여부 등 자동차 검사를 의무적으로 받아야 한다. 하지만 전기자동차는 관능검사, 기능검사, 안전도 검사 중 배출가스 관련 분야가 생략되어 있고, 주요 부품에 대한 기능 및 안전 검사가 이루어지지 않고 있다. 오히려 전기자동차의 특성이 고려되지 않은 내연기관 자동차 중심의 기능 및 안전도 검사로 인해 전기자동차의 안전이 담보되지 못하고 있다.

마지막으로 전기자동차의 감가상각 책정 기준이 마련되어 있지 않다. 따라서 전기자동차를 구매한 후 중고로 처분하기가 매우 어려워 전기자동차 구매를 기피하게 되며, 감가상각 책정 기준의 부재로 인해 전기자동차 보험 가격이 현실적으로 책정되지 못하고 있다. 또한 전기자동차 구입 시 차량보험 가격은 정부 및 지자체 지원금을 제외한 자부담 가격을 기준으로 적용하고 있어, 실제 사고 및 파손 시 발생되는 전기자동차 보상보험금이 전기자동차의 잔존가치를 정확히 반영하지 못한다는 문제점도 있다.

① 현대 사회의 자동차 중심 교통체계는 교통체증, 주차장 부족 등 많은 문제점을 야기한다.
② 현재 전기자동차는 판매와 충전 시스템 구축이 동시에 진행되고 있으나, 대부분의 지원과 충전 시설이 공공부문을 중심으로 보급되고 있다.
③ 전기자동차의 기술수준이 일반 내연기관 자동차들보다 낮아 승차감, 장거리 주행능력 등의 부분에서 매력적이지 못하다.
④ 기후문제 해결을 위해 세계 각국은 전기자동차의 다양한 기술을 개발하고 제도를 보완하는 발 빠른 움직임을 보이고 있다.
⑤ 전기자동차 구매 시 차량구매 비용을 지원하고 있으나, 현실적으로 지원되는 금액은 턱없이 부족한 실정이다.

[24~25] 다음은 Z회사의 사무실 이전 관련 주의사항에 대한 안내문이다. 이를 바탕으로 이어지는 질문에 답하시오.

사무실 이전 관련 주의사항

새 사무실의 인테리어 공사가 완료됨에 따라 사무실 이전일이 다음 주 목요일로 정해졌습니다. 각 부서에서는 다음 주의사항에 따라 사무실 이전이 원활히 진행될 수 있도록 협조 부탁드립니다.

[전 부서 공통 주의사항]
- 각 부서에 있는 깨질 수 있는 물품(액자, 판넬 등)은 미리 떼어 내어 포장해 주시고, 반드시 취급주의 표시를 해 두십시오. 폐기할 서류와 비품은 운반할 집기와 구분되도록 물품 송표를 부착하시어 다음 주 화요일까지 사무실 한쪽에 쌓아 두십시오.
- 개인 물품 중 분실 및 섞임이 우려되는 물건은 반드시 각자 지참하시기 바랍니다. 개인 물품 중 부피가 커서 개인이 운반하기 어려운 물품은 포장 박스에 넣어 겉면에 해당 물품의 주인을 확실히 표시하십시오.
- 공용 물품 중 분실이 우려되는 물건은 한곳에 모아 포장 박스에 넣고, 겉면에 물품 송표를 부착하십시오.
- 부서별로 운반하는 물품의 리스트를 작성하여 분실이 발생하지 않도록 유의하십시오.
- 각 부서의 부서장과 직원 1명은 새 사무실을 사전 답사하여 이사 시 대략적인 배치도를 작성해 두십시오.
- 부서별로 출발지 책임자와 도착지 책임자를 각각 2명씩 선정하여 무거운 물품이나 깨질 수 있는 물품의 파손 여부 등을 감독하고, 이전하는 물품의 개수 확인 및 작업 순서 등을 관리하십시오.
- 각 부서의 보안 문서는 보안팀(#1357)에 전화하여 이전일까지 보안팀에서 보관할 수 있도록 하십시오.
- 이전 시 혹은 이전 후 필요한 물품 등은 경리팀(#1468)에 전화하여 미리 구매하십시오.

[부서별 주의사항]
- 자재팀에서는 이전일 하루 전에 부서별로 방문하여 폐기 물품을 처리해 주십시오. 각 부서에서는 자재팀이 방문하기 전 폐기 물품 목록을 작성하고, 누락한 폐기 물품이 있는 경우 자재팀(#1237)으로 전화하여 이전일에 추가로 폐기하십시오.
- 시설관리팀에서는 이전 전 각 부서의 컴퓨터 터미널 및 전화기, 전기코드선 해체작업을 해 주십시오.
- 경리팀은 보안팀에 보안 문서를 넘기기 전 시설관리팀(#1663)에 전화하여 보안 문서를 암호화하도록 하십시오.

[이전일 작업원 배치도]

배치장소	인원	담당부서	업무내용
각 부서 사무실	4명(이전 전 2명, 이전 후 2명)	각 부서	물품 파손 관리, 물품 개수 확인, 작업 순서 관리
상차장소	2명	자재팀	이전 물품에 대한 관리 및 상태 점검
이전차량	2명	홍보팀	물품 호송
하차장소	2명	경리팀	물품 인수 및 검사
엘리베이터	이전 전 엘리베이터별 각 1명(총 2명)	영업팀	이전 물품에 대한 검사 및 상태 점검
	이전 후 엘리베이터별 각 1명(총 2명)	기획팀	
사무실 층	이전 전 층별 각 1명(총 3명)	인사팀	이전 물품에 대한 담당 부서 안내 및 감독
	이전 후 층별 각 1명(총 3명)	보안팀 1명, 시설관리팀 2명	
폐기장소	2명	자재팀	추가 폐기물 이송 및 폐기

24

다음 중 안내문의 내용과 일치하지 <u>않는</u> 것을 고르면?

① 개인 물품도 포장 박스에 담아 운반할 수 있다.
② 이전 전과 후의 사무실 모두 엘리베이터는 각각 2개씩 있다.
③ 경리팀은 #1357로 전화하기 전에 #1663에 먼저 전화해야 한다.
④ 각 부서의 보안 문서는 다음 주 목요일까지 보안팀에서 보관할 수 있도록 해야 한다.
⑤ 각 부서는 부서의 폐기 물품을 자재팀 방문 하루 전까지 분류하여 따로 쌓아두어야 하며, 추가 폐기물은 이전일에 직접 각 부서에서 담당하에 폐기한다.

25

다음 중 부서별 이전일에 필요한 최소 인원으로 옳지 <u>않은</u> 것을 고르면?

① 자재팀 − 6명   ② 영업팀 − 6명   ③ 인사팀 − 7명
④ 보안팀 − 5명   ⑤ 시설관리팀 − 6명

[26~27] 다음은 450시간 초과사용부가금과 요금적용전력 결정에 관한 설명이다. 이를 바탕으로 이어지는 질문에 답하시오.

○ 450시간 초과사용부가금이란?

　최대수요전력량계를 부설한 고객의 최대수요전력이 계약전력을 초과하거나 최대수요전력량계를 부설하지 않은 고객의 사용전력량이 계약전력 1kW마다 월간 450kWh를 초과하는 경우 첫 번째 초과하는 달에는 초과요금의 부과를 예고하고, 2회 이상 초과 시 초과사용부가금을 추가 적용하는 것이다. 적용대상은 요금적용전력을 적용하는 일반용전력, 교육용전력, 산업용전력, 농사용전력(을), 가로등(을) 및 임시전력(을) 고객이다. 450시간 초과로 계약전력 증설 통보를 받은 경우에는 적정한 계약전력으로 증설해야 한다.

○ 450시간 초과요금 적용 제외

　전기사용 설비용량이 계약전력을 초과하지 않으며 아래의 경우와 같이 450시간 초과사용이 불가피한 경우 관할 한전에 전화로 신청하면 직원이 현장을 방문하여 초과요금 적용 여부를 확인한다.

　　가. 전기설비 특성상 450시간 초과가 불가피하다고 인정하는 경우

　　나. 가압상수도, 비상재해복구시설, 사설독서실, 자동판매기운영업, 24시간 편의점, PC방, 무선기지국 등

　　다. 신설 또는 전기사용계약 해지고객의 신설 또는 해지 당월요금

　※ 초과요금 적용 제외 고객에 대해서는 연 1회 이상 사실 여부 및 계약전력 초과 여부를 현장조사 하여 무단증설 발견 시 무단증설 시점부터 현장조사 시점까지는 무단증설로 위약처리하며, 현장조사 시점부터 계약정상화 시점까지는 450시간 초과사용 위약금을 적용함.

○ 요금적용전력의 결정

　① 최대수요전력을 계량할 수 있는 전력량계를 설치한 고객은 검침 당월을 포함한 직전 12개월 중 12월분, 1월분, 2월분, 7월분, 8월분, 9월분 및 당월분의 최대수요전력 중 가장 큰 최대수요전력을 요금적용전력으로 하며, 가장 큰 최대수요전력이 계약전력의 30% 미만인 경우에는 계약전력의 30%를 요금적용전력으로 한다.

　② 제1항 이외의 고객은 계약전력을 요금적용전력으로 한다.

　③ 최대수요전력을 계량할 수 있는 전력량계, 계기용변성기, 계기용변류기 등을 새로 설치하거나 영구 철거하는 경우에는 그 달의 요금계산 시 요금적용전력을 구분하여 적용하되, 설치 이전분과 철거 이후분의 요금적용전력은 제2항에 따라 결정하고, 설치 이후분과 철거 이전분의 요금적용전력은 제1항에 따라 결정한다.

　④ 고객이 제12조(전기사용계약자의 변경) 제3항에 따라 명의를 변경하거나 업종을 변경하는 경우에는 변경일을 기준으로 최대수요전력계를 새로 설치한 것으로 보고, 변경 전·후로 구분하여 제1항에 따라 요금적용전력을 결정한다.

　⑤ 최대수요전력을 계량할 수 있는 전력량계, 계기용변성기, 계기용변류기 등을 임시 철거하거나 재설치하는 경우 요금적용전력은 다음 각 호에 따라 결정한다.

　　1. 고장, 재검정, 시험 등을 위하여 임시철거하는 경우에는 고장 월을 포함한 직전 12개월 중 12월분, 1월분, 2월분, 7월분, 8월분, 9월분 및 임시철거월분의 유효하게 시현된 실적 중 최대수요전력을 요금적용전력으로 한다.

　　2. 임시철거기간이 임시철거하는 검침월을 포함하여 3개월이 경과될 경우에는 넷째 월분부터 계약전력을 요금적용전력으로 할 수 있다.

　　3. 임시철거하는 검침월을 포함하여 12개월 이내에 재설치하는 경우에는 제1항에 따라 요금적용전력을 결정하며, 12개월이 경과된 뒤에 재설치하는 경우에는 새로 설치된 것으로 보고 제2항에 따라 요금적용전력을 결정한다.

26

다음 중 자료에 대한 설명으로 옳지 <u>않은</u> 것을 고르면?

① 교육용전력을 이용하는 고객이 450시간 초과로 계약전력 증설을 통보받은 첫 달에는 초과요금을 부과하지 않는다.

② 전기사용 설비용량이 계약전력을 초과하는 24시간 편의점의 경우 450시간 초과사용부가금을 부과하지 않는다.

③ 최대수요전력을 계량할 수 있는 전력량계를 설치하고, 계약전력이 500kWh인 고객의 최대수요전력이 100kWh인 경우 요금적용전력은 150kWh이다.

④ 최대수요전력을 계량할 수 있는 전력량계를 3월부터 8월까지 임시철거하는 경우 6월분부터 계약전력을 요금적용전력으로 한다.

⑤ 최대수요전력을 계량할 수 있는 전력량계가 부착되지 않은 경우 계약전력을 요금적용전력으로 한다.

27

최대수요전력을 계량할 수 있는 전력량계가 설치된 고객 중 요금적용전력을 적용하는 고객의 450시간 초과사용부가금 기준이 아래의 [표]와 같다. A가 기본요금 단가가 1kW당 6,000원인 산업용전력을 이용하고, 계약전력이 300kW이다. 6개월간 매달 480kWh씩 초과하여 사용한 경우 6개월째 되는 달의 초과요금을 고르면?

[표] 초과사용부가금 기준

초과전력(kW)	초과사용횟수	초과요금 적용기준
최대수요전력 − 계약전력	2~3회	(초과전력) × (해당 계약종별 기본요금 단가) × 150%
	4~5회	(초과전력) × (해당 계약종별 기본요금 단가) × 200%
	6회 이상	(초과전력) × (해당 계약종별 기본요금 단가) × 250%

① 270만 원 ② 395만 원 ③ 576만 원
④ 640만 원 ⑤ 720만 원

28

다음은 '4대 절대 불법 주정차 대상 주민신고제' 시행 관련 보도자료이다. 이를 정리한 표에 대한 설명으로 옳지 <u>않은</u> 것을 고르면?

4대 절대 불법 주정차 관행을 근절하기 위해 주민신고제가 본격적으로 시행될 예정이다. 이는 주민이 4대 절대 주정차금지 구역에 주정차된 차량을 신고하면 단속 공무원의 현장 확인 절차 없이 즉시 과태료가 부과되는 제도이다.

불법 주정차 과태료 부과 기준 및 대상은 다음과 같다. 우선, 주정차금지 교통안전표지가 설치된 소화전 주변 5m 이내에 주차해서는 안 된다. 이는 화재 시 소방용수를 신속하게 공급하여 화재를 진압하기 위함이며, 구체적으로 주정차금지 표지판 앞, 황색 복선과 황색 실선, 소화전 앞 적색 연석 구역에 주정차된 차량은 주민신고제에 따라 과태료가 부과된다. 다만, 단순 흰색 실선에 주정차한 차량의 경우 과태료 부과 대상이 아니다.

두 번째로, 주정차금지 표지판이 설치된 교차로 모퉁이 5m 이내에 주정차하는 것 역시 금지된다. 이 구역은 불법 주정차 차량이 도로 모퉁이를 도는 운전자의 시야를 방해하여 보행자의 안전을 위협할 가능성이 높기 때문이다. 교차로 모퉁이로부터 5m를 재는 기준은 정확히 교차로의 꼭짓점 또는 곡선이 끝나는 지점부터 계산한다. 소화전과 마찬가지로 주정차금지 표지판 앞, 황색 복선과 황색 실선에 주정차된 차량의 경우 주민신고제에 따라 과태료가 부과되며, 단순 흰색 실선에 주정차한 차량은 과태료를 부과하지 않는다.

다음으로 버스 정류소 주변 10m 이내에 주정차한 차량 또한 불법 주정차 단속 대상에 속한다. 버스 정류소 주변의 불법 주정차 차량은 승객들의 안전한 승하차를 방해할 뿐만 아니라 교통사고를 야기할 수도 있기 때문이다. 따라서 버스 정류소 표지판 또는 승강장 기준 좌우 10m 이내에 주정차해서는 안 되며, 마을버스, 공항버스, 셔틀버스 등 모든 버스 승강장이 불법 주정차 단속 구역이다.

마지막으로 횡단보도 위나 정지선을 침범하여 주정차해서도 안 된다. 특히 불법 주정차 차량이 횡단보도를 가로막으면 일반 보행자뿐만 아니라 키가 작은 어린이나 노인들에게 위험하므로 안전을 위해 반드시 비워두어야 한다. 다만, 불법 주정차 차량이 정지선을 침범한 경우 도로교통법 제25조의 정지선 침범에 따른 범칙금이 별도로 부과되며, 잠시 신호 대기 중인 차량은 과태료 부과 대상에서 제외된다.

행정안전부는 불법 주정차 관행을 근절하기 위하여 각 지자체가 강력하게 단속하고 집중적으로 공익신고가 이루어지도록 요청하였으며, 17개 시도에 51억 2,000만 원에 달하는 재난 안전 특별교부세를 지원하였다. 또한, 신고자가 위반 차량의 사진을 1분 간격으로 2장씩 신고할 수 있도록 '안전신문고' 애플리케이션을 개선하였으며, 과태료도 승용차 기준 4만 원에서 8만 원으로 인상하였다.

구분	내용
목적	불법 주정차 단속에 대한 주민신고제 시행의 필요성을 설명하기 위함
4대 절대 불법 주정차 대상 주민신고제	4개 절대 불법 주정차를 근절하기 위해 시행된 제도로, 주민이 '안전신문고' 애플리케이션을 통해 4개 절대 주정차금지 구역에 불법 주정차된 차량 신고 시 별도의 현장 확인 후 과태료를 부과함
소화전 5m 이내	• 주정차금지 표지판 앞에 주정차된 차량 • 황색 복선과 황색 실선에 주정차된 차량 • 소화전 앞 적색 연석에 주정차된 차량
교차로 모퉁이 5m 이내	• 주정차금지 표지판 앞에 주정차된 차량 • 황색 복선과 황색 실선에 주정차된 차량 • 흰색 실선에 주정차된 차량
버스 정류소 10m 이내	• 정류소 표지판 좌우 10m 이내에 주정차된 차량 • 승강장 기준 좌우 10m 이내에 주정차된 차량
횡단보도 구역	• 횡단보도 위에 주정차된 차량 • 정지선을 침범한 정차 차량

① 목적이 '4대 절대 불법 주정차 근절을 위한 주민신고제가 시행됨을 알리기 위함'으로 수정되어야 한다.
② '4대 절대 불법 주정차 대상 주민신고제' 항목에서 '현장 확인 후'를 '현장 확인 없이'로 수정해야 한다.
③ '교차로 모퉁이 5m 이내' 항목 중 하나가 과태료 부과 대상이 아니므로 삭제해야 한다.
④ '버스 정류소 10m 이내' 항목에 '기타 모든 버스 승강장에 주정차 된 차량'에 관한 내용을 추가해야 한다.
⑤ '횡단보도 구역' 항목의 두 번째 내용을 삭제해야 한다.

[29~30] 다음은 K병원의 병문안 관련 정보이다. 이를 바탕으로 이어지는 질문에 답하시오.

---

1) 감염병 관리 규정상 이번 달(6월) 병문안은 연속된 6일 동안만 가능하며, 병문안이 가능한 마지막 날은 늦어도 27일(수요일)까지이다.
2) 병원은 보호자들의 방문 계획을 위해 첫 병문안 가능일 5일 전에 안내문을 작성하여 공지해야 한다(공지일이 휴일인 경우, 직전 근무일에 공지되어야 함).
3) 병원장은 병원 행정팀의 병문안 가능 일정을 통보받아 최종 승인해야 하며, 병원장의 결재를 받고 2일간의 검토 기간을 거쳐 안내문을 공지해야 한다.
4) 행정팀에서 작성한 승인 서류는 작성 후 병원장의 결재까지 2일이 소요된다.
5) 병원 근무 요일은 월~금요일이며 병문안은 모든 요일에 가능하다.

29

6월 안에 병문안을 가기 위해 행정팀의 승인 서류는 늦어도 언제까지 작성되어야 하는지 고르면?

① 6일   ② 7일   ③ 8일
④ 11일   ⑤ 12일

30

A~H 8명은 K병원에 친한 친구가 입원하여, 병문안을 가고자 한다. 22일부터 병문안이 가능하며, 아래와 같은 개인 일정을 감안할 때, 다음 중 8명이 함께 병문안을 갈 수 있는 날짜를 고르면?

- A는 13일부터 9박 10일 동안의 해외여행을 간다.
- B와 C는 매주 화요일에 지방으로 봉사활동을 간다.
- D는 20일부터 4일간 자가격리자로서 집에 머물러야 한다.
- E는 6월 마지막 주 수요일에 H와 중요한 약속이 있다.
- F와 G는 6월 마지막 주 일요일에 교회 행사에 참여해야 한다.

---

① 23일   ② 24일   ③ 25일
④ 26일   ⑤ 27일

31

다음은 석 대리가 윤 사원에게 보낸 업무 요청사항 관련 메일이다. 메일을 바탕으로 윤 사원이 처리해야 할 업무를 순서대로 나열한 것으로 적절한 것을 고르면?(단, 오후 6시에는 퇴근한다.)

보낸 날짜: 2023-10-23(월) 오전 10:22

보낸 사람: 석 대리

받는 사람: 윤 사원

안녕하세요. 석 대리입니다.

업무 내용 확인하시고, 차질 없이 진행하시길 바랍니다.

㉠협력사 세미나(16시): 회의에 필요한 기자재 세팅 필요함(시작 30분 전까지)

㉡신제품 프로모션 기획안 제출

㉢신입사원 OJT 교육(11시) 준비(시작 10분 전까지)

㉣기획팀 업무 인수인계 진행(30분 이상 소요)

㉤신제품 프로모션 기획 회의(24일): 홍보팀, 영업팀과 함께 진행

㉥거래처 직원 미팅: 15시 예정

세미나와 거래처 미팅 모두 오늘 진행되는데, 세미나는 2시간 동안 프레젠테이션으로 진행되나 회의실에는 빔 프로젝터가 설치되어 있지 않으므로, ㉦총무팀 박 대리에게 세미나 시작 1시간 전에 요청하시면 됩니다. 또한 ㉧마이크 및 음향 시설은 설치되어 있으나, 사전 체크가 필요하므로 체크 부탁드려요. 15시 미팅이 30분 내로 끝날 예정이므로 미팅 후 체크하시면 되겠습니다. 그리고 기획 회의를 위한 기획팀 업무 인수인계는 금일 오후 3시 전까지 완료해주시고, 신제품 관련 기획안은 내일 오전까지 제출 완료해주세요. 금일 신입사원 OJT 교육까지 시간이 얼마 남지 않았으니 확인 부탁드립니다. 궁금한 점이 있으면 언제든 물어보시길 바랍니다.

감사합니다.

---

① ㉢ - ㉣ - ㉦ - ㉥ - ㉧ - ㉠ - ㉡ - ㉤

② ㉢ - ㉣ - ㉧ - ㉦ - ㉠ - ㉥ - ㉡ - ㉤

③ ㉢ - ㉦ - ㉣ - ㉥ - ㉠ - ㉧ - ㉡ - ㉤

④ ㉣ - ㉢ - ㉦ - ㉧ - ㉠ - ㉥ - ㉤ - ㉡

⑤ ㉣ - ㉢ - ㉦ - ㉧ - ㉥ - ㉠ - ㉤ - ㉡

[32~33] 다음은 A기관의 출장 여비 및 실비 지급에 대한 자료이다. 이를 바탕으로 이어지는 질문에 답하시오.

[표1] 출장 여비 지급표

(단위: 원)

구분	철도 운임	선박 운임	항공 운임	자동차 운임	일비 (1일당)	숙박비 (1박당)	식비 (1일당)
제1호	실비 (특실)	실비 (1등급)	실비	실비	25,000	실비	25,000
제2호	실비 (일반실)	실비 (2등급)	실비	실비	25,000	실비 (상한액: 서울특별시 100,000, 광역시 80,000, 그 밖의 지역 은 70,000	25,000

※ 1박 이상 숙박한 출장자의 경우, 운임은 일비로 대체함.

[표2] 자동차 운임 실비 지급표

구분	출장 4시간 미만	출장 4시간 이상
공용 차량 이용 시	0원	10,000원
공용 차량 미 이용 시	10,000원	20,000원

※ 1일 이내에 4시간 이상 근무지 내 출장을 2회 이상 간 경우, 실비 합산액은 1일 2만 원을 넘지 못함.
※ 출장 시간에 점심시간이 포함되어 있는 경우, 출장 시간에서 이를 제외하지 않음.
※ 육로와 도서를 연결하는 유료 도로 이용 등 불가피하게 발생하는 도로 통행료는 지급 가능함.
※ 본연의 업무수행을 위해 차량을 운행하는 운전원은 실비 지급에서 제외되지만, 본연의 업무 외에 근무지 내 출장 시에는 위 지급 기준에서 1만 원을 감액하
여 지급함.

32

다음 중 자료에 대한 설명으로 옳은 것만을 [보기]에서 모두 고르면?

> ┤ 보기 ├
> ㉠ 인천 지역에서 숙박할 경우, 1박당 숙박비 80,000원을 지급받는다.
> ㉡ 1일 동안 개인 차량으로 4시간 이상 출장을 2회 진행한 경우, 자동차 운임 실비 40,000원을 지급받는다.
> ㉢ 공용 차량을 이용하여 점심시간 포함 4시간 출장을 진행한 경우, 자동차 운임 실비 10,000원을 지급받는다.

① ㉠

② ㉠, ㉡

③ ㉠, ㉢

④ ㉡

⑤ ㉢

33

다음은 A기관 임직원 3명의 출장 일정이다. 이들이 지급받는 출장 여비의 총액을 고르면?

[출장 일정]
- 운전원: 본연의 업무 외 근무지에서 1일 동안 공용 차량으로 5시간 운전하였으며, 숙박은 하지 않았다.
- 갑 부장: 운전원과 동행하여 출장지로 이동하였으며 서울 지역에서 1박 2일 출장을 진행하였고, 숙박비로 120,000원을 지출하였다.
- 을 차장: 개인 차량을 이용하여 인천 지역에서 1박 2일 출장을 진행하였고, 숙박비로 100,000원을 지출하였다.

① 370,000원

② 400,000원

③ 430,000원

④ 460,000원

⑤ 490,000원

[34~35] 다음은 특허료의 징수규칙에 관한 자료 일부이다. 이를 바탕으로 이어지는 질문에 답하시오.

특허출원료

가. 출원서를 「특허법 시행규칙」 제1조의 2 제2호에 따른 전자문서(이하 "전자문서"라 한다)로 제출하는 경우: 매건 4만 6천 원. 다만, 첨부서류 중 명세서, 도면 및 요약서를 특허청에서 제공하지 않은 소프트웨어로 작성하여 제출한 경우(「특허법 시행규칙」 제21조의 제5항에 따라 임시 명세서를 제출하는 경우는 제외한다)에는 매건 5만 6천 원으로 한다.

나. 출원서를 서면으로 제출하는 경우: 매건 6만 6천 원에 출원서의 첨부서류 중 명세서, 도면 및 요약서의 합이 20면을 초과하는 경우 초과하는 1면마다 1천 원을 가산한 금액

다. 「특허법」 제42조의 3 제1항에 따라 명세서 및 도면을 국어가 아닌 언어로 적은 특허출원(이하 "외국어특허출원"이라 한다)의 출원서를 전자문서로 제출하는 경우: 매건 7만 3천 원

라. 외국어특허출원의 출원서를 서면으로 제출하는 경우: 매건 9만 3천 원에 출원서의 첨부서류 중 명세서, 도면 및 요약서의 합이 20면을 초과하는 경우 초과하는 1면마다 1천 원을 가산한 금액

내용	구분	비용				
출원료 (온라인)	기본료	국어 46,000원 / 외국어 73,000원				
우선권주장 (온라인)	신청료	18,000원(1우선권주장마다)				
	추가료	18,000원(1우선권주장마다)				
심사청구료	기본료	166,000원				
	가산료	51,000원(청구 범위 1항마다)				
우선심사 신청료	–	200,000원				
재심사청구료	기본료	100,000원				
	가산료	10,000원(청구 범위 1항마다)				
설정등록료 (1~3년분)	기본료	매년 13,000원씩 39,000원				
	가산료 (청구 범위의 1항마다)	매년 12,000원씩 36,000원				
연차등록료	–	4~6년	7~9년	10~12년	13~15년	16~25년
	기본료	매년 36,000원	매년 90,000원	매년 160,000원	매년 324,000원	
	가산료 (청구 범위의 1항마다)	매년 20,000원	매년 34,000원	매년 49,000원	매년 49,000원	

※ 출원료, 심사청구료, 설정등록료: 개인/중소기업 70% 감면, 중견기업 30% 감면 적용
※ 연차등록료: 개인/중소기업 50% 감면, 중견기업 30% 감면 적용

34

다음 중 특허료 징수규칙을 바르게 이해하지 <u>못한</u> 사람을 고르면?

① 김: "중소기업이 청구항 2개를 포함하여 제1조의 2 제2호에 따른 전자문서로 특허 출원을 한다면 출원료 13,800원과 심사청구료 80,400원을 내야 해."

② 나: "개인이 청구항 1개를 포함하여 특허를 출원하려 할 때, 3년간의 연차료를 포함한다면 지불해야 할 설정등록료는 22,500원이야."

③ 박: "개인이 청구항 5개를 포함하여 특허의 권리를 3년 이후에도 계속 유지하려면 4~6년차까지는 매년 40,800원의 연차등록료를 내야 해."

④ 이: "출원서를 서면으로 제출 시 국어나 외국어로 적은 모든 특허의 출원료는 특허청에서 제공한 소프트웨어로 작성한 전자문서로 제출한 경우보다 무조건 20,000원을 더 내야 해."

⑤ 천: "출원서를 국어로 쓴 전자문서로 제출하되 특허청에서 제공하지 않은 소프트웨어로 작성하여 제출한 경우 건당 출원료는 서면으로 제출한 것보다 10,000원 적게 내야 해."

35

○○중견기업이 개발한 두 개의 기술에 대한 외국어특허출원을 15년 동안 진행할 예정이다. 특허출원 예산 항목으로 출원료, 심사청구료, 설정등록료, 연차등록료만을 고려하여 예산을 집행하려 한다. 적어도 예산을 얼마로 책정해야 하는지 고르면?(단, 기술 1개당 청구항 2개로 진행할 예정이고, 백 원 단위는 절사한다.)

① 2,998,000원   ② 2,996,000원   ③ 2,994,000원

④ 2,982,000원   ⑤ 2,980,000원

[36~37] 다음 자료를 바탕으로 이어지는 질문에 답하시오.

1. 성과급 산정 방식

   월급여액×(성과급 지급률＋추가 지급률)

2. 등급 책정 방법

   사업부서의 총인원에 대해 업무 평정 총점이 높은 순으로 순위를 매긴 후, 각 등급별 인원수만큼 순차적으로 등급 배정

3. 등급별 인원 배분율 및 성과급 지급률

구분	S	A	B	C	D	E
인원 배분율	10%	15%	25%	20%	20%	10%
성과급 지급률	130%	100%	80%	60%	50%	0%

   ※ 등급별 인원수(명)=사업부서의 총인원×등급별 인원 배분율

4. 직위 및 직책에 따른 추가 지급률

구분	직위		구분	직책	
	차장 이상	과장/대리		사업부장	팀장
추가 지급률	5%	3%	추가 지급률	10%	8%

   ※ 직위와 직책에 따른 추가 지급률은 중복 적용함. 예를 들어, 팀장인 A과장이 C등급을 받았다면, 총성과급 지급률은 71(60+3+8)%임.

5. 업무 평정 동점자 발생 시 우선 순위

   1) 보유한 국가자격증 점수가 높은 자
   2) 국가자격증 점수가 동일할 경우 자녀 수에 따른 가족수당 점수가 높은 자

36

다음은 마케팅사업부의 총인원 20명에 대한 업무 평정 결과표이다. 주어진 자료를 참고할 때, 등급이 옳지 않은 사람을 고르면?

구분	분야별 업무 평정(점)			총점(점)
	국가자격증 점수	업무수행능력 점수	가족수당 점수	
직원1(사원)	35	21	29	85
직원2(대리)	34	23	33	90
직원3(주임)	32	18	28	78
직원4(과장, 팀장)	33	21	30	84
직원5(사원)	30	19	31	80
직원6(사원)	32	18	27	77
직원7(사원)	30	15	28	73
직원8(대리)	34	21	32	87
직원9(사원)	31	20	27	78
직원10(사원)	29	18	29	76
직원11(차장, 사업부장)	35	18	31	84
직원12(주임)	37	20	33	90
직원13(사원)	32	23	26	81
직원14(대리)	31	25	32	88
직원15(사원)	34	19	29	82
직원16(부장)	31	21	31	83
직원17(주임)	30	20	29	79
직원18(사원)	37	20	29	86
직원19(과장)	32	23	31	86
직원20(사원)	33	22	29	84

① 직원2 – S등급 　② 직원19 – B등급 　③ 직원11 – B등급
④ 직원17 – C등급 　⑤ 직원6 – D등급

37

직원13과 직원4의 월급여액이 각각 250만 원과 420만 원일 때, 이들에게 책정될 성과급 지급액이 순서대로 바르게 나열된 것을 고르면?

① 1,250,000원, 3,486,000원 　② 1,250,000원, 3,822,000원 　③ 1,500,000원, 3,486,000원
④ 1,500,000원, 3,822,000원 　⑤ 2,000,000원, 3,486,000원

[38~39] 다음 자료를 바탕으로 이어지는 질문에 답하시오.

S사 홍보팀에서는 사내 행사에서 지급해야 할 사은품 구매를 위해 다음과 같이 3개 공급처로부터 사은품1과 사은품2에 대한 견적서를 받아보았다. 행사 참석자는 400명이고 모두에게 사은품1과 사은품2를 각각 1개씩 나누어 주어야 한다.

공급처	물품	세트당 포함 수량(개)	세트 가격(만 원)
A업체	사은품1	100	85
	사은품2	60	27
B업체	사은품1	110	90
	사은품2	80	35
C업체	사은품1	90	80
	사은품2	130	60

※ 모든 공급처는 사은품을 세트로만 판매함.

[구매 혜택]
• A업체: 사은품2를 170만 원 이상 구매하면, 두 물품을 함께 구매 시 총구매가의 5% 할인
• B업체: 사은품1을 350만 원 이상 구매하면, 두 물품을 함께 구매 시 총구매가의 5% 할인
• C업체: 사은품1을 350만 원 이상 구매하면, 두 물품을 함께 구매 시 총구매가의 20% 할인

38

홍보팀에서는 참석자 인원에 모자라지 않을 정도로 각 사은품을 구매하려고 한다. 이때 가격이 가장 저렴한 공급처와 구매 가격을 고르면?

① A업체, 5,000,500원 ② A업체, 5,025,500원 ③ B업체, 5,082,500원
④ B업체, 5,095,000원 ⑤ B업체, 5,120,000원

39

다음 중 C업체가 S사의 공급처가 되기 위한 조건으로 적절한 것을 고르면?

① 사은품1의 세트당 포함 수량을 100개로 늘린다.
② 사은품2의 세트당 가격을 2만 원 인하한다.
③ 사은품1의 세트당 수량을 85개로 줄인다.
④ 사은품2의 세트당 포함 수량을 120개로 줄인다.
⑤ 사은품1의 세트당 가격을 5만 원 인하한다.

40

K국에서는 다음 기준에 따라 기업별 연구소 실적 평가를 진행하고 있다. A~E연구소의 평가 결과가 다음 [표]와 같을 때, 순위가 가장 높은 연구소를 고르면?

- 연구소 실적 평가는 연구원 평균 근속 연수, 선임 연구원 수, 최근 3년 이내 논문 수로 평가한다.
- 최종 점수는 모든 항목 점수의 합으로 계산한다. 총점이 동일한 경우 최근 3년 이내 논문 수가 더 많은 연구소의 순위가 더 높다.
- 연구원 평균 근속 연수에 따른 점수는 다음과 같다.

평균 근속 연수	2년 이내	2년 초과 5년 이내	5년 초과 8년 이내	8년 초과
점수	0점	2점	5점	10점

- 책임 연구원 수에 따른 점수는 다음과 같다.
  - 책임 연구원 수 2명 이내

선임 연구원 수	1명 이하	2~3명	4~6명	7명 이상
점수	0점	1점	3점	5점

  - 책임 연구원 수 3명 이상 5명 이하

선임 연구원 수	1명 이하	2~3명	4~6명	7명 이상
점수	1점	3점	5점	7점

  - 책임 연구원 수 5명 초과

선임 연구원 수	1명 이하	2~3명	4~6명	7명 이상
점수	3점	5점	8점	10점

- 최근 3년 이내 논문 수: 2편을 초과하는 논문 1편당 2점 부여. 단, 최고 점수는 20점이다.
- 가점 사항: 사회적 기업은 3점, 여성 기업은 1점의 가점을 부여한다.

[표] 연구소별 평가 결과

연구소	연구원 평균 근속 연수	책임 연구원 수	선임 연구원 수	최근 3년 이내 논문 수	비고
A	3년	5명	6명	4편	사회적 기업
B	2년	2명	4명	8편	
C	5년	2명	7명	6편	여성 기업
D	8년	6명	3명	5편	
E	10년	3명	3명	2편	

① A   ② B   ③ C   ④ D   ⑤ E

※ 전기 외 직렬만 풀이하시기 바랍니다.

[41~42] 다음은 '갑'국의 특허번호 생성 체계에 대한 설명이다. 이를 바탕으로 이어지는 질문에 답하시오.

• 출원번호: 시리즈 코드 2자리 + '/' 1자리 + 일련번호(출원 순) 6자리 → 총 9자리

  ※ 시리즈 코드 구분

구분	부여 번호
특허	01~16
디자인	29
가출원	60~62

• 등록번호: 특허 유형에 따라 일련번호 또는 문자 일련번호로 구성(일련번호는 해당 유형별 등록 순)
  − 특허: 일련번호 총 8자리
  − 재발행 특허: RE+일련번호 총 6자리
  − 식물 특허: PP+일련번호 총 6자리
  − 디자인 특허: D+일련번호 총 7자리

41

다음 중 특허번호 체계에 대한 설명으로 옳지 <u>않은</u> 것을 고르면?

① 모든 특허번호는 8자리 또는 9자리의 수문자 등으로 구성되어 있다.

② 두 특허번호의 앞 두 자릿수 문자가 동일해도 두 특허번호의 출원 또는 등록 순서를 알 수 없는 경우가 있다.

③ 동일한 특허가 재발행될 경우, 특허번호는 이전과 달라진다.

④ 특허번호의 앞 두 자릿수 문자는 시리즈 코드를 의미한다.

⑤ 출원번호 29로 시작하는 건이 특허 등록을 하게 되면 D로 시작하는 등록번호를 부여받는다.

42

다음 3개의 특허번호에 대한 설명으로 옳은 것만을 [보기]에서 모두 고르면?

> 1) PP325060
> 2) 06/325061
> 3) D0325059

┤ 보기 ├
ㄱ 1개는 출원번호, 2개는 특허번호이다.
ㄴ 3개의 특허번호 중 올바른 체계가 아닌 것이 1개 있다.
ㄷ 재발행 특허에 대한 특허번호는 없다.
ㄹ 3)은 1)보다 먼저 출원 또는 등록을 한 특허번호이다.

① ㄱ

② ㄱ, ㄷ

③ ㄴ, ㄹ

④ ㄱ, ㄷ, ㄹ

⑤ ㄴ, ㄷ, ㄹ

[43~44] 다음은 S매장에서 보유 중인 음원의 보관 체계이다. 이를 바탕으로 이어지는 질문에 답하시오.

[예시]

2020년 5월에 미국 Sun사에서 제작한 발라드 피아노 음원으로 500번째 입고 제품

→ 20051A0100100500

제작 연월	음원 제작지				음원 코드				입고 수량
	제작국가 코드		기획사 코드		연주악기 코드		장르 코드		
(예시) 2019년 10월 – 1910 2020년 3월 – 2003	1	미국	A	Sun	01	피아노	001	발라드	00001부터 다섯 자리 시리얼 번호가 부여됨
	1	미국	B	Duro	01	피아노	002	뉴에이지	
	1	미국	C	May	02	현악	003	클래식	
	2	영국	D	Kings	02	현악	004	영화음악	
	2	영국	E	Orion	02	현악	005	가곡	
	3	독일	F	Bantz	02	현악	006	발라드	
	3	독일	G	Meim	03	관악	007	영화음악	
	4	한국	H	영기획	03	관악	008	발라드	
	4	한국	I	B엔터	03	관악	009	행진곡	
	4	한국	J	K star	04	경음악	010	가곡	
	5	프랑스	K	Polang	04	경음악	011	뉴에이지	
	5	프랑스	L	Decol	04	경음악	012	재즈	
	5	프랑스	M	Saka	05	기타	013	민속음악	
	6	스페인	N	O'heil	05	기타	014	협주곡	
	6	스페인	O	Oxlon	06	전자음	015	록	
	7	호주	P	Aussie	06	전자음	016	헤비메탈	
	7	호주	Q	Queen	06	전자음	017	댄스	

43

다음 중 미국과 유럽에서 제작된 영화음악의 음원 코드가 <u>아닌</u> 것을 고르면?

① 20102E0200401015
② 19015M0300712000
③ 17056N0200400010
④ 17111C0300702053
⑤ 19123G0200300400

44

다음 중 음원 보관 체계에 대한 설명으로 옳은 것만을 [보기]에서 모두 고르면?

┌─ 보기
│ ⊙ 모든 음원은 동일한 자릿수의 보관 코드 번호를 갖는다.
│ ⓛ 동일한 장르의 음원이라도 연주되는 악기에 따라 서로 다른 음원 코드를 가질 수 있다.
│ ⓒ 한국과 미국에서 제작한 민속음악 장르 음원의 코드는 최소 5자리에서 최대 12자리까지 동일할 수 있다.
│ ⓔ 가장 최근 보관된 코드의 마지막 5자리 숫자가 클수록 더 많은 수량이 입고된 것으로 볼 수 있다.

① ㄱ, ㄴ
② ㄱ, ㄷ
③ ㄷ, ㄹ
④ ㄱ, ㄴ, ㄹ
⑤ ㄴ, ㄷ, ㄹ

[45~46] 다음은 K연구원이 발간하는 문서에 부여하는 번호 체계이다. 이를 바탕으로 이어지는 질문에 답하시오.

문서 번호 체계

1. 문서 번호의 위치

   종이 문서의 경우 문서 겉표지 좌측 상단, 온라인 문서인 경우 문서 열람 비밀번호로 사용

2. 번호 부여

   문서 발행 부서에서 부서와 문서의 내용 및 성격에 맞게 O, XYZ, C를 지정한 후 발행 연도(△△) 뒤에 일련번호(□□□)는 자료관리 주관 부서에서 부여

$$O-XYZ-C-△△□□□$$

- O(자료관리 주관 부서): Ⅰ 경영기획실, Ⅱ 정책본부, Ⅲ 글로벌협력단, Ⅳ ICT융합본부, Ⅴ 디지털문화본부, Ⅵ 공공데이터혁신본부, Ⅶ 전자정보본부, Ⅷ 기술지원본부
- XYZ

	X(형태)		Y(분야)		Z(배포)
G	Guideline 지침서	A	Analysis 분석	E	External 외부 배포
R	Report 보고서	Au	Audit 감리	I	Internal 내부 배포
S	Sourcebook 자료집	B	Business 사업 결과		
T	Translation 번역물	I	Issue 이슈		
W	White paper 백서	P	Policy 정책		
X	기타	S	Survey 조사		
		Se	Seminar 세미나/설명회		

- C(문서 내용): A 위탁 연구, B 자체 수행, N 입찰을 통한 용역, D 공모
- △△: 발행 연도
- □□□: 해당 발행 연도의 문서 번호 등록 순서에 따른 일련번호

45

다음 중 K연구원의 온라인 문서를 열람할 수 있는 비밀번호가 <u>아닌</u> 것을 고르면?

① Ⅰ－RAuE－N－00003
② Ⅱ－WPI－A－01100
③ Ⅲ－SSeI－D－98032
④ Ⅳ－SeBE－B－02045
⑤ Ⅵ－XⅡ－A－96008

46

다음 [보기]의 문서 번호에 대한 설명으로 옳은 것을 고르면?

┤ 보기 ├─
문서1: Ⅲ－SSE－B－17007
문서2: Ⅰ－TPE－A－18034
문서3: Ⅴ－GBI－B－18021

① 세 문서 중 해당 연도의 문서 등록 순서가 가장 빠른 것은 '문서2'이다.
② 디지털문화본부에서 주관하는 문서는 사업 결과 보고서에 관한 가이드를 담고 있다.
③ 정책본부에서 주관하는 문서는 외부 배포용 자료이다.
④ 정책 분야에 관련된 문서는 K 연구원에서 자체 수행한 내용을 담고 있다.
⑤ 세 문서 중 분석 분야의 내용을 번역하여 만든 문서가 있다.

47

다음 제3자간 전력거래계약 제도 안내문에 대한 설명으로 옳지 <u>않은</u> 것을 고르면?

제3자간 전력거래계약 제도 안내

한국전력공사(이하 '한전')는 제3자간 전력거래계약 제도 시행에 발맞춰 RE100 이행을 적극 지원하고, 2050 탄소중립 달성에 기여하고자 제도 활성화에 앞장서고 있습니다.

▣ 제도 개요

○개념: 한전의 전력거래계약 중개를 통해 재생에너지 발전사업자가 생산한 전력을 전기사용자가 직접 구매하는 제도

※ 발전량 정산방식, 계약단가 등 주요 계약내용은 재생에너지 발전사업자와 전기사용자가 합의하고, 한전이 구매계약(재생에너지 발전사업자–한전), 판매계약(한전–전기사용자)을 각각 체결함.

○참여대상 및 효과

구분	발전사업자	전기사용자
참여대상	• 발전에너지원: 태양광, 풍력, 수력, 지열, 해양에너지, 바이오 등 6개의 재생에너지 • 설비용량: 1,000kW 초과 ※ 2인 이상 합산하여 1,000kW 초과 시 가능	• 계약종별: 산업용-(을), 일반용-(을) • 계약전력: 1,000kW 초과
효과	장기고정가격체결로 안정적인 수익 확보	RE100 이행수단으로 활용

※ RE100이란 기업이 전력사용량의 100%를 재생에너지로 대체하는 자발적 캠페인으로, 이행 방안으로는 제3자 PPA, 녹색프리미엄, 인증서(REC) 구매, 지분 투자, 자가 발전이 있음.

○근거: 「전기사업법」 제31조 및 동법 시행령 제19조, 신재생에너지 발전전력의 제3자간 전력거래계약에 관한 지침

▣ 참여방법

제3자간 전력거래계약에 대한 보다 상세한 내용과 참여방법은 한전 에너지마켓플레이스를 통해 확인 가능

---

① 제3자간 전력거래계약 제도는 RE100 이행을 지원하기 위해 시행된다.

② 재생에너지 발전사업자와 전기사용자는 주요 계약내용을 직접 합의하지만 상호 간 계약의 당사자가 되는 것은 아니다.

③ 3인 합산 설비용량이 1,700kW인 해양에너지 발전사업자는 제3자간 전력거래계약에 참여할 수 있다.

④ 한전 에너지마켓플레이스의 중개로 구매계약과 판매계약을 체결할 수 있다.

⑤ 기업 활동에 필요한 전력을 자가 발전으로만 얻는 것은 RE100을 이행하는 수단이 된다.

48

다음 글을 참고할 때, 세 가지 생체인식 기술을 비교 설명한 내용으로 옳지 <u>않은</u> 것을 고르면?

현재 가장 많이 사용되고 있는 세 가지 생체인식 기술을 고르자면 홍채인식, 얼굴인식, 지문인식 기술이 될 것이다. 이 세 가지 생체인식은 모두 신체의 고유한 정보를 수치화한 것을 기반으로 한다는 점에서 유사하지만 각 특성과 활용은 매우 다르다.

지문인식 기술은 가장 오래된 생체인식 방식 중 하나이다. 지문인식은 사람의 손가락에 있는 능선과 고랑에 의해 만들어진 패턴을 측정하는 방식이다. 지문인식을 사용하려면 지문을 등록해야 하는데, 본인이 아닌 경우나 대상자가 인지하지 않은 상태에서는 등록이 어렵기 때문에 개인정보 보안 수준이 비교적 높다는 장점이 있다. 지문은 정확도가 높고 평생 동안 안정적으로 유지되지만, 장갑을 착용하거나 손이 더러워지거나 다치는 경우 사용하기 어렵다. 특히 손을 주로 사용하여 노동하는 사람들의 지문은 손상되거나 마모되기 쉬워 지문 패턴을 읽기 어려울 수 있다. 지문인식 기술은 접촉식으로 일반적으로 스캐너에 손가락을 접촉하여 올려야 하는데, 코로나19와 같은 바이러스는 플라스틱이나 스테인레스 스틸 표면에서 2~3일 동안 살 수 있어 최근과 같은 상황에서는 스캐너를 사용할 때마다 소독하지 않으면 바이러스를 옮길 수 있는 가능성이 있다.

얼굴인식 기술은 얼굴의 특징을 분석하여 사람을 식별한다. 인식 속도가 상당히 빠르지만 얼굴 특징은 시간이 지남에 따라 변하고, 턱수염, 마스크, 안경 등의 착용으로 정확한 식별이 어려울 수 있다. 일부 업체에서 페이셜 마스크를 착용한 상태에서 사용자를 정확하게 인식하는 기술을 개발하면서 점점 인식률이 높아지고 있지만, 3대 생체인식 중 여전히 정확도가 가장 낮다. 얼굴인식은 비접촉식이며 원거리에서 사용할 수 있으므로 바이러스 및 박테리아의 전파 위험을 줄일 수 있다. 하지만 인식 대상자가 인지하지 못하거나 인식에 동의하지 않아도 이미지를 캡쳐하여 등록하거나 인식할 수 있어 개인 사생활 침해에 대한 이슈가 발생할 수 있다. 일부 국가의 도시와 지역에서는 이러한 이유로 얼굴인식을 금지하기도 했다.

홍채인식 기술은 3대 생체인식 중 가장 정확하고 안전한 것으로 널리 알려져 있다. 홍채는 동공을 둘러싸고 있는 색을 띠는 부분으로 개인마다 독특하고 매우 다양한 패턴이 있다. 한 사람의 두 눈에 있는 각각의 홍채조차 서로 동일하지 않으며, 일란성 쌍둥이라도 서로 다른 고유한 패턴을 가지고 있다. 홍채는 만 1세 정도부터는 안정적이어서 어린이를 대상으로 하는 생체인식에도 적합하다. 이 기술은 장갑, 마스크, 안경을 착용하는 사람들이나 의료, 농업 및 중공업 등의 근무환경에도 적합하다. 비접촉으로 인식이 가능하며 등록 및 식별을 위해 사용자는 카메라에서 30cm~1.2m 거리를 두고 인식하며, 이 과정은 1초 내로 이뤄진다. 홍채인식은 등록 및 식별할 때 사용자가 인지해야만 가능하므로 무단 수집으로 인한 개인정보 유출 문제가 적다. 인식 대상자가 인지하지 않은 상태에서는 홍채 이미지를 촬영할 수 없기 때문이다.

① 오랜 세월 사용할 경우 인식률이 가장 떨어지는 방식은 얼굴인식이다.
② 인식 시 바이러스 등의 전염 위험성이 낮은 생체인식 방식은 두 가지이다.
③ 인식 시점에서 사용자의 상태와 관계없이 가장 편리한 방식은 지문인식이다.
④ 정확도는 홍채인식, 지문인식, 얼굴인식의 순으로 높다.
⑤ 마스크를 착용한 상태에서도 얼굴인식이 가능한 기술이 개발되고 있어 얼굴 인식률이 높아지고 있다.

[49~50] 다음 글은 특정 모양에 일정한 규칙을 적용했을 때 어떻게 변화하고 있는지를 설명한 것이다. 이를 바탕으로 이어지는 질문에 답하시오.

바둑한 모양의 3×3 정사각형이 있고, 칸 안에는 ●, ◆, ▼의 도형이 있다. 도형이 있는 칸은 주변 최대 8개의 칸의 도형의 유무에 따라 다음의 변환 순서로 변화한다.

규칙 1) ●이 있는 칸은 주변에 ◆가 2개 이상 있으면 삭제된다.
규칙 2) ◆이 있는 칸은 주변에 ▼가 2개 이상 있으면 ●로 변환된다.
규칙 3) ▼이 있는 칸은 주변에 ●가 1개 이상 있으면 ◆로 변환된다.

예를 들어, 위의 규칙 1), 규칙 2), 규칙 3)을 단계적으로 적용하면 아래의 처음 도형이 최종 도형으로 도출된다.

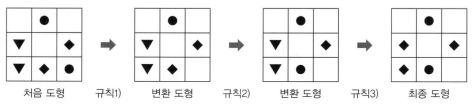

49

위의 글에서 파악된 규칙을 아래의 모양에 적용했을 때, 주어진 모양을 규칙에 맞도록 변환한 것을 고르면?

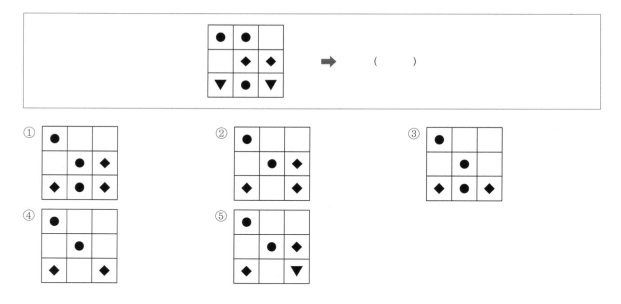

50

다음 [추가 조건]을 고려했을 때, 주어진 모양에 규칙 적용으로 나올 수 <u>없는</u> 모양을 고르면?

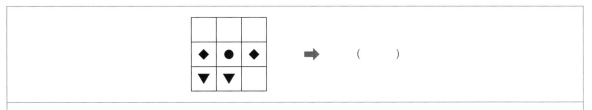

[추가 조건]
- 실수로 규칙을 순서대로 적용하지 않고 진행했다.
- 규칙1)을 첫 번째로 적용하지 않았다.

①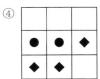

②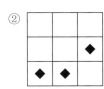

③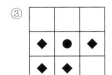

④

⑤

내가 찾고 있는 것은 바깥에 있지 않다.
그것은 내 안에 있다.

– 헬렌 켈러(Helen Keller)

한국전력공사

실전모의고사
(전기 전공 + NCS)

┃ 실전 2회 ┃

시험 구성 및 실전모의고사 활용법

• **최근 한국전력공사 직무능력검사는 분야별로 다음과 같이 출제되었습니다.**

구분	문항/시간	구성	출제영역
사무	50문항/70분	NCS 50문항	의사소통능력, 수리능력, 문제해결능력, 자원관리능력, 정보능력
전기	55문항/70분	전공 15문항+NCS 40문항	전기 전공, 의사소통능력, 수리능력, 문제해결능력, 자원관리능력
기타	55문항/70분	전공 15문항+NCS 40문항	전공, 의사소통능력, 수리능력, 문제해결능력, 정보능력

• **지원하시는 직군에 따라 실전모의고사를 다음과 같이 활용하시길 권장합니다.**

 – 사무 분야: NCS 1~50번 순차적으로 풀이(총 50문항/70분)

 – 전기 분야: 전기 전공(15문항) + NCS 1~40번(40문항) 순차적으로 풀이(총 55문항/70분)

 – 기타 분야: NCS 1~30번(30문항) + 41~50번(10문항) 순차적으로 풀이(총 40문항)

• **NCS의 구성은 다음과 같습니다. 영역별 풀이시간을 자율적으로 안배하여 풀이하시기 바랍니다.**

 – 의사소통능력 1~10번, 수리능력 11~20번, 문제해결능력 21~30번, 자원관리능력 31~40번,
  정보능력 41~50번

모바일
OMR 채점 서비스

정답만 입력하면
채점에서 성적분석까지 한 번에 쫙!

실전모의고사					
번호	정답 체크				
01	①	②	❸	④	⑤
02	①	②	③	❹	⑤
03	①	②	③	④	❺
04	①	❷	③	④	⑤
05	❶	②	③	④	⑤
06	❶	②	③	④	⑤
07	①	②	③	❹	⑤

☑ [QR 코드 인식 ▶ 모바일 OMR]에 정답 입력

☑ 실시간 정답 및 영역별 백분율 점수 위치 확인

☑ 취약 영역 및 유형 심층 분석

※ 유효기간: 2026년 12월 31일

▶ 전기 직렬

eduwill.kr/czXe

▶ 전기 외 직렬

eduwill.kr/BzXe

실전모의고사 2회 전기 전공

정답과 해설 P.34

01

R–C 병렬회로에서 어드미턴스의 궤적으로 옳은 것을 고르면?

① 1상한의 반직선 형태이다.

② 1상한의 반원 형태이다.

③ 2상한의 반직선 형태이다.

④ 4상한의 반원 형태이다.

⑤ 4상한의 반직선 형태이다.

02

다음 그림과 같은 π형 회로의 4단자 정수에서 B, D의 값으로 옳은 것을 고르면?

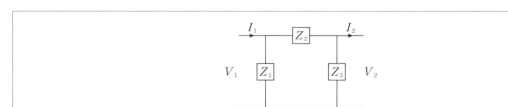

① $B=Z_2$, $D=\dfrac{Z_1+Z_2+Z_3}{Z_1 Z_2}$ ② $B=Z_2$, $D=1+\dfrac{Z_2}{Z_1}$ ③ $B=Z_2$, $D=1+\dfrac{Z_2}{Z_3}$

④ $B=1+\dfrac{Z_2}{Z_3}$, $D=1+\dfrac{Z_2}{Z_3}$ ⑤ $B=\dfrac{Z_1+Z_2+Z_3}{Z_1 Z_2}$, $D=Z_2$

03

$f=xyz$, $\dot{A}=xi+yj+zk$라고 할 때, 점 (2, 1, 1)에서의 $div(f\dot{A})$를 고르면?

① 3   ② 7   ③ 8

④ 10   ⑤ 12

04

단락비가 큰 발전기의 특징으로 옳은 것을 고르면?

① 중량이 무겁다.
② 전압 변동률이 크다.
③ 고속기에 이용된다.
④ 단자 단락 시 단락 전류가 적게 흐른다.
⑤ 안정도가 떨어진다.

05

풍력발전기로 이용되는 유도 발전기에 대한 설명으로 옳지 <u>않은</u> 것을 고르면?

① 조력발전기 등에도 이용이 된다.
② 동기발전기보다 제작 가격이 저렴하다.
③ 공극 치수가 작다.
④ 역률 조정이 힘들다.
⑤ 효율이 높다.

06

EMS에 대한 설명으로 옳지 <u>않은</u> 것을 고르면?

① 전력 수급을 조정할 수 있다.
② 발전기 운영 계획을 수립해야 한다.
③ 전력계통 보호에 활용된다.
④ 휴전 검토 등이 필요하다.
⑤ 발전기의 이상 유무를 판단한다.

07

다음 중 2차 접근 상태에 대한 설명으로 옳은 것을 고르면?

① 지지물의 높이와 수평거리로 같은 거리를 말한다.

② 지지물로부터 수평거리로 2[m] 이내의 거리를 말한다.

③ 지지물로부터 수평거리로 3[m] 미만의 거리를 말한다.

④ 2차 접근 상태가 1차 접근 상태보다 덜 위험한 상태를 말한다.

⑤ 지지물로부터 수평거리로 3[m] 이상의 거리를 말한다.

08

다음은 수전 설비의 단선도이다. 이 중 ⓐ, ⓑ의 명칭으로 옳은 것을 고르면?

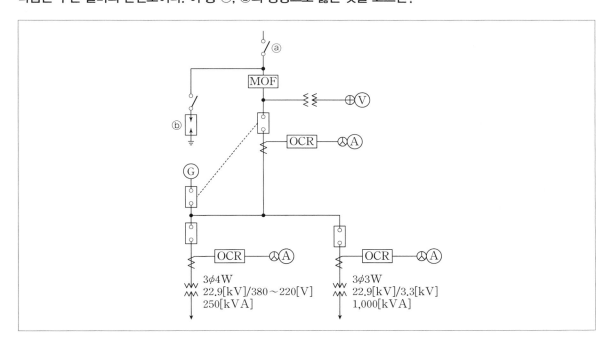

	ⓐ	ⓑ
①	변류기	피뢰기
②	피뢰기	단로기
③	단로기	피뢰기
④	PT	CT
⑤	CT	PT

09

다음은 전선의 색상에 대한 구분이다. 연결이 모두 옳은 것을 고르면?

	L1	L2	L3	N	보호도체
①	갈색	회색	흑색	청색	녹색−노란색
②	청색	흑색	회색	갈색	녹색−노란색
③	갈색	흑색	회색	청색	녹색−노란색
④	갈색	흑색	회색	청색	회색−노란색
⑤	갈색	흑색	회색	청색	갈색−노란색

10

3상 3선식 3각형 배치의 송전 선로가 있다. 선로가 연가되어 각 선간의 정전 용량은 0.008$[\mu\mathrm{F/km}]$, 각 선의 대지 정전 용량은 0.004$[\mu\mathrm{F/km}]$라고 하면 1선의 작용 정전 용량은 몇 $[\mu\mathrm{F/km}]$인지 고르면?

① 0.03   ② 0.023   ③ 0.028

④ 0.036   ⑤ 0.044

11

다음은 고속의 증식로에 대한 설명이다. 이 중 옳은 것을 고르면?

① 냉각재로 흑연을 사용한다.
② 냉각재로 Na을 사용한다.
③ 증식비가 1보다 작은 원자로를 말한다.
④ 증식비가 "0"인 원자로를 말한다.
⑤ CANDU는 고속 증식로를 말한다.

12

비투자율이 501, 자계의 세기가 400일 때, 자성체의 자화의 세기를 고르면?

① 0.02π ② 0.04π ③ 0.08π

④ 1.08π ⑤ 2.08π

13

가공 전선을 100[m]의 경간에 가설하였더니 이도가 5[m]이었다. 이도를 6[m]로 하려면 이도를 5[m]로 하였을 때보다 전선의 길이는 약 몇 [m] 더 필요한지 고르면?

① 0.12　　　　　　② 0.19　　　　　　③ 0.29

④ 0.34　　　　　　⑤ 0.47

14

그림과 같은 Z파라미터에서 V_1과 V_2를 고르면?

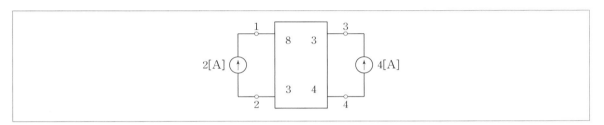

	V_1	V_2
①	30	24
②	29	22
③	28	22
④	26	24
⑤	22	28

15

전위의 분포가 $V = 12x + 7y^2$일 때, 점 (1, 2)에서 전계의 세기를 고르면?

① $-12i + 28j$　　　　② $-12i - 28j$　　　　③ $12i - 28j$

④ $12i + 28j$　　　　⑤ $12i + 7j$

의사소통능력 01~10번

[01~02] 다음 글을 읽고 이어지는 질문에 답하시오.

[가] 전기차 보급이 크게 늘고 있다. 한국자동차연구원에 따르면, 2020년 4만 6,909대였던 국내 전기차 판매량은 지난해 10만 681대로 115%가량 증가했다. 이처럼 전기차 보급이 급격한 확산세를 보이자, 2030년쯤 연간 10만 개 이상의 폐배터리가 쏟아질 것이란 전망이 나온다. 전기차 배터리는 코발트와 리튬, 니켈 등의 소재로 구성됐기 때문에 사용 후 그대로 매립하면 환경에 치명적인 악영향을 준다. (㉠) 따라서 전기차에서 소모한 배터리 재사용·재활용은 선택이 아닌 필수다. 에너지 전문 시장조사업체 SNE 리서치는 2030년 폐배터리 시장 규모가 20조 원 이상 확대될 것으로 전망했다.

[나] 일례로 독일 자동차 제조사 폭스바겐은 폐배터리로부터 핵심 원재료인 리튬과 니켈, 망간, 코발트 등을 회수하는 연구를 꾸준히 진행 중이다. 이 기업은 폐배터리 재활용을 본격적으로 추진하기 위해 2021년 초 독일 잘츠기터에 관련 공장을 설립하기도 했다. 잘츠키터 공장에는 연간 최대 3,600개의 폐배터리를 재활용할 수 있는 공정이 적용됐다. 이곳에서는 배터리 원재료 90% 이상을 회수한 후 재활용할 수 있다. 잘츠기터 공장은 조만간 폭스바겐 그룹의 폐배터리 재활용 공정의 전초기지 역할을 할 전망이다.

[다] 폐배터리 산업은 다 쓰고 남은 배터리를 '재활용'하거나 '재사용'하는 영역으로 나뉜다. 먼저 폐배터리 재활용은 전기차에서 수명을 다한 배터리를 수거해 코발트와 니켈, 리튬 등 핵심 원재료를 회수하고 새 배터리 제조에 다시 활용하는 방식으로 진행된다. 배터리 원자재 수급이 갈수록 어려워지고, 원재료 자원도 유한하기 때문에 배터리 재활용에 투자하는 기업은 점차 늘어날 전망이다. (㉡)

[라] 국내 배터리 제조사인 삼성SDI도 천안과 울산 등 사업장에 폐배터리 원재료를 회수해 재활용할 수 있는 공정을 지난 2019년부터 구축 중이다. 이 기업은 지난 5월, 자사 연구소 내 '리사이클연구 랩(Lab)'을 신설해 배터리 소재 회수율을 높일 기술 개발도 추진하고 있다. 전기차 배터리의 수명이 다해도 내부에는 에너지 저장이 가능한 용량이 남아있다. 폐배터리의 모듈 여러 개와 급속 충전기 1개를 연결해 전기차용 리유즈(Reuse) 에너지저장장치(ESS)를 만들 수 있다. 이처럼 폐배터리 재사용은 전지에 남은 잔여 용량을 활용해 만든 ESS를 통해 이뤄진다. (㉢) 정부는 폐배터리 재사용 촉진을 위해 '풍력 연계형 에너지저장장치(ESS) 개발·실증 사업'을 추진 중이다. 전기차 폐배터리를 재사용해 만든 R-ESS를 풍력 발전 설비와 연계해 잉여전력을 저장하는 방식이다. 현대차 그룹도 한국수력원자력, OCI와 업무 협약을 맺고 R-ESS를 태양광 발전 시스템에 접목하는 실증 사업을 추진 중이다. (㉣) 이 기업은 한화큐셀과도 전기차 배터리의 태양광 연계 ESS 재사용 업무 협약을 체결하고 관련 사업을 진행하고 있다. (㉤)

[마] 배터리 업계 관계자는 "전기차 시장이 폭발적인 성장세를 보이면 필연적으로 폐배터리 산업이 동반 성장할 수밖에 없다"며 "폐배터리 산업 활성화로 환경오염을 줄이면서 전기차 값의 절반가량을 차지하는 배터리 가격 경쟁력도 높일 수 있어 관련 시장은 더욱 성장세를 보일 것"이라고 말했다.

01

다음 문장이 들어가기에 가장 적절한 곳을 ㉠~㉤에서 고르면?

> 직접 핵심 원재료를 채굴하지 않고도 폐배터리에서 다시 원재료를 얻을 수 있기 때문이다.

① ㉠

② ㉡

③ ㉢

④ ㉣

⑤ ㉤

02

다음 중 [가]~[마]를 문맥에 맞게 순서대로 배열한 것을 고르면?

① [가]−[나]−[다]−[라]−[마]

② [가]−[다]−[나]−[라]−[마]

③ [가]−[마]−[나]−[다]−[라]

④ [나]−[가]−[다]−[라]−[마]

⑤ [나]−[다]−[가]−[라]−[마]

03

다음 글에 대한 설명으로 옳은 것을 고르면?

가벼우면서도 튼튼한 플라스틱은 생활용품에서 산업 용품까지 다양한 부분에서 활용된다. 단, 플라스틱은 재활용이 어렵고 폐기 처분도 힘들다. 플라스틱에는 염료, 필러, 화염 지연제 등 다양한 첨가제가 들어 있어서 성능이나 미관의 손실 없이 재활용할 수 있는 플라스틱은 거의 없다. 재활용이 쉬운 플라스틱으로 분류되는 페트병도 20~30%만이 재활용된다. 나머지는 소각장이나 매립지에 보내는데, 그곳에서 탄소가 풍부한 플라스틱이 분해되려면 수 세기가 걸린다. 최근에는 플라스틱이 바다로 흘러들어 바다를 오염시킬 뿐 아니라, 이를 먹은 새, 물고기, 고래 등이 죽은 시체로 발견되면서 국제적인 경각심을 불러일으키고 있다.

미국 에너지부 로렌스 버클리 국립연구소는 레고 조각처럼 분자 수준으로 분해한 다음, 다시 다른 모양의 형태나 질감 및 색상으로 사용할 수 있는 혁신적인 재활용 플라스틱을 개발했다고 발표했다. 모든 플라스틱은 중합체(polymer)라고 불리는 큰 분자로 이루어져 있다. 그런데 중합체는 단량체(monomer)라고 불리는 짧은 탄소 함유 화합물의 반복 단위로 구성되어 있다. 문제의 해결책은 플라스틱을 유용하게 만드는 화학 첨가물에서 찾아야 한다. 플라스틱을 단단하게 만드는 충전제나 플라스틱을 유연하게 만드는 가소제와 같이, 화학 첨가제는 단량체에 단단히 묶여 있다. 이들은 재활용 공장에서 처리된 후에도 플라스틱에 그대로 남아 있다. 재활용 공장에서는 단단한 플라스틱, 신축성 있는 플라스틱, 투명한 플라스틱, 사탕 색깔의 플라스틱 등 다양한 화학 성분을 가진 플라스틱을 함께 섞어 조각낸다. 플라스틱 조각을 녹여 새 재료를 만들 때, 원래 플라스틱에서 어떤 성질을 물려받을지 예측하기 어렵다. 이렇게 원재료를 알 수 없는 플라스틱이 만들어지기 때문에 재활용이 쉽지 않다.

소비자들은 무심코 지나치기 쉽지만 플라스틱의 재활용은 크게 두 가지로 나뉜다. 다시 사용하는 순환(circular) 재활용과, 더욱 좋은 재질로 향상시키는 업사이클(upcycle) 재활용이다. 단량체를 오랫동안 재사용하는 것은 순환 재활용에 해당한다. 플라스틱 재활용에서 많은 사람들이 꿈꾸는 것은 플라스틱의 단량체를 되풀이해서 '순환'으로 재사용하거나, 혹은 더 좋은 품질의 새로운 플라스틱으로 '업사이클링' 하는 방안이다. 그러나 현재와 같은 재활용 시스템에서는 이러한 '순환'이나 '업사이클링'이 어렵기 때문에, 재활용 플라스틱으로 만든 쇼핑백은 닳아 찢어지면 소각되거나 쓰레기 매립지에 들어간다.

한편 PDK 플라스틱은 높은 산성 용액에 담그면, 어떤 복합 첨가물도 분리할 수 있다. 산이 단량체 사이의 결합을 끊고 플라스틱을 화학 첨가물에서 분리하도록 도움을 주기 때문이다. 브렛 헬름스 박사는 "플라스틱의 재활용을 한 번 쓰고 버리는 것에서 여러 번 사용하는 '순환'으로 바꾸는 화학 작용에 관심이 있다"고 말했다. 이럴 경우 지금까지 재활용이 어려웠던 접착제, 전화 케이스, 시계 밴드, 신발, 컴퓨터 케이블, 뜨거운 플라스틱 소재 등도 재활용이 가능하다. 크리스텐슨 박사는 PDK 접착제를 만들기 위해 다양한 산을 유리에 바르는 실험을 하는 과정에서 PDK 플라스틱의 순환 가능성을 발견했다. PDK 샘플의 분자 구조를 핵자기공명(NMR) 분광기로 분석하는 등 다양한 실험을 벌였다. 연구팀은 산이 PDK 중합체를 단량체로 분해할 뿐만 아니라, 이 과정을 통해 단량체를 화학 첨가물로부터 분리할 수 있다는 것을 확인했다. 이어 회수된 PDK 단량체를 플라스틱 중합체로 다시 만들 수 있다는 것을 증명했다. 이렇게 재활용된 중합체는 원래 재료의 색깔이나 특징을 물려받지 않고도 전혀 새로운 플라스틱 재료를 형성할 수 있다. 쓰레기통에 버려 부서진 검은 시계 띠가 PDK 플라스틱으로 만들어지면 컴퓨터 키보드로 새로운 생명을 찾을 수 있는 것이다. 과학자들은 PDK 플라스틱의 사용에 인센티브를 주어 매립지에 묻거나 바다로 흘려보내던 플라스틱 폐기물을 재활용해야 한다고 촉구한다.

① 페트병은 투명하여 분리수거를 잘하면 모두 재활용이 가능하다.
② 플라스틱을 유용하게 만드는 화학 첨가물은 플라스틱의 중합체에 묶여 있다.
③ 플라스틱의 단량체를 다시 사용하는 것은 업사이클에 해당한다.
④ PDK 플라스틱에 산을 발라 플라스틱을 화학 첨가물에서 분리하는 것은 순환에 해당한다.
⑤ 산을 통해 재활용된 PDK 중합체는 원래 재료의 색깔이나 특징을 물려받아 새로운 플라스틱 재료를 형성할 수 있다.

04

다음 글에 대한 이해로 가장 적절하지 <u>않은</u> 것을 고르면?

흔히 '황토'라고 부르는 야산의 흙이 웰빙 바람을 타고 침대 바닥에도 깔리고, '황토방'을 만드는 데도 쓰이면서 최근 야산이 각광을 받고 있다. 하지만 비료가 빗물에 쉽게 씻겨 나가기 마련인 야산은 이를 농지로 활용하려 한 행정 당국으로부터 오랫동안 '천덕꾸러기' 취급을 받아왔다.

처음부터 야산이 농지로 활용된 것은 아니다. 일제는 쌀의 증산을 위해 하천 연변의 충적지의 개발에만 총력을 기울였고, 야산의 산림은 경찰을 앞세워 육성하고 보호하는 정책을 폈다. 쌀 나는 곳에서는 쌀을, 나무 나는 곳에서는 나무를 수탈한 것이다. 그러나 광복과 한국 전쟁을 거치는 중에 야산의 대부분은 민둥산으로 변했고 정부에서는 난민 정착 사업의 일환으로 이러한 야산을 농경지로 개발하려고 시도했다. 이는 1962년 경제 개발 5개년 계획의 시행과 더불어 개간촉진법이 공포되면서부터 본격화되었다.

이에 따라 야산은 소유자 의사와 관계없이 행정 당국에 의해 집단적으로 개간되었다. 야산은 돌이 없어서 인력 투입만으로도 개간하기 쉬웠다. 개간한 땅에는 당시 외화 획득의 주요 수단이던 뽕나무를 심도록 했지만, 비료를 공급받지 못한 뽕나무는 잘 자라지 못했다. 야산 개발은 화학 비료가 증산되면서 어느 정도 실효를 거두는 듯했다. 개간된 밭에서 땅콩, 수박 등 여러 가지 농작물이 재배되기 시작하자 농경지로서 가능성이 열리는 듯 했지만 실제 생산량은 비할 바 없이 초라했다.

그런데 야산 개발이 정부 시책으로 추진되던 1970년대 전반에 식물 생태학계의 원로 교수는 이러한 야산 개발 방식에 대해 비판하고 나섰다. 야산에 농작물을 재배하기보다 숲을 가꾸어야 미래의 에너지, 곧 식물량을 확보할 수 있다는 것이었다. 환경에 대한 선구적인 인식을 보여 준 것이다. 당시 정부는 이러한 의견을 묵살한 채 계속 농경지 확보를 위해서만 노력했다.

황토의 가치가 인정받게 된 요즘의 상황을 볼 때 오랜 세월 동안 정부의 정책으로도 이루지 못한 야산 개발이 환경에 대한 관심과 함께 찾아온 웰빙 열풍을 통해 제 궤도에 이른 것을 볼 수 있다. 야산 개발의 역사적 변천 과정은 자원은 어디에 그것을 활용하느냐에 따라 그 진정한 가치를 찾을 수 있다는 점을 새삼 깨닫게 하는 사례가 아닐 수 없다.

① 야산은 오랫동안 정부의 개발 정책과 밀접한 관련을 맺어 왔다.
② 최근 야산의 토양은 농작물 재배 이외의 쓸모를 찾을 수 있었다.
③ 야산의 가치 개발은 지속적인 인력 투입을 통해 가능하게 되었다.
④ 야산이 인정받게 된 것은 건강에 대한 관심과 더불어서 가능했다.
⑤ 야산의 개발은 정부의 법 제정과 관련하여 추진력을 얻었다.

다시점 비디오는 우리가 3차원으로 영상을 시청할 수 있게 하는데, 하나의 3차원 장면을 여러 대의 카메라로 동시에 촬영하여 이를 부호화함으로써 가능하다. 하지만 부호화하는 과정에서 화질이 떨어질 수 있다. 다시점 비디오의 화질에 영향을 미치는 요소는 다양하지만 디스플레이 기술과 데이터의 부호화 기술이 가장 중요하다고 볼 수 있다. 디스플레이 기술은 빛의 투과 여부에 의해 방향성을 부여하는 패럴랙스 배리어 방식과 빛의 굴절에 의해 방향성을 부여하는 렌티큘러 렌즈 방식으로 나눌 수 있다.

[가] 렌티큘러 렌즈 방식은 빛의 방향을 바꾸는 실린더 형태의 렌즈층을 패널 전면에 부착하여 디스플레이 공간상에서 수평 방향 또는 여러 시점의 영상 방향을 조절하는 방식이다. 빛을 모으고 굴절시키기 때문에 휘도 손실은 거의 없지만 화질이 떨어지는 단점이 있다.

[나] 패럴랙스 배리어 방식은 빛을 차단하는 액정 슬릿을 디스플레이 패널의 앞면이나 뒷면에 위치하여 디스플레이 공간상에서 수평 방향 또는 여러 시점을 표현하는 화소들의 빛의 투과 여부를 조절하는 방식이다. 빛을 차단하기 때문에 절반 이상의 빛이 흡수되어 소실되므로 휘도가 감소한다는 단점이 있다.

[다] 공간의 중복성은 처음과 끝에 위치한 프레임을 먼저 부호화하고, 그 사이에 있는 프레임들을 부호화하면서 중복된 부분을 잘라낸다. 시간의 중복성은 부호화되는 프레임과 그 프레임이 참조하는 프레임의 거리를 최소화해야 화질과 관련한 부호화 효율이 높아진다. 왜냐하면 참조해야 할 프레임의 거리가 길어지면 인접한 프레임끼리 서로 참조하지 못하는 경우가 발생해 중복성을 제거해야 할 데이터의 양이 늘어나기 때문이다. 또한 공간의 중복성 측면에서도 다시점 획득에 사용되는 카메라들의 간격이 좁을수록
(㉠   )

[라] 여러 개의 영상으로 구성된 데이터를 처리하는 데이터 부호화 기술은 디스플레이 기술보다 화질에 큰 영향을 끼친다. 다시점 비디오는 한 장면을 동시에 촬영한 여러 개의 영상으로 구성되므로, 영상들 사이에 공간 및 시간의 중복성이 존재한다. 따라서 중복성을 제거하는 것이 화질에 영향을 끼치는데, 데이터의 양도 효율적으로 줄이기 위해 인접한 카메라의 영상을 참조하여 중복된 정보를 제거하는 시공간 예측 구조인 GOP(Group Of Pictures) 구조를 활용할 수 있다. 이 구조는 인접한 영상의 데이터와 동일한 정보는 제거해도 무방하다고 예측한 뒤 예측한 내용을 바탕으로 중복된 정보를 제거한다.

05

다음 중 [가]~[라]를 문맥에 맞게 순서대로 배열한 것을 고르면?

① [가]─[나]─[다]─[라]
② [가]─[다]─[나]─[라]
③ [나]─[가]─[다]─[라]
④ [나]─[가]─[라]─[다]
⑤ [라]─[나]─[가]─[다]

06

다음 중 ㉠에 들어갈 말로 가장 적절한 것을 고르면?

① 인접한 프레임과 참조하는 부분이 많아져 부호화 효율이 높아진다.
② 인접한 프레임과 중복되는 내용이 많아져 데이터의 양이 줄어들게 된다.
③ 인접한 프레임과의 거리가 최소화됨으로써 중복성에 의해 화질이 저하된다.
④ 인접한 프레임들이 서로 데이터를 주고받음으로써 부호화 효율이 높아진다.
⑤ 인접한 프레임으로부터 참조하지 못하는 부분이 늘어나 부호화 효율이 높아진다.

[07~08] 다음 글을 읽고 이어지는 질문에 답하시오.

[가] 이명이란 외부에서의 소리 자극 없이 신체 내 대사 중에 일어나는 소리를 귓속 또는 머릿속에서 감각하는 이상 음감을 말한다. 이때의 소리는 원칙적으로 의미가 없는 단순한 소리이며 의미 있는 소리, 음악, 언어 등이 들리면 이는 이명이 아니고 환청이다. 이명은 소음 노출 등 자극을 받은 후거나 아주 조용한 공간에 있는 등의 경우에서 정상인의 90%가 경험하는 흔한 증상이지만 지속적이거나 또는 자주 발생하거나, 귀에서 나는 소리 때문에 잠을 잘 수 없는 등 일상생활에 지장을 받는 경우에는 검사와 치료가 필요하다.

[나] 이명의 많은 경우가 청각경로 및 이와 연결되어 있는 신경계통의 이상에 의한 비정상적인 과민성으로 생기며, 이런 이상은 주로 지나친 소음 노출이나 노인성 난청으로 인해 발생한다. 그 외에도 이독성 약물, 두부 손상, 메니에르 증후군, 내이염, 중이염, 청신경 종양이나 뇌종양 등이 원인이 될 수 있다. 드물지만 청각기 주위의 혈관계와 근육계의 병변으로 이명이 발생하기도 한다. 혈관성 이명이란 중이와 내이에 인접한 혈관인 경정맥과 경동맥으로 혈류가 지나가는 소리가 전달되어 들리는 경우로, 귀에서 맥박이 뛰는 소리나 '쉭, 쉭' 하는 피가 혈관을 지나가는 소리를 듣는 경우도 있다. 근육성 이명이란 중이 내 소리를 전달하는 구조물 등에 부착된 근육에 경련이 있을 때 이명이 들리는 경우를 말한다.

[다] 이와 같이 이명은 다양한 원인이 있기 때문에 우선적으로는 정확한 병력 청취가 가장 중요하다. 고막검사, 청력검사, 어음청력검사, 이명검사를 시행하고, 필요에 따라 청성 뇌간 유발 반응검사, 혈액검사, 컴퓨터 단층촬영(CT)이나 자기공명영상(MRI) 등의 검사를 시행하기도 한다. 환자 스스로 이명의 원인을 파악하는 법은 있지 않으나 환자 스스로 이명의 성질, 즉 어디에서 소리가 들리고 몇 가지의 소리가 나는지, 그 크기와 자극 정도, 이명에 대한 심리적 반응 정도를 자세히 기록해 온다면 진단 및 치료에 도움이 될 수 있다. 그 외에 맥박소리의 동반 유무와 특정 상황에서 커지거나 작아지지는 않는지 등의 정보도 큰 도움이 된다.

[라] 이명은 원인 질환을 치료함으로써 증상을 완화시키거나 치료를 하게 된다. 이명을 경감시키거나 이명에 따른 우울, 불안, 수면장애 치료를 도와주는 약제, 내이의 혈액순환을 도와주는 약제 등이 사용된다. 고막 내 스테로이드 주사요법 등도 시행해 볼 수 있다. 한편 보청기를 착용하여 청력을 증강시켜 외부의 소리를 잘 듣게 하는 이명 차폐 효과를 볼 수도 있다. 외부에서 신경에 거슬리지 않을 정도의 소리를 지속적으로 줌으로써 이명을 느끼지 않게 하는 것이다. 이명에 대한 상담치료, 정신건강의학과적 치료의 경우 스트레스와 심적부담을 감소시켜 이명을 호전시킨다.

[마] 앞서 말했듯 이명은 정상인의 90%가 경험하는 증상이다. 때문에 일시적으로 이명을 경험하였다고 모두가 치료의 대상이 되는 것은 아니다. 그러나 이러한 이명이 자주 발생하고 일상생활에 지장을 받는 경우 임상적으로 문제가 되며 전문의의 진찰과 치료가 필요하다. 또한 대부분의 이명은 청력이 떨어지면서 발생하는 경우가 많으므로, 갑작스럽게 심한 이명이 생겼을 경우에는 이비인후과를 방문하여 귀 상태를 체크해 보는 것이 좋다. 돌발성 난청 등이 이명으로 발견되는 경우도 있으며, 돌발성 난청의 경우 빠른 약물 투여가 중요하다.

07

다음 중 [가]~[마]의 핵심 내용으로 옳지 않은 것을 고르면?

① [가]: 이명 질환의 개념과 환자 현황
② [나]: 이명 질환의 발생 원인
③ [다]: 이명 질환의 검사 종류와 진단 방법
④ [라]: 이명 질환의 치료 방법
⑤ [마]: 이명 증상에 따른 대응 방법

08

다음 중 글의 내용을 이해한 것으로 옳지 않은 것을 고르면?

① 이명 질환은 정확한 검사 없이 환자 스스로 원인을 파악할 수 없다.
② 청력이 떨어진 상태의 사람들에게는 이명 질환이 나타나지 않는다.
③ 혈관성 이명 환자는 귀에서 맥박이 뛰는 소리가 들리는 증상이 나타날 수 있다.
④ 귀에서 누군가 말하는 소리가 지속적으로 들린다면 이명으로 진단하지 않는다.
⑤ 이명으로 들리는 소리를 외부의 소리로 덮는 방법을 통해 이명을 치료하기도 한다.

|  | 보도자료 |  |

(㉠)

□ 한국전력(이하 '한전')은 ○○홀딩스, △△케미칼과 MOU 체결을 통해 「수소·암모니아 발전 기술개발 및 국내외 수소·암모니아 공급망 확보」 등 수소경제 이행을 위한 상호 협력 기반 마련에 속도를 내고 있음

□ 수소생태계 각 분야에서 강점을 가진 3사가 협력하여 시너지 효과를 발휘한다면 수소의 생산에서 활용에 이르는 전 주기 활성화가 가능하여 수소경제와 탄소중립의 국가 정책목표 달성에 크게 기여할 것으로 전망됨

    ○ 재생에너지를 활용하여 생산하는 그린수소와 이산화탄소 포집을 전제로 한 화석연료 기반 블루수소 생산을 위한 국내외 프로젝트 공동 개발과 투자, 수소·암모니아 혼소 기술개발 및 CCUS(이산화탄소 포집·활용·저장) 기술 고도화 등에 협력하기로 함

    ○ 한 회사가 일시적으로 수소·암모니아 재고가 부족할 경우 다른 회사가 우선 공급해 주고 되돌려 받는 스왑(SWAP)거래도 추진하는데, 이를 통해 특히 사업 초기에 발생할 수 있는 수급 불안에 따른 리스크를 최소화할 계획임

□ 이번 MOU는 온실가스 다배출 산업인 전력, 철강, 석유화학 기업인 한전, ○○홀딩스, △△케미칼이 국가 온실가스 감축과 탄소중립에 기여할 수 있는 실질적인 협력 방안을 도출했다는 점에 의미가 있음

    ○ 한전은 수소를 연료로 하는 발전사업을 계획하고 있어 수소생태계의 근간이 되는 안정적인 수요처를 제공할 수 있다는 데 강점이 있음

    ○ ○○홀딩스는 수소생산 핵심기술 개발 능력뿐만 아니라 수소 생태계 전 분야에 필요한 강재개발 능력을 보유하고 있으며, 이를 통해 2050년까지 연간 700만 톤의 수소 생산체제를 구축할 계획을 갖고 있는 등 수소 생산 분야에 강점을 갖고 있음

    ○ △△케미칼은 유통 분야에 다양한 경험을 활용해 2030년까지 청정 암모니아 600만 톤 국내 공급체계를 구축할 계획임

□ 한전은 이번 MOU를 계기로 국내 석탄과 LNG 발전을 대상으로 수소·암모니아 혼소·전소 발전 실증 및 상용화에 더욱 속도를 낼 계획임

    ○ (암모니아 발전) 2027년까지 20% 혼소 실증을 완료하고, 2030년에는 전체 석탄발전(43기)의 절반 이상에 20% 혼소 발전을 적용하여 상용화할 계획임

    ○ (수소 발전) 2028년까지 150MW급 50% 혼소 실증을 완료하고, 2035년에는 30% 이상 혼소를 상용화하여, 2040년에는 30~100% 혼소 또는 전소하는 것을 목표로 하고 있음

    ○ 수소·암모니아 발전을 상용화하면 탄소배출 감축과 함께 기존 석탄발전소와 연계된 송변전 설비를 활용할 수 있어 탄소중립 추진에 따른 기존 전력설비의 좌초자산화를 막는 데도 일조할 수 있음

09

다음 중 보도자료의 ㉠에 들어갈 제목으로 가장 적절한 것을 고르면?

① 에너지공공기관 수소경제협의체로 청정수소 발전 전 주기 생태계 구축
② 한전, 암모니아 및 수소 발전 상용화 위해 민간기업과 본격 협력체계 구축
③ 안전한 암모니아 및 수소 신기술 활용 위한 안전관리 종합계획 수립
④ 한국 주도 '국제 수소협회 연합체' 출범으로 국제 민간 수소협력 박차
⑤ 한전, 암모니아 및 수소 발전 실증 위한 대용량 저장 인프라 구축 추진

10

다음 중 보도자료의 내용을 통해 알 수 있는 내용이 아닌 것을 고르면?

① 한전은 수소 생태계에서 협력 기업들에게 안정적인 수요처를 제공하는 역할을 한다.
② 수소경제가 확산되더라도 기존 전력설비를 활용할 수 있다.
③ 수소 발전은 2030년까지 전체 발전의 50% 이상에서 혼소를 상용화하는 것을 목표로 한다.
④ 이번 MOU에는 협력 회사 간 수소·암모니아의 스왑거래 내용이 포함된다.
⑤ MOU를 체결한 주체들은 블루수소 생산을 위한 국내외 프로젝트의 개발 및 투자에 공동 협력한다.

11

두 기업 A, B의 작년 상반기 매출액의 합계는 70억 원이었고, 올해 상반기 두 기업 A, B의 매출액은 작년 상반기와 비교하여 각각 10%, 20% 증가하였다. 두 기업의 매출액 증가량의 비가 2:3일 때, 다음 중 올해 두 기업의 상반기 매출액 합계를 고르면?

① 78억 원 ② 80억 원 ③ 82억 원
④ 84억 원 ⑤ 86억 원

12

어느 회사의 3년 차 직원 성과급은 2년 차 직원 성과급보다 35%가 많고, 4년 차 직원의 성과급은 3년 차 직원 성과급보다 20% 적다고 한다. 4년 차 직원의 성과급이 2년 차 직원의 성과급보다 360만 원 더 많을 때, 다음 중 3년 차 직원의 성과급과 4년 차 직원의 성과급 차이를 고르면?

① 1,215만 원 ② 1,220만 원 ③ 1,225만 원
④ 1,230만 원 ⑤ 1,235만 원

[13~14] 다음 [표]는 2020년과 2021년 인구 구조에 대한 자료이다. 이를 바탕으로 이어지는 질문에 답하시오.

[표] 2020년과 2021년 인구 구조 (단위: 천 명, %)

구분	2020년			2021년		
	남자	여자	계	남자	여자	계
생산가능인구	18,000	17,000	35,000	20,000	18,000	38,000
실업자 수	400	500	900	( )	( )	( )
경제활동참가율	80	65	( )	75	( )	75
실업률	( )	( )	3.54	5	4	( )
고용률	70	50	( )	65	60	( )

※ 생산가능인구는 15세 이상 인구를 의미함.

※ 경제활동참가율(%)$= \dfrac{\text{경제활동인구}}{\text{생산가능인구}} \times 100$

※ 실업률(%)$= \dfrac{\text{실업자 수}}{\text{경제활동인구}} \times 100$

※ 고용률(%)$= \dfrac{\text{취업자 수}}{\text{생산가능인구}} \times 100$

13

다음 중 자료에 대한 설명으로 옳은 것을 [보기]에서 모두 고르면?(단, 인구는 소수점 아래 첫째 자리에서 반올림한다.)

┤ 보기 ├
ㄱ. 2021년 실업자 수는 130만 명 이상이다.
ㄴ. 2020년 경제활동참가율은 70% 이상이다.
ㄷ. 2021년 경제활동인구는 2020년 대비 10% 이상 증가하였다.
ㄹ. 2020년 남자의 실업률은 3.2% 미만이고, 여자의 실업률은 4.2% 이상이다.

① ㄱ, ㄴ, ㄷ ② ㄱ, ㄴ, ㄹ ③ ㄱ, ㄷ, ㄹ
④ ㄴ, ㄷ, ㄹ ⑤ ㄱ, ㄴ, ㄷ, ㄹ

14

다음 중 2020년 대비 2021년 취업자 수 증가율을 고르면?(단, 소수점 아래 둘째 자리에서 반올림한다.)

① 9.6% ② 11.2% ③ 12.8%
④ 14.1% ⑤ 15.4%

[15~16] 다음 [표]는 영화 산업에 관한 제작 관련 비용 및 마케팅 경로를 조사하여 나타낸 자료이다. 이를 바탕으로 이어지는 질문에 답하시오.

[표1] 2019~2021년 영화 산업 제작 관련 비용 (단위: 개, 백만 원)

구분	사업체 수	총비용	작품 제작	로열티 지출	마케팅 홍보	연구개발	기타
2019년	1,537	629,535	486,364	34,603	51,005	31,961	25,602
2020년	1,808	800,571	606,581	47,058	68,633	40,718	37,581
2021년	1,898	894,715	687,644	53,618	72,247	43,106	38,100

[표2] 2017~2021년 영화 산업 마케팅 경로 (단위: %)

구분		2017년	2018년	2019년	2020년	2021년
기업	전시회 및 행사 참여	12.1	15.2	14.7	18.0	20.0
	투자사 및 유통사 접촉	23.1	27.0	26.7	25.5	24.3
	국내외 에이전트 활용	1.1	1.1	2.6	2.8	2.7
	국내외 법인 활용	8.6	9.4	8.6	8.0	7.1
개인	TV, 인터넷 등 온라인 매체 광고	25.3	22.0	25.2	25.6	23.0
	포스터 배부	20.1	13.0	16.0	16.0	19.9
기타		9.7	12.3	6.2	4.1	3.0
합계		100.0	100.0	100.0	100.0	100.0

15

다음 중 자료를 잘못 분석한 사람을 [보기]에서 모두 고르면?

┌─ 보기 ───
• 가은: 영화 산업의 사업체 수와 총비용은 매년 감소 추세야.
• 나래: 2019년 영화 산업의 총비용에서 가장 많은 비중을 차지하는 비용은 50% 이상을 차지하는구나.
• 다현: 2020년 영화 산업에서 기업을 대상으로 한 마케팅 경로의 비중은 절반 이상이야.
• 류진: 영화 산업의 개인을 대상으로 한 마케팅 경로의 비중은 매년 감소하고 있네.
└───

① 가은, 나래　　　　　　② 나래, 류진　　　　　　③ 나래, 다현
④ 가은, 류진　　　　　　⑤ 다현, 류진

16

다음 중 자료에 대한 설명으로 옳지 않은 것을 [보기]에서 모두 고르면?

┌─ 보기 ───
㉠ 로열티 지출에 대한 영화 산업 비용이 매년 증가하는 것은 연구개발에 대한 비용이 감소하기 때문이다.
㉡ 영화 산업의 마케팅 경로는 매년 개인보다는 기업의 비중이 더 높다.
㉢ 영화 산업의 기업을 대상으로 한 마케팅 경로 중 가장 비중이 높은 경로는 매년 동일하다.
㉣ 영화 산업의 국내외 에이전트 활용을 통한 마케팅 비중은 다른 마케팅 경로와는 다르게 매년 꾸준히 증가한다.
└───

① ㉠, ㉡　　　　　　② ㉡, ㉢　　　　　　③ ㉢, ㉣
④ ㉠, ㉡, ㉣　　　　　⑤ ㉠, ㉢, ㉣

[17~18] 다음 [표]는 성인 1,500명을 대상으로 실시한 과체중에 관한 설문조사 결과이다. 이를 바탕으로 이어지는 질문에 답하시오.

[표1] 과체중 위험 신호 인지 여부

구분		응답자 수 (명)	과체중 위험 신호 인지 여부(%)	
			있음	없음
성별	남성	743	28.8	71.2
	여성	757	15.2	84.8
연령대	20대	259	4.6	95.4
	30대	253	12.6	87.4
	40대	295	21.4	78.6
	50대	301	25.6	74.4
	60대	392	37.0	63.0
성별 · 연령대	남성 20대	136	5.1	94.9
	남성 30대	130	16.2	83.8
	남성 40대	150	30.0	70.0
	남성 50대	151	35.8	64.2
	남성 60대	176	49.4	50.6
	여성 20대	123	4.1	95.9
	여성 30대	123	8.9	91.1
	여성 40대	145	12.4	87.6
	여성 50대	150	15.3	84.7
	여성 60대	216	26.9	73.1

[표2] 과체중 위험 신호 인지자의 다이어트 시도 여부 및 방법

구분		인지자 수 (명)	과체중 위험 신호 완화 시도 방법(%)					시도하지 않음(%)
			식사 조절	운동	약물 복용	병원 진료	기타	
성별	남성	( )	38.8	14.0	9.8	8.9	4.2	49.1
	여성	( )	45.2	7.0	2.6	4.3	11.3	44.3
연령대	20대	( )	50.0	0.0	16.7	16.7	16.7	0.0
	30대	( )	62.5	12.5	6.3	9.4	9.4	25.0
	40대	( )	52.4	7.9	6.3	12.7	7.9	36.5
	50대	( )	46.8	15.6	10.4	5.2	10.4	39.0
	60대	( )	26.2	11.7	6.2	4.1	2.8	62.8
과체중 위험 신호 3회 이상 인지 여부	있음	236	47.0	14.8	8.1	7.2	8.9	41.1
	없음	93	24.7	4.3	7.5	7.5	1.1	62.4
과체중 신호의 심각성	심각함	150	45.3	16.0	13.3	13.3	10.0	34.0
	심각하지 않음	179	36.9	7.8	2.8	2.2	2.8	58.1

※ 빈칸의 인원수는 반올림하여 정수로 표시한 결괏값임.
※ 다이어트 시도 방법은 중복 응답 가능함.

17

다음 중 자료에 대한 설명으로 옳지 않은 것을 고르면?

① 전체 설문조사 대상자 중 과체중 위험 신호를 인지한 적이 있다고 응답한 60대 남성의 비율은 6% 이하이다.

② 40대부터는 응답자 수가 많은 연령대일수록 과체중 위험 신호를 인지한 적이 있다고 한 응답자 수가 많다.

③ 과체중 신호가 심각하지 않다고 응답한 인지자 중 과체중 위험 신호 완화 방법으로 식사 조절과 운동을 모두 시도했다고 응답한 인지자는 적어도 6명 이상이다.

④ 과체중 위험 신호를 3회 이상 인지한 인지자 중 과체중 위험 신호 완화 방법을 시도한 인지자는 135명 이상이다.

⑤ 60대 인지자 중 남성은 30명 이상이다.

18

다음 중 과체중 위험 신호 인지자의 수에 관한 설명으로 옳은 것을 고르면?

① 여성 인지자의 수는 60대 연령 인지자의 수보다 많다.

② 인지자 수가 가장 적은 연령대는 30대이다.

③ 남성 인지자 중 식사 조절로 과체중 위험 신호 완화를 시도한 사람은 80명 이하이다.

④ 식사 조절로 과체중 위험 신호 완화를 시도한 사람은 40대가 50대보다 더 많다.

⑤ 과체중 위험 신호 완화 방법을 시도한 인지자 수가 가장 많은 연령대는 60대이다.

[19~20] 다음 [표]는 2014~2021년 동아시아 지역에서 활동하는 데이터 관련 엔지니어 현황을 나타낸 자료이다. 이를 바탕으로 이어지는 질문에 답하시오.

[표] 데이터 관련 엔지니어 업종 종사자 및 추가 필요인력 현황
(단위: 명)

구분		2014년	2015년	2016년	2017년	2018년	2019년	2020년	2021년
추가 필요인력	남성	40,914	56,735	62,279	67,323	73,412	82,467	82,179	78,080
	여성	819	1,402	1,790	2,293	3,421	4,872	7,616	12,043
종사 인원	남성	175,582	270,500	348,644	408,557	482,743	592,238	585,186	625,270
	여성	2,539	5,761	9,153	11,691	17,920	27,425	40,057	55,160

19
다음 중 자료에 관한 설명으로 옳지 <u>않은</u> 것을 고르면?

① 종사 인원은 남녀 모두 해마다 꾸준히 증가하였다.
② 2021년 여성 종사 인원은 2014년 대비 20배 이상 증가하였다.
③ 2015년 여성 추가 필요인력의 전년 대비 증가율은 남성보다 높다.
④ 2014년부터 2018년까지 여성의 추가 필요인력은 연평균 1,945명이다.
⑤ 2018년 데이터 관련 엔지니어 업종에 종사하는 인원의 3년 전 대비 증가율은 80% 이상이다.

20
다음 중 추가 필요인력에 관한 설명으로 옳은 것을 [보기]에서 모두 고르면?

┤ 보기 ├
ㄱ 2021년 여성 추가 필요인력은 2016년의 7배 이상이다.
ㄴ 해마다 남성의 추가 필요인력 이상의 인원만큼 남성의 종사 인원이 증가한다.
ㄷ 전년 대비 여성 추가 필요인력의 증가율은 2021년이 2020년보다 높다.
ㄹ 2022년에 데이터 관련 엔지니어 업종에 종사하는 인원이 2021년 추가 필요인력만큼 증가하였다면 2022년 종사 인원은 770,553명이다.

① ㄱ, ㄴ
② ㄴ, ㄹ
③ ㄷ, ㄹ
④ ㄱ, ㄴ, ㄷ
⑤ ㄱ, ㄷ, ㄹ

21

A~E는 2명, 2명, 1명으로 조를 이루어 경기를 한 뒤 순위를 매겼다. 가장 순위가 낮은 조의 조원은 모두 거짓을 말하고, 나머지는 모두 참을 말한다고 할 때, 다음 [조건]을 바탕으로 1위, 2위, 3위를 순서대로 알맞게 나열한 것을 고르면?

┤ 조건 ├
- A: "나는 C와 같은 조이다."
- B: "내가 속한 조는 A가 속한 조보다 순위가 낮다."
- C: "나는 1조이다."
- D: "나는 3조이다."
- E: "나는 D와 다른 조이다."

① 1조, 2조, 3조　　　　② 1조, 3조, 2조　　　　③ 2조, 1조, 3조
④ 2조, 3조, 1조　　　　⑤ 3조, 1조, 2조

22

다음 [상황]을 바탕으로 할 때, 옳은 것을 고르면?

┤ 상황 ├
　　A~E 5명의 신입사원이 신입 연수원 일정을 모두 마쳤다. 이 기간 동안 5명의 신입사원은 다양한 기준으로 평가를 받았고, 평가 점수에 따라 서로 다른 부서에 발령받을 예정이다. 이들이 발령받을 부서는 사무영업팀, 민원대응팀, 조직문화팀, 사업개발팀, 경영관리팀이다. 연수원 마지막날, 5명이 모여 인사 발령 결과를 말하였는데 이들 중 4명은 참을 말했고, 1명은 거짓을 말했다.

- A: B가 사무영업팀에 발령받았거나 D가 조직문화팀에 발령받았어.
- B: E가 민원대응팀에 발령받았거나 D가 조직문화팀에 발령받지 않았어.
- C: B는 사무영업팀에 발령받지 않았고, E는 민원대응팀에 발령받지 않았어.
- D: A는 사업개발팀에 발령받았고, E는 민원대응팀에 발령받았어.
- E: C는 경영관리팀에 발령받았고, D는 조직문화팀에 발령받았어.

① A는 사무영업팀에 발령받았다.
② B는 경영관리팀에 발령받았다.
③ C는 민원대응팀에 발령받았다.
④ D는 조직문화팀에 발령받았다.
⑤ E는 사업개발팀에 발령받았다.

[23~24] 다음은 공사에서 진행하는 에너지효율화에 관한 자료이다. 이를 바탕으로 이어지는 질문에 답하시오.

[주택용 에너지캐시백 사업]

- 사업개요

  전월 대비 당월 전기사용량을 3% 이상 절감할 경우 절감률 구간별로 1kWh당 30~100원을 다음 달 전기 요금에서 차감해 드립니다(단, 절감률 30% 한도로 지급).

- 사업 세부내용

절감률 구간	3% 이상~5% 미만	5% 이상~10% 미만	10% 이상~20% 미만	20% 이상~30% 이하
단가	30원/kWh	60원/kWh	80원/kWh	100원/kWh

  ※ 캐시백 지급액: 절감량×절감구간 단가

[고효율 가전제품 구매비용 지원사업]

- 사업개요

  고효율 가전 구매비용 지원사업은 대상가구에 대하여 1가구당 구매금액의 20%를 최대 30만 원의 지원금 혜택을 제공하고 있습니다.

  ※ 출산가구, 다자녀는 구매금액의 10%
  ※ 고효율 가전은 지원품목 중 1등급 지원 제품. 단, 세탁기는 2등급까지 지원함.

- 신청 대상: 장애인, 유공자, 기초생활수급자, 차상위계층, 3자녀 이상 가구, 출산가구, 다자녀
- 신청 가능 지원 품목: 냉장고, 에어컨, 세탁기, TV, 제습기

[표] 고객별 에너지캐시백 및 고효율가전제품 구매지원 참여 현황

고객	전월 전기사용량	당월 전기사용량	가전제품 구매 내역/금액	고객유형
A	280kWh	270kWh	세탁기(2등급)/780,000원	유공자
B	247kWh	220kWh	에어컨(1등급)/1,560,000원	출산가구
C	322kWh	301kWh	냉장고(1등급)/2,440,000원	장애인
D	355kWh	270kWh	TV(2등급)/1,800,000원	3자녀 이상 가구
E	218kWh	198kWh	제습기(1등급)/550,000원	다자녀

23

다음 중 자료에 대한 설명으로 옳지 <u>않은</u> 것을 고르면?

① 전월 대비 당월 전기사용량을 절감률 30% 이상 절감했을 시에도 30% 한도로 지급받는다.
② 고객 A는 전월대비 당월 전기사용량 절감률 구간 3% 이상~5% 미만에 해당된다.
③ 전월대비 당월 전기사용량 절감률이 가장 큰 고객은 D이다.
④ 고효율 가전제품 구매비용 지원사업은 모든 대상가구 1가구당 150만 원 구매 시 20%, 30만 원의 지원금을 받을 수 있다.
⑤ A~E 중 고효율 가전제품 구매비용 지원금을 받을 수 있는 고객은 총 4명이다.

24

다음 중 고객별 혜택에 대한 내용으로 옳지 <u>않은</u> 것을 고르면?(단, 소수점 둘째 자리에서 반올림한다.)

		에너지캐시백 지급액	고효율 가전제품 지원금액
①	A	300원	156,000원
②	B	1,620원	156,000원
③	C	1,260원	300,000원
④	D	8,500원	0원
⑤	E	1,200원	55,000원

25

A, B, C, D 네 사람이 다음 그림과 같이 원탁에 앉아서 게임을 한다. 탁자 위에는 빨간색, 파란색, 노란색의 카드가 각각 4장씩 있고, 각 색깔의 카드마다 3, 4, 5, 6의 번호가 적혀 있다. 이 12장의 카드를 잘 섞은 후 A, B, C, D의 순으로 한 장씩 뽑는다. 뽑은 카드가 빨간색이면 그 카드의 숫자만큼을 마주 보고 앉은 사람이 득점한다. 파란색이면 오른쪽 옆의 사람, 노란색이면 자기 자신이 득점한다. 네 명이 모두 한 장씩 뽑았더니 A는 4점, B와 C는 0점, D는 9점이었다. 이때, D가 뽑은 카드의 색과 숫자로 옳은 것을 고르면?

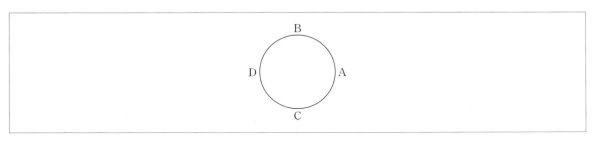

① 빨간색, 4점　　　　　② 빨간색, 5점　　　　　③ 파란색, 3점
④ 노란색, 3점　　　　　⑤ 노란색, 4점

[26~27] 다음은 C택배사의 약관 및 운영 방침의 일부이다. 이를 바탕으로 이어지는 질문에 답하시오.

제8조(운임의 청구와 유치권)

① 운송 사업자(이하 '사업자')는 운송물을 수탁할 때 고객(송화인)에게 운임을 청구할 수 있습니다. 다만, 고객과의 합의에 따라 운송물을 인도할 때 운송물을 받는 자(수화인)에게 청구할 수도 있습니다.

② 제1항 단서의 경우 수화인이 운임을 지급하지 않는 때에는 사업자는 운송물을 유치할 수 있습니다.

③ 운송물이 포장당 50만 원을 초과하거나 운송 과정상의 특별한 주의를 요하는 것일 때에는 사업자는 따로 할증요금을 청구할 수 있습니다.

④ 고객(송화인, 수화인)의 사유로 운송물을 돌려보내거나, 도착지 주소지가 변경되는 경우, 사업자는 따로 추가 요금을 청구할 수 있습니다.

제9조(포장)

① 고객(송화인)이 운송물을 그 성질, 중량, 용적 등에 따라 운송에 적합하도록 포장하여야 합니다.

② 사업자는 운송물의 포장이 운송에 적합하지 아니한 때에는 고객(송화인)에게 필요한 포장을 하도록 청구하거나, 고객(송화인)의 승낙을 얻어 운송 중 발생할 수 있는 충격량을 고려하여 포장을 하여야 합니다. 다만, 이 과정에서 추가적인 포장 비용이 발생할 경우에는 사업자는 고객(송화인)에게 추가 요금을 청구할 수 있습니다.

③ 사업자는 제2항의 규정을 준수하지 아니하여 발생한 파손에 대하여 고객(송화인)에게 손해배상을 하여야 합니다.

④ 사업자가 운송물을 운반하는 도중 운송물의 포장이 훼손되어 재포장을 한 경우에는 지체 없이 고객(송화인)에게 그 사실을 알려야 합니다.

제10조(외부표시)

사업자는 운송물을 수탁한 후 그 포장의 외부에 운송물의 종류·수량, 운송상의 특별한 주의사항, 인도 예정일(시) 등의 필요한 사항을 표시해야 합니다.

제11조(운송물의 확인)

① 사업자는 운송장에 기재된 운송물의 종류와 수량에 관하여 고객(송화인)의 동의를 얻어 그 참여하에 이를 확인할 수 있습니다.

② 사업자가 제1항의 규정에 의하여 운송물을 확인한 경우에 운송물의 종류와 수량이 고객(송화인)이 운송장에 기재한 것과 같은 때에는 사업자가 그로 인하여 발생한 비용 또는 손해를 부담하며, 다른 때에는 고객(송화인)이 이를 부담합니다.

제12조(운송물의 수탁 거절)

사업자는 다음 각 호의 경우에 운송물의 수탁을 거절할 수 있습니다.

1. 고객(송화인)이 운송장에 필요한 사항을 기재하지 아니한 경우

2. 고객(송화인)이 제9조 제2항의 규정에 의한 청구나 승낙을 거절하여 운송에 적합한 포장이 되지 않은 경우

3. 고객(송화인)이 제11조 제1항의 규정에 의한 확인을 거절하거나 운송물의 종류와 수량이 운송장에 기재된 것과 다른 경우

4. 운송물 1포장의 크기가 가로·세로·높이 세변의 합이 220cm를 초과하거나, 최장변이 100cm를 초과하는 경우

5. 운송물 1포장의 무게가 25kg를 초과하는 경우

6. 운송물 1포장의 가액이 300만 원을 초과하는 경우

7. 운송물의 인도 예정일(시)에 따른 운송이 불가능한 경우

제14조(운송물의 인도일)

① 사업자는 다음 각 호의 인도 예정일까지 운송물을 인도합니다.

　　1. 운송장에 인도 예정일의 기재가 있는 경우에는 그 기재된 날

　　2. 운송장에 인도 예정일의 기재가 없는 경우에는 운송장에 기재된 운송물의 수탁일로부터 인도 예정 장소에 따라 다음 일수에 해당하는 날

　　　가. 일반 지역: 수탁일로부터 2일

　　　나. 도서, 산간벽지: 수탁일로부터 3일

26

다음 중 약관 및 운영 방침에 대한 설명으로 옳은 것을 고르면?

① 운송물의 포장이 운송에 적합하지 않은 채로 운송되어 파손이 발생하였다면 사업자는 손해배상의 책임이 없다.

② 운반 과정에서 운송물을 재포장 하게 된 경우, 운송물에 전혀 파손이 없이 인도 예정 기일에 인도할 수 있다면 송화인에게 재포장 사실을 알리지 않아도 된다.

③ 사업자가 송화인의 동의를 얻지 않고 확인한 운송물이 운송장의 기재 내용과 다를 경우 송화인은 재포장을 위한 비용을 부담해야 한다.

④ 운송물 외부에 운송물의 수량이나 운송상의 주의사항을 기재하는 것은 사업자의 의무사항이다.

⑤ 사업자는 운송장에 인도 예정일의 기재가 없는 운송물을 10월 5일 월요일에 수탁 받았다면, 장소와 관계없이 운송물을 수화인에게 반드시 10월 7일까지 인도해야 한다.

27

다음 중 사업자가 운송물의 수탁을 거절할 수 있는 경우로 적절하지 <u>않은</u> 것을 고르면?

① 포장이 적절치 않아 송화인에게 재포장을 요구하였지만 이에 대해 거절한 경우

② 운송물의 포장을 열어 확인하지 않아도 포장 상태로 보아 운송장 기재 내용과 운송물이 다를 것으로 확실시되는 경우

③ 운송물 1포장의 크기가 가로, 세로, 높이 모두 80cm로 된 정육면체인 경우

④ 운송물 1포장의 크기가 가로 40cm, 세로 50cm, 높이 50cm이며 무게가 28kg인 경우

⑤ 운송물 1포장의 크기와 무게가 규정을 초과하지 않으며, 운송물의 가액이 350만 원인 경우

[28~29] 다음 [표]는 주택용 저압 및 고압 전기요금표와 계약전력 초과 사용분 전력량 요금표를 나타낸 자료이다. 이를 바탕으로 이어지는 질문에 답하시오.

[표1] 주택용 저압 및 고압 전기요금표

누진 구간	기본 요금(원/호)		전력량 요금(원/kWh)	
	주택 저압	주택 고압	주택 저압	주택 고압
100kWh 이하	410	410	60.7	57.6
101~200kWh	910	730	125.9	98.9
201~300kWh	1,600	1,260	187.9	147.3
301~400kWh	3,850	3,170	280.6	215.6
401~500kWh	7,300	6,060	417.7	325.7
500kWh 초과	12,940	10,760	709.5	574.6

[표2] 계약전력 초과 사용분 전력량 요금표

구분		계약전력(kW)	초과 사용 전력량 요금(원/kW)		
			여름철(6~8월)	봄, 가을철	겨울철(11~2월)
저압 전력		6,000	100	65	90
고압A	선택 1	7,000	120	70	105
	선택 2	8,250	105	67.5	97.5
고압B	선택 1	7,000	100	70	95
	선택 2	8,250	110	65	95

※ 계약전력의 산정은 소비자와 전기공급처와 협의하여 정하도록 하고, 계약전력을 초과한 사용량에 대해서는 초과 요금을 납부해야 함.
※ 계약전력을 초과한 초과 사용 전력량에 대해서는 계약종별 초과 사용 전력량 요금 단가의 1.5배를 추가로 납부해야 함.

28

주택용 저압과 고압의 전기를 각각 350kWh씩 사용한 두 가구의 전기요금 차이를 고르면?(단, 부가가치세와 전력산업기반기금 등은 고려하지 않는다.)

① 10,550원
② 10,680원
③ 10,880원
④ 11,000원
⑤ 11,120원

29

계약전력 초과 사용에 대한 설명을 참고할 때, 모두 고압B의 선택 1 요금제를 선택하여 여름철에 7,500kW를 사용한 가구와 겨울철에 7,800kW를 사용한 가구와의 초과 사용 전기요금의 차액을 고르면?

① 38,400원
② 38,550원
③ 39,000원
④ 39,500원
⑤ 39,550원

30

다음은 어느 공공 기관의 사내 차량 관리 규칙의 일부이다. 이에 대한 설명으로 옳은 것을 고르면?

제8조(차량의 수리) 차량의 정기 점검·수리는 각 차량 소속 기관별로 자동차 종합 정비 사업장 또는 소형 자동차 정비 사업장에서 수리를 해야 하며 계약을 할 수 없을 때와 경미한 수리는 관리 부서장이 지정하는 자동차 부분 정비 사업장에서 수리를 할 수 있다.

제9조(차량 운행) 차량 운행 관리 부서에서는 차량 운행을 다음 각호와 같이한다.

  1. 이사장·감사 전용차를 제외한 전 차량은 집중 관리 부서의 배차 승인 결정에 따라 운행하여야 한다.

  2. 공휴일 및 일과 시간 후의 차량 운행은 금지한다. 다만, 공무로 운행할 필요가 있을 때는 사용자가 일과 시간 내에 차량 관리 부서에 허가를 득하여 사용하여야 하며 허가를 득하지 않고 사용 시 발생하는 제반 사고 및 경비에 대하여는 사용자가 책임을 져야 한다.

제10조(주차 관리) 차량의 주차는 훼손 또는 도난 방지를 위하여 청사 내 지정 주차장에 하여야 하며, 업무 수행상 부득이한 경우, 기관장이 별도로 지정하는 주차장에 주차할 수 있다.

제11조(유류 지급) 유류 지급은 예산의 범위 내에서 지급한다. 다만, 타 기관 및 공단 관련 협회 등에 차량을 지원하는 경우에는 유류를 지급하지 아니한다.

제12조(배차 신청 및 승인)

① 차량을 사용하고자 하는 부서는 다음 각호의 사항을 명시하여 차량 관리 부서에 배차 신청을 하여야 한다.

  1. 사용 차량 / 사용 일시

  2. 용무 / 행선지(경유지 포함)

  3. 운전자 / 탑승 인원

② 집중 관리 부서는 제1항의 규정에 의하여 차량 배차 요청 사항에 대해 사용 신청 순위 및 업무의 경중과 완급, 공동 사용할 수 있도록 검토하여 승인하여야 한다.

③ 승합 차량 배차 시 탑승 인원 및 운반 물품 등 차량 이용 목적에 부합하여야 한다.

④ 각 소속 기관 및 부설 기관, 전담 관리 부서는 배차 신청 및 차량 운행 일지를 본 규칙에서 정한 양식에 준하여 변경하여 기록할 수 있다.

제13조(차량 운행 일지 기록) 차량 운전자는 일일 운행 기록을 차량 반납 이전에 차량 운행 일지에 기록·유지하여야 한다.

제14조(근무 시간 후 차량 관리)

① 근무 시간 후에는 운전자는 차량을 지정 주차장에 입고한 후 차량 열쇠를 당직실 및 소속 기관의 경우 운영 관리자가 별도 지정하는 곳에 보관한다.

② 당직 책임자는 차량별 열쇠의 보관 상태를 확인하고 당직 중 차량 운행 허가 등 선량한 차량 관리 의무를 다하여야 한다.

---

① 차량 배차 요청이 있을 경우 집중 관리 부서는 즉시 승인을 해 주어야 한다.

② 공단 직원이 아닌 타 기관에 차량을 지원하는 경우 유류 지원을 포함한다.

③ 차량의 경미한 수리인 경우에는 관리 부서장이 지정하는 정비 사업장에서 수리할 수 있다.

④ 차량 사용 시간, 사용 인원, 행선지 등 사용 내역과 관련된 세부 사항은 차량 반납 시 보고하여야 한다.

⑤ 공휴일에 공무로 인한 차량 사용 시 미리 승인을 얻지 못한 경우, 사용 경비 등은 사후 보고를 통하여 공단에서 지급하게 된다.

[31~32] 다음 [표]는 S사가 운영하는 5개 생산공장에 대한 자료이다. 이를 바탕으로 이어지는 질문에 답하시오.

[표] 공장별 생산능력

공장	하루 생산량(개)	하루 가동시간	하루 가동비용(만 원)
A	600	10	150
B	550	8	130
C	450	7	100
D	500	6	80
E	400	5	50

31

S사가 운영하는 공장의 일일 총생산량과 가동비용으로 알맞게 짝지어진 것을 고르면?(단, 소수점 둘째 자리에서 반올림한다.)

① 2,000개—440만 원　　　② 2,000개—510만 원　　　③ 2,500개—440만 원
④ 2,500개—510만 원　　　⑤ 2,500개—550만 원

32

각 공장의 생산성은 단위 시간당 생산량이고, 효율성은 단위 가동비용당 생산량이라고 할 때, 설명으로 옳지 <u>않</u>은 것을 고르면?(단, 소수점 둘째 자리에서 반올림한다.)

① 생산성이 가장 높은 공장은 D이다.
② 효율성이 가장 높은 공장은 E이다.
③ 생산성이 가장 높은 공장의 생산성은 가장 낮은 공장의 1.5배 이상이다.
④ 효율성이 가장 높은 공장의 효율성은 가장 낮은 공장의 2배 이상이다.
⑤ 모든 공장의 생산성은 60 이상이고, 효율성은 4 이상이다.

33

다음은 문화재 이관 시 발생하는 이송 비용과 보관 비용에 관한 자료이다. A박물관이 문화재를 이관하려고 할 때, [상황]을 바탕으로 이관 비용을 고르면?

이관 대상 문화재는 고려 시대와 조선 시대의 서고이다. 이송 업체에서는 각 시대별 문화재를 1~3급으로 나누어 이송 비용을 책정하였다.

구분	1급	2급	3급
고려 시대	개당 150만 원	개당 120만 원	개당 50만 원
조선 시대	개당 150만 원	개당 100만 원	개당 60만 원

이송 시 다른 박물관으로 바로 이관하지 못하고 이송 업체에 보관하는 경우 보관 날짜에 따라 비용이 다음과 같이 책정된다. 단, 3급 문화재의 1일 차 보관 비용은 면제된다. 보관 일수는 최대 5일까지이며 5일을 초과하여 보관하는 경우 초과일수 1일당 50%의 할증이 붙는다.

구분	1급	2급	3급
고려 시대(1일)	개당 10만 원	개당 8만 원	2일 이상 보관 시 개당 3만 원
조선 시대(1일)	개당 10만 원	개당 5만 원	2일 이상 보관 시 개당 3만 원

┤ 상황 ├

1일 차에 박물관에서 모든 문화재를 빼내고 첫 날 이관하지 못한 문화재는 이송 업체에 보관한다. 1일 차에 고려 시대 1급 문화재를 모두 이관하고, 2일 차에 조선 시대 1급 문화재를 모두 이관하고, 3일 차에 고려 시대 2급 문화재를 모두 이관하고, 4일 차에 조선 시대 2급 문화재를 10개 이관하고, 5일 차에 조선 시대 2급 문화재를 8개 이관하고, 6일 차에 고려 시대 3급 문화재를 모두 이관하고, 7일 차에 조선 시대 3급 문화재를 모두 이관한다. 이관 하는 날은 보관 일수에 포함하지 않으므로 배송 업체에 보관 비용을 지불하지 않는다.

A박물관에서 이송해야 하는 문화재 개수는 다음과 같다.

구분	1급	2급	3급
고려 시대	2개	5개	10개
조선 시대	3개	18개	40개

① 7,190만 원
② 7,230만 원
③ 7,250만 원
④ 7,270만 원
⑤ 7,310만 원

[34~35] 다음은 2021년 '갑'산업단지 내의 기업별 직원 수와 관리자의 수에 관한 자료이다. 이를 바탕으로 이어지는 질문에 답하시오.(단, 직원 수에는 관리자 수가 포함되어 있다.)

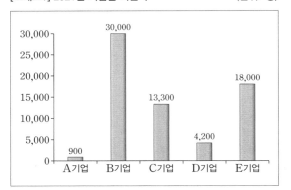

[그래프1] 2021년 기업별 직원 수 (단위: 명)

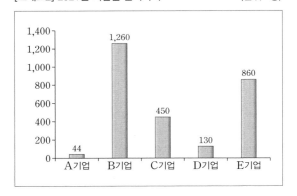

[그래프2] 2021년 기업별 관리자 수 (단위: 명)

[표] 관리자 수 보유 기준 (단위: 명)

직원 수	관리자 1명당 최대 직원 수
1,000명 미만	22명
1,000명 이상~10,000명 미만	21명
10,000명 이상~20,000명 미만	20명
20,000명 이상	19명

34

다음 중 '갑'산업단지 내의 5개 기업 중 관리자의 수를 충원할 필요가 없는 기업이 몇 개인지 고르면?(단, 소수점 이하의 값은 반올림한다.)

① 1개   ② 2개   ③ 3개   ④ 4개   ⑤ 5개

35

C기업은 2021년부터 인원을 감축하여 관리자 1명당 최대 직원 수 기준에 맞도록 기업 구조를 조정하고자 한다. [보기]의 정보를 토대로 C기업이 관리자 보유 기준을 만족하게 되는 첫해를 고르면?

┤ 보기 ├
　C기업은 앞으로 연간 퇴직 인원이 1,200명 발생할 계획이다. 매년 신입사원은 100명을 채용할 예정이고, 연간 퇴직 인원 중 6명은 관리자이다.

① 2022년   ② 2023년   ③ 2024년   ④ 2025년   ⑤ 2026년

36

다음 글을 바탕으로 2023년 ICT 기술지원사업이 시작될 수 있는 날 중 가장 늦은 날을 고르면?

A위원회는 미세먼지 저감을 위해 ICT 기술지원사업을 시행하고 있다. ICT 기술지원사업은 다음과 같은 절차에 따라 운영된다. 모든 절차는 법정공휴일·토요일을 제외한 평일에만 진행된다.

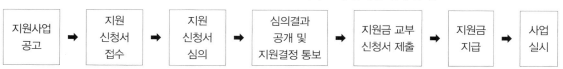

지원사업 공고 → 지원 신청서 접수 → 지원 신청서 심의 → 심의결과 공개 및 지원결정 통보 → 지원금 교부 신청서 제출 → 지원금 지급 → 사업 실시

A위원회는 지원사업의 종류, 지원예산규모, 심의기준 등에 대해 결정하고 2023년 9월 4일 월요일에 공고한다. 지원신청서 접수는 공고일 다음 날부터 7일 동안 진행된다. 지원신청서 심의는 신청서 접수가 마감된 다음 날부터 진행되며 15일 이내에 모든 분야의 지원대상자를 선정해야 한다. 단, 분야별 예산을 각각의 최종선정자 수로 나눈 분야별 평균 사업예산이 2,000만 원을 초과하는 분야가 존재할 경우에는 5일 이내에서 심의기간을 연장할 수 있다. 모든 분야의 지원대상자가 확정되면 그다음 날 심의결과를 공개하고 지원대상자에게는 선정 사실을 통보해야 한다. 선정된 지원대상자는 통보일 다음 날부터 5일 이내에 지원금 교부신청서를 작성하여 제출해야 한다. A위원회는 모든 지원대상자의 지원금 교부신청서가 접수된 다음 날부터 3일 이내에 지원금을 지급해야 한다. 2023년 ICT 기술지원사업은 선정된 모든 대상자가 지원금을 수령한 다음 날 공식적으로 시작된다.

2023년 9월, 10월의 법정공휴일은 각 주 일요일과 추석 전날, 추석, 추석 다음 날, 개천절(10월 3일 화요일), 한글날(10월 9일 월요일) 뿐이다. 2023년 추석은 9월 29일 금요일이고, 만약 추석 연휴 사흘이 다른 법정공휴일과 겹칠 경우 공휴일 다음의 첫 번째 비공휴일을 대체휴일로 한다.

[표] 2023년 분야별 예산 및 최종선정자 수

(단위: 만 원, 명)

분야	예산	최종선정자 수
소셜네트워크	150,000	100
빅데이터	45,000	30
클라우드	50,000	25
기가인터넷	37,500	15
사물인터넷	144,000	80
인공지능	80,000	50
블록체인	60,000	40

① 10월 24일 ② 10월 25일 ③ 10월 27일
④ 10월 29일 ⑤ 10월 31일

[37~38] 다음 [표]는 다음 주 A회의실과 B회의실의 예약 현황 및 회의실별 예약 비용에 관한 자료이다. 이를 바탕으로 이어지는 질문에 답하시오.

[표1] A회의실 예약 현황

구분	월요일	화요일	수요일	목요일	금요일	토요일	일요일
09:00~10:00							
10:00~11:00							
11:00~12:00							
12:00~13:00							
13:00~14:00							
14:00~15:00							
15:00~16:00							
16:00~17:00							

[표2] B회의실 예약 현황

구분	월요일	화요일	수요일	목요일	금요일	토요일	일요일
09:00~10:00							
10:00~11:00							
11:00~12:00							
12:00~13:00							
13:00~14:00							
14:00~15:00							
15:00~16:00							
16:00~17:00							

※ 음영으로 표시된 시간대는 예약이 완료된 시간대임.

[표3] 회의실별 예약 비용

구분	비고
공통	• 기본 2시간, 추가 1시간 단위로 예약 • 연속해서 예약하지 않는 경우 다른 예약 건으로 간주
A회의실	• 평일 기본 예약 비용 20만 원, 시간 추가 시 시간당 8만 원 추가 • 공휴일 및 주말(토, 일) 예약 비용은 평일의 1.5배
B회의실	• 평일 기본 예약 비용 25만 원, 시간 추가 시 시간당 10만 원 추가 • 공휴일 및 주말(토, 일) 기본 예약 비용 40만 원, 시간 추가 시 시간당 15만 원 추가

37

예약 현황에 대해 다음과 같이 문의하였을 때, 답변으로 가장 적절하지 <u>않은</u> 것을 고르면?

① Q. 가능한 빠른 날, 가능한 빠른 시간에 3시간 연속해서 예약을 하고 싶습니다. 다음 주 중에 예약이 가능할까요?

   A. 목요일 09:00~12:00에 B회의실 예약이 가능합니다.

② Q. 다음 주 주말에 A회의실을 연속해서 3시간 예약하려고 합니다. 얼마인가요?

   A. A회의실은 다음 주 주말에 3시간 연속 예약이 불가능합니다.

③ Q. 예약 비용이 40만 원을 넘지 않는 선에서 다음 주 평일에 연속해서 가능한 긴 시간 동안 예약하려고 합니다. 얼마인가요?

   A. 금요일에 A회의실 4시간 예약이 가능합니다. 4시간 예약 시 비용은 36만 원입니다.

④ Q. 화요일 11:00~13:00와 15:00~17:00에 A회의실을 예약하려고 합니다. 얼마인가요?

   A. 평일에 A회의실을 4시간 예약하는 경우 36만 원입니다.

⑤ Q. 일요일 14:00~17:00에 B회의실을 예약하려고 합니다. 얼마인가요?

   A. 일요일에 B회의실을 3시간 예약하는 경우 55만 원입니다.

38

영업부에서 다음 주 금요일 09:00~11:00에 B회의실을 예약하였는데 이보다 더 빠른 요일로 일정을 변경하려고 한다. 회의 가능 시간대는 09:00~12:00, 13:00~16:00이고, 2시간을 예약할 예정이다. 주어진 자료를 바탕으로 다음과 같은 의견이 제시되었을 때, 적절하지 <u>않은</u> 의견을 제시한 사람을 고르면?

① 김: "가능한 빨리 회의를 하려면 월요일 13:00~15:00에 회의를 할 수 있어."

② 이: "회의 시간을 옮길 거면 회의실도 A회의실로 옮겨서 더 저렴하게 예약하는 게 좋을 것 같아."

③ 박: "A회의실로 옮긴다면 가능한 빠른 날은 수요일이야."

④ 최: "언제, 어디로 예약 변경하는 것에 관계없이 화요일에는 예약을 할 수 없겠구나."

⑤ 정: "회의가 길어질 수도 있으니 적어도 3시간 예약이 가능한 일정을 골라보면 목요일이겠구나."

[39~40] 다음은 기본연봉액과 성과연봉 및 성과평가에 관한 자료이다. 이를 바탕으로 이어지는 질문에 답하시오.

[표] 갑~정의 기본연봉액 및 성과평가 결과

구분	직급	2021년 기본연봉액	2021년 성과평가 순위	2020년 업무성과평가 결과
갑	사원	4,800만 원	6위	S등급
을	대리	5,100만 원	3위	B등급
병	사원	4,600만 원	2위	A등급
정	대리	5,200만 원	9위	B등급

※ 갑~정은 모두 같은 부서에서 근무하고, 해당 부서의 인원은 총 10명임.
※ 갑~정의 직급과 해당 부서의 인원은 2020~2022년 동안 변하지 않았음.

2022년 연봉＝2022년 기본연봉＋2022년 성과연봉

- 2022년 기본연봉＝① 2021년 기본연봉액＋② 2021년 성과연봉 중 대표이사가 정하는 금액
  ① 2021년 기본연봉: 2021년에 기 책정된 기본연봉액
  ② 2021년 성과연봉 중 대표이사가 정하는 금액: 2021년의 직급을 기준으로 다음의 '가산기준액'에 '가산율'을 곱한 금액을 적용(가산)함

[표1] 가산기준액 (단위: 천 원)

부장	차장	과장	대리	사원
47,000	44,800	41,600	37,000	31,000

[표2] 가산율 (단위: %)

등급	S등급	A등급	B등급	C등급
가산율	7	5	3	0

※ 위의 등급은 2020년 업무성과평가 결과에 따른 2021년 성과연봉 등급을 뜻함.

- 2022년 성과연봉＝성과연봉 지급액＝직급별 성과연봉 지급기준액×2021년 성과평가등급별 지급률

[표3] 2021년 성과평가등급별 인원 비율 및 지급률 (단위: %)

성과평가등급	S등급	A등급	B등급	C등급
인원 비율	20	30	40	10
지급률 (지급기준액 기준)	8	6	4	0

※ 단, 성과평가등급별 인원비율은 개인의 직급과 무관하게 평가대상 부서의 정원 전체를 기준으로 산정함.

[표4] 직급별 성과연봉 지급기준액 (단위: 천 원)

부장	차장	과장	대리	사원
135,000	122,000	110,000	102,000	86,000

39

다음 중 갑~정을 2022년 기본연봉이 높은 순서대로 바르게 나열한 것을 고르면?

① 을－병－정－갑   ② 을－정－갑－병   ③ 을－정－병－갑
④ 정－을－갑－병   ⑤ 정－을－병－갑

40

다음 중 갑~정을 2022년 연봉이 높은 순서대로 바르게 나열한 것을 고르면?

① 을－병－정－갑   ② 을－정－갑－병   ③ 을－정－병－갑
④ 정－을－갑－병   ⑤ 정－을－병－갑

※ 전기 외 직렬만 풀이하시기 바랍니다.

[41~42] 다음 [표]는 쇼핑몰 상품 운영코드에 대한 정보이다. 이를 바탕으로 이어지는 질문에 답하시오.

[표1] 쇼핑몰 상품 운영코드

☐	☐	☐	☐	☐	☐	☐	☐	☐	☐
업체 코드		품목 코드		배송 코드		생산 번호 코드			

[표2] 업체 코드

업체	코드
A	10
B	11
C	12
D	13
E	14
F	15
G	16
H	17

[표3] 품목 코드

품목	코드
여성 상의	01
여성 하의	02
남성 상의	03
남성 하의	04
여성 구두	05
남성 구두	06
여성 운동화	07
남성 운동화	08
여성 수영복	09
남성 수영복	10
양말	11
가방	12
악세서리	13
기타	14

[표4] 배송 및 생상 번호 코드

배송	코드	생산 번호	코드
해외 배송	00		
일반 배송	01		
빠른 배송	02	제품이 생산된 순서	0000~9999
특급 배송	03		
산간지 배송	04		

※ 배송 안내
  1) 해외 배송의 경우, 최대 한 달까지 배송 완료가 예상됨.
  2) 일반 배송의 경우, 5일 이내의 배송 완료가 예상됨.
  3) 빠른 배송의 경우, 3일 이내의 배송 완료가 예상됨.
  4) 특급 배송의 경우, 2일 이내의 배송 완료가 예상됨.
  5) 산간지 배송의 경우, 최대 2주까지 배송 완료가 예상됨.

41

쇼핑몰에서 근무하는 Z씨는 다음과 같은 고객 컴플레인을 확인하고 상품 운영코드에 이상이 있는 것을 발견하였다. 주어진 자료와 고객 컴플레인을 참고할 때, 이상이 발견된 상품 운영코드로 적절한 것을 고르면?

> [고객 컴플레인]
>
> 안녕하세요.
>
> 일주일 전에 남성 수영복을 시켰습니다. 물놀이 일정에 맞추기 위해 특급 배송으로 수영복을 주문하였으나, 4일이 지나고서야 수영복이 배송 완료되었습니다. 쇼핑몰에 공지된 날짜보다 이틀이나 늦게 수영복이 배송되었네요. 다음부터는 배송 기간을 확실하게 지켜주셨으면 좋겠습니다.

① 1310013459 ② 1209023257 ③ 1407042212
④ 1713031101 ⑤ 1101011751

42

쇼핑몰에 가방을 납품하는 F업체가 납기를 지키지 못하는 상황이 반복되자, 쇼핑몰 대표는 가방 납품 업체를 바꾸려고 한다. 다음의 상품 운영코드 리스트를 확인하여 가방 납품 업체를 선정하려고 할 때, 가장 적절한 업체를 고르면?(단, 한 업체에서는 하나의 품목만 생산한다.)

1005015788	1209041547	1101000987	1407038879	1512016551	1713013333	1303020224
1612007777	1512023548	1209039775	1303002215	1005046665	1612032525	1303010100

① C업체 ② D업체 ③ E업체
④ G업체 ⑤ H업체

43

다음은 K사에서 사내 비품에 고유코드를 부여하는 방식에 대한 자료이다. 주어진 자료와 [대화]를 바탕으로 할 때, A가 새로 부여해야 하는 고유코드로 적절한 것을 고르면?(단, A와 B는 같은 팀이다.)

○ K사 사내 비품 고유코드 부여 기준

구입시기	비품분류		수량코드
	종류	코드명	
• 2015년 3월 구입 → 201503 • 2019년 10월 구입 → 201910 • 2020년 1월 구입 → 202001 • 2022년 12월 구입 → 202212	컴퓨터	CO	동일한 비품 분류에 대해 먼저 구입한 순서대로 0001부터 번호를 매김 예) 105번째로 구입 → 0105
	노트북	NO	
	프로젝터	PR	
	책상 회의실용(8인)	DE(08)	
	회의실용(4인)	DE(04)	
	회의실용(2인)	DE(02)	
	사무용(1인)	DE	
	의자	CH	
	캐비넷	CA	
	서랍	DR	
	모니터	MO	

관리부서	총무팀	인사팀	기획팀	홍보팀	생산팀
코드명	GAT	HRT	PLT	PRT	PRD

[고유코드 부여 방식]

구입시기＋비품분류 코드명＋수량코드＋관리부서 코드명

예) 2021년 8월에 구입한 의자이며, 800번째로 구입하였고 관리부서는 생산팀인 비품의 고유코드
    → 202108CH0800PRD

---| 대화 |---

- A: B씨. 지금 안 바쁘면 인사팀에서 책상 좀 가지러 같이 가실래요?
- B: 책상이요?
- A: 네, 이번에 인사팀이 책상을 새것으로 모두 교체한대요. 그래서 인사팀 회의실에 있던 2인용 책상을 우리 홍보팀에다 놓으면 괜찮을 것 같아서요.
- B: 그거 2010년 1월에 회사 생기면서 샀던 골동품 아니에요?
- A: 딱 12년밖에 안 지났어요. 그리고 회사 생기고 나서 제일 먼저 산 회의실 책상이라 사료 보존 측면에서도 버리기 아깝지 않아요?
- B: 알았어요. 그런데 관리부서가 인사팀에서 우리 팀으로 바뀌면 고유코드를 새로 부여해야 할 거예요. 옮기는 건 도와드릴테니 고유코드는 A씨가 확인 후 처리해 주세요.

① 201001DE0001HRT
② 201001DE(02)0001HRT
③ 201001DE(02)0001PRT
④ 202001DE(02)0001PLT
⑤ 202001DE(02)0001PRT

03

실전모의고사 2회

[44~45] 다음 자료를 바탕으로 이어지는 질문에 답하시오.

　　ISBN은 13자리로 구성된 국제표준도서번호를 일컫는 말이며, 뒤에 별도로 부가기호 5자리가 추가되어 있다. 앞 13자리는 순서대로 접두부, 국별 번호, 발행자 번호, 서명식별 번호, 체크 기호이며, 뒤 5자리는 순서대로 독자대상기호, 발행형태기호, 내용분류기호로 구성된다(예 ISBN 978899543210503810).

　　첫 3자리 숫자는 국제상품코드관리 협회가 부여하는 3자리 숫자이며, 다음 2자리 숫자는 출판국가 번호이다(한국은 89). 다음 6자리 발행자 번호는 국가별 문헌번호 센터에서 발행자에 부여한 번호로 000010~999999번까지가 부여된다. 서명식별 번호는 1자리로 구성되며 발행자가 출판물 발행 시 순차적으로 부여한다. 마지막 1자리는 체크 기호인데, ISBN 번호 체계의 정확성을 기하기 위해 앞의 숫자들에 따라 정해진 연산 방식에 의해 자동으로 점검되는 숫자이다.

　　부가기호는 다음과 같이 독자대상기호 1자리, 발행형태기호 1자리와 내용분류기호 3자리(예 한국문학 810, 통계학 310 등) 숫자로 구성된다.

[표1] 독자대상기호

기호	대상 독자	설명
0	교양	일반 독자층을 대상으로 한 것으로 주로 전문적인 내용을 비전공 일반 독자들이 쉽게 알아볼 수 있도록 풀어쓴 교양 도서
1	실용	• 주로 실무에 관계된 실용적인 내용의 도서 • 실생활에 활용할 수 있는 도서 • 일반인을 대상으로 한 도서
2	여성	여성을 대상으로 한 도서
4	청소년	중고등 학습 참고서에 해당하지 않는 것으로 중고등학생을 대상으로 한 도서
5	학습 참고서 1(중고교용)	중고등학생을 대상으로 한 학습 참고서
6	학습 참고서 2(초등학생용)	초등학생을 대상으로 한 학습 참고서
7	아동	초등 학습 참고서에 해당하지 않는 것으로 영유아, 초등학생을 대상으로 한 도서
8	전문	주로 학습, 전문적인 내용의 도서

[표2] 발행형태기호

기호	형태	설명
0	문고본	세로 15cm 이하 자료
1	사전	사전, 사전류
2	신서판	세로 18cm 미만 자료
3	단행본	세로 18cm 이상 자료
4	전집, 총서, 시리즈	전집, 총서, 시리즈
5	전자출판물	E-book, CD, DVD, CD-ROM 등
6	도감	도감류
7	그림책, 만화	그림책, 만화
8	점자 자료, 마이크로 자료	점자 자료, 마이크로 자료

44

다음 중 자료에 대한 설명으로 옳은 것을 고르면?

① ISBN 번호는 발행자 번호에 따라 전체 자릿수가 달라진다.
② ISBN 번호만으로 도서가 출간된 국가를 알 수 있다.
③ 발행자 번호가 달라지더라도 체크 기호는 달라지지 않는다.
④ 해당 도서의 주 독자 연령층이 다르면 부가기호의 마지막 3자리가 달라진다.
⑤ 발행 도서의 종이 재질에 따라 발행형태기호가 달라진다.

45

다음 네 개의 ISBN(a~d)을 가진 도서에 대한 설명으로 옳은 것을 [보기]에서 모두 고르면?

a. ISBN 978890101225870810
b. ISBN 978899011093224520
c. ISBN 978892350214153410
d. ISBN 978890000086045420

┤ 보기 ├
㉠ a~d는 모두 중고등학생용 도서이다.
㉡ 여성을 주 독자층으로 하는 도서는 1개이다.
㉢ ISBN 번호가 올바르지 않은 것이 1개 있다.
㉣ 사전류와 전자출판물이 각각 1개씩 있다.

① ㉠, ㉡　　　　　　　② ㉠, ㉢　　　　　　　③ ㉡, ㉢
④ ㉡, ㉣　　　　　　　⑤ ㉢, ㉣

46

다음은 어느 회사의 사원 번호 구성 방법과 홍보부의 부서원 사원 번호를 나타낸 것이다. 이를 바탕으로 할 때, 다음 중 옳은 것을 고르면?

[사원 번호 구성 방법]
- 사원 번호는 (출생연도/성씨의 영문 첫 글자/성별)－(업무부서/직급)－(입사년도)이다.
- 업무부서 및 직급은 다음과 같다.

영업부	홍보부	재무부	제작부	개발부
SA	PR	FM	PD	RN

사원	주임	대리	과장	차장	부장	임원
01	02	03	04	05	06	00

- 남성은 M, 여성은 W로 표기한다.

[사원 번호의 예시]
㉠ 2015년에 입사하여 홍보부에 근무 중인 1991년생 김정민(남) 대리 → 91KM－PR03－15

[표] 홍보부 부서원 사원 번호

이름	생년월일	사원 번호	이름	생년월일	사원 번호
김정민	19910312	91KM－PR03－15	경유리	19860926	86KW－PR04－10
이나리	19980228	98LW－PR02－19	한소정	19960808	96HW－PR02－18
유민지	19891228	89YW－PR04－12	현진우	19781103	78HM－PR05－07
최철민	19800724	80CM－PR04－11	장재희	19971004	97JW－PR01－20

① 홍보부서에 차장 이상의 직급을 가진 직원은 없다.

② 홍보부서에 근무 중인 직원 중 사원 번호에 출생연도가 잘못 기재된 직원이 있다.

③ 2001년에 입사하여 개발부에 근무 중인 1979년생 이수영(여) 차장의 사원 번호는 '79LW－RN06－01'이다.

④ 2005년에 입사하여 재무부장으로 근무 중인 1976년생 민태구(남) 부장의 사원 번호는 '76MM－FM06－05'이다.

⑤ 2020년에 입사하여 영업부서에 근무 중인 1994년생 여직원의 사원 번호가 '94×W－SA××－20'일 수 없다.

47

다음 글을 통해 알 수 있는 유비쿼터스 컴퓨팅에 대한 설명으로 옳은 것을 고르면?

유비쿼터스 컴퓨팅에서는 기본적으로 사물이 정보를 수집하는 작업이 요구된다. 이러한 정보 수집을 담당하는 핵심장치가 센서이다. 센서는 빛, 열, 온도, 습도, 냄새 등 주변의 물리, 화학적인 양을 전기신호로 변환해 나타낸다. 센서는 되도록 크기와 동작에 필요한 전력 소모가 작아야 하고 값이 싸야 한다. 좋은 센서를 개발하는 것은 유비쿼터스 컴퓨팅의 구현에 매우 중요한 핵심적 요소 중 하나이다.

유비쿼터스 컴퓨팅에서 관리하려는 대상의 정체를 구분하는 데는 주로 RFID 기술이 사용된다. RFID는 전파를 이용해 떨어진 관리 대상 개체를 식별하는 기술이다. RFID는 태그(tag), 리더(reader) 그리고 서버(server)로 구성된다. 식별하고자 하는 대상 개체에 태그를 부착하는데 태그에는 데이터를 입력, 저장할 수 있기 때문에 여기에 개체를 식별하거나 개체 관리에 필요한 정보를 저장해 둔다. 리더는 전파를 이용한 무선통신으로 태그에 저장된 정보를 읽어 낼 수 있는 장치이다. 리더는 읽어 들인 정보를 네트워크를 통해 연결된 서버에 전송하게 된다. RFID는 태그에 전원이 필요한 능동형과 별도 전원 없이 동작하는 수동형으로 나뉜다.

능동형 태그는 항시 읽기와 쓰기가 모두 가능하고 수십 미터 떨어진 위치에서도 정보를 읽을 수 있는 장점이 있으나 배터리가 내장되기 때문에 수명에 한계가 있고 가격이 비싸다는 단점이 있다. 반면 수동형은 반영구적 사용이 가능하고 가격이 상대적으로 싸지만, 가까운 거리에서만 사용이 가능하고 읽기만 가능하다는 단점이 있다. 이 외에도 사용하는 전파의 주파수에 따라 저주파 시스템과 고주파 시스템으로 나누기도 한다. RFID의 성패는 태그의 가격에 달려 있다고 해도 과언이 아니다. RFID를 도입해 관리시스템을 구축한다고 했을 때 태그의 구입에 들어가는 비용이 부담으로 느껴지지 않을 수준이 되어야 하기 때문이다.

상당수의 RFID 리더나 센서 등이 비교적 넓은 영역에 퍼져서 위치하는 시스템에서는 리더나 센서에서 수집한 정보를 서버에 효율적으로 전달하는 것이 중요하다.

이런 작업을 성공적으로 해내기 위해 등장한 것이 유비쿼터스 센서 네트워크, 즉 USN(Ubiquitous Sensor Network)이다. USN에는 센서 노드(sensor node)와 싱크 노드(sink node)가 존재한다. 센서 노드들은 자신이 수집한 정보와 다른 센서 노드로부터 전송받은 정보를 자신보다 더 가까운 위치에 있는 센서 노드에 전달한다. 모든 센서 노드가 반복해서 이를 수행하면 결국 모든 정보는 싱크 노드에 모이게 된다. 싱크 노드는 수신된 정보를 USN 게이트웨이(gateway)로 전송한다. 게이트웨이는 기존의 기간 네트워크를 통해 서버에게 정보를 전달하게 된다.

① 유비쿼터스 컴퓨팅을 위해 필요한 모든 정보는 센서들에 의해 수집된다.
② RFID 장치에서는 리더(reader)가 필요한 정보를 저장해 두게 된다.
③ 가격이 더 저렴한 태그(tag)는 수명에 한계가 있다.
④ USN의 정보 전달 체계는 싱크 노드→센서 노드→게이트웨이의 전송을 거치게 된다.
⑤ USN의 모든 센서 노드는 싱크 노드와의 정보 전달 역할만 담당한다.

48

다음 글을 토대로 [보기]의 ㉠과 ㉡의 사례에서 N사와 A씨가 이용한 클라우드 유형으로 바르게 짝지어진 것을 고르면?

클라우드의 어원은 구름(Cloud)이다. 보이지 않는 컴퓨팅 자원을 활용한다는 데에서 유래한 것이다. 좀 더 풀어 쓰면 클라우드는 '사용자에게 보이지는 않지만 중앙의 서버 컴퓨팅 자원을 활용해서 서비스를 받을 수 있게 하는 플랫폼'으로 정의할 수 있다.

클라우드에는 여러 가지 이점이 있다. 첫째, 자원 활용성이 증가한다. 클라우드는 원래 중앙 센터에서 사용되지 않고 낭비되는 컴퓨팅 자원을 활용하기 위해 등장했다. 즉, 사용하지 않는 자원을 필요로 하는 사용자에게 원격으로 컴퓨팅을 제공하는 것이다. 둘째, 운영 효율성을 증가시킨다. 흩어진 자원을 개별로 힘들게 관리하지 않고 중앙에 모인 자원을 관리하는 이점이 있다. 운영상 편리할 뿐만 아니라 효율성도 향상된다. 셋째, 인공지능(AI) 서비스를 확장시킨다. 현재 주목받고 있는 기계학습은 AI에게 수많은 데이터를 주고 스스로 공식을 만들게 해 문제를 푸는 방식이기 때문에 데이터를 모으는 것이 중요하다. 클라우드는 기계학습에 필요한 데이터를 쉽게 모을 수 있기에 AI를 고도화시키는 데 유용하다. 아울러 AI를 보편화하는 데에도 큰 역할을 한다. 개인 스마트 기기에서 AI를 구현하는 것은 거의 불가능하다. 사용자가 높은 사양을 요구하는 고가 기기를 구입해 AI를 위한 환경을 갖춰야 하기 때문이다. 그런데 클라우드는 AI의 이러한 한계점을 극복할 수 있게 한다. 중앙 클라우드에 AI를 구축하고 이를 사용자가 이용하게끔 하면 된다. 그러면 사용자는 중앙 서버의 컴퓨팅 자원으로 AI 서비스를 받을 수 있다.

클라우드의 유형은 중앙의 컴퓨팅 활용도에 따라 크게 'SaaS(Service as a Service)', 'PaaS(Platform as a Service)', 'IaaS(Infrastructure as a Service)'의 세 가지로 나뉜다. SaaS는 특정 서비스를 중앙 컴퓨팅 자원을 이용해 제공하는 서비스다. 사진 등 데이터를 중앙 서버에 저장할 수 있게 하는 것이 SaaS의 대표 유형이라고 할 수 있다. PaaS는 플랫폼 자체를 클라우드형으로 제공하는 서비스다. SaaS가 일반 수요자를 대상으로 제공하는 서비스라면 PaaS는 기업 등 서비스 제공자를 그 대상으로 한다. 따라서 PaaS에는 개발할 수 있는 환경이 구현된 경우가 많다. 가령 AI 개발자를 위해서 AI 툴을 PaaS에서 제공하는 것이다. 참고로 PaaS에서 서비스를 구현해 또 다른 사용자에게 제공하는 서비스는 SaaS가 된다. PaaS에서 개발한 서비스도 클라우드에서 구현되기 때문이다. IaaS는 장비 자체를 클라우드형으로 제공한다. 하드웨어 등 기기를 임대 형태로 빌려온 경우를 생각하면 된다. 차이점은 원격으로 이를 받는다는 점이다. PaaS와의 결정적 차이는 중앙 서버의 컴퓨팅 자원 사용이 한층 더 깊다는 것이다. PaaS가 컴퓨팅 자원을 바탕으로 플랫폼을 구현해 제공한다면, IaaS는 플랫폼 이전의 컴퓨팅 자원을 그대로 제공해 더 강력한 기능을 발휘할 수 있다. 이처럼 유형에 따라 클라우드 서비스 활용도가 달라지기에 시장도 구분된다. 때문에 각 유형의 클라우드가 서비스 수요에 맞춰 성장할 수 있도록 알맞은 환경을 조성하는 노력도 필요하다.

┌─ 보기 ├─

㉠ N사는 자체 데이터 센터를 구축하여 서비스를 운영하는 대신 M사에서 필요한 가상 서버와 스토리지 등의 컴퓨팅 자원을 빌려 원하는 서비스를 운영한다.

㉡ 개발자 A씨는 구상하고 있는 애플리케이션을 C사가 제공하는 플랫폼 내에서 필요한 도구와 환경을 사용하여 개발하고 있다.

	㉠	㉡
①	SaaS	PaaS
②	IaaS	SaaS
③	SaaS	IaaS
④	PaaS	IaaS
⑤	IaaS	PaaS

[49~50] 다음 글은 2×2 정사각형 모양의 도형을 일정한 규칙의 적용에 따라 흰색 칸과 검정 칸으로 변환하는 과정을 설명한 것이다. 이를 바탕으로 이어지는 질문에 답하시오.

바둑판 모양의 2×2 정사각형이 있고, 흰색 또는 검은색으로 채워져 있다. 변환 규칙 (A)부터 (E)까지 적용하면 어떻게 도형이 바뀌는지 예를 들어 설명하면 다음과 같다.

변환 규칙 (A)는 도형을 시계 방향으로 90도 회전한다.

변환 규칙 (B)는 도형을 시계 방향으로 90도 회전 후 색 반전을 한다.

변환 규칙 (C)는 검정 칸에 맞닿은 주변 칸을 검정 칸으로 만든다.

변환 규칙 (D)는 흰 칸에 맞닿은 주변 칸을 흰 칸으로 만들고, 도형을 반시계 방향으로 90도 회전한다.

변환 규칙 (E)는 도형을 좌우 반전한다.

만약 위의 변환 규칙 (A)와 변환 규칙 (C)를 단계적으로 적용한다면 처음 도형은 최종 도형으로 도출된다.

49

다음 중 처음 도형에 글의 변환 규칙 (A)~(E)를 적용하여 도형을 변형시키는 경우 빈칸 (?)에 들어갈 알맞은 도형을 고르면?

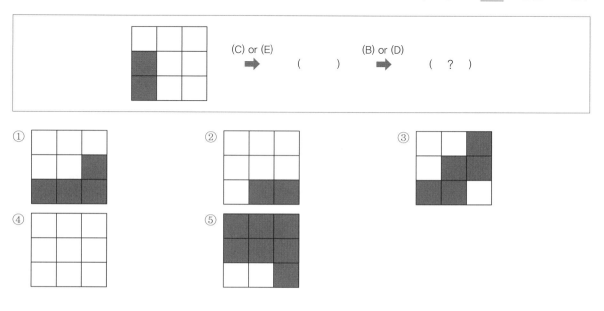

50

다음 중 처음 도형에 글의 변환 규칙 (A)~(E)를 적용하여 도형을 변형시켰을 때, 가능하지 <u>않은</u> 모양을 고르면?

낮에 꿈꾸는 사람은
밤에만 꿈꾸는 사람에게는 찾아오지 않는
많은 것을 알고 있다.

– 에드거 앨런 포(Edgar Allan Poe)

한국전력공사

실전모의고사
(전기 전공 + NCS)

| 실전 3회 |

모바일
OMR 채점 서비스

정답만 입력하면
채점에서 성적분석까지 한 번에 쫙!

☑ [QR 코드 인식 ▸ 모바일 OMR]에 정답 입력

☑ 실시간 정답 및 영역별 백분율 점수 위치 확인

☑ 취약 영역 및 유형 심층 분석

※ 유효기간: 2026년 12월 31일

▸ 전기 직렬

eduwill.kr/EzXe

▸ 전기 외 직렬

eduwill.kr/CzXe

01

반구의 입체각[sr]을 고르면?

① 4π

② π^2

③ 2π

④ π

⑤ $\dfrac{\pi}{2}$

02

전계에서의 '전기 이중층'은 자계에서 어느 것에 해당하는지 고르면?

① 자계의 세기

② 자기력선

③ 자위

④ 자위경도

⑤ 판자석

03

원점 (0, 0)에 공급점이 있고, 각 부하의 위치 및 전류가 (2, 1)[km]와 30[A], (2, 1.5)[km]와 70[A], (2.5, 2)[km]와 100[A]일 때, 변전소를 설치하는 데 적합한 부하의 중심[km]을 고르면?

① (2.3, 1.7)

② (2.3, 1.2)

③ (1.7, 2.3)

④ (1.7, 1.7)

⑤ (1.2, 2.3)

04

다음 설명에 해당하는 유량 측정법을 고르면?

> 하천의 흐름을 가로질러서 차단벽을 설치하여 흐르는 물이 차단벽을 월류할 때의 수위를 측정하여 유량을 측정하는 방법으로, 측정이 쉽고 정확한 결과를 얻는다.

① 염수 속도법   ② 염분 농도법   ③ 수압 시간법
④ 수위 관측법   ⑤ 언측법

05

소호리액터 접지를 적용할 수 있는 공칭 전압[kV]을 고르면?

① 22   ② 66   ③ 154
④ 345   ⑤ 765

06

50[Hz], 6극, 전부하 회전속도가 960[rpm]인 3상 권선형 유도 전동기가 있다. 유도 전동기의 2차 저항을 4배로 할 때의 회전속도[rpm]를 고르면?

① 840   ② 860   ③ 880
④ 920   ⑤ 940

07

단권 변압기의 특징으로 옳지 않은 것을 고르면?

① 전압 변동률이 작다.
② %임피던스가 크므로 단락전류가 크다.
③ 1차, 2차가 전기적으로 완전히 절연되지 않는다.
④ 1차 측에 이상전압이 발생하면 2차 측에 고전압이 걸릴 우려가 있다.
⑤ 단락전류가 크므로 열적, 기계적 강도가 커야 한다.

08

광범위한 속도제어가 가능하고 보조 전동기로 직류 전동기를 사용하는 속도 제어방식을 고르면?

① 계자제어방식　　　　　　② 직렬저항제어방식　　　　　　③ 워드레오나드방식
④ 크레머방식　　　　　　　⑤ 직·병렬제어방식

09

영상 파라미터에 대한 내용으로 잘못된 것을 고르면?(단, Z_{01}, Z_{02}는 각각 1차, 2차 영상임피던스를, A, B, C, D는 영상 파라미터로 표현한 4단자 정수를 의미한다.)

① $\dfrac{Z_{01}}{Z_{02}} = \dfrac{A}{D}$ 　　　　　　② $Z_{01} \cdot Z_{02} = \dfrac{B}{C}$ 　　　　　　③ $\cosh\theta = \sqrt{AD}$

④ $\tanh\theta = \sqrt{\dfrac{BC}{AD}}$ 　　　　⑤ $C = \dfrac{1}{\sqrt{Z_{01}Z_{02}}}\cosh\theta$

10

다음 회로에 흐르는 전류가 $i = \sqrt{2}I\sin wt$[A]일 때, 회로에 인가되는 전체 전압 v[V]를 고르면?

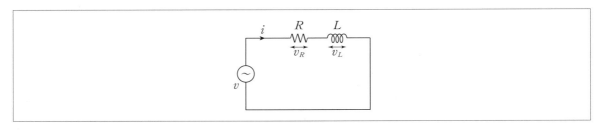

① $\sqrt{2}I(R\cos wt + wL\sin wt)$

② $\sqrt{2}I(R\sin wt + wL\cos wt)$

③ $I(R\cos wt + wL\sin wt)$

④ $I(R\sin wt + wL\cos wt)$

⑤ $\dfrac{I}{\sqrt{2}}(R\sin wt + wL\cos wt)$

11

다음 그래프를 나타내는 함수 $f(t)$의 라플라스 변환함수 $F(s)$를 고르면?

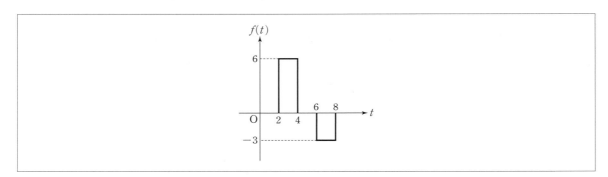

① $\dfrac{6}{s}(e^{-2s} - e^{-4s}) - \dfrac{3}{s}(e^{-6s} - e^{-8s})$

② $\dfrac{6}{s}(e^{2s} - e^{4s}) - \dfrac{3}{s}(e^{6s} - e^{8s})$

③ $\dfrac{6}{s}(e^{-2s} - e^{-4s}) + \dfrac{3}{s}(e^{-6s} - e^{-8s})$

④ $\dfrac{6}{s}(e^{2s} - e^{4s}) + \dfrac{3}{s}(e^{6s} - e^{8s})$

⑤ $\dfrac{6}{s}(e^{-2s} + e^{-4s}) - \dfrac{3}{s}(e^{-6s} + e^{-8s})$

12

알칼리 축전지의 특징으로 옳지 <u>않은</u> 것을 고르면?

① 납축전지에 비해 수명이 길다.

② 공칭 전압은 2.0[V/cell]이다.

③ 공칭 용량은 5[Ah]이다.

④ 진동과 충격에 강하다.

⑤ 사용온도 범위가 넓다.

13

가로, 세로의 길이가 각각 20[m]인 방에서 광속이 3,000[lm], 조도가 200[lx], 조명률이 0.6, 유지율이 0.8일 때, 등의 개수를 고르면?

① 53　　　　　　　　② 54　　　　　　　　③ 55

④ 56　　　　　　　　⑤ 57

14

다음은 고압 가공전선로의 지지물 강도에 대한 내용이다. 빈칸 ⓐ, ⓑ에 들어갈 수치로 바르게 짝지어진 것을 고르면?

고압 가공전선로의 지지물로서 사용하는 목주는 다음에 따라 시설해야 한다.
1. 풍압하중에 대한 안전율은 (　ⓐ　) 이상
2. 굵기는 말구(末口)지름 (　ⓑ　)[m] 이상

	ⓐ	ⓑ
①	1.2	0.1
②	1.2	0.12
③	1.3	0.1
④	1.3	0.12
⑤	1.5	0.12

15

옥내에 시설하는 저압 전선으로 나전선을 사용할 수 없는 경우를 고르면?

① 전선 피복 절연물이 부식하는 전개된 곳에 애자공사에 의해 시설하는 경우
② 취급자 이외의 자가 출입할 수 없도록 설비한 장소에 애자공사에 의해 시설하는 경우
③ 합성수지관 공사에 의하여 시설하는 경우
④ 라이팅덕트 공사에 의하여 시설하는 경우
⑤ 버스덕트 공사에 의하여 시설하는 경우

실전모의고사 3회 [NCS]

의사소통능력 01~10번

[01~02] 다음은 한국전력(KEPCO)에서 2023.9.5.에 발표한 보도자료이다. 이를 바탕으로 이어지는 질문에 답하시오.

한국전력	보도자료	하루1kWh 줄이기
보도일시	배포일부터 즉시 보도가능합니다.	
배포일시	2023. 9. 5.(화)	

담당부서	마케팅기획처	책임자	마케팅운영실 실장 권◇◇ 061-345-XXXX
		담당자	마케팅운영실 차장 이◎◎ 061-345-XXXX
	커뮤니케이션처		언론홍보실 차장 김△△ 061-345-XXXX

- □ 한국전력(이하 한전)은 출산가구 대상 전기요금 복지할인을 영아가 실제로 거주하는 장소까지 적용받을 수 있도록 제도를 개선하여 전기요금 부담을 완화하고 저출산 문제해결에 기여하고 있다.
- □ 기존에는 출생일로부터 3년 미만인 영아가 1인 이상 포함된 가구에 대해 실제 양육장소와 상관없이 주민등록상 주소 기준으로 복지할인을 적용하였으나, 주민등록지 외의 장소에서 조부모가 영아를 돌보는 등의 사유로 실거주지에서 신청하는 경우에도 할인 혜택을 받을 수 있게 되었다.
- □ 신청 방법은 한전사이버지점(cyber.kepco.co.kr), 한전ON(online.kepco.co.kr), 한전 고객센터(123), 전국 한전 지사 방문 및 팩스로 가능하며 실거주 여부 확인을 위한 세대주(실거주지) 개인정보 제공이 필요하다.
  - ○ 요금 할인적용은 신청일이 속하는 월분부터 적용되며(감액한도는 일할 계산), 영아의 주민등록지와 실거주지 중 한 곳에만 할인신청 가능하다.
- □ 한전은 출산가구 외에 대가족, 3자녀 이상 가구 등 정책적 지원대상과 장애인, 기초생활수급자 등 사회적 배려계층의 에너지비용 부담 경감을 위해 전기요금 복지할인 제도를 운영하고 있으며,
  - ○ 복지할인 적용대상 중 월 200kWh 이하 사용가구에 대해서는 추가로 감액(2.5천 원~4천 원)을 실시하여 에너지 취약계층 지원을 확대하고 있다.
  - ○ 특히 에어컨과 같은 냉방기기 사용이 많은 여름철의 경우, 사회적 배려계층의 복지할인 한도를 확대하여(기존한도대비 약 20% 확대) 빈틈 없이 촘촘한 에너지 복지망을 구축하여 운영하고 있다.
- □ 앞으로도 한전은 에너지 취약 계층에 실질적인 도움이 될 수 있도록 현실을 반영한 복지할인제도 규정을 운영하여, 지원이 필요한 고객이 빠짐 없이 혜택을 받을 수 있도록 할 예정이다.

[표] 전기요금 복지할인 제도

대상			감액 기준	
			기타 계절	여름철(6.1~8.31)
정액 할인	장애인, 국가·독립유공자		월 1만 6천 원 한도	월 2만 원 한도
	기초생활수급자	생계·의료급여	월 1만 6천 원 한도	월 2만 원 한도
		주거·교육급여	월 1만 원 한도	월 1만 2천 원 한도
	차상위 계층		월 8천 원 한도	월 1만 원 한도
정률 할인	3자녀 이상		30% 할인 (월 1만 6천 원 한도)	
	대가족(5인 이상)			
	출산가구			
	생명유지장치		30% 할인	
	사회복지시설			

01

다음 중 보도자료의 제목으로 가장 적절한 것을 고르면?

① 한전, 국민 에너지비용 부담 경감 위한 한시적 전기요금 분할제도 시행
② 한전, 3자녀 이상 가구 전기요금 할인제도 시행으로 출산 장려 기여
③ 한전, 에너지 취약계층의 전기요금 인상 유예기간 연장
④ 한전, 출산가구 할인적용장소 확대로 에너지비용 부담 경감
⑤ 한전, 소상공인·소기업 경영부담 완화 위한 전기요금 추경사업 실시

02

다음 중 보도자료의 내용과 일치하는 것을 고르면?

① 영아 실거주지 요금 할인은 신청일이 속한 달의 익월부터 적용된다.
② 3자녀 이상 가구는 정액 할인 대상으로 한도는 월 2만 원이다.
③ 영아에 대한 실거주지 할인은 부모와 거주하는 경우에만 적용 대상에 해당한다.
④ 출산가구의 전기요금 복지할인 신청은 온라인을 통해서만 신청 가능하다.
⑤ 장애인 가구이면서 월 200kWh 이하 사용가구는 중복 요금 할인이 적용된다.

[03~04] 다음 글을 읽고 이어지는 질문에 답하시오.

오늘날 여성들은 체중에 상관없이 스스로를 뚱뚱하다고 생각하는 경우가 많다. 빈부, 노소를 떠나서 하나같이 날씬해지기를 원하고 그러한 욕망은 다이어트 열풍으로 이어진다. 몸이 우리의 다양한 욕구나 자기표현과 관련된다는 점에서 다이어트 열풍은 우리 사회를 읽어 내는 하나의 거울이 될 수 있다.

몸에 관한 관심은 어제오늘의 일이 아니다. 한 사회학 보고서에 따르면, 미국에서 1930년대에는 바싹 마른 몸매의 여성이, 1950년대에는 마릴린 먼로와 같이 풍만한 몸매의 여성이 인기를 끌었다고 한다. 대공황으로 경제 사정이 좋지 않았던 1930년대에는 일하는 여성이 필요했기에 민첩해 보이는 마른 여성이 매력의 상징이 되었다. 하지만 경제사정이 좋아지기 시작한 1950년대에는 여성이 행복한 가정을 꾸리기를 바라는 풍조로 바뀌면서 사람들은 풍만한 곡선미를 지닌 여배우의 이미지를 선호하였다.

소비 사회에서 몸은 자연스럽게 자기표현의 중심이 된다. 산업의 발달로 물질이 풍요해지자 인간은 다양한 소비를 통해 자신의 욕구를 충족할 수 있게 되었고 소비를 통해 자신을 표현한다고 믿게 되었다. 오늘날 소비는 대중 매체에 의해 조정되고 조절되는 경향이 짙다. 또한 인간은 영상 매체에서 본 이미지를 모방하여 자신을 표현하고자 한다. 이러한 점에서 소비를 통한 자기표현은 타인의 시선에 의해 규정된다고 할 수 있으며, 주체적이고 능동적인 자기 이미지를 만드는 과정으로 보기 어렵다. 결국 소비를 통해 자신의 이미지를 형성하려는 행위는 자신의 상품 가치를 높이는 것에 불과할 뿐이다.

날씬한 여성의 이미지를 선호하는 것도 이와 밀접하게 닿아 있다. 모든 유형의 다이어트가 오늘날과 같은 이유로 행해진 것은 아니다. 중세에 다이어트는 종교적 생활 양식에서 영혼을 통제하려는 훈육(訓育)의 한 방법이었고, 18세기에는 특정 집단에 속한 사람들이 음식의 양과 유형을 조절하는 방식이었다. 이와 달리 오늘날의 다이어트는 대부분 날씬한 몸매를 만들어서 자신의 상품 가치를 높이려는 목적에서 이루어진다. 외모에 대한 그릇된 인식은 이러한 다이어트 열풍을 부추겼으며, 대중 매체를 통해 점점 더 확대되고 재생산되고 있다.

㉠ 자기를 표현하는 수단으로서의 몸에 관한 관심은 자본주의의 상품화 논리에 지배되면서 오히려 자기 몸을 소외시키고 있다. 대중 매체를 통해 확산되는 상품으로서의 몸 이미지와 외모 지향적 가치관은 매력적인 몸에 대한 강박관념을 강화하고, 사람들을 다이어트를 통한 날씬한 몸매 만들기 대열에 합류시킨다. 이처럼 대중 매체 속에서 만들어진 획일화된 몸 이미지는 우리에게 더 이상 몸은 없고 몸 이미지만 남게 한다.

03

다음 중 글의 내용과 일치하지 <u>않는</u> 것을 고르면?

① 1950년대 미국에서는 풍만한 몸매의 여성이 인기를 끌었다.
② 사람들이 선호하는 몸의 이미지는 시대에 따라 변화해 왔다.
③ 경제 상황이 사람들의 몸 이미지를 형성하는 데 영향을 미친다.
④ 소비 사회에서 사람들은 영상 매체에서 얻은 몸의 이미지를 모방한다.
⑤ 18세기의 여성들은 날씬한 몸매로 자신의 상품 가치를 높이고자 하였다.

04

다음 중 ㉠의 구체적인 사례로 가장 거리가 먼 것을 고르면?

① 요즘은 왜 이리 바쁜지 모르겠어. 세수할 시간은 커녕 밥 먹을 시간도 없어.
② 경희 씨, 몸매 가꾸기 방송 봤어? 나는 그 방송만 보면 압박감을 느껴. 난 매번 다이어트에 실패하는데 말이야.
③ 얘들아, 어제 저녁 방송에서 그 가수가 입고 나온 옷 봤니? 그 옷을 입은 모습이 너무 말라보여서 나도 그 가수와 똑같은 옷을 사 입었어.
④ 예전에는 개인의 집단적 가치와 의식을 강화하기 위해 화장을 했대. 지금 화장의 의미는 다른데 말이야. 요즈음 광고를 보면 남자들도 화장하잖아.
⑤ TV 프로그램 '쇼미더머니'를 보고 반해버렸어. 그래서 나도 그 래퍼들처럼 외모를 가꿔서 말과 행동, 몸놀림 등 모든 것을 따라 하기로 했지.

05

다음 글을 통해 추론한 내용으로 적절하지 않은 것을 고르면?

엑스선이 발견되기 전까지는 칼을 대지 않고 인체 내부를 들여다볼 수 있을 것이라는 생각은 누구도 하지 못했다. 엑스선 촬영 장치를 개량하여 인체의 단면까지 볼 수 있게 만든 컴퓨터 단층 촬영 장치(CT)는 이 방면에서 한 걸음 더 나아갔지만 구입비와 운영비가 엄청나게 비싸고 인체에 해로운 엑스선을 여전히 사용한다. 이러한 결점을 보완하여 저렴하고 안전하게 인체의 민감한 부분이나 태아까지 검진할 수 있는 장치로 널리 사용하게 된 것이 초음파 진단 장치이다.

초음파 진단 장치는 인체 내부를 들여다보기 위해 소리를 사용한다. 일반적인 소리는 사람의 귀로 감지할 수 있지만 초음파는 진동수가 20,000Hz가 넘어서 사람의 귀로 들을 수 없다. 인체를 진단하는 도구로 초음파를 사용하게 된 것은, 그것이 짧은 파장을 가지므로 투과성이 강하고 직진성이 탁월할 뿐 아니라 미세한 구조까지 자세하게 볼 수 있기 때문이다.

이 진단 장치에는 초음파를 만들어 내고 감지하기 위한 압전 변환기라는 특수한 장치가 있다. 압전 변환기의 핵심 부품인 압전 소자는 압력을 받으면 전기를 발생시키는데 이것을 압전 효과라고 한다. 초음파를 압전 소자에 가해 주면 압전 소자에 미치는 공기의 압력이 변하면서 압전 효과로 인해 고주파 교류가 발생한다. 역으로 높은 진동수의 교류 전압을 압전 소자에 걸어 주면 압전 소자가 주기적으로 신축하면서 초음파를 발생시키는데, 이를 역압전 효과라고 한다. 이렇게 압전 소자는 압전 변환기에서 초음파를 발생시키고, 반사되어 돌아오는 초음파를 감지하는 중요한 역할을 담당한다. 즉, 압전 변환기는 마이크와 스피커의 역할을 모두 하는 셈이다.

검사하고자 하는 인체 부위에 압전 변환기를 접촉시킬 때에는 그 부위에 젤리를 발라 준다. 이는 압전 변환기와 피부 사이에 공기층을 없애 반사로 인한 음파의 손실을 최소화하기 위한 것이다. 압전 변환기에서 나온 초음파는 상이한 생체 조직을 각기 다른 속력으로 통과하며, 각 조직 사이의 경계 부위를 지날 때에는 부분적으로 반사된다. 반사되어 압전 변환기로 돌아오는 초음파의 세기는 통과한 조직의 밀도와 두께가 클수록 약해진다. 이렇게 각 조직이나 기관에서 다층적으로 반사된 초음파는 수신 모드로 전환된 압전 변환기에서 시간차를 두고 각기 다른 세기의 교류 전기 신호를 발생시킨다. 컴퓨터는 이 전기 신호들의 세기와 지체 시간을 분석하여 모니터 화면에 영상을 만들어 낸다.

① 사람이 감지할 수 있는 소리는 초음파보다 진동수가 낮다.
② 압전 변환기와 피부 사이에 젤리가 없다면 초음파에서 발생하는 음파의 손실이 일어난다.
③ 초음파가 반사되어 돌아올 때의 세기는 인체 내부의 조직 밀도와 두께에 따라 달라지게 된다.
④ 초음파보다 투과성이 강하고 직진성이 탁월한 빛이 발견되면 더 미세한 신체 부위의 검진이 가능하다.
⑤ 초음파 진단 장치의 공기 압력이 일정하게 유지되어야 압전 효과가 발생하여 초음파를 발생시킬 수 있다.

06

다음 글의 빈칸 ㉠과 ㉡에 들어갈 말로 바르게 짝지어진 것을 고르면?

태양광 및 풍력발전은 오염물질 배출이 없는 친환경 에너지 기술로 세계 각국은 자국의 에너지 안보 확립과 기후변화 대응을 위하여 매년 기술 개발 및 확대 보급에 막대한 투자를 하고 있다. 우리나라의 태양광 및 풍력발전 보급 성장은 정부 주도하의 지원정책에 기한 바가 크다.

정부는 2008년 8월 제1차 국가 에너지 기본계획을 발표하고, 에너지원별 공급 잠재량과 가능량, 기술 수준, 경제성, 파급효과 등을 고려하여 2030년까지 신재생에너지의 보급 비중을 전체 1차 에너지 수요량의 11%까지 점차 확대하기로 하였다. 특히, 신재생에너지를 신성장 동력산업으로 육성하기 위하여 우리가 강점을 가지고 있으며 산업 파급효과가 큰 세부 기술, 즉 풍력, 태양에너지, 바이오에너지에 초점을 맞춰 한정된 자원을 집중함으로써 국내기술 개발 및 보급을 적극 추진하기로 하였다. 이에 따라 태양광의 경우, 2030년 1,364천 TOE로 현재보다 약 20배 이상, 풍력은 4,155천 TOE로 약 40배가량 증가할 것으로 예상된다. 정부는 태양광 및 풍력발전 보급 확대를 위하여 발전차액지원제도(FIT)를 2012년부터 의무할당제(RPS)로 전환하며, 재정적 지원 정책뿐만 아니라 설비 입지와 관련된 각종 환경규제 또한 완화시킴으로써 제한 요소들을 최소화하고 원활한 확대·보급을 유도하고자 하였다.

기업 역시 ESG경영에 적극 나서고 있다. 경제적 성과만을 기대하던 기존의 가치관에서 벗어나 다양한 이해 관계자의 요구에 직면하고 있다. 사회 문제를 야기한 기업이 책임경영 활동을 통해 문제를 해결하고 긍정적 역할을 수행하길 바라는 기대가 커지면서 환경과 에너지에 관한 경영에 뛰어든 것이다.

그러나 태양광 및 풍력발전 시설물의 설치에 따라 새롭게 발생하는 문제점들에 대한 보완책 마련이 미비한 상태에서 완화책이 우선적으로 수행됨에 따라 여러 가지 사회적 부작용들이 나타나고 있다. 우리나라는 국토 면적이 좁고 인구밀도가 높아 토지를 활용할 때 태생적인 제약이 많다. 더욱이 태양광과 풍력발전은 에너지 생산을 위하여 반드시 자원 조건이 갖춰져야 하며, 고가의 시설 비용 등으로 인해 경제성이 취약함에 따라 발전설비 건설을 위한 입지는 더욱 제한적일 수밖에 없다. 또한 이들 지역 중 상당 부분이 환경·생태·문화적으로 중요한 가치를 지니고 있는 경우가 많다.

아울러 신재생에너지의 생산비용은 꾸준히 올라가는 추세다. 2016년 185원, 2017년 196.5원, 2018년 179.2원, 2019년 200.1원 등이다. 4년 새 43% 비싸졌다. 이는 원자력 생산비용(54원)과 비교하면 4배 높은 수준이다. 유연탄(83.3원)·무연탄(118.3원)·LNG(126원) 등에 비해서도 비싸다.

이에 따라 신재생에너지 수익률도 악화됐다. 수익률은 발전원가에서 정산단가를 빼는 방식으로 계산한다. 정산단가란 발전사들이 한국전력에 전기를 판매할 때 1kWh당 받는 가격이다. 발전원가에서 정산단가를 뺀 차익이 지난 2016년 −97.1원에서 2017년 −106.1원, 2018년 −80.7원, 2019년 −101.4원으로 확대됐다. 이런 '마이너스' 수익은 2020년 −185.4원까지 불었다. 올해 기준 원전(5.6원), LNG(−27.5원), 무연탄(−38원), 유류(−71.5원) 등 다른 에너지원과 비교해 수익성이 가장 낮다. 즉 높은 발전비용은 결국 발전 자회사와 국민에게 부담으로 돌아갈 수밖에 없다. 결론적으로 신재생에너지를 활용하여 에너지 사업을 시행할 때 장애물이 되는 것은 (㉠   ) 이유가 아니라 (㉡   ) 문제이다.

	㉠	㉡		㉠	㉡
①	경제적	정치적	②	경제적	환경적
③	환경적	경제적	④	환경적	정치적
⑤	정치적	경제적			

[07~08] 다음 글을 읽고 이어지는 질문에 답하시오.

한반도의 근현대사에서 '민족'이 역사적 공동체로서의 일정한 역할을 수행했다는 점을 부인할 수는 없으나 그것은 베네딕트 앤더슨의 정의처럼 '상상된 공동체(Imagined Communities)', 즉 사람들의 경험을 통해서 의미가 부여된 것이므로 사람들의 경험이 변하면 의미 역시 달라질 것이다. 그런 까닭에 똑같이 '민족'이라는 단어를 쓰고 있다 해도 일본 제국주의 시대와 '관주도 민족주의' 시대였던 군정부 시대, 그리고 21세기에는 다른 뜻으로 이해되어야 한다. 21세기 한국의 민족주의는 진지한 이념이나 이데올로기라기보다는 일종의 강령이다. 그것은 사회의 현실적 모순을 적당히 얼버무리는 땜질용 접착제이기도 하고, 전체주의와 전제주의에서 파생된 배타적 국수주의의 대열에 쓰이는 슬로건이기도 하다. 그런 점에서 개인을 '민족'이라는 명분 아래 결집하려는 시도에 대해서는 '반민족', '반국가'라는 오명의 위험을 감내하면서도 차분한 분석이 이루어져야 한다.

21세기 우리나라에 살고 있는 사람들에 대한 가장 포괄적인 규정은 자본주의적 생산 양식 속에서 소비 대중으로 전락한 군집이라는 것이다. 이는 민족적 혈통을 불문하고, 즉 순수한 한민족으로 자부하는 이들과 이주 노동자들을 가리지 않고 공통적으로 적용된다. 이 시대에 현실적으로 작동하고 있는 유일한 이데올로기가 자본주의이며, 동시에 한반도가 19세기 이래 세계사의 흐름에 편입되어 있음을 인정하는 태도를 이해하기 위해서는 그 이전의 역사에 대한 검토가 필요하다.

계몽주의 시대 이래 인간은 넘치는 자신감으로 자신의 삶을 영위하고 세계를 만들어 왔다. 그러나 현대의 전쟁은 이 모든 것을 파괴하고 인간을 '자기 자신에게만 맹목적으로 집착하는 피투적(被投的) 실존', 즉 내던져지고 버려진 존재로 만들어 버렸다. 그리고 이러한 존재적 상황에 근거하여 '삶'의 종합성도 부정하고 '존재'를 단지 시간이라는 유한성에 수렴시킨 실존 철학이 등장하였다. 실존 철학은 분명 이데올로기 종언의 뚜렷한 징후였다. 19세기 서구의 이데올로기는 본래 '경험적 근거지로부터 출발한 세계 해석'이었으나 20세기에 들어서면서 이데올로기는 하나의 경험적 사회 집단을 대표하는 문화 체계(희망, 가치, 현상 및 역사 인식 등을 종합적으로 표상하는 세계상)이기를 그만두고 승리와 제패를 지향으로 한 운동 강령으로 변화하여, 머지않아 찾아올 테러 시대의 정치적 도구가 될 수 있도록 변질되기 시작한다.

서구의 근대는 계몽주의 정신으로부터 시작되었으며, 프랑스 혁명에서 구체화되었다. 물론 프랑스 혁명도 국가를 내세우기는 하였다. 그러나 이것은 오늘날 말하는 '국가주의'와는 거리가 멀다. 프랑스 대혁명이 내세운 국가 개념 속에서의 인간은 그의 출생 근거로부터 이탈돼 있어, 출생이 아니라 인간됨의 의미 자체에 의해 규정된다. 주소도 번지수도 없는 인간들에게 어떤 집단적 정체성을 덧입히려는 의도와는 거리가 멀고 오히려 움직일 수 없도록 단단히 못 박아 놓은 모든 형태의 자연적 사실로부터 인간들을 해방하면서, 인간 자율성을 근원적으로 밝히려는 것이다. 계몽주의는 인간의 이성적·주체적 자율성을 핵심으로 한다. 일그러진 서구 중심주의가 식민지 미개인들을 계몽하려 했던 흉악한 역사 때문에 그 본질이 흐려지기는 하였어도 계몽주의는 이것이 없다면 의미를 잃는다. 그런데 이러한 계몽주의의 보편성에 반대한 것은 헤르더의 '민족정신'이었다. 그가 보기에 가장 비천한 민족이든 가장 고상한 민족이든 간에 지상의 모든 민족은 제각기 고유하고도 특이한 존재 양식을 가지고 있다. 헤르더는 인간이 이룩한 성과를 그 역사적 맥락으로부터 분리시켜 놓는 것, 또한 이러한 성과를 가능하게 했던 지리적 근거를 거부하는 것, 혹은 진선미라고 하는 시대 초월적 가치 기준에 따라 인류의 업적을 판단하는 것 등과 같은 오랜 역사에 걸친 지적 방황을 끝내기를 바랐던 것이다.

07

다음 중 글의 제목으로 가장 적절한 것을 고르면?

① 계몽주의와 민족정신
② 21세기 한국의 민족주의
③ 민족주의와 자본주의의 상관관계
④ 서구 근대 계몽주의 정신의 중요성
⑤ 계몽주의가 프랑스 혁명에 미친 영향

08

다음 중 글의 내용과 일치하지 않는 것을 고르면?

① 21세기 한국의 민족주의는 진지한 이념이나 이데올로기라기보다는 일종의 강령에 해당한다.
② 21세기 우리 민족에 대한 가장 포괄적인 규정은 자본주의적 생산 양식 속에서의 소비 대중이다.
③ 서구의 근대는 계몽주의 정신으로부터 시작되었으며, 혁명에 의해 구체화되었다.
④ 계몽주의는 인간의 이성적. 주체적 자율성이 없다면 의미를 잃는다.
⑤ 헤르더의 '민족정신'은 계몽주의의 보편성에 힘을 실어 주었다.

[09~10] 다음 글을 읽고 이어지는 질문에 답하시오.

음식이 상한 것과 가스가 새는 것을 쉽게 알아차릴 수 있는 이유는 우리에게 냄새를 맡을 수 있는 후각이 있기 때문이다. 이처럼 후각은 우리 몸에 해로운 물질을 탐지하는 문지기 역할을 하는 중요한 감각이다. 어떤 냄새를 일으키는 물질을 '취기재(臭氣材)'라 부르는데, 우리가 어떤 냄새가 난다고 탐지할 수 있는 것은 취기재의 분자가 코의 내벽에 있는 후각 수용기를 자극하기 때문이다.

일반적으로 인간은 동물만큼 후각이 예민하지 않다. 물론 인간도 다른 동물과 마찬가지로 취기재의 분자 하나에도 민감하게 반응하는 후각 수용기를 갖고 있다. 하지만 개[犬]가 10억 개에 이르는 후각 수용기를 갖고 있는 것에 비해 인간의 후각 수용기는 1천만 개에 불과하여 인간의 후각이 개의 후각보다 둔한 것이다.

우리가 냄새를 맡으려면 공기 중에 취기재의 분자가 충분히 많아야 한다. 다시 말해, 취기재의 농도가 어느 정도에 이르러야 냄새를 탐지할 수 있다. 이처럼 냄새를 탐지할 수 있는 최저 농도를 '탐지 역치'라 한다. 탐지 역치는 취기재에 따라 차이가 있다. 우리가 메탄올보다 박하 냄새를 더 쉽게 알아챌 수 있는 까닭은 메탄올의 탐지 역치가 박하 향에 비해 약 3,500배가량 높기 때문이다.

취기재의 농도가 탐지 역치 정도의 수준에서는 냄새가 나는지 안 나는지 정도를 탐지할 수는 있지만, 그 냄새가 무슨 냄새인지 인식하지 못한다. 즉 ㉠ 냄새의 존재 유무를 탐지할 수는 있어도 냄새를 풍기는 취기재의 정체를 인식하지는 못하는 상태가 된다. 취기재의 정체를 인식하려면 취기재의 농도가 탐지 역치보다 3배가량은 높아야 한다. 즉 취기재의 농도가 탐지 역치 수준으로 낮은 상태에서는 그 냄새가 꽃향기인지 비린내인지 알 수 없는 것이다. 한편 같은 취기재들 사이에서는 농도가 평균 11% 정도 차이가 나야 냄새의 세기 차이를 구별할 수 있다고 알려져 있다.

연구에 따르면 인간이 구별할 수 있는 냄새의 가짓수는 10만 개가 넘는다. 하지만 그 취기재가 무엇인지 다 인식해 내지는 못한다. 그 이유는 무엇일까? 한 실험에서 실험 참여자에게 실험에 쓰일 모든 취기재의 이름을 미리 알려 준 다음, 임의로 선택한 취기재의 냄새를 맡게 하고 그 종류를 맞히게 했다. 이때 실험 참여자가 틀린 답을 하면 그때마다 정정해 주었다. 그 결과 취기재의 이름을 알아맞히는 능력이 거의 두 배로 향상되었다.

위의 실험은 특정한 냄새의 정체를 파악하기 어려운 이유가 냄새를 느끼는 능력이 부족하기 때문이 아님을 보여 준다. 그것은 우리가 모든 냄새에 대응되는 명명 체계를 갖고 있지 못할 뿐만 아니라 특정한 냄새와 그것에 해당하는 이름을 연결하는 능력이 부족하기 때문이다. 즉 인간의 후각은 기억과 밀접한 관련이 있는 것이다. 이에 따르면 어떤 냄새를 맡았을 때 그 냄새와 관련된 과거의 경험이나 감정이 떠오르는 일은 매우 자연스러운 현상이다.

09

다음 중 글의 내용과 일치하지 <u>않는</u> 것을 고르면?

① 후각 수용기는 취기재의 분자에 반응한다.
② 후각은 유해한 물질을 탐지하는 역할도 한다.
③ 박하 향의 탐지 역치는 메탄올의 탐지 역치보다 높다.
④ 인간은 개[犬]에 비해 적은 수의 후각 수용기를 갖고 있다.
⑤ 인간의 후각 수용기는 취기재의 분자 하나에도 반응할 수 있다.

10

다음 중 글의 밑줄 친 ㉠의 경우에 해당하는 것을 고르면?

① 탐지 역치가 10인 취기재의 농도가 5인 경우
② 탐지 역치가 10인 취기재의 농도가 15인 경우
③ 탐지 역치가 10인 취기재의 농도가 35인 경우
④ 탐지 역치가 20인 취기재의 농도가 15인 경우
⑤ 탐지 역치가 20인 취기재의 농도가 85인 경우

11

작년에 정가가 5,000원이었던 상품의 가격을 올해 x% 올렸더니 판매량이 20% 감소하여 총매출액이 작년과 같아졌다. 이 상품의 올해 정가를 고르면?

① 5,500원   ② 6,000원   ③ 6,250원

④ 6,500원   ⑤ 6,750원

12

다음 [조건]은 어느 회사 직원들을 대상으로 한 시력 검사 결과를 정리한 것이다. 이를 바탕으로 할 때, 난시와 근시가 모두 있는 직원의 수를 고르면?

┤ 조건 ├
- 근시만 있는 직원 수는 난시만 있는 직원 수의 2배이다.
- 근시만 있는 직원 수와 난시만 있는 직원 수의 합은 근시와 난시가 모두 없는 직원 수보다 1명 더 많다.
- 시력 검사를 한 전체 직원 수는 근시와 난시가 모두 없는 직원 수의 2배보다 12명 더 많다.

① 3명   ② 5명   ③ 8명

④ 10명   ⑤ 11명

[13~14] 다음 [표]는 2022년 우리나라의 장기 및 조직 기증에 관한 월별 추이를 나타낸 자료이다. 이를 바탕으로 이어지는 질문에 답하시오.

[표1] 2022년 월별 뇌사자 장기 기증 건 추이
(단위: 건)

구분	1월	2월	3월	4월	5월	6월	7월	8월	9월	10월	11월	12월
중부 지부	21	14	22	13	23	17	17	11	16	16	14	13
충청·호남 지부	8	5	7	9	5	12	5	5	10	2	6	10
영남 지부	12	3	10	12	14	7	21	9	6	6	8	16
월별 합계	41	22	39	34	42	36	43	25	32	24	28	39

[표2] 2022년 월별 조직 기증 건 추이
(단위: 건)

구분	1월	2월	3월	4월	5월	6월	7월	8월	9월	10월	11월	12월
중부 지부	4	5	7	4	7	8	7	1	5	8	3	4
충청·호남 지부	7	1	5	4	3	4	0	4	8	2	3	4
영남 지부	4	1	4	9	4	4	7	2	2	5	8	9
월별 합계	15	7	16	17	14	16	14	7	15	15	14	17

※ 상반기: 1~6월 / 하반기: 7~12월

13

다음 중 자료에 관한 설명으로 옳지 <u>않은</u> 것을 고르면?

① 매달 뇌사자 장기 기증 건수가 조직 기증 건수보다 많다.
② 2022년 영남 지부의 조직 기증 건수는 월평균 5건 이상이다.
③ 2022년 상반기 중부 지부 조직 기증 건수는 하반기보다 7건 더 많다.
④ 충청·호남 지부의 2022년 하반기 뇌사자 장기 기증 건수의 상반기 대비 감소율은 17% 이상이다.
⑤ 월별 뇌사자 장기 기증 건수가 가장 많은 달은 가장 적은 달보다 기증 건수가 90% 이상 더 많다.

14

2021년 뇌사로 인한 장기 기증 건수는 442건이고 조직 기증 건수는 115건이다. 다음 중 2021년 대비 2022년 장기 및 조직 기증 건수 증감률에 관한 설명으로 옳은 것을 고르면?(단, 소수점 둘째 자리에서 반올림한다.)

① 2021년 대비 2022년 전체 기증 건수의 증가율은 3% 이상이다.
② 2021년 대비 2022년 전체 기증 건수의 감소율은 2.7%이다.
③ 2021년 대비 2022년 조직 기증 건수의 감소율은 45.2%이다.
④ 2021년 대비 2022년 뇌사자 장기 기증 건수의 증가율은 9% 이상이다.
⑤ 2021년 대비 2022년 뇌사자 장기 기증 건수의 감소율은 8.4%이다.

[15~16] 다음 [그래프]는 H국가의 2022년 양파와 마늘의 월별 수출입 현황을 나타낸 자료이다. 이를 바탕으로 이어지는 질문에 답하시오.

[그래프1] 2022년 월별 양파 수출입액
(단위: 천 달러)

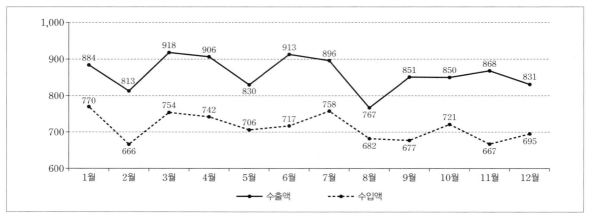

[그래프2] 2022년 월별 마늘 수출입액
(단위: 천 달러)

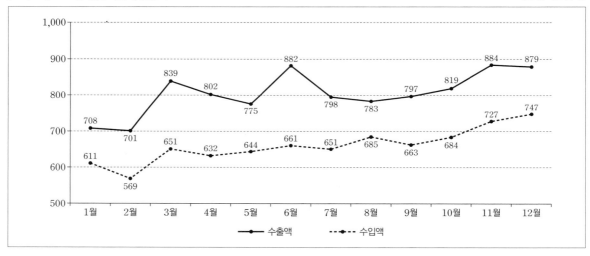

15

다음 중 자료에 대한 설명으로 옳지 <u>않은</u> 것을 고르면?

① 7월부터 12월까지 마늘의 월평균 수입액은 69만 달러 이상이다.
② 1월 대비 12월의 마늘 수출액 증가율은 25% 미만이다.
③ 양파는 전월 대비 3개월 연속 수입액이 상승한 적이 없으나 마늘은 있다.
④ 1월부터 5월까지 양파의 월평균 수출액은 월평균 수입액보다 14만 달러 이상 많다.
⑤ 전월 대비 마늘의 수출액이 가장 크게 증가한 달에 전월 대비 양파의 수출액 증감량 또한 가장 크다.

16

H국가의 2022년 10월 양파 수출량이 500톤이고 수입량은 400톤이었을 때, 다음 중 10월 양파의 1톤당 수출액과 수입액의 합을 고르면?(단, 1달러 미만 단위는 절사한다.)

① 3,500달러
② 3,502달러
③ 3,504달러
④ 3,506달러
⑤ 3,508달러

17

다음 [표]는 어느 연구원에서 조사한 부문별 전기 수요 추이를 나타낸 자료이다. 이에 대한 설명으로 옳은 것을 [보기]에서 모두 고르면?

[표] 부문별 전기 수요 추이 (단위: TWh)

구분		2000년	2018년	2020년	2030년	2040년	연평균 증가율(%)	
							00~18년	18~40년
총전기 수요		239.5	526.1	539.2	635.9	701.0	4.5	1.3
산업		132.3	283.7	293.2	344.9	381.4	4.3	1.4
	조립·금속	33.0	106.7	111.2	136.3	155.5	6.7	1.7
	석유·화학	26.9	62.3	66.7	85.4	99.7	4.8	2.2
	철강	20.0	34.9	32.0	29.6	29.0	3.1	−0.8
수송		2.0	3.0	3.3	6.1	11.8	2.1	6.5
가정		37.1	70.7	72.4	79.2	82.5	3.6	0.7
서비스		68.1	168.8	173.3	205.7	224.6	5.2	1.3

※ 서비스는 상업 및 공공의 합계를 나타냄.
※ 2020년부터는 연구 결과에 따른 예상 수치임.

┤ 보기 ├
- ㉠ 2020년을 기준으로 20년 뒤에는 총전기 수요가 30% 이상 증가할 것이다.
- ㉡ 2000년부터 2018년까지 모든 부문에서 전기 수요는 해마다 증가하였다.
- ㉢ 수송 부문에서 꾸준히 전기 수요가 늘어나는 것은 전기 자동차 대중화의 영향일 것이다.
- ㉣ 주어진 조사년도별 가정에서의 전기 수요는 언제나 총전기 수요의 10%보다 많다.

① ㉠, ㉢
② ㉠, ㉣
③ ㉡, ㉢
④ ㉡, ㉣
⑤ ㉢, ㉣

다음 [표]는 1990년부터 2060년까지 10년 단위로 노령화지수를 조사 및 예측한 자료이다. 이를 바탕으로 할 때, 노년부양비에 대한 설명으로 옳은 것을 고르면?

[표] 우리나라 고령 인구의 전망치 (단위: 천 명, %, 해당 인구 100명당 명)

구분	총인구	65세 이상	비율	노령화지수
1990년	42,869	2,195	5.1	20.0
2000년	47,008	3,395	7.2	34.3
2010년	49,554	5,366	10.8	67.2
2020년	51,974	8,134	15.6	123.7
2030년	52,941	12,955	24.5	212.1
2040년	52,198	17,120	32.8	303.2
2050년	49,433	18,813	38.1	399.0
2060년	45,246	18,536	41.0	434.6

※ (노령화지수)=(65세 이상 인구)÷(0~14세 인구)×100
※ (노년부양비)=(65세 이상 인구)÷(15~64세 인구)×100

① 2000년부터 10을 넘고 있으며, 이후 매 조사년도마다 증가한다.
② 2030년은 40 이상의 수치를 기록한다.
③ 2050년에 최고치를 기록한 후 2060년에 이전 조사년도 대비 감소한다.
④ 2020년 이후 조사년도부터 20~50 사이 수치를 기록한다.
⑤ 2050년과 2060년의 차이는 15 이상을 기록한다.

[19~20] 다음 [그래프]는 2018~2022년 C국가의 게임 산업에 관한 자료이다. 이를 바탕으로 이어지는 질문에 답하시오.

[그래프1] 2018~2022년 게임 산업 매출액 현황　　　　　　　　　　　　　　　　　　　　(단위: 천억 원, %)

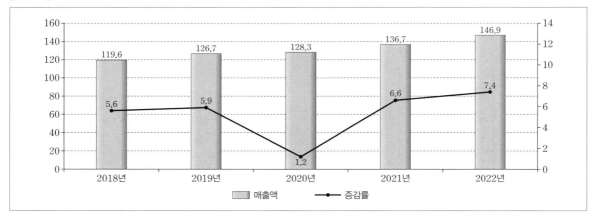

[그래프2] 2018~2022년 게임 산업 수출액 현황　　　　　　　　　　　　　　　　　　　　(단위: 천만 달러, %)

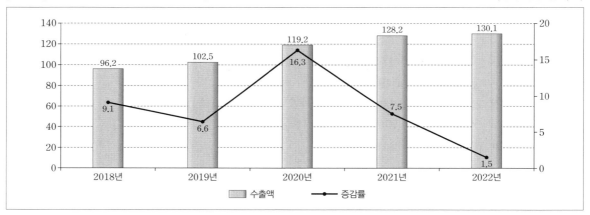

[그래프3] 2018~2022년 게임 산업 종사자 현황　　　　　　　　　　　　　　　　　　　　(단위: 천 명, %)

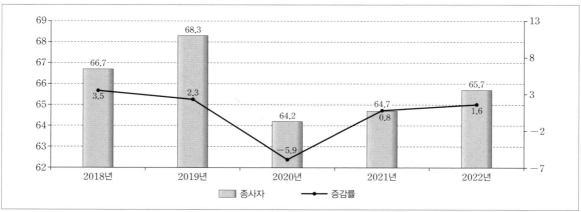

19

다음 중 자료에 대한 설명으로 옳은 것을 [보기]에서 모두 고르면?

┤ 보기 ├

ㄱ. 2019년 게임 산업 종사자 1명당 매출액은 1.8억 원 이상이다.
ㄴ. 2022년 C국가에서 게임 산업 신규 입사자는 전년 대비 1천 명 증가하였다.
ㄷ. C국가의 게임 산업 수출액에 대하여 전년 대비 증가율이 가장 높을 때, 매출액은 전년 대비 감소하였다.
ㄹ. 2019년부터 2022년까지 전년 대비 게임 산업 매출액 증감률의 증감 추이는 수출액 증감률의 증감 추이와 정반대이다.

① ㄱ, ㄴ ② ㄱ, ㄹ ③ ㄴ, ㄷ
④ ㄴ, ㄹ ⑤ ㄷ, ㄹ

20

다음 [표]는 게임 산업이 활성화된 A~E국가의 게임 산업 종사자 중 C국가가 차지하는 비중을 나타낸 자료이다. 주어진 자료와 [표]를 바탕으로 할 때, 다음 중 A~E 전체 국가의 게임 산업 종사자 수를 바르게 나타낸 것을 고르면?(단, 모든 계산은 십 명 단위에서 반올림한다.)

[표] 5개 국가 게임 산업 종사자 중 C국가가 차지하는 비중

구분	2018년	2019년	2020년	2021년	2022년
종사자 비중	18.4%	21.4%	15.8%	16.1%	19.2%

① 2018년: 363,700명 ② 2019년: 321,500명 ③ 2020년: 404,800명
④ 2021년: 401,900명 ⑤ 2022년: 346,100명

21

갑은 신제품에 들어갈 부품을 납품받기 위해 제작사별로 제품 A~E 5개를 비교했다. 이 중 다음 [조건]을 참고하여 등급이 가장 높은 2개의 제품을 납품받고자 할 때, 납품받는 두 개의 제품을 고르면?

┌─ 조건 ┐
- B는 C보다 등급이 더 높다.
- D보다 더 낮은 등급의 제품은 2개 이상이다.
- E보다 더 높은 등급의 제품은 3개 이상이다.
- A는 E의 등급보다 높고, C등급보다 한 등급 낮다.
- A~E는 서로 등급이 다르다.

① A, B   ② A, C   ③ B, C
④ B, D   ⑤ B, E

22

갑, 을, 병, 정 4명 중 2명이 지난주에 한 지역으로 함께 동행하여 출장을 갔다 왔다. 이들 중 출장을 갔다 온 사람은 반드시 참을 말하고, 출장을 가지 않은 사람은 거짓을 말한다. 다음 [대화]를 바탕으로 할 때, 항상 옳은 것을 고르면?

┌─ 대화 ┐
- 갑: "출장지는 부산이야."
- 을: "병은 거짓말을 하고 있어."
- 병: "갑은 출장자야."
- 정: "출장지는 대전이야."

① 갑의 말이 참이라면, 출장자는 갑과 병이다.
② 출장지는 부산이다.
③ 을의 말은 항상 참이다.
④ 을과 병은 출장을 같이 갈 수가 있다.
⑤ 정은 출장을 갔다 오지 않았다.

[23~24] 다음 [표]는 J사의 지난달 매출 현황에 관한 자료이다. 이를 바탕으로 이어지는 질문에 답하시오.

[표] J사 지난달 매출 현황

구분		금액
매출액		5,000만 원
비용	변동비	2,500만 원
	고정비	1,500만 원
순이익		1,000만 원

※ 1) J사는 한 가지 제품만 생산 및 판매하며, 제품 1개당 판매 가격은 23만 원임.
 2) (손익분기점 매출액)=(고정비)÷{(매출액−변동비)÷매출액}

23

J사의 지난달 매출 현황을 고려하였을 때, J사의 지난달 손익분기점 매출액을 고르면?

① 1,000만 원 ② 1,500만 원 ③ 2,000만 원
④ 2,500만 원 ⑤ 3,000만 원

24

다음 중 J사가 지난달 손익분기점 매출액을 달성하기 위해 판매해야 하는 제품의 최소 개수를 고르면?

① 130개 ② 131개 ③ 135개
④ 136개 ⑤ 138개

[25~26] 다음 [표]는 북미의 전기차 충전 레벨별 정보와 주요 전기차 충전 네트워크 기업에 대한 자료이다. 이를 바탕으로 이어지는 질문에 답하시오.

[표1] 전기차 충전기 레벨별 정보

구분	교류 완속 충전		레벨3 직류 고속 충전 (DC Fast Charging)
	레벨1	레벨2	
전력	1~3kW	6.2~7.6kW	50kW, 150kW, 350kW
충전 속도	3~5마일/시간	14~35마일/시간	• 50kW: 2~3마일/분 • 150kW: 6~9마일/분 • 350kW: 12~18마일/분
설치 장소	가정집	직장, 주차장 등	고속도로, 쇼핑센터 등
충전 커넥터	북미 표준 J1772	북미 표준 J1772	CCS, CHAdeMO, Tesla SuperCharger (표준 없음)
평균 충전 요금	16센트/kWh	44센트/kWh	59센트/kWh

[표2] 주요 전기차 충전 네트워크 기업

기업명	특징
BLINK	• Car Charging Group이 소유한 네트워크로, 3,275대의 레벨2 및 DC 고속 충전기를 보유하고 있으며 회원 등록 없이도 충전기 이용 가능 • 레벨2 충전기의 경우 기본 충전 요금이 kWh당 39~79센트 또는 분당 4~6센트로 형성. 고속 충전의 경우 한 번 충전에 6.99~9.99달러
ChargePoint	• 미국 최대의 전기차 충전 네트워크 기업으로 68,000대 이상의 충전기를 보유하고 있으며 그 중 1,500대가량이 DC 고속 충전기 • 충전기가 설치된 시설 주인이 충전 요금을 결정하도록 하고 있어 충전소마다 가격이 상이한 것이 특징이며, 따라서 매장이나 회사가 비용을 부담하고 고객에게 서비스 차원에서 무료로 충전기를 이용하게 하는 곳도 존재 • 유료 충전소를 이용할 때는 앱 내의 'ChargePoint Card'를 사용하여 결제할 수 있으며, 카드는 미리 금액을 넣어두고 다 떨어지면 충전하는 방식
EVgo	• 미국 폭스바겐 본사가 있는 테네시 주에 위치하고 있으며, 34개 주에 1,200대 이상의 고속 충전기를 보급 중 • 가격은 지역별로 다르게 책정되어 있으며, 고속 충전기의 경우 비회원은 1회 45분, 회원은 1회 60분간 충전할 수 있음
Tesla	• Tesla는 슈퍼차저(SuperCharger)라고 불리는 자체 커넥터 및 네트워크를 사용하며 미국에 819개의 충전소 및 7,843대의 충전기를 보유 • 가격은 지역별로 다르게 책정되어있으나 레벨3의 평균 충전 요금이 kWh당 28센트이며, 최근 신형 모델S와 모델X 구매자에게 슈퍼차저 무제한 무료 이용권을 제공하던 정책을 부활시킴

25

다음 중 북미의 주요 전기차 충전 네트워크 기업이 보유한 충전기는 최소 몇 대 이상인지 고르면?

① 80,018대   ② 80,318대   ③ 80,518대

④ 80,818대   ⑤ 81,018대

26

다음 중 자료를 바탕으로 옳은 것만을 [보기]에서 모두 고르면?

┌ 보기 ├

ⓐ 충전기 대수로만 따지면 ChargePoint가 가장 앞서가고 있고, EVgo가 가장 적다.

ⓑ 레벨3 충전기는 충전 속도가 가장 빠르나, 아직 충전 커넥터 표준이 없다.

ⓒ Tesla는 아예 자체적인 충전 커넥터를 사용해서 접근성이 약간 떨어지는 대신에 레벨3 충전기 요금이 평균
보다 낮다.

ⓓ 무료로 이용할 수 있는 충전기가 있다는 점은 Tesla만의 장점이다.

① ㉠, ㉡   ② ㉠, ㉢   ③ ㉡, ㉢

④ ㉠, ㉡, ㉢   ⑤ ㉠, ㉡, ㉢, ㉣

[27~28] 다음은 △△공단에서 제시한 '신직업자격' 개발에 관한 내용이다. 이를 바탕으로 이어지는 질문에 답하시오.

1. 신직업자격

   일(고용)에 직접 연계될 수 있게 NCS를 기반으로 "어떠한 것을 할 수 있는 능력"을 갖기 위해 필요한 지식, 기술, 태도를 일정한 기준과 절차에 따라 평가 또는 인정하는 기준을 말한다. 다시 말해 국가직무능력표준(NCS)을 바탕으로 산업현장에서 수행하는 직무를 국가가 표준으로 개발함으로 인하여 일자리 수요가 많은 직업에 대하여 직업자격 취득자를 채용 시 우대할 수 있도록 해당 분야의 직무수행 능력을 평가·검증하고, 해당 직업이 수행하는 직무를 자격 과정으로 교육·훈련받아 기업이 활용하도록 인정한 자격을 의미한다. 즉, 해당 직무를 '채용 이후 실제로 수행할 수 있는 능력'을 국가가 인증하고, 기업은 자격 취득자의 능력을 신뢰할 수 있는 자격이다.

2. 개발 목적

   신직업자격은 노동시장에서 자격의 기능이 제대로 작동하게 해준다. 기업은 실무능력을 보유한 맞춤형 인재를 보다 쉽게 채용할 수 있고, 취업예정자나 학습근로자는 신직업자격 취득을 통해 원하는 직업이나 기업으로 취업이 쉬워진다. 신직업자격은 다음의 세 가지 기능을 갖는다.
   • 신호기능 : 청년층의 직무수행능력을 인정하는 신호기능
   • 선도기능 : 좋은 일자리 제공을 통한 일자리 미스 매칭 해소
   • 선별기능 : 기업의 인사 관련 비용 절감

3. 신직업자격의 구성

   ① 산업현장의 수행직무수준을 반영한 자격수준과 훈련시간

자격수준	훈련시간	훈련수준
Level 5	800h 이상	현장직무가 심화된 전공지식을 필수적으로 적용한 훈련이 필요한 직무
Level 4	800h 이상	현장직무가 일부 심화된 전공지식과 연계하여 훈련이 가능한 직무
Level 3	600h 이상	현장직무가 기본적인 전공지식과 연계하여 훈련이 가능한 직무
Level 2	600h 이상	현장직무가 기초적인 훈련이 가능한 직무

   ※ 자격수준과 훈련시간은 산업현장의 직무수행 수준과 학습난이도에 따른 학습수준으로 결정됨.

   ② 직종 및 기업의 특성을 반영한 훈련 내용

자격수준		내용
필수 능력 단위	필수능력 단위	• 직종 및 기업별 공통능력으로 전체 훈련시간의 50% 이상 훈련 • 직업훈련 및 자격 검정시 반드시 포함되어야 하는 능력
	선택적 필수능력단위	직종 및 기업별 공통 직무는 아니지만, 특정 기업에서 반드시 필요한 능력으로 필수능력단위와 함께 필수적으로 훈련 받음
선택능력단위		• 직종 및 기업의 직무수행 시 반드시 필요하지는 않지만, 연계성이 있거나 사전 학습 시 직무수행에 도움이 되는 능력단위 • 선택능력단위는 필요에 따라 선택적으로 훈련과정에 포함됨

   ※ 신직업자격은 과정평가형자격으로 인증받은 훈련기관에서 현장의 특성이 반영된 훈련제공으로 현장 맞춤형 인재를 양성하게 됨.

   → (신직업자격 훈련 내용)=[필수능력단위(＋선택적필수능력단위)]＋(선택능력단위)

4. 기존자격과 다른 점

신직업자격은 기업의 요구를 충족한 교육훈련을 통해 노동시장의 가교역할을 하는 우리나라 최초 자격교육훈련 통합형 콘텐츠이다.

구분	기존 국가기술자격	신직업자격
자격 크기	개별 직무 또는 학과 단위	노동시장 고용 단위
자격 등급	입직자 중심	입직자 · 재직자 중심
운영 주체	정부(△△공단)	산업계 단체
평가 방식	전 종목 대상 동일한 평가 방식 운영	NCS 기반 평가 방식 다양화
평가 내용	무엇을 알고 있는가?	현장의 일을 할 수 있는가?

27

다음 중 신직업자격에 대한 추론으로 옳지 <u>않은</u> 것만을 [보기]에서 모두 고르면?

┤ 보기 ├

ⓐ 직무수행 시 꼭 필요하지 않은 것을 훈련받을 수도 있다.
ⓑ 똑같은 직무이더라도 근무환경에 따라 자격수준이 달라질 수 있다.
ⓒ 신직업자격을 잘 이수했다면 현장 상황에 대응하는 능력이 높을 것이다.

① ㉠   ② ㉡   ③ ㉢
④ ㉠, ㉡   ⑤ ㉠, ㉢

28

다음 [대화] 중 자료를 바르게 이해하지 <u>못한</u> 사람을 모두 고르면?

┤ 대화 ├

• 한울: "신직업자격에 관한 훈련 중 선택능력단위에 해당하는 훈련은 많아야 절반 정도겠네."
• 정규: "신직업자격을 이전처럼 국가가 주도하지 않으므로 기업에서는 채용을 진행할 때 비용이 증가할 것 같아."
• 민서: "하나의 일관된 평가 방식이 제공됨으로 인해 취업을 원하는 사람들이 신직업자격을 취득하기에 용이할 것 같아."
• 재준: "600시간 이상 훈련을 받았다면 대학 수준의 전공지식과 관련한 업무를 이행해야 하는 직무에 해당함을 알 수 있어."

① 한울, 재준   ② 한울, 민서   ③ 정규, 민서
④ 한울, 정규, 재준   ⑤ 정규, 민서, 재준

[29~30] 다음은 브랜드 평판에 관한 자료이다. 이를 바탕으로 이어지는 질문에 답하시오.

> △△연구소에서는 A~G기업에 대한 브랜드 평판에 대하여 긍정적 평가와 부정적 평가로 구분하여 조사하였다. 각 기업에 대하여 평가를 해준 응답자의 수는 A~G기업에 따라 달랐는데, 차례로 1,200명, 800명, 500명, 1,000명, 900명, 600명, 400명이었다. 각 기업에 대한 조사 결과는 다음과 같다.
>
> [그래프] 기업별 브랜드 평판 현황   (단위: %)
>
>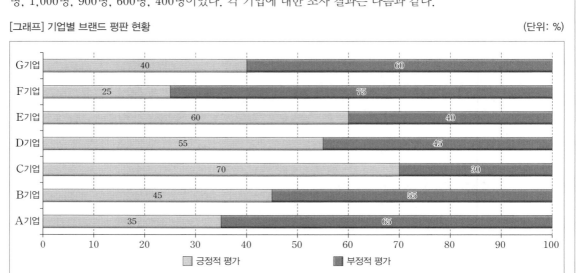

29
다음 중 자료에 대한 설명으로 옳지 <u>않은</u> 것을 고르면?

① D기업에 대하여 부정적 평가를 한 사람 수는 F기업에 대하여 부정적 평가를 한 사람 수와 같다.

② C기업에 대하여 긍정적 평가를 한 사람 수는 E기업에 대하여 부정적 평가를 한 사람 수보다 많다.

③ G기업에 대하여 긍정적 평가를 한 사람 수의 3배는 A기업에 대하여 긍정적 평가를 한 사람 수보다 많다.

④ B기업에 대하여 부정적 평가를 한 사람 수는 E기업에 대하여 긍정적 평가를 한 사람 수보다 100명 더 적다.

⑤ A기업에 대하여 부정적 평가를 한 사람 수는 B기업에 대하여 부정적 평가를 한 사람 수와 E기업에 대하여 부정적 평가를 한 사람 수의 합보다 적다.

30

다음은 기업에 대한 브랜드 평판을 네 단계로 구분하였을 때, 종합 점수를 구하는 방법을 나타낸 것이다. 이를 바탕으로 A~G기업 중 종합 점수가 두 번째로 높은 기업을 고르면?

- 기업에 대한 브랜드 평판에서 긍정적 평가를 '매우 긍정적', '긍정적'으로 나누고, 부정적 평가를 '부정적', '매우 부정적'으로 세분화하여 평가하였을 때, 다음과 같이 종합 점수를 산출한다.

> (종합 점수)＝(매우 긍정적으로 평가한 사람 수)×3＋(긍정적으로 평가한 사람 수)×1
> －(부정적으로 평가한 사람 수)×1－(매우 부정적으로 평가한 사람 수)×2

- △△연구소에서 조사한 A~F기업에 대한 브랜드 평판 세부 현황은 다음과 같다.

[그래프] 기업별 브랜드 평판 세부 현황 　　　　　　　　　　　　　　　　(단위: %)

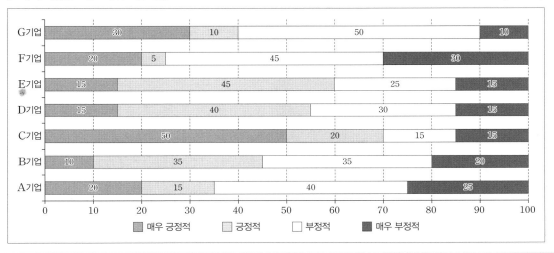

① B기업　　　　　　　② C기업　　　　　　　③ D기업
④ E기업　　　　　　　⑤ G기업

[31~32] 다음 [표]는 F사의 냉난방기 구매에 관한 자료이다. 이를 바탕으로 이어지는 질문에 답하시오.

[표1] 제품별 기본스펙

제품	에너지 효율 등급	소비전력 (W)	1년 간 유지비용(원)	스마트 기능	무게(kg)	사용가능 면적(평)
A	1	1,500	200,000	AI 제어, 음성인식, 원격모니터링	25	30
B	1	1,200	180,000	AI 제어, 음성인식, 스마트조명	23	28
C	1	1,800	240,000	스마트조명, 원격모니터링	27	25
D	1	1,400	190,000	AI 제어, 음성인식, 원격 모니터링	24	28
E	2	1,700	230,000	음성인식, 스마트 조명	26	32

[표2] 제품별 상세 냉·난방 성능 및 가격

구분	냉방 성능(BTU/h)	난방 성능(BTU/h)	1대당 가격(원)
제품 A	18,000	20,000	1,000,000
제품 B	15,000	18,000	800,000
제품 C	20,000	22,000	1,200,000
제품 D	19,000	21,000	1,100,000
제품 E	21,000	23,000	1,300,000

31

다음 중 자료에 대한 설명으로 옳지 <u>않은</u> 것을 고르면?

① 소비전력이 높은 제품일수록 1년간 유지비용이 더 비싸다.
② 무게가 무거울수록 사용가능면적이 더 크다.
③ 냉 · 난방 성능이 좋을수록 1대당 가격이 비싸다.
④ 가장 가벼운 제품이 1대당 가격이 가장 저렴하다.
⑤ 소비전력당 1년간 유지비용은 제품 B가 가장 높다.

32

다음 구매계획안을 보고 F사에 가장 적합한 제품에 따른 필요예산을 고르면?(단, 필요예산은 제품 총구매가격만 고려한다.)

냉 · 난방기 구매계획(안)

• 부서별 사무실 면적: 28평 이상
• 에너지 효율등급: 1등급
• 필수스마트 기능: 음성인식
• 구매 대수: 4대
• 비고
   – 1년간 유지비용이 대당 200,000원 미만일 것
   – 냉 · 난방 성능이 상대적으로 더 우수한 제품일 것

---

① 330만 원   ② 370만 원   ③ 410만 원
④ 440만 원   ⑤ 470만 원

33

다음은 어느 단지 재건축위원회에서 아파트 예상 재건축분담금을 산출하기 위한 자료이다. 이를 바탕으로 할 때, 재건축분담금을 구하면?

[재건축분담금 예상금액 산출방법]

재건축분담금＝건축비－일반분양기여금

- 건축비＝공사비＋기타사업비
  1) 공사비＝평수×1.6×평당 공사비용
  2) 기타사업비＝공사비×30%
- 일반분양기여금＝1평당대지지분수익×일반분양기여대지지분
  1) 1평당대지지분수익＝(일반분양금－건축비)÷필요대지지분
  2) 일반분양기여대지지분＝보유대지지분－기부채납면적－필요대지지분

[재건축분담금 산출 기초자료]

- 평형: 25평
- 평당 공사비용: 800만 원
- 일반분양금: 8억 원
- 보유대지지분: 15평
- 필요대지지분: 10평
- 기부채납면적: 2평

① 2억 80만 원 ② 2억 880만 원 ③ 2억 8,880만 원
④ 3억 80만 원 ⑤ 3억 880만 원

34

다음은 S기업의 성과급 체계 및 사업부별 성과급에 대한 내용이다. 이에 대한 설명으로 옳은 것을 고르면?

- S기업의 성과급 총액은 다음과 같이 3가지로 구성된다.
  1) 성과인센티브: 사업부가 연초 수립한 목표를 초과 달성하면 사업부별 성과급 기준표에 따라 연 1회 지급
  2) 목표달성장려금: 사업부가 연초 수립한 목표와 무관하게 사업부별 성과급 기준표에 따라 연 2회 지급
  3) 특별상여금: 사업부가 연초 수립한 목표를 초과 달성하면 월급의 100%를 연 3회 지급
- S기업의 사업부별 성과급 기준표는 아래와 같다.

사업부	성과인센티브(연봉 기준)	목표달성장려금(월급 기준)
반도체	45%	100%
모바일	25%	75%
가전	35%	100%

- S기업 사원의 연봉은 월급의 12배이다.

---

① 모바일 사업부가 연초 수립한 목표를 초과 달성하였다면, 모바일 사업부 A사원의 월급이 600만 원일 때 1년간 받을 성과급 총액은 5,000만 원 이상이다.

② 가전 사업부가 연초 수립한 목표를 초과 달성하였다면, 가전 사업부 B사원의 연봉이 5,040만 원일 때 1년간 받을 성과급 총액은 3,500만 원 이상이다.

③ 반도체 사업부가 연초 수립한 목표를 초과 달성하였다면, 반도체 사업부 C사원의 연봉이 5,040만 원일 때 1년간 받을 성과급 총액은 4,500만 원 이상이다.

④ 가전 사업부가 연초 수립한 목표를 초과 달성하지 못하였다면, 가전 사업부 D사원의 월급이 600만 원일 때 1년간 받을 성과급 총액은 1,500만 원 이상이다.

⑤ 반도체 사업부가 연초 수립한 목표를 초과 달성하지 못하였다면, 반도체 사업부 E사원의 연봉이 5,040만 원일 때 1년간 받을 성과급 총액은 800만 원 이하이다.

[35~36] 다음은 K회사의 진급대상자 관련 자료이다. 이를 바탕으로 이어지는 질문에 답하시오.

[진급대상자 선발 기준(과락기준)]
- 진급시험: 75점 이상
- KPI역량 점수: 80점 이상
- 인사고과: B등급 이상
- 어학점수: 85점 이상
- 근속연수: 5년 이상

[평가항목별 가중치 적용]
- 진급시험 점수 가중치: 30%
- KPI역량 점수 가중치: 25%
- 인사고과 가중치: 20%
- 어학점수 가중치: 15%
- 근속년수 가중치: 10%

※ 인사고과는 A등급 100점, B등급 50점, C등급 0점으로 환산하여 계산함.
※ 근속년수는 1년당 10점으로 환산함.

[표] 직원별 진급 평가지표

구분	진급 시험 점수(점)	KPI 역량점수(점)	인사고과(등급)	어학 점수(점)	근속년수(년)
직원 A	85	80	A	90	5
직원 B	78	75	B	85	7
직원 C	88	90	A	92	6
직원 D	82	85	B	88	4
직원 E	80	78	C	87	8
직원 F	83	80	A	85	5
직원 G	79	85	B	80	6
직원 H	81	82	A	91	5

35

다음 중 자료에 대한 설명으로 옳지 <u>않은</u> 것을 고르면?

① KPI 역량점수에서 과락이 되는 직원은 B와 E이다.
② 어학점수에서 과락이 되는 직원은 G이다.
③ 근속년수에서 과락이 되는 직원은 D이다.
④ 과락과 가중치를 고려하지 않을 때, 직원별 합산점수 상위 2명은 A와 C이다.
⑤ 과락과 가중치를 고려하지 않을 때, 직원별 합산점수 최하위와 최상위의 점수 차이는 100점 이하이다.

36

다음 중 과락과 가중치를 고려하여 상위 2명 득점자를 진급대상자로 선정한다고 할 때, 진급대상자를 고르면?

① 직원 A, 직원 B   ② 직원 A, 직원 C   ③ 직원 C, 직원 F
④ 직원 C, 직원 H   ⑤ 직원 F, 직원 H

37

다음은 인사부 임원 A와 B의 [대화]이다. 이를 바탕으로 신입사원 채용 시 면접평가에서 비중이 높은 사항을 순서대로 바르게 나열한 것을 고르면?

┤ 대화 ├

A: 신입사원 채용 시기가 코앞으로 다가왔네요. 늘 그렇듯이 어떻게 해야 가장 좋은 인재를 선별할 수 있는지 많이 고민이 됩니다. 시험 점수는 정량적으로 평가를 할 수 있지만 면접평가는 주관이 들어가는 것이다 보니 우선순위를 세우는 게 중요한 것 같습니다. 아무래도 회사 업무를 능숙하게 해내려면 전공지식 항목에 높은 가중치를 두어야겠죠?

B: 전공지식은 학점이나 필기점수에서 일차적으로 걸러지는 것이라고 생각합니다. 전공지식의 수준에 관계없이 회사 업무는 새로 배워야 하고, 어느 수준 이상이면 회사 업무를 배우는 데 지장은 없을 것이라고 생각합니다. 이보다는 어학실력이 더 중요한 것 같습니다.

A: 타당한 의견이네요. 타국 기업과 협업할 일이 많으니까요. 전공지식보다 어학실력에 더 중점을 두도록 하죠. 자격증에 대해서는 어떻게 생각하시나요?

B: 아무래도 취업이 힘들다보니 요즘 지원자들은 자격증을 매우 많이 보유하고 있어요. 사실상 업무와 연관된 자격증은 모두 갖추고 있고, 이미 서류점수에서 자격증 가산점을 받았으니 면접에서는 고려하지 않아도 될 것 같습니다.

A: 지금 언급한 내용들은 사실 서류전형이나 필기전형에서 한 번 선별한 내용이니 직접 대화를 하면서 알 수 있는 항목들에 더 큰 가중치를 두어야 할 것 같아요.

B: 맞습니다. 크게 도덕성, 리더십을 평가해야 하는데 회사를 이끌어나갈 인재를 선발하는 데는 도덕성보다 리더십이 더 중요하다고 생각합니다.

A: 저는 그렇게 생각하지 않습니다. 넓은 의미에서 도덕성이 있는 직원은 성실함도 갖추고 있을 확률이 높습니다. 모든 직원이 리더가 되는 것보다는 각 직원이 자신의 역할에 최선을 다하고, 윤리적인 태도로 업무를 행하는 것이 중요하다고 생각합니다.

B: 듣고 보니 그 말씀이 옳은 것 같아요. 오늘 이야기 나누면서 신입사원 채용 면접 시 어떤 사항을 중요하게 고려해야 하는지 틀이 잡히는 것 같아요.

① 리더십, 도덕성, 어학실력, 전공지식, 자격증
② 리더십, 도덕성, 전공지식, 어학실력, 자격증
③ 도덕성, 리더십, 전공지식, 어학실력, 자격증
④ 도덕성, 리더십, 어학실력, 전공지식, 자격증
⑤ 전공지식, 도덕성, 리더십, 어학실력, 자격증

[38~39] 다음은 S행사장 대관 관련 안내문의 일부이다. 이를 바탕으로 이어지는 질문에 답하시오.

[10월 대관 안내]

1. 대관 가능 공연장: A홀, B홀, C홀
2. 이용 가능 시간
   - A홀: 오후 6~8시
   - B홀, C홀: 오후 3~6시
3. 대관 신청: 첨부 서류 안내에 따라 별도 대관 전용 홈페이지에서 신청
   - 대관 신청은 반드시 전용 홈페이지에서만 가능하며, 방문, 팩스, 메일 등에 의한 신청은 받지 않습니다.
   - 정해진 신청서 이외에는 받지 않으니 첨부 파일을 추가하지 마시기 바랍니다.
4. 계약금 및 계약 체결
   - 대관 승인 후 개별적으로 통보되는 계약금(기본 대관료의 30%)은 지정일까지 납부하시고, 잔금 70%는 티켓 판매 전에 납부하셔야 합니다.
   - 지정일까지 계약금을 납부하신 단체(개인)는 계약을 할 수 있으며, 계약금 납부 후 3일 이내에 방문(도장, 사업자등록증 지참)하시어 계약서를 작성해 주시기 바랍니다.
5. 대관료 및 10월 예약 현황

구분	기본 대관료	리허설 추가	비고
A홀	660,000원(1일)	110,000원/시간	마이크, 악기 등의 사용은 사전에 담당자와 협의 요망
	1,320,000원(2일)	220,000원/시간	
B홀	250,000원(1일)	41,600원/시간	
	500,000원(2일)	83,300원/시간	
C홀	147,000원(1일)	24,500원/시간	

일	월	화	수	목	금	토
			1 A18, B15	2 C16, A18	3 C17	4 B15
5 A19	6 B15, A18	7 C16, A18	8 A18	9 C16	10 C17	11 B16, C15
12 A18, B16	13 B15, C17	14 A18	15 A19, B15	16 B15, C16	17 A18, C17	18 B17

※ 표기된 일자와 시간에는 타 단체 예약 완료로 사용 불가함. 예를 들어, 'A18'은 A홀 18시 예약을 의미하고, 타 단체의 예약 시간은 예약(시작) 시간부터 홀 마감 시간까지로 적용함.

38

다음 중 S행사장 대관 안내문에 대한 설명으로 옳지 <u>않은</u> 것을 고르면?

① 방문하여 홀의 대관을 신청할 수 없다.
② 티켓을 판매하는 날 이전까지 대관료는 모두 지불되어야 한다.
③ 기본 대관료 대비 리허설 추가 비용 비중은 A홀보다 C홀이 높다.
④ 계약체결 과정은 계약금 지불, 계약, 잔금 지불 순으로 진행된다.
⑤ 10월은 18일까지 3개 홀이 모두 예약된 날이 없다.

39

'갑'사는 S행사장에서 홀을 하루 대관하고자 한다. 10월 셋째 주가 되기 전에 1회 2시간짜리 공연을 리허설 없이 오후 2회 계획하고 있으며, 총대관료가 85만 원을 넘지 않도록 이용하려고 할 경우, 공연 일정으로 가능한 날짜가 몇 개인지 일수를 고르면?

① 2일   ② 3일   ③ 4일   ④ 5일   ⑤ 6일

40

다음은 K공사의 비상근무에 관한 자료이다. 일주일 간 김 대리의 비상근무실적에 따라 지급받게 될 비상근무비와 대체휴가일수로 옳은 것을 고르면?

[비상근무비 및 대체휴가 지급규정]
• 대상: 비상발령 또는 비상근무지시에 따른 비상근무
• 지급: 일과시간을 제외한 실근무시간을 기준

근무시간	비상근무비	대체휴가
3시간 미만	30,000원	실근무시간×1.5배
3시간 이상	실근무시간×9,000원	(예) 1시간 근무 시 1.5시간 휴가 지급 단, 7시간을 초과한 경우 12시간 휴가로 동일하게 지급

※ 일과시간: 월~금 09:00~18:00
※ 사무실이 아닌 원거리에서 비상근무를 시행하는 경우 편도 25km 미만은 20,000원, 편도 25km 이상은 30,000원의 교통비가 비상근무비에 추가로 지급됨.

[표] 김 대리 비상근무실적

구분	월요일	수요일	토요일
근무시간	07:00~09:00	18:00~24:00	10:00~15:00
근무지(편도거리)	사무실	사무실 외(편도 35km)	사무실 외(편도 20km)

① 129,000원 – 19시간
② 129,000원 – 19.5시간
③ 179,000원 – 18.5시간
④ 179,000원 – 19시간
⑤ 179,000원 – 19.5시간

※ 전기 외 직렬만 풀이하시기 바랍니다.

[41~42] 다음은 H사에서 사용하는 제품 보관 코드 체계이다. 이를 바탕으로 이어지는 질문에 답하시오.

[예시]
※ 2020년 12월에 중국 '2 Stars' 사에서 생산된 아웃도어 신발의 15번째 입고 제품
 → 2012 – 1B – 04011 – 00015

생산 연월	공급처				입고 분류				입고품 수량
	원산지 코드		제조사 코드		용품 코드		제품별 코드		
2021년 9월 – 2109 2020년 11월 – 2011	1	중국	A	All–8	01	캐주얼	001	청바지	00001부터 다섯 자리 시리얼 넘버가 부여됨
			B	2 Stars			002	셔츠	
			C	Facai	02	여성	003	원피스	
	2	베트남	D	Nuyen			004	바지	
			E	N–sky			005	니트	
	3	멕시코	F	Bratos			006	블라우스	
			G	Fama	03	남성	007	점퍼	
	4	한국	H	혁진사			008	카디건	
			I	K상사			009	모자	
			J	영스타	04	아웃 도어	010	용품	
	5	일본	K	왈러스			011	신발	
			L	토까이			012	래쉬가드	
			M	히스모	05	베이비	013	내복	
	6	호주	N	오즈본			014	바지	
			O	Island					
	7	독일	P	Kunhe					
			Q	Boyer					

41

다음 중 2019년 10월에 생산된 '왈러스'사의 여성용 블라우스로 10,215번째 입고된 제품의 코드를 고르면?

① 1010－5K－02006－00215
② 1910－5K－02060－10215
③ 1910－5K－02006－10215
④ 1910－5L－02005－10215
⑤ 2011－5K－02006－01021

42

다음 중 제품 코드 1812－3G－04010－00910에 대한 설명으로 옳지 <u>않은</u> 것을 고르면?

① 해당 제품의 입고 수량은 적어도 910개 이상이다.
② 멕시코에서 생산된 제품이다.
③ 상반기에 생산된 제품이다.
④ 2020년 이전에 생산된 제품이다.
⑤ 아웃도어용 비의류 제품이다.

43

다음은 판결문에 판례번호를 부여하는 방식이다. 이를 바탕으로 [보기]의 판례번호를 이해한 내용 중 옳지 <u>않</u>은 것을 고르면?

판례번호는 다음과 같이 구성되어 있다.

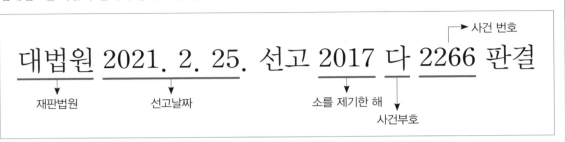

각 구성에 대한 세부 내용은 다음과 같다.

- 재판법원: 판결을 선고한 법원의 이름. 위 예시의 판결은 대법원이 선고했다.
- 선고날짜: 판결을 선고한 연·월·일. 2월의 경우 '02'로 표시하지 않고 '2'로 표시한다. 위 예시의 판결은 2021년 2월 25일에 선고되었다.
- 소를 제기한 해: 해당 법원에 소가 제기된 해. 위 예시의 판결은 2017년에 소가 제기되었다.
- 사건부호: 사건의 종류에 따른 분류 기호. 위 예시의 판결은 민사사건 중 민사상고사건에 해당한다. 자주 사용되는 사건부호는 다음과 같다.

사건부호	사건유형	내용	사건부호	사건유형	내용
가합	민사	민사1심합의사건	구합	행정	행정1심사건
가단		민사1심단독사건	구단		행정1심재정단독사건
가소		민사소액사건	누		행정항소사건
나		민사항소사건	두		행정상고사건
다		민사상고사건	드합	가사	가사1심합의사건
고합	형사	형사1심합의사건	드단		가사1심단독사건
고단		형사1심단독사건	르		가사항소사건
노		형사항소사건	므		가사상고사건
도		형사상고사건	헌나	헌법	탄핵사건

- 사건번호: 재판법원, 소를 제기한 해, 사건부호별 접수 순서. 12번째로 접수된 사건의 경우 '0012'로 표시하지 않고 '12'로 표시한다. 위 예시의 판결은 2017년 대법원에 접수된 민사상고사건 중 2,266번째로 접수된 사건이다.

춘천지방법원 2021. 8. 10. 선고 2021 고단 51 판결

① 2021년에 선고된 판결이다.

② 형사1심단독사건에 대한 판결이다.

③ 춘천지방법원에서 판결을 선고하였다.

④ 2021년 8월 10일에 사건이 접수되었다.

⑤ 2021년 춘천지방법원에 접수된 형사1심단독사건은 50건 이상이다.

[44~45] 다음은 시스템 모니터링 중 발생하는 오류 화면에 대한 내용이다. 이를 바탕으로 이어지는 질문에 답하시오.

System is checking....
Run....

Error found!
Index NHCDA_AUYFP of file CSZNA_HOYAP

Input code : _____

구분	내용
오류내용	"Error found!" 다음 줄 Index 바로 뒤에 나타나는 5개의 문자
오류발생위치	오류내용 다음 _ 바로 뒤에 나타나는 5개의 문자
오류내용검증	"Error found!" 다음 줄 of file 바로 뒤에 나타나는 5개의 문자
오류발생위치검증	오류내용검증 다음 _ 바로 뒤에 나타나는 5개의 문자
Error Value	오류내용과 오류내용검증의 5개 문자를 비교하여 순서와 상관없이 동일한 알파벳의 개수 확인. 위 예시에서 NHCDA와 CSZNA를 비교하면 Error Value는 3
Location Value	오류발생위치와 오류발생위치검증의 5개 문자를 비교하여 같은 순서에 위치한 동일한 알파벳의 개수 확인. 위 예시에서 AUYFP와 HOYAP를 비교하면 Location Value는 2

판단기준	Input code
Error Value와 Location Value의 곱이 0	safe
Error Value와 Location Value의 곱이 1~2	caution
Error Value와 Location Value의 곱이 3~6	alert
Error Value와 Location Value의 곱이 7~11	vigilant
Error Value와 Location Value의 곱이 12 이상	warning

44

다음 중 자료를 바탕으로 [보기]의 빈칸에 들어갈 적절한 Input code를 고르면?

┌─ 보기 ├─

System is checking....
Run....

Error found!
Index JXPNG_UHFBW of file JINRX_UBFCH

Input code: _____

① safe   ② caution   ③ alert
④ vigilant   ⑤ warning

45

다음 중 자료를 바탕으로 [보기]의 빈칸에 들어갈 적절한 Input code를 고르면?

┌─ 보기 ├─

System is checking....
Run....

Error found!
Index KXUWS_IYLDE of file BMSTL_VJRDY

Input code: _____

① safe   ② caution   ③ alert
④ vigilant   ⑤ warning

[46~47] 다음 자료를 바탕으로 이어지는 질문에 답하시오.

DVI 커넥터는 일반적으로 본래의 DVI 디지털 영상 신호를 보내는 핀을 포함한다. DVI 커넥터는 VGA 표준으로 사용하는 아날로그 신호 역시 받아들여 통합했다. 이는 DVI의 사용을 보편화 했을 뿐만 아니라, 아날로그나 디지털 모니터라도 동일한 커넥터 사용이 가능하게 했다. 즉, PC에서 만든 영상은 디지털 신호로 출력이 되는데 VGA 커넥터는 이것을 아날로그 신호로 바꾸고 그대로 출력을 하기 때문에 화질이 선명하지 못했으나 DVI 커넥터는 디지털 신호를 받아서 그대로 디지털 신호로 출력하기 때문에 선명하고 높은 화질의 화면을 볼 수가 있는 것이다.

DVI 커넥터 장치는 어떤 신호가 유효한가에 따라서 DVI-D(디지털), DVI-A(아날로그), DVI-I(디지털과 아날로그) 3가지 중 하나의 이름을 가지고 있다. 3가지 방식의 커넥터 장치가 가진 특징은 다음 표와 같다.

구분	DVI-A	DVI-D		DVI-I	
		싱글링크	듀얼링크	싱글링크	듀얼링크
핀수	12×5핀	18×1핀	24×1핀	18×5핀	24×5핀
특징	RGB 호환용 DVI 케이블	디지털 연결용 케이블	QXGA급 이상의 초고해상도 연결	DVI-A, DVI-I 통합케이블	
최대 해상도	-	1,920×1,080	2,560×1,600	1,920×1,080	2,560×1,600
신호	아날로그	디지털	디지털	디지털/아날로그	
변환가능 단자	RGB 단자	HDMI 영상단자		-	-

46

다음 중 DVI 커넥터의 신호 출력 방식으로 옳은 것을 고르면?

① 디지털 PC 영상 → DVI 커넥터 → 아날로그 신호 출력
② 디지털 PC 영상 → DVI 커넥터 → 디지털 신호 출력
③ 아날로그 PC 영상 → DVI 커넥터 → 아날로그 신호 출력
④ 아날로그 PC 영상 → DVI 커넥터 → 디지털 신호 출력
⑤ 아날로그 PC 영상 → DVI 커넥터 → HDMI 신호 출력

47

다음 중 [보기]의 A가 구입해야 할 커넥터 장치의 핀 모양으로 옳은 것을 고르면?

| 보기 |

　A는 사용 중이던 컴퓨터의 케이블이 고장 나서 DVI 커넥터 장치를 새로 구입하고자 한다. 구입하고자 하는 커넥터는 디지털 방식이어야 하며, 가급적 높은 해상도를 구현할 수 있기를 원하며, HDMI 영상단자로 변환이 가능해야 한다.

①
DVI−A

②
DVI−D(Single Link)

③
DVI−D(Dual Link)

④
DVI−I(Single Link)

⑤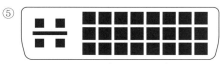
DVI−I(Dual Link)

[48~49] 다음 자료를 바탕으로 이어지는 질문에 답하시오.

클라우드 컴퓨팅의 개념은 1965년 미국의 컴퓨팅 학자인 존 매카시에 의해서 유래되었다. 2005년부터는 클라우드 컴퓨팅이라는 용어가 대중들에게도 널리 퍼지기 시작했고, 처음에는 SaaS(Service as a Software)에만 치중되어 있었지만 점차 영역을 넓혀 나가면서 현재에는 IaaS(Infra as a Software), PaaS(Platform as a Software)까지도 아우르는 서비스가 되었다.

클라우드 컴퓨팅의 핵심은 사용자들이 각각의 기술들에 대한 심도 있는 이해 없이도 해당 서비스를 이용할 수 있게 해주는 것이다. 인터넷을 통해 서버, 스토리지, DB, 네트워킹, SW, 분석, 인텔리전스 등의 서비스를 이용할 수 있게 하는 것이 클라우드 컴퓨팅이라고 할 수 있다. 이와 같은 클라우드 컴퓨팅 서비스는 이제 일상 속에서도 쉽게 접할 수 있다. 가장 흔하게 접할 수 있는 클라우드 서비스로는 Google Drive, 네이버 MyBox 등이 있으며, 클라우드 서비스를 활용하여 새로운 비즈니스 모델 창출에 대한 분석을 하는 기관에서 발표한 자료에 따르면 2022년 기준 Microsoft, AWS, Google, Salesforce, SAP가 세계 클라우드 시장을 주도하고 있는 것을 확인할 수 있다. 이러한 클라우드 컴퓨팅 서비스를 이용하는 것에는 다음과 같은 장점이 있다.

1. 비용: 데이터 센터를 구축할 필요가 없으므로 초기 투자비용 및 유지비 측면에서 비용절감 가능
2. 속도, 성능: 대기업들의 데이터 센터 컴퓨팅 파워를 사용하므로 고성능의 컴퓨팅 파워 이용이 가능
3. 뛰어난 확장성: 조직의 필요에 따라 탄력적으로 컴퓨팅 파워 및 리소스의 양을 조절하는 것이 가능
4. 생산성: 필요한 하드웨어 및 소프트웨어 관리에 들어가는 시간이 감소
5. 안정성, 보안: 데이터 백업 및 재해 복구에서 보다 효과적이며, 보안 관련 다양한 기술들을 통해 보안성 증대 가능

위와 같은 장점들 덕분에 점점 더 많은 기업들에서 클라우드 기반 서비스를 만들고 사용하는 추세이다. 앞서 언급한 바와 같이 클라우드 컴퓨팅 서비스는 서비스 모델에 따라 크게 다음과 같은 세 가지로 분류된다.

IaaS(Infra as a Software)	고객은 운영체제(OS) 및 데이터, 애플리케이션, 미들웨어 및 런타임을 관리하며 제공 업체는 사용자가 필요로 하는 네트워크, 서버, 가상화 및 스토리지의 관리와 액세스를 관리하고 시스템이나 서비스를 구축하는 데 필요한 IT 자원을 서비스 형태로 제공. IaaS라는 틀 안에서 이용자가 원하는 운영체제와 응용프로그램을 설치하여 활용 가능
PaaS(Platform as a Software)	클라우드 자체 인프라에서 하드웨어와 OS, 소프트웨어가 구축되어 있는 서비스를 제공하고 관리. 프로그래밍 언어를 사용하여 사용자가 개발한 애플리케이션을 실행 및 관리할 수 있으며, 애플리케이션 실행 환경이나 DB 등이 미리 마련되어 있어 단기간에 응용프로그램을 개발하여 서비스 제공 가능
SaaS(Service as a Software)	제공 업체에서 소프트웨어와 데이터, 버그 수정 및 기타 유지관리를 제공. 제공 업체가 사용자에게 각 기술 분야 지원을 제공하므로 사용자는 별도의 설치 부담없이 비용만 내고 API를 통해 소프트웨어 서비스를 이용 가능

48
다음 중 글에서 언급된 '클라우드 컴퓨팅'에 대한 설명으로 적절하지 <u>않은</u> 것을 고르면?

① 가장 먼저 대중화되기 시작한 서비스 모델은 SaaS이다.
② 정보의 보관보다 정보의 처리 속도와 정확성이 관건인 네트워크 서비스이다.
③ DB나 네트워킹 등에 대한 전문적 수준의 지식이 없이도 서비스 이용이 가능하다.
④ 비용절감과 데이터 백업 측면에서 장점이 있는 서비스이다.
⑤ 기업이 관리하던 영역을 서비스로 제공하는 것이 서비스 모델의 진화된 특징이다.

49
다음은 클라우드 컴퓨팅 서비스의 세 가지 모델을 그림으로 나타낸 것이다. (가)~(다)에 해당하는 모델명이 바르게 짝지어진 것을 고르면?

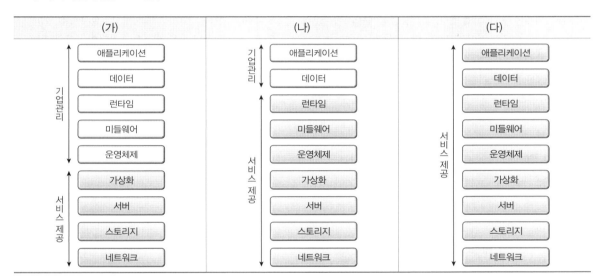

	(가)	(나)	(다)
①	SaaS	PaaS	IaaS
②	PaaS	SaaS	IaaS
③	PaaS	IaaS	SaaS
④	IaaS	SaaS	PaaS
⑤	IaaS	PaaS	SaaS

50
다음 빈칸에 들어갈 말로 알맞은 것을 고르면?

1차원 문장 구조에 제약을 받지 않는 컴퓨터상의 문장으로 이루어진 데이터 구조를 (   )(이)라고 한다. 보통 한 덩어리로 이루어진 노드(node)와 이들을 네트워크 모양으로 접속하는 속성을 가진 링크(link)로 구성된다. 이를 사용한 응용 시스템은 다음과 같은 기능을 갖는다.

① 네트워크 구조의 시각적인 표시(브라우징)
② 링크를 따라가는 노드 간의 이동(내비게이션)
③ 정보의 검색(서치)
④ 새로운 노드나 링크의 작성

또 이용자와의 시각적인 인터페이스도 갖추고 있다. 처음 구상은 1945년에 시작되었지만, 실제의 기초적 연구나 시스템 설계는 1960년대의 넬슨이나 앵겔바트 등의 그룹 연구가 선구적인 역할을 했다.

대표적인 시스템으로는 넬슨 등의 Xanadu, 앵겔바트 등의 NLS/Augment, 제록스사의 NoteCards, 애플사의 HyperCard 등이 있다. 응용 분야로는 문장 작성, 독해 지원, 아이디어 프로세싱, 전자사전, 텍스트 데이터 베이스, 프로그램 개발 지원 등 여러 방면에 걸쳐있고, 또 도형이나 음 등 다른 미디어와 결부됨으로써 CAI나 멀티미디어 데이터 베이스 등 앞으로 응용 범위가 확대될 것으로 기대된다.

① 하이퍼텍스트
② 하이퍼노드
③ HTML
④ 프로토콜
⑤ 하이퍼미디어

쉼은 멈춤이고,
쉼은 내려놓음이며,
쉼은 나눔입니다.

기계는 쉬지 않는 것이 능력이고
사람은 쉴 줄 아는 것이 능력입니다.

– 조정민, 『사람이 선물이다』, 두란노

한국전력공사

실전모의고사
(전기 전공 + NCS)

| 실전 4회 |

모바일
OMR 채점 서비스

정답만 입력하면
채점에서 성적분석까지 한 번에 쫙!

실전모의고사

번호	정답 체크
01	① ② ❸ ④ ⑤
02	① ② ③ ❹ ⑤
03	① ② ③ ④ ❺
04	① ❷ ③ ④ ⑤
05	❶ ② ③ ④ ⑤
06	❶ ② ③ ④ ⑤
07	① ② ③ ❹ ⑤

실전모의고사
성적분석

☑ [QR 코드 인식 ▶ 모바일 OMR]에 정답 입력

☑ 실시간 정답 및 영역별 백분율 점수 위치 확인

☑ 취약 영역 및 유형 심층 분석

※ 유효기간: 2026년 12월 31일

▶ 전기 직렬

eduwill.kr/PzXe

▶ 전기 외 직렬

eduwill.kr/mzXe

실전모의고사 4회 [전기 전공]

정답과 해설 P.63

01

대칭 3상 교류에서 각 상의 전압이 v_a, v_b, v_c일 때, 3상 전압의 합을 고르면?

① 0

② $0.5v_a$

③ $0.7v_a$

④ v_a

⑤ $2v_a$

02

$v = 70\sin\left(\omega t - \dfrac{\pi}{6}\right)$[V]로 표시되는 전압과 주파수는 같으나 위상이 45° 앞서는 실횻값 50[A]의 전류를 표시하는 식으로 옳은 것을 고르면?

① $70\sin\left(\omega t - \dfrac{\pi}{10}\right)$

② $50\sqrt{2}\sin\left(\omega t + \dfrac{\pi}{12}\right)$

③ $\dfrac{50}{\sqrt{2}}\sin\left(\omega t + \dfrac{5}{12}\pi\right)$

④ $50\sqrt{2}\sin\left(\omega t - \dfrac{\pi}{12}\right)$

⑤ $200\sqrt{2}\sin\left(\omega t + \dfrac{\pi}{6}\right)$

03

다음 왜형파 전압과 전류에 의한 전력은 몇 [W]인지 고르면?(단, 전압의 단위는 [V], 전류의 단위는 [A]이다.)

$$v = 100\sin(\omega t + 30°) + 50\sin(3\omega t + 60°) + 25\sin 5\omega t$$
$$i = 20\sin(\omega t - 30°) - 15\sin(3\omega t + 30°) + 10\cos(5\omega t - 60°)$$

① 844.0[W]

② 666.6[W]

③ 520.0[W]

④ 283.5[W]

⑤ 188.5[W]

04

단자전압이 120[V], 전기자 전류 100[A], 전기자 저항 0.2[Ω]인 분권 전동기의 발생동력 P[kW]를 고르면?

① 1   ② 2   ③ 10

④ 20   ⑤ 30

05

3상 3선식에서 일정한 거리에 일정한 전력을 송전할 경우 선로에서의 손실에 대한 설명으로 옳은 것을 고르면?

① 선간 전압에 비례한다.
② 선간 전압에 반비례한다.
③ 선간 전압의 2승에 비례한다.
④ 선간 전압의 2승에 반비례한다.
⑤ 선간 전압의 $\frac{1}{2}$에 반비례한다.

06

1,000[kW], 역률 60[%](늦음)의 부하에 전력을 공급하고 있는 변전소에 콘덴서를 설치하여 역률을 80[%]로 향상시키고자 한다. 필요한 전력용 콘덴서의 용량은 약 몇 [kVA]인지 고르면?

① 460   ② 583   ③ 1,220

④ 1,430   ⑤ 1,957

07

3상 교류발전기에서 1선 지락 시(a상 지락) 흐르는 지락전류 I_g를 옳게 표현한 것을 고르면?

① $\dfrac{E_a}{Z_0+Z_1+Z_2}$
② $\dfrac{2E_a}{Z_0+Z_1+Z_2}$
③ $\dfrac{3E_a}{Z_0+Z_1+Z_2}$

④ $\dfrac{E_a}{3Z_0+Z_1+Z_2}$
⑤ $\dfrac{3E_a}{Z_0+2Z_1+3Z_2}$

08

누전 차단기의 동작 시간으로 옳지 <u>않은</u> 것을 고르면?

① 고감도 고속형: 정격 감도 전류에서 0.1초 이내
② 중감도 고속형: 정격 감도 전류에서 0.2초 이내
③ 고감도 고속형: 인체 감전 보호용은 0.03초 이내
④ 중감도 시연형: 정격 감도 전류에서 0.1초를 초과하고 2초 이내
⑤ 저감도 시연형: 정격 감도 전류에서 0.1초를 초과하고 2초 이내

09

다음 약호 중 계기용 변성기를 표시하는 것을 고르면?

① PF
② CT
③ MOF
④ ZCT
⑤ PT

10

무한히 긴 두 평행 도선이 4[cm]의 간격으로 가설되어 200[A]의 전류가 흐르고 있다. 두 도선의 단위길이당 작용력은 몇 [N/m]인지 고르면?

① 0.2

② 0.3

③ 0.5

④ 1.0

⑤ 1.5

11

전계의 세기 $E=x^2yi+2xy^2j+x^2yk$일 때 점 (1, 1)에서 $divE$를 고르면?

① 6

② 8

③ 12

④ 16

⑤ 20

12

평행판 콘덴서의 양극판 면적을 5배로 하고 간격을 $\frac{1}{5}$로 줄이면 정전 용량은 처음의 몇 배가 되는지 고르면?

① 1

② 9

③ 15

④ 20

⑤ 25

13

과전류차단기로 시설하는 퓨즈 중 특고압전로에 사용하는 비포장 퓨즈는 정격전류의 몇 배의 전류로 몇 분 안에 용단되는 것이어야 하는지 고르면?

① 1.25배의 전류에 2분 이내
② 1.25배의 전류에 120분 이내
③ 2배의 전류에 2분 이내
④ 2배의 전류에 60분 이내
⑤ 2배의 전류에 120분 이내

14

10극인 직류 발전기의 전기자 도체수가 600, 단중 파권이고 매극의 자속수가 0.05[Wb], 회전속도가 100[rpm]일 때의 유도 기전력(V)을 고르면?

① 150
② 200
③ 250
④ 300
⑤ 400

15

동기발전기 중에서 돌극형, 비돌극형에 대한 설명으로 옳지 <u>않은</u> 것을 고르면?

① 돌극형을 철극형이라고도 한다.
② 돌극형은 공극이 불균일하다.
③ 돌극형의 직축 반작용 리액턴스는 횡축 반작용 리액턴스보다 크다.
④ 비돌극형의 경우 부하각이 60°일 때 최대 출력이 된다.
⑤ 비돌극형의 직축 반작용 리액턴스는 횡축 반작용 리액턴스와 같다.

의사소통능력 01~10번

[01~02] 다음 글을 읽고 이어지는 질문에 답하시오.

전 세계적으로 전기품질을 평가하는 지표로 SAIDI(System Average Interruption Duration Index) 라는 지표를 관리하고 있다. 이 지표는 가구당 정전시간을 의미하며, 수치가 낮을수록 정전 없이 안정적 전력 공급이 이루어지고 있음을 뜻한다. 우리나라의 호당 정전시간은 9.05분으로, 미국, 유럽 선진국 등이 40분 이상인 점을 감안할 때 세계 최고 수준의 전기품질을 보유하고 있다. 우수한 전기품질로 국가발전에 많은 기여를 해 온 한국전력(이하 한전)은, 이제 고품질의 전력을 안전하게 공급하기 위해 노력을 기울이고 있다.

정부는 2019년 산업안전보건법 전면 개정, 그 후 이어진 2022년 중대재해처벌법 시행 등 작업자의 안전을 지속적으로 강조하고 있다. 이에 발맞춰 한전은 2022년 "효율에서 안전으로의 전면적 패러다임 전환" 선언 후 작업자의 생명과 안전을 최우선으로 하는 공사 현장을 만들어 나가고 있다. 특히 감전 분야에서의 재해를 더욱 줄여나가기 위해 힘쓰고 있다.

전기공사 방법은 전기가 흐르는 선에서 작업을 하는 활선(무정전)작업과 전력공급을 중단하고 전기가 흐르지 않는 선에서 작업하는 휴전작업 두 가지로 나눈다. 활선작업은 전력선에 직접 접촉하여 작업하는 직접활선 공법과 작업자와 전력선에 90cm 이상의 안전거리를 확보하고 절연스틱을 활용해 작업하는 간접활선 공법이 있다.

한전은 1992년부터 약 30여 년간 직접활선 작업을 수행해 왔다. 직접활선 작업은 정전시간을 줄일 수 있는 장점이 있지만, (㉠   ) 따라서 2018년부터 간접활선을 도입하여 스틱을 활용한 작업을 정착해 나가고 있다. 2018년 도입 초기 공법 전환 6.3%, 2019년 27.7% 등을 거쳐 2023년 10월 기준 99%의 공법활용률을 보였다. 간접활선을 도입하면서 도입 전과 비교하면 연간 감전재해율이 35건에서 6건으로 줄어 약 80% 이상 감소한 성과를 보였다. 이렇듯 간접활선 공법은 감전재해 감소에 큰 기여를 하지만, 가공 특고압 공사에만 활용 가능하다는 한계가 있다. 지중고압공사를 비롯한 저압공사 등에서는 여전히 감전재해가 발생하고 있어 이를 예방하기 위해서는 전기를 잠시 멈추는 휴전작업으로의 전환이 필요하다.

한전은 연간 약 1만 건 정도의 휴전을 진행하고 있으며, 전체 공사 약 27만 건 중 약 4% 수준으로 휴전작업률은 매우 낮은 상태이다. 이는 전기품질을 위해 약 30여 년간 무정전 작업을 장려 및 시행해 왔고, (㉡   ) 이로 인한 고객들의 크고 작은 민원뿐만 아니라 생명유지장치 사용자, 영업점의 카드 단말기, 횟집 펌프 등 전력공급 중단이 어려운 고객이 있는 것도 현실이다. 이에 한전은 휴전을 확대하기 위해 다양한 제도를 검토 중이다. 생명유지장치를 사용하는 고객에게 이동형 발전기 지원, 카드 단말기 등 필수 영업설비에 소형 UPS 지원을 통한 전력공급 등 꼭 필요한 설비에 전력공급을 유지하는 방안을 수립 중이다. 또한 휴전 수용 고객에게 휴대용 배터리 등 휴전 대비 물품을 지급하여 휴전에 대비할 수 있도록 독려하고 있다. 이런 지원방안들은 시범사업을 통해 실효성을 검증하고 지속 보완하여 명확한 제도를 갖출 예정이다.

01

다음 중 글의 내용과 일치하지 <u>않는</u> 것을 고르면?

① 한전은 휴전작업 시 생명유지장치 이용 고객에게 휴전 대비 기기를 제공하는 제도를 마련할 예정이다.
② SAIDI가 낮은 국가는 전력 공급이 안정적으로 이루어지는 것으로 볼 수 있다.
③ 간접활선 공법에서 작업자는 도구를 활용하여 전력선과 직접 닿지 않게 작업한다.
④ 2023년 10월 기준 저압공사에서의 간접활선 공법활용률은 90% 이상이다.
⑤ 한전에서 진행하는 전기 공사의 대부분이 무정전 작업에 해당한다.

02

다음 중 글의 ㉠과 ㉡에 들어갈 내용으로 적절한 것을 [보기]에서 각각 고르면?

보기
ⓐ 작업자의 감전 재해 위험이 높다.
ⓑ 정전작업으로의 전환은 결국 비용의 부담을 가져올 수밖에 없기 때문이다.
ⓒ 그에 따른 고객들의 정전 경험 부족으로 휴전에 대한 수용성이 낮기 때문이다.
ⓓ SAIDI를 높이므로 전기품질 관리 측면에서 중요하다.

	㉠	㉡
①	ⓐ	ⓑ
②	ⓐ	ⓒ
③	ⓑ	ⓓ
④	ⓒ	ⓑ
⑤	ⓒ	ⓓ

03
다음 글을 통해 추론할 수 있는 내용으로 적절한 것을 고르면?

포비돈 요오드는 빨간약으로 불리는 소독약이다. 뜻밖의 발견처럼 보이지만, 사실 빨간약의 에볼라 바이러스 살균효과는 예상된 결과다. 에볼라처럼 외피막을 가진 인플루엔자, 사스, 코로나 바이러스를 빨간약으로 죽일 수 있다는 사실은 이미 예전부터 증명돼 있었다. 인체에 깊숙이 퍼진 상태가 아닌, 외부에 노출된 상태에서 긴 하지만, 손세정제에 빨간약을 섞으면 이런 외피막 보유 바이러스들을 일거에 소탕할 수 있다는 의미이다.

빨간약은 거의 모든 병원체를 죽일 수 있다. 효모, 곰팡이, 균류, 바이러스, 원생동물 가릴 것 없이 강한 살균력을 가지고 있다. 그래서 베인 상처, 긁힌 상처, 찢어진 상처, 화상, 수포에 응급 처치용 소독제로 광범위하게 쓰인다. '머리 아프고 배 아플 때 빨간약 바르면 낫는다.'라는 미신이 괜히 생긴 게 아니다.

빨간약의 무시무시한 살균력은 요오드의 산화력에서 나온다. 요오드는 전기음성도가 가장 높은 17족 할로겐 원소다. 전기음성도가 높다는 건 다른 원소로부터 전자를 잘 뺏어온다는 뜻이다. 달리 말하면, 산화력이 세다고 할 수 있다. 요오드가 미생물을 죽이는 원리는 대략 세 가지다. 첫째로 시스테인, 메티오닌 같은 아미노산에서 황의 전자를 빼앗아 결합을 깬다. 둘째 아르기닌, 히스티딘, 라이신, 티로신 같은 아미노산에서 질소-수소 결합을 깬다. 이렇게 아미노산 내부의 결합을 깨면 생명유지에 필수적인 효소나 구조단백질이 파괴돼 미생물이 버티지 못하고 죽는다. 마지막으로 지방산에서 탄소의 이중결합을 깨고 핵산 사이에 끼어 들어가 세포벽, 세포막, 세포질을 박살낸다. 미생물 입장에서는 잔혹하고 극악무도한 살인마와 다를 바 없다.

요오드의 강한 살균력을 소독에 이용할 수 있다는 사실은 1829년 프랑스 파리의 내과의사 장 루골이 처음 발견했다. 그는 요오드화칼륨을 물에 녹여 병원의 의료기기를 살균하는 데 썼다. 루골의 요오드 용액은 1839년 미국으로 건너가, 남북전쟁으로 생긴 부상자의 상처를 소독하는 용도로도 쓰였다. 그런데 여기엔 단점이 하나 있었다. 환자는 병원균을 피하는 대신 끔찍한 고통을 맛봐야 했다. 요오드가 병원균과 피부세포를 가리지 않고 파괴하며 상처부위를 자극해 극심한 통증을 일으켰기 때문이다. 자극성 탓에 요오드 용액은 소독제로 널리 쓰이지 못했다.

요오드가 지금처럼 소독제의 대명사로 알려지게 된 건 '포비돈'을 만나면서부터다. 합성 고분자화합물인 포비돈은 원래 혈장 대용액으로 개발됐다. 독일의 어느 기업에서 제2차 세계대전 직전, 출혈이 심한 환자에게 투여하는 인공혈장 용도로 만든 것이다. 1949년, 미국 산업독극물연구소 허만 셸란스키 박사는 포비돈을 요오드에 섞어 자극성을 획기적으로 낮추는 데 성공한다.

포비돈은 요오드와 수소결합을 한다. 요오드를 단단히 붙잡고 있는 셈이다. 덕분에 요오드가 한꺼번에 상처부위로 돌진하지 않는다. 폭격기가 목표지점에 폭탄을 하나씩 떨어 뜨리듯, 포비돈이 요오드를 천천히 방출하는 덕택에 자극성이 훨씬 덜하다. 지금으로부터 60년 전인 1955년, 셸란스키 박사는 포비돈 요오드를 상품화시킨다. 우리에게 익숙한 '빨간약'의 탄생이다.

① 상처 부위에 자극성을 줄이기 위해 요오드와 포비돈의 수소결합이 활용된다.
② 포비돈을 요오드에 섞음으로써 인공혈장 용도인 혈장 대용액 개발이 가능해졌다.
③ 포비돈을 요오드 용액에 섞음으로써 아미노산으로부터 황의 전자를 빼앗게 된다.
④ 빨간약을 손세정제에 섞으면 인체에 깊숙이 퍼진 외피막 바이러스를 제거할 수 있다.
⑤ 요오드가 다른 원소로부터 전자를 잘 빼앗아옴으로써 탄소의 이중결합을 깰 수 있다.

04

다음 글의 내용과 일치하지 <u>않는</u> 것을 고르면?

카드사, 밴사, 간편결제사가 모여 협의체를 가동했다. 독자 QR규격을 제정하고 보급에 나설 계획이다. QR규격 개발이 마무리되고, 추가 밴사까지 참여하면 전국 단위 QR결제가 본격화할 것이다. QR결제는 스마트폰이 바코드를 읽어 거래정보를 식별하고 온라인에 접속해 결제하는 방식을 말한다. 방식은 주로 매장에서 제공하는 QR을 소비자가 직접 스캔하는 MPM방식과, 반대 방식인 CPM방식이 있다.

중국과 동남아시아 등은 간편결제 수단으로 자리를 잡았지만 국내는 사용이 미미하다. 실제 QR결제 비중을 보면 85.2%가 편의점에서 사용되는 등 사용처가 편중됐다. 이를 개선하기 위해 카드업계가 2019년 '카드사 공동 QR페이'를 추진했으나 규격제정 갈등 때문에 결국 두 진영으로 갈라서면서 무산된 바 있다. 해외에서는 별도 장비 없이 QR코드 생성만으로 간편한 결제 구현이 가능하다는 점으로 QR결제가 급성장했다. 성장세도 가파르다. QR결제는 2024년 디지털 상거래 결제액의 27%를 차지할 것으로 전망되고 있다.

국내 지급결제 핵심 축들이 QR결제 활성화에 나선 것은 의미가 크다. 그간 국내에서는 삼성페이(마그네틱결제)와 애플페이(NFC결제) 진영으로 양분되었다. 다만 이는 일부 스마트폰과 단말기에서만 결제가 가능하다는 제약이 있었다. 하지만 QR결제는 스마트폰 기종과 결제 단말기에 관계없이 언제든 결제가 가능하다는 점에서 상당한 시너지가 예상된다. 카드업계 관계자는 "QR결제 활성화는 그간 단말기 제조사에 종속되던 지급결제 패러다임을 바꿀 수 있는 촉매가 될 것"이라며 "특정 스마트폰, 별도 단말기 없이도 어디서든 QR결제가 가능하다는 점에서 간편결제 시장에서 새로운 대안으로 급부상하고 있다"고 말했다.

① 기존 국내 모바일 결제는 특정 휴대폰과 단말기에서만 가능한 경우가 많다.
② 2024년 QR결제를 이용한 결제액 비중은 전체 상거래의 27%로 예상되고 있다.
③ 조만간 전국 협의체를 통해 전국 단위 QR결제가 이루어질 예정이다.
④ 소비자의 결제 QR을 매장에서 인식하는 QR결제 방식은 CPM방식이다.
⑤ 2019년에 카드사가 공동으로 QR페이 사업을 추진하였으나 실패하였다.

[05~06] 다음 글을 읽고 이어지는 질문에 답하시오.

보통 여러 사람이 모여 이야기를 나누면 다양한 의견이 반영되기 때문에 보다 합리적인 결론을 얻을 수 있다고 생각하기 쉽다. 하지만 실제로 집단적 의사 결정을 할 때, 사람들은 다양한 의견을 수렴하기보다 극단적인 방향으로 흐르는 경우가 많다. 이처럼 집단의 최초 의견이 모험적인 경우는 더 모험적인 방향으로, 보수적인 경우는 더 보수적인 방향으로 결정되어 극단화되는 현상을 '집단극화(Group polarization)'라 한다. 이와 같은 집단극화 현상이 발생하는 이유는 무엇일까?

첫째, '사회비교 이론'은 집단 구성원들이 자신을 타인과 비교하는 경향이 있으며, 타인으로부터 인정받고자 하는 욕구가 있다는 점을 근거로 설명한다. 집단토의 중에 자기의 주장이 상대의 주장보다 못하다는 생각이 들면 좀 더 극단적인 의견을 제시하게 된다는 것이다. 예를 들어 친구들과 관람한 영화가 보통 정도는 되는 영화라고 생각했어도 '정말 형편없었어.'라고 주장하는 친구들이 더 많으면, 친구들보다 더 강화된 근거를 들어 자신도 재미가 별로 없었다고 집단으로부터 지지받는 입장을 밝히게 된다는 것이다. 이런 과정을 거쳐 집단의 의견은 극단적인 방향으로 가게 된다.

둘째, '설득주장 이론'에 따르면 집단 토의가 진행되면 새로운 정보나 의견을 접하게 되어, 이전에는 생각지 못했던 다양하고 설득력 있는 의견에 구성원들이 솔깃하게 되면서 집단극화 현상이 나타난다고 설명한다. 다시 말해 집단 의견의 방향과 일치하면서 그럴듯한 주장이 제시되면 극단의 의견이 더 설득적이라 생각하게 됨으로써 결과적으로 집단의 결정이 양극의 하나로 정해진다는 것이다.

셋째, '사회정체성 이론'은 집단극화를 집단 규범에 동조하는 현상과 관련지어 설명한다. 사회정체성 수준이 높은 구성원일수록 자신이 속한 내집단과 자신을 동일시한다. 이에 따라 내집단에서 생긴 의견 차이는 극소화되고, 집단의 규범에 강하게 영향을 받게 되어 집단 규범에 동조하는 행동을 한다. 즉, 내집단 구성원 간의 의견차는 극소화되는 반면, 외집단과 내집단의 차이는 극대화된다. 이로 인해 시간이 갈수록 내집단의 의견은 다른 집단의 의견과 차별화되고, 외집단과는 다른 극단적인 방향으로 전환된다. 정치적 경향이 달랐던 두 정당이 시간이 지날수록 화합하지 못하고 견해차가 더 심화되는 것이 이러한 예에 해당한다.

05

다음 중 글의 제목으로 가장 적절한 것을 고르면?

① 집단극화 현상의 발생 원인
② 집단극화 현상에 관한 비판
③ 집단극화 현상의 변화 양상
④ 집단극화와 집단 규범의 연관성
⑤ 집단극화가 발생하는 집단의 문제점

06

다음 중 글의 내용과 일치하는 것을 고르면?

① 설득주장 이론에 따르면 사람들은 집단 의견의 방향과 반대되면서 그럴듯한 주장이 제시되면 극단의 의견이 더 설득적이라고 생각하게 된다.
② 집단극화를 집단 규범에 동조하는 현상과 관련지어 설명하는 것은 사회비교 이론에 해당한다.
③ 설득주장 이론에 따르면 사람들은 자기의 주장을 상대의 주장보다 극단적으로 제시하여 인정받으려고 한다.
④ 일반적으로 실제 집단적 의사 결정을 할 때 사람이 많을수록 다양한 의견이 반영되기 때문에 보다 합리적인 결론을 얻을 수 있다.
⑤ 사회정체성 이론에 따르면 사회정체성 수준이 높은 사람들로 구성된 집단의 의견은 시간이 갈수록 다른 집단의 의견과 차별화된다.

[가] '유럽'이라는 개념은 유럽인들에게 어떻게 형성된 것일까? 유럽은 본래 동질성을 찾기 어려워 하나로 정의할 수 없는 실체였다. 중세에 유럽인들은 기독교 세계라는 관념을 가지고 있었고, 더 세속적인 관념들은 교회가 무너지고 나서야 생겼다. 유럽인은 유럽을 비(非)유럽, 곧 '다른 세계'를 통해 정의하여 왔다. 유럽보다는 '유럽 이외의 사람들'이 언제나 중요한 문제였으며, 이들은 유럽인과 기원이 같지 않기 때문에 무능할 뿐만 아니라 영원히 정치적인 혼란을 지속할 것이라고 여겼다. 유럽인은 자신들의 기원을 그리스·로마에 두었고, 시간이 지날수록 유럽 이외의 세계는 유럽의 과거를 비추어 준다고 생각하였다. 수세기 동안 유럽이 거쳐 왔던 과거가 다른 세계를 통해 유럽인들에게 더욱 분명하게 인식되었다.

[나] 유럽인은 아메리카와 같은 새로운 세계를 발견하면서 선사 시대를 인지하게 되었다. 아메리카 등은 그리스·로마 시대에는 알려지지 않았으며, 성서에도 기록되지 않았고, 상상으로만 그려지던 지역이었다. 탐험가들이 석기만을 사용하는 민족들이 아메리카나 태평양 지역에 살고 있다는 사실을 발견하자, 퇴보론(退步論)이라는 관념이 주목받게 되었다. 이는 유럽이라는 세계 중심지에서 멀리 떨어져 있는 사람들이 예전의 문명 단계에서 더 낮은 단계로 퇴보하였다는 이론이다. 그러나 로크가 전 세계에 석기 시대가 존재했고, 아직도 석기를 쓰는 사람들은 퇴보의 산물이 아닌 그 상태에 머물러 잔존한 사람들이라고 주장하자 로크의 의견을 따르게 되었다.

[다] 유럽의 개념과 관련하여 이집트에 대한 유럽인의 생각을 살펴보면 흥미롭다. 유럽인은 이집트를 유럽이 아닌 다른 세계에 귀속시켰다. 그들은 이집트가 문명의 원천이라고는 생각하였지만, 이집트가 지닌 지식은 쓸모없는 것으로 여겼다. 이런 이집트에 그리스 사람들이 들어가 생명력을 불어넣었다고 생각하였다. 따라서 근대에 들어서 유럽이 이집트를 지배한 것을 두고 유럽인들은 유럽의 우수성이 증명된 것으로 보았다. 또한, 유럽인들은 '진부한 유럽 밖의 세계'나 이류(二流)를 가리키는 데 '동양'이란 단어를 사용하여, 유럽인의 우수성을 드러내려 하였다. 유럽의 역동성과 비교하면 동양은 본질적으로 정체된 구조였으며, 열등하고, 감정적이라고 생각하였다.

[라] 유럽인은 이런 식으로 '새로운 역사'를 만들어 냄으로써 '유럽'을 창조하였다. 유럽은 언제나 사상이나 전쟁을 통해 도전받는 실체지만, 유럽이라는 개념은 '다른 세계'라는 거울로 자신을 비추는 데 중요한 역할을 하였다. 여기에서 유럽은 다른 세계를 지배하는 정당성을 찾았다. 유럽인들이 가진 이러한 유럽에 관한 진보와 우월성으로 점철된 역사관은 19세기에 이르러 절정에 달하였다.

[마] 이와 같은 자기중심적 역사관이 바로 오늘날 유럽이라는 본체의 중심이 되는 것이다. 따라서 유럽인들은 외부 세계를 열등한 세계로 파악하였기에, 유럽이 다른 세계를 지배하는 것을 권리가 아니라 의무로 여겼다. 지배의 명분은 문명사회의 질서 잡힌 이성을 미개인들에게 부여하여, 발전의 가능성을 준다는 데 있었다.

07

다음 중 글의 문단별 주제로 적절하지 <u>않은</u> 것을 고르면?

① [가]: 기독교 세계를 공유하던 유럽인이 세속적 관념을 가지게 된 계기
② [나]: 비유럽 세계를 열등하게 간주하는 퇴보론의 등장과 퇴장 배경
③ [다]: 이집트와 동양을 열등한 것으로 치부한 유럽인의 독선적 사고
④ [라]: 19세기에 절정을 맞은 유럽인의 자기중심적 역사관
⑤ [마]: 유럽이 비유럽 세계를 지배하는 명분으로 작용한 자기중심적 역사관

08

다음 중 글을 읽고 '유럽인이 갖고 있는 역사관의 문제점'이라는 주제로 토론하였다고 할 때, 나머지 발언과 상이한 관점의 발언을 고르면?

① 유럽인이 동양에 비해 우월하다는 생각은 곤란해. 모든 문명은 각기 장점과 단점을 가지고 있으므로 서로 장점을 배우기 위해서 노력해야 해.
② 유럽인이 역사를 왜곡하여 잘못된 관념을 형성하는 것은 매우 위험한 결과를 초래했어. 외부 세계를 침탈하면서 문명을 전달한다고 생각한 것이 그 사례이지.
③ 유럽인들이 동양을 발달이 정체된 사회로 보는 것은 잘못되었다고 생각해. 각 나라나 민족은 서로 다른 조건에서 살아왔기 때문에 그에 맞게 발전한 것이야.
④ 역사 발전을 보는 균형된 시각을 갖추는 것이 필요하다고 봐. 유럽의 눈으로만 동양을 바라보거나, 동양의 눈으로만 유럽을 바라보는 것은 올바른 생각이라 할 수 없어.
⑤ 동양의 문화는 정적이며 감정적인 것이 특징이고, 동양은 서양에 비해 정신문명이 발전하였어. 이를 유럽인들에게 인식시키는 방안을 개발하여 실천하려는 노력이 필요하다고 봐.

[가] 현재 가장 많이 사용하는 방식은 NATM 공법으로, 보령 해저터널과 서울 지하철 5호선 여의나루역과 마포역을 잇는 구간에 포함된 한강 하저터널이 이 방법으로 만들어졌다. NATM 공법은 다이너마이트, 정밀폭약(FINEX) 등을 이용해 해저 아래 구멍을 낸 후 콘크리트 등을 벽에 뿜어 굳히면서 파고 들어가는 방식이다. 무른 지반에 폭발을 일으키면 지반 자체가 무너질 수 있기 때문에 사전 지질조사를 통해 지반을 구성하는 암석의 종류를 파악한다. 지반을 이루는 암석은 굳기에 따라 가장 딱딱한 극경암부터 경암, 보통암, 연암, 풍화암 등 5개로 구분하는데, 보령 해저터널의 경우 원산도 쪽 지반은 보통암이 많고 대천항 쪽은 연암과 풍화암이 많다. 무른 지반일수록 조금씩 발파해야 안전하므로 대천항 쪽에서 터널을 팔 때는 하루에 약 2m 정도만 나아갔다. 공사 중에는 바닷물의 유입을 차단하는 '차수'도 이뤄졌다. 해저 지반의 암석 사이로 스며든 바닷물을 24시간 퍼내는 펌프를 작동시키고 터널에 막을 씌우는 '차수 그라우팅'을 한다. 굴착하는 터널의 가장 안쪽 벽에 속이 빈 철근을 여럿 꽂은 뒤, 철근을 통해 시멘트를 강하게 뿌리면 시멘트가 암석 사이로 흘러 들어가 굳으면서 막을 형성한다.

[나] NATM 공법과 더불어 많이 사용되는 TBM 공법은 목재를 파고 들어가 굴을 만드는 '배좀벌레조개'를 본떠 고안됐다. 배좀벌레조개는 목재를 파고 파낸 나무 조각을 뒤로 보내는 동시에 굴 표면에 체액을 발라 단단하게 만든다. 이와 비슷하게 TBM 공법은 원통 모양으로 생긴 거대굴착 기계가 터널을 뚫고 동시에 터널이 무너지지 않도록 미리 만들어 놓은 콘크리트 구조물을 벽에 붙이는 방법이다. 굴착할 때 생긴 암석과 토사는 기계 내부의 컨베이어 벨트를 타고 이동해 뒤쪽으로 옮겨진다. TBM 공법은 굴착부터 터널 벽을 만드는 공정까지 대부분의 공정을 기계가 하기 때문에 빠르고 안전하게 터널을 만들 수 있지만, 굴착 기계의 크기가 매우 크고 가격이 비싸다는 단점이 있다. 게다가 지지용 벽으로 인해 기계 뒤쪽의 터널 반경이 기계의 폭보다 작기 때문에 후진이 불가능하다. 이러한 이유로 임무를 마친 굴착 기계는 대부분 회수하지 않고 재활용 가능한 부품만 빼고 나머지는 그대로 묻어버리거나 폐기 처분한다.

[다] 바닷속에 있는 해저터널은 육상터널과 모양과 제작 방법이 비슷하다. 하지만 수압, 부식, 해수 유입 등을 견디기 위한 시설이 필요하고 건설 환경이 육지보다 열악하다. 이런 악조건을 극복하기 위해 지금까지 다양한 공법이 고안됐다. 전 세계에 설치된 해저터널은 크게 4가지 방법 중 하나로 만들어졌다. 터널을 만드는 장소에 따라 나누면 바닷속에서 터널을 만드는 'NATM(New Austrian Tunneling Method)' 공법과 'TBM(Tunnel Boring Machine)' 공법, 그리고 육지에서 터널을 일정 길이로 나눈 유닛을 만들어 바닷속에서 조립하는 침매 터널 공법과 바닷물을 뺀 후 터널을 만드는 개착식 공법으로 나눌 수 있다.

[라] 초기 해저터널 건설에 쓰인 개착식 공법과 침매터널 공법은 앞서 살펴본 NATM 공법과 TBM 공법보다 자주 쓰이지는 않지만 두 공법을 사용하기 어려운 지반에 해저터널을 건설할 때 사용된다. 개착식 공법은 터널을 만들 공간 양옆에 임시로 댐을 쌓아 고여 있는 물을 퍼낸 후 바닥을 굴착해 터널을 만들고 물을 다시 채우는 방식이다. 폭탄이나 굴착 기계 같은 전문 장비가 필요하지 않지만, 댐을 세우고 철거할 때 많은 인력이 필요하다. 침매터널 공법은 육지에서 일정 길이로 나눠진 터널 구조물을 만들고 배를 이용해 터널을 만들 장소까지 구조물을 운반해 물속에 가라앉힌다. 각 구조물은 양 끝이 벽으로 막혀있는데, 구조물끼리 접촉시킨 후 구조물 사이의 물과 벽을 제거하며 터널을 완성한다.

09

다음 중 글의 [가]~[라]를 문맥의 흐름에 맞게 바르게 배열한 것을 고르면?

① [가]-[나]-[다]-[라]
② [나]-[다]-[가]-[라]
③ [다]-[가]-[나]-[라]
④ [다]-[라]-[가]-[나]
⑤ [라]-[나]-[가]-[다]

10

다음 중 글을 읽고 추론한 내용으로 가장 적절한 것을 고르면?

① 한강 하저터널은 해저터널과 육상터널의 공법을 혼합하여 건설하였을 것이다.
② TBM 공법에 사용되는 굴착 기계는 제작한 터널 반경이 넓으면 회수하여 재사용된다.
③ NATM 공법을 활용 시 지반이 극경암일 때보다 풍화암일 때 발파 빈도가 잦을 것이다.
④ NATM 공법은 침매터널 공법보다 육지에서 터널을 제작하는 시간이 길 것이다.
⑤ TBM 공법은 개착식 공법보다 굴착 시 지반이 내려앉을 위험성이 큰 편이다.

11

상의는 건조기에 돌렸을 때 처음 길이의 0.4%씩 일정하게 감소하고, 하의는 건조기에 돌렸을 때 처음 길이의 3.5%씩 일정하게 감소한다. 상의의 길이가 100cm이고, 하의의 길이가 70cm일 때, 상의의 길이가 하의의 길이의 2배 이상이 되는 것은 건조기에 두 옷을 적어도 몇 번 돌렸을 때인지 고르면?(단, 항상 상·하의를 동시에 건조기에 돌린다고 가정한다.)

① 6번   ② 7번   ③ 8번
④ 9번   ⑤ 10번

12

어느 회사의 X지사에는 30명, Y지사에는 50명이 근무하고 있다. 회사에서는 이 두 지사에 근무 중인 직원들에게 사은품으로 미니 공기청정기와 보조배터리를 나눠주었는데, X지사에서는 미니 공기청정기를 받은 직원이 60%였고, Y지사에서는 40%였다. 두 지사에서 근무 중인 직원 중 보조배터리를 사은품으로 받은 직원 한 명을 선택했을 때, 이 직원이 X지사에서 근무하는 직원일 확률을 고르면?

① $\frac{1}{14}$ ② $\frac{1}{7}$ ③ $\frac{3}{14}$
④ $\frac{2}{7}$ ⑤ $\frac{5}{14}$

13

다음 [표]는 2018~2020년 환율과 2021년 월별 환율을 나타낸 자료이다. 이에 대한 설명으로 옳지 <u>않은</u> 것을 고르면?

[표1] 2018~2020년 환율

구분	2018년	2019년	2020년
원/달러	1,115.70	1,156.40	1,086.30
엔/달러	110.6	109.1	103.3
원/100엔	1,008.90	1,059.80	1,051.20

[표2] 2021년 월별 환율

구분	6월	7월	8월	9월	10월	11월
원/달러	1,126.10	1,150.30	1,159.50	1,184.00	1,168.60	1,187.90
엔/달러	110.5	109.6	109.8	111.9	113.5	113.2
원/100엔	1,019.30	1,049.50	1,055.90	1,058.10	1,029.40	1,049.50

※ 절상률(%)=$\dfrac{\text{당해 환율} - \text{전년도 환율}}{\text{당해 환율}} \times 100$

① 2019년 5달러와 5,782원, 545.5엔은 모두 같은 값어치를 가졌다.
② 2021년 8월 100엔은 0.91달러 이상이다.
③ 2021년 10월에 100엔은 1,000원보다 값어치가 높다.
④ 2021년 7월부터 9월까지 1달러로 교환할 수 있는 원화의 값은 전월 대비 지속적으로 증가하였다.
⑤ 2019년 전년 대비 원/달러의 절상률은 3.5% 미만이다.

[14~15] 다음 [표]는 2020~2022년 지역별 인구 및 인구밀도에 대한 자료이다. 이를 바탕으로 이어지는 질문에 답하시오.

[표] 2020~2022년 지역별 인구 및 인구밀도

(단위: 천 명, 명/km²)

구분	2020년		2021년		2022년	
	인구	인구밀도	인구	인구밀도	인구	인구밀도
계	51,836	516	51,745	515	51,628	514
서울	9,618	15,891	9,502	15,699	9,411	15,551
부산	3,356	4,358	3,327	4,320	3,299	4,278
대구	2,414	2,733	2,388	2,702	2,363	2,670
인천	2,951	2,770	2,941	2,758	2,961	2,775
광주	1,480	2,952	1,469	2,931	1,463	2,921
대전	1,492	2,764	1,479	2,741	1,472	2,727
울산	1,139	1,072	1,124	1,058	1,113	1,047
세종	348	749	366	788	383	823
경기	13,452	1,319	13,612	1,335	13,681	1,341
강원	1,519	90	1,520	90	1,526	91
충북	1,631	220	1,632	220	1,634	221
충남	2,177	264	2,177	264	2,180	264
전북	1,806	224	1,794	222	1,780	221
전남	1,793	145	1,783	144	1,769	143
경북	2,652	139	2,641	139	2,628	138
경남	3,340	317	3,318	315	3,289	312
제주	669	361	673	364	676	365

※ 1) 특별시: 서울
   2) 광역시: 부산, 대구, 인천, 광주, 대전, 울산
   3) 도: 경기, 강원, 충북, 충남, 전북, 전남, 경북, 경남, 제주

14

다음 중 자료에 대한 설명으로 옳지 <u>않은</u> 것만을 [보기]에서 모두 고르면?

─┤ 보기 ├─

○ ㉠ 광역시 중 2020년의 인구밀도가 세 번째로 높은 지역은 인천이다.

○ ㉡ 2020년 대비 2022년 제주도의 인구 증감률은 3% 이상이다.

○ ㉢ 부산의 인구밀도는 도 지역의 인구밀도 합보다 매년 높다.

○ ㉣ 2021년 대한민국의 국토 면적은 전년 대비 20km² 이상 증가했다.

① ㉠, ㉡   ② ㉠, ㉣   ③ ㉡, ㉢

④ ㉡, ㉣   ⑤ ㉢, ㉣

15

2021년 특별시의 인구밀도 값을 100으로 했을 때, 특별시 인구밀도 값에 비례하여 대구 지역과 경기 지역의 인구밀도 상댓값을 바르게 짝지은 것을 고르면?(단, 소수점 둘째 자리에서 반올림한다.)

	대구 지역	경기 지역
①	17.2	8.5
②	17.2	8.7
③	17.5	8.5
④	17.5	8.7
⑤	17.5	8.9

[16~17] 다음 [표]는 어느 자동차에 대하여 2013년부터 2021년까지의 주행 내용을 기록한 자료이다. 이를 바탕으로 이어지는 질문에 답하시오.

[표] 2013~2021년 주행 내용 (단위: km, L, 원)

구분	연초 누적거리	연말 누적거리	연간 주유 용량	연간 주유 금액
2013년	146,665	161,332	1,411	2,390,000
2014년	161,332	172,414	1,113	1,972,000
2015년	172,414	184,840	1,280	2,148,000
2016년	184,840	195,277	1,036	1,601,140
2017년	195,277	207,196	1,146	1,361,120
2018년	207,196	221,388	1,462	1,596,380
2019년	221,388	233,671	1,366	1,601,520
2020년	233,671	242,726	991	1,340,830
2021년	242,726	254,678	1,284	1,536,480

16

다음 중 자료에 대한 설명으로 옳은 것을 고르면?

① 연간 주행거리가 길수록 연간 주유 금액도 많다.

② 2018년부터 2020년까지 연간 주행거리의 평균은 12,000km 미만이다.

③ 2013년 대비 2020년 주유 용량의 감소율은 30% 이상이다.

④ 연간 주유 금액이 두 번째로 적은 해의 주행거리는 12,000km 이상이다.

⑤ 2016년 주행거리보다 2018년 주행거리가 3,855km 더 길다.

17

다음 자동차 연비 구하는 공식을 바탕으로 할 때, 2014년과 2021년의 연비를 각각 고르면?(단, 소수점 둘째 자리에서 반올림한다.)

(자동차 연비)(km/L)＝(주행거리)÷(주유량)

	2014년	2021년
①	10.0km/L	9.3km/L
②	10.0km/L	9.5km/L
③	9.8km/L	9.3km/L
④	9.8km/L	9.5km/L
⑤	9.5km/L	9.3km/L

[18~19] 다음 [그래프]와 [표]는 2012년부터 2020년까지 국내 자동차 생산량 및 수출입 현황과 국가별 자동차 생산량에 관한 자료이다. 이를 바탕으로 이어지는 질문에 답하시오.

[그래프1] 2012~2020년 국내 자동차 생산량 (단위: 천 대)

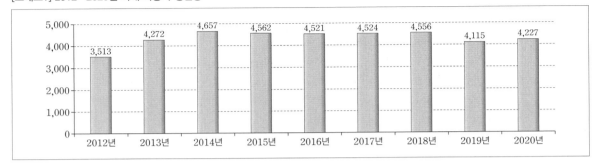

[그래프2] 2012~2020년 국내 자동차 수출입 현황 (단위: 억 달러)

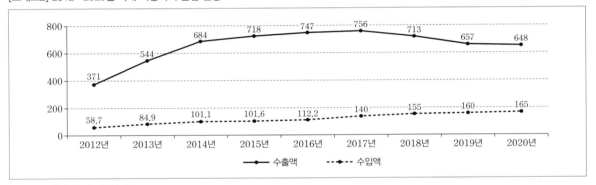

※ (무역수지)=(수출액)−(수입액)

[표] 2020년 국가별 자동차 생산량 (단위: 천 대)

전 세계	중국	미국	일본	독일	인도	멕시코
98,909	29,015	11,182	9,684	6,051	4,780	4,068

18

다음 중 자료에 대한 설명으로 옳지 <u>않은</u> 것을 [보기]에서 모두 고르면?

┌ 보기 ├──

㉠ 2014년 대비 2020년 국내 자동차 생산량은 10% 이상 감소하였다.

㉡ 우리나라는 2020년의 전 세계 자동차 총생산량 중 약 4.3%를 차지하고 있다.

㉢ 우리나라의 무역수지가 가장 높은 해의 국내 자동차 생산량은 4,524천 대이다.

└──

① ㉠   ② ㉡   ③ ㉠, ㉡

④ ㉠, ㉢   ⑤ ㉠, ㉡, ㉢

19

2020년 국내 자동차 생산량의 전년 대비 증가율과 2020년 독일 자동차 생산량의 전년 대비 증가율이 동일하다고 할 때, 다음 중 2019년 독일의 자동차 생산량을 고르면?(단, 천 대 미만 단위는 반올림한다.)

① 5,694천 대   ② 5,891천 대   ③ 5,913천 대

④ 6,012천 대   ⑤ 6,124천 대

20

다음 [표]는 2018~2020년 P회사의 분기별 매출 및 영업이익을 나타낸 자료이고, [그래프]는 2020년 4분기 사업 부문별 매출 및 영업이익을 나타낸 자료이다. 이에 대한 설명으로 옳은 것만을 [보기]에서 모두 고르면?

[표] 2018~2020년 분기별 매출 및 영업이익   (단위: 억 원)

구분	분기	매출액	영업이익
2018년	1	13.22	0.48
	2	14.41	0.13
	3	13.43	−0.19
	4	14.70	−0.25
2019년	1	13.16	0.13
	2	14.39	0.16
	3	13.60	−0.04
	4	13.81	0.02
2020년	1	12.23	0.45
	2	12.86	0.35
	3	12.38	0.22
	4	13.50	0.11

※ 영업이익률 = $\dfrac{영업이익}{매출액} \times 100$

[그래프] 2020년 4분기 사업 부문별 매출액 및 영업이익   (단위: 억 원)

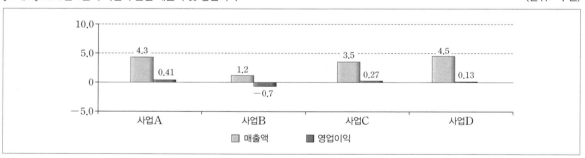

| 보기 |

ㄱ. 2020년 1분기 영업이익률은 3.5% 이상이다.

ㄴ. 2020년 4분기에 영업이익률이 가장 높은 사업은 A이다.

ㄷ. 2018년 2분기부터 전 분기 대비 분기별 매출액은 증가와 감소를 계속 반복한다.

ㄹ. 2021년 P회사의 영업이익률이 7.81%이고, 총매출액은 2019년과 동일하다고 할 때, 2021년 P회사의 영업이익은 5억 원 이상이다.

---

① ㄱ

② ㄱ, ㄴ

③ ㄱ, ㄴ, ㄷ

④ ㄴ, ㄷ, ㄹ

⑤ ㄱ, ㄴ, ㄷ, ㄹ

21

1층에서 7명의 직원 A~G가 엘리베이터에 탑승하였다. 2~8층에서 각 층별로 다음 [조건]에 따라 한 명씩 엘리베이터에서 내린다고 할 때, 항상 옳은 것을 고르면?(단, 2~7층에서 새로 탑승하는 직원은 없다.)

┤ 조건 ├
- F가 가장 늦게 내린다.
- D가 C보다 늦게 내린다.
- A는 E 바로 다음으로 내린다.
- G는 5번째로 내린다.
- C가 B보다 늦게 내린다.

① A는 C보다 빨리 내린다.
② 3층에서 C가 내리지 않는다.
③ 7층에서 D가 내린다.
④ B는 가장 먼저 내린다.
⑤ E는 C보다 먼저 내린다.

22

다음 [조건]과 [상황]을 참고하여 A~E 5명의 직급에 대해 추론한 내용으로 적절한 것을 고르면?

┤ 조건 ├
- 바로 하위 직급자로부터 연락을 받으면 바로 상위 직급자 한 명에게 연락할 수 있다.
- 바로 상위 직급자로부터 연락을 받으면 동일 직급자 모두에게 연락해야 한다.
- 동일 직급자로부터 연락을 받으면 바로 하위 직급자 한 명에게 연락할 수 있다.

┤ 상황 ├
- E는 동일 직급자인 A로부터 연락을 받고 B에게만 연락하였고, B는 이를 다시 D에게 연락하였다.
- A는 D로부터 연락을 받고 C에게만 연락하였다.

① E와 동일 직급자는 모두 3명이다.
② A는 D와 동일 직급자이다.
③ C는 A 또는 B와 동일 직급자이다.
④ A는 D의 바로 하위 직급자이다.
⑤ C는 B의 바로 상위 직급자가 아니다.

[23~24] 다음은 S사의 해외사업소 직원 보수규정에 대한 자료이다. 이를 바탕으로 이어지는 질문에 답하시오.

제1조(목적) 이 규정은 S사의 해외사업소에 근무하는 직원의 보수에 관한 사항을 규정함을 목적으로 한다.

제2조(적용범위) S사의 해외사업소에 근무하는 직원의 보수에 대하여는 이 규정에 명시된 제규정을 적용한다.

제3조(보수의지급) 해외사업소 직원의 수당은 달러기준으로, 환율을 적용하여 원화로 지급한다.

제4조(해외근무수당) 해외근무수당은 주재국의 물가 및 생활수준을 감안하여 지급하는 수당을 말한다.

제5조(특수지근무수당) 특수지근무수당은 열악한 환경 국가에서 근무하는 해외사업소 직원에게 지급하는 수당을 말한다.

제6조(가족수당) 가족수당은 해외사업소직원 중 동반 배우자와 만 20세 미만의 자녀에 대하여 지급하는 수당을 말한다.

제7조(보수의 계산) 보수의 계산은 근무발령일로부터 귀국 발령일의 전일 또는 신규근무지로의 발령일 전일까지로 한다.

[표1] 해외근무수당(월 지급액)

적용 대상 ＼ 급지별	미주	유럽	아프리카	아시아
해외사업소직원	800$	700$	600$	500$

[표2] 특수지근무수당(월 지급액)

적용 대상 ＼ 급지별	가	나	다	라
해외사업소직원	1,000$	800$	500$	300$

※ 가~라 적용지역
  1) 미주: 다
  2) 유럽: 나
  3) 아프리카: 가
  4) 아시아: 라

[표3] 가족수당

적용범위	부양가족	월 지급액
해외사업소직원	배우자	400$
	만 20세 미만 자녀 1명당	200$

※ 환율 적용: 1$당 원화 1,500원으로 환산하여 지급함.

23

다음 중 S사의 해외사업소 직원 보수규정에 대한 설명으로 옳지 <u>않은</u> 것을 고르면?

① 유럽의 해외근무수당은 두 번째로 높다.
② 미주의 특수지근무수당은 두 번째로 낮다.
③ 해외근무수당과 특수지근무수당의 합이 가장 높은 지역은 아프리카 지역이다.
④ 아시아의 해외근무수당과 특수지근무수당의 월 지급액을 원화로 환산하면 150만 원 이상이다.
⑤ 배우자 1명, 만 20세 미만 자녀 1명의 가족수당의 월 지급액을 원화로 환산하면 100만 원 이하이다.

24

다음 [보기]는 해외사업소 근무예정자인 A대리의 문의 내용이다. A대리가 3개월 간 받게 되는 수당의 총액을 고르면?

┤ 보기 ├

　안녕하세요. 급여담당자님! 제가 곧 해외사업소 근무가 예정되어 있어서 수당에 관한 몇 가지 질문 사항이 있어 문의드립니다. 제가 이번 달부터 3개월 간은 해외사업소로 갑니다. 첫째 달에는 유럽 해외사업소로 저 혼자 부임할 예정이며, 나머지 기간은 미주 해외사업소로 배우자 1명과 만 나이 기준 15세, 18세 자녀 2명이 함께 가족동반으로 근무할 예정입니다.

① 4,700$　　　　　② 5,200$　　　　　③ 5,700$
④ 6,200$　　　　　⑤ 6,700$

25

다음은 S시의 에코 마일리지 가입 독려 안내문과 시민 A~E의 전기, 수도, 가스 사용량에 대한 자료이다. A~E가 에코 마일리지 제도에 참여했다고 할 때, 옳은 것을 고르면?(단, A는 전기, 수도만, B는 가스만, D는 전기, 가스만, E는 수도, 가스만 에코 마일리지에 등록하였다. C는 6월 1일에 다른 지역으로 이사를 하였다.)

온실가스 줄이고 에코 마일리지 적립받자!

○ 에코 마일리지란?

　S시에서 에너지 절약실적이 우수한 회원에게 마일리지를 드리는 시민들의 자발적인 에너지 절약 운동입니다.

○ 에코 마일리지 지급 기준

　기준 사용량(최근 2년 월평균 사용량) 대비 기준 사용량과 비교해 6개월간 월평균 온실가스 배출량의 감축량의 비율이 5% 이상으로 전기, 수도, 가스(지역난방 포함) 중 전기를 필수로 최소 2개 이상 등록한 가정이 대상입니다. 가입한 월의 다음 월부터 매 6개월 단위로 평가가 이루어지며, 사용량은 거주지 기준으로 평가됩니다.

　※ 이사 등으로 인한 주소 변경 시 변경된 주소지의 전년/전전년 사용량과 비교하며, 회원은 주소 이전 시 거주지 주소와 기본정보(전기, 수도, 가스, 아파트 동/호수)를 해당 월에 직접 변경해야 다음 월부터 이전된 거주지의 사용량이 적용됩니다.

○ 온실가스 감축량 산정 방식

> 온실가스 감축량＝에너지절감량×탄소배출계수
>
> 탄소배출계수: 전기 $1kWh＝424gCO_2$, 수도 $1m^3＝332gCO_2$, 가스 $1m^3＝2,240gCO_2$

○ 평가 및 지급시점

　• 에코 마일리지 홈페이지 가입(및 에코 마일리지 카드발급) 월의 다음 달부터 6개월간의 에너지 사용량으로 평가합니다.

　• 매 2개월(2월, 4월, 6월, 8월, 10월, 12월)마다 가입하신 월에 따라 연간 총 6회 평가가 이루어집니다.

　　─ 2월/8월 평가 대상자: 4월, 5월, 10월, 11월 가입자

　　─ 4월/10월 평가 대상자: 6월, 7월, 12월, 1월 가입자

　　─ 6월/12월 평가 대상자: 8월, 9월, 2월, 3월 가입자

　　　(에너지 사용량은 2개월 후에 시스템에 등록)

○ 제공 마일리지

　• 5% 이상 10% 미만 절감: 1만 마일리지 지급

　• 10% 이상 15% 미만 절감: 3만 마일리지 지급

　• 15% 이상 절감: 5만 마일리지 지급

[표] A~E의 전기, 수도, 가스 사용량

구분		최근 2년 월평균 사용량	가입월	가입월 이후 6개월간 · 월평균 사용량
A	전기(kWh)	338	4월	315
	수도(m³)	2,500		2,350
B	가스(m³)	52	5월	48
C	전기(kWh)	220	2월	210
	수도(m³)	3,000		2,800
	가스(m³)	48		49
D	전기(kWh)	296	3월	284
	가스(m³)	60		52
E	수도(m³)	2,400	1월	2,200
	가스(m³)	56		52

① A는 에코 마일리지 지급 대상자가 아니다.

② B가 가스 사용을 절감하여 감축한 온실가스는 월평균 $1,328gCO_2$이다.

③ C의 에너지 사용량은 4월, 5월, 10월, 11월에 평가를 한다.

④ D에게 제공되는 에코 마일리지는 1만 마일리지이다.

⑤ E는 에코 마일리지 지급 대상자이다.

[26~27] 다음은 Q회사에서 자사 유산균 제품 리뉴얼 출시에 관한 건으로 회의한 내용이다. 이를 바탕으로 이어지는 질문에 답하시오.

회의록	
회의명	유산균 제품 리뉴얼 출시에 관한 건
일시	2022. 06. 05.
장소	제1회의실
참석자 명단	A본부장, 영업부 B부장, C대리, 기획부 D부장, E대리, 홍보부 F부장, 개발부 G부장
회의 목적	실적이 부진해진 유산균 제품의 판매량을 증진시키기 위한 리뉴얼 제품 출시 방향 논의
회의 내용	A: 우리 회사의 매출에 적지 않은 비중을 차지하던 유산균의 실적이 최근 저조하다는 보고를 받았습니다. 원인이 무엇이라고 생각하시나요? F: P사에서 최근 출시된 유산균 제품을 아주 적극적으로 홍보하고 있습니다. 유명 의사를 광고 모델로 기용하고, 입에 달라붙는 CM송을 제작하여 유산균을 구입하려는 고객들이 자연스레 그 제품을 먼저 떠올리는 것 같습니다. G: 보장균수가 100억 CFU 이상인 제품들이 출시된 것도 원인이라고 생각됩니다. A: 우리 유산균의 장점도 분명히 있을 텐데, 기존 고객들은 어떤 점을 선호했나요? B: 제형이 액상부터 산제, 츄어블정, 캡슐제까지 다양하게 구비되어 있고, 연령이나 성별에 맞는 유산균주가 포함되어 있어 전 연령에서 선호하였습니다. A: 제품을 리뉴얼할 때도 이 점은 꼭 고려해야겠어요. 단점은 무엇이었나요? D: 냉장 보관을 해야 해서 번거로웠고, 기존 요구르트 맛 츄어블정이 아이들에게 선호되지 않았습니다. A: 제품을 리뉴얼할 때 이 부분을 보완할 수 있을까요? G: 유산균 맛을 다른 맛으로 바꾸거나 지금과 달리 여러 가지 맛을 출시할 수 있지만, 우리 유산균의 대표 균주가 냉장 보관이 필요한 균주라서 보관법을 바꾸기는 어렵습니다. A: 네. 알겠습니다. 냉장 보관을 해야 한다는 점을 고급화시켜서 홍보하는 게 도움이 될 것 같네요. 오늘 간략하게 유산균 리뉴얼 방향을 잡아보았는데, 다음 번 회의 때는 좀 더 구체적으로 논의해 보도록 해요. D부장은 기존 유산균 제품 재구매율을 조사하고, 재구매한 이유와 재구매하지 않은 이유에 대해 자세하게 조사해 주세요. B부장은 최근 2년간 기존 유산균 판매율 변화에 대해 조사해 주세요. 추가 조사할 사항 있으신가요? F: 저는 리뉴얼 제품 홍보 및 판촉 행사 방안을 팀원들과 논의하겠습니다. G: 저는 보장균수를 타사 제품만큼 증가시키기 위한 방법에 대해 알아보도록 하겠습니다. A: 네. 모두들 이주 뒤에 다시 만나도록 합시다. 다음 회의할 때는 개발부에서 직원 2명이 더 참석했으면 좋겠네요. G부장은 제품 리뉴얼에 사용할 수 있는 예산 규모를 재무부에 사전 문의해서 다음 번 회의 때 알려주세요.
다음 회의 일정	2022. 06. 20.

26

다음 중 Q사의 기존 유산균 제품에 관한 설명으로 옳지 <u>않은</u> 것을 고르면?

① 네 가지 이상의 제형으로 출시되었다.
② 보장균수가 100억 CFU 이상이다.
③ 성별에 맞는 유산균주가 포함되어 있다.
④ 츄어블 제제는 한 가지 맛으로 출시되었다.
⑤ 냉장 보관을 해야 한다.

27

다음 회의까지 진행되어야 할 사항으로 적절하지 <u>않은</u> 것을 고르면?

① 기획부에서 기존 유산균 제품의 재구매 원인과 재구매하지 않은 원인에 대해 조사한다.
② 개발부에서 유산균 실온 보관 방법에 대해 연구한다.
③ 영업부에서 최근 2년간 기존 유산균 판매율 변화에 대해 조사한다.
④ 재무부에서 제품 리뉴얼에 사용할 수 있는 예산 규모를 개발부에게 알려준다.
⑤ 홍보부에서 리뉴얼 제품 홍보 방안에 대해 논의한다.

28

다음은 2021년 저소득층 에너지효율개선사업에 관한 안내문이다. 이와 관련한 문의사항에 적절한 답변을 한 것을 고르면?

[사업개요]
- 사 업 명: 2021년 저소득층 에너지효율개선사업
- 사업목적: 저소득층에 단열, 창호공사, 보일러, 냉방기기 등을 지원하여 에너지 사용환경을 개선함으로써 에너지 복지향상 도모
- 지원대상
  - 국민기초생활수급가구 및 차상위계층
  - 복지사각지대 일반저소득 가구
- 사업내용
  - (효율개선 시공 및 보일러지원) 효율이 떨어지는 벽체, 창호, 보일러를 대상으로 단열, 창호, 바닥공사, 보일러 교체 등 에너지효율 시공. 가구당 평균 220만 원(최대 300만 원 이내)
  - (냉방기기 보급) 폭염 일상화 가능성에 대비, 저소득층의 냉방복지 제고를 위한 에어컨(벽걸이) 등 에너지절감형 냉방기기 보급 지원. 가구당 31만 원

[대상가구 추천 요령]
- 일반사항
  - 기초지자체별 지원규모를 참조하여 지원규모의 2배수 이상 추천 요청
  - 도배, 장판, 싱크대 등 단순 주택개선 희망 가구 지원 불가
  - 타 에너지복지사업(에너지바우처, 연탄쿠폰 등) 연계 지원을 위해 추천 시 해당 여부 입력 요청
- 대상가구 추천 요령
  ① 지원 대상: 국민기초생활수급가구, 차상위계층 및 복지사각지대의 일반 저소득가구
  ② 지원 기준: 지원 대상 중 아래 내용에 1가지 이상 해당 가구

  > - 에너지이용 기반 시설이 없는 가구
  > - 단열, 창호, 보일러 노후화 등으로 에너지 사용 환경이 열악한 가구
  > - 아동, 노인, 장애인 등 에너지취약계층이 포함된 가구
  > - 에너지바우처, 연탄쿠폰 지원대상 등 에너지 사용에 어려움을 겪는 가구
  > - 기타 동 사업이 필요하다고 판단되는 경우 등

  ③ 지원 불가 가구
      – 주거급여 '자가' 집수리 대상가구
      – 공공임대 등 LH, 지방도시공사 소유주택 거주가구
      – 동 사업을 지원받은 가구는 2년 이내(19년, 20년 지원가구) 재지원 불가
          ※ 19~20년 효율개선사업 지원가구 중 100만 원 이하 지원가구는 재지원 가능
          ※ 단, 지자체 집수리사업과 에너지효율개선사업 연계 지원 가능
  ④ 복지사각지대의 일반저소득가구는 기초지자체의 장 추천을 통해 지원(추천 사유 반드시 명기)

① Q. 여름철 곰팡이가 발생한 것을 해결하기 위하여 새로 도배를 하려고 합니다. 얼마까지 지원받을 수 있나요?

　 A. 가구당 31만 원 지원을 받을 수 있습니다.

② Q. 작년부터 연탄쿠폰사업의 지원을 받고 있는 사람은 효율개선 시공 지원을 받지 못할까요?

　 A. 기타 에너지복지사업을 지원받은 가구는 2년 이내에 재지원을 할 수 없습니다.

③ Q. 2020년에 에너지효율개선사업으로 100만 원을 지원 받았습니다. 올해도 신청이 가능한가요?

　 A. 2년 이내에 에너지효율개선사업을 지원받은 가구는 재지원이 불가능하지만 2019~2020년 효율개선사업 지원가구 중 100만 원 이하 지원가구는 재지원이 가능합니다.

④ Q. 비장애인 성인 두 명으로 구성된 가구는 에너지효율개선사업 지원을 받을 수 없나요?

　 A. 아동, 노인, 장애인 등 에너지취약계층이 포함된 가구만이 에너지효율개선사업의 지원을 받을 수 있습니다.

⑤ Q. 현재 LH 공공임대 아파트에 거주하고 있습니다. 지원이 가능한가요?

　 A. 자가를 보유하고 있는 사람은 지원이 불가능하고, LH, 지방도시공사 소유주택에 거주하는 경우에는 지원이 가능합니다.

[29~30] 다음은 송배전 이용요금에 관한 자료이다. 이를 바탕으로 이어지는 질문에 답하시오.

---

1. 송전 이용요금
   - 송전 이용요금은 기본요금과 이용요금의 합계액으로 하며, 이용요금 단가 적용지역은 이용계약서의 이용 장소를 기준으로 한다.
   - 기본요금은 다음과 같이 계산한다.
     1) 수요고객의 경우는 [표1]의 수요지역별 송전 이용요금 단가의 기본요금 단가(원/kW/월)에 검침 당월을 포함한 직전 12개월 및 당월분으로 고지한 송전요금 청구서상의 가장 큰 최대이용전력을 곱하여 계산. 다만, 최대이용전력이 계약전력의 30% 미만인 경우에는 계약전력의 30%에 해당하는 전력을 곱하여 계산
     2) 발전고객의 경우는 [표2]의 발전지역별 송전 이용요금 단가의 기본요금 단가(원/kW/월)에 계약전력(kW)을 곱하여 계산
   - 이용요금은 다음과 같이 계산한다.
     1. 수요고객의 경우 수요지역별 사용요금 단가(원/kWh)에 당월 이용전력량(kWh)을 곱하여 계산
     2. 발전고객의 경우 발전지역별 사용요금 단가(원/kWh)에 당월 거래전력량(kWh)을 곱하여 계산
2. 배전 이용요금
   - 배전 이용요금은 기본요금과 이용요금의 합계액으로 하며, [표3]에 따라 계산하여 청구한다.
   - 기본요금은 기본요금 단가(원/kW)에 요금적용전력(kW)을 곱하여 계산하고, 이용요금은 사용요금 단가(원/kWh)에 당월의 이용전력량(kWh)을 곱하여 계산한다.
     1) 기본요금: 예비배전접속설비와 상시배전접속설비의 접속 상황에 따라 산정한 요금적용전력에 기본요금 단가를 곱한 금액
        - 가. 예비배전접속설비를 상시배전접속설비와 같은 변전소에 접속하는 경우:
          기본요금 단가의 50%를 적용
        - 나. 예비배전접속설비를 상시배전접속설비와 다른 변전소에 접속하는 경우:
          기본요금 단가의 100%를 적용
     2) 이용요금: 예비배전접속설비의 전력량계에 계량된 당월 이용전력량(kWh)에 전력량요금 단가를 곱한 금액
   - 요금적용전력은 검침 당월을 포함한 직전 12개월 중 12월분, 1월분, 2월분, 7월분, 8월분, 9월분 및 검침 당월분으로 고지한 배전 이용요금 청구서상의 가장 큰 최대이용전력으로 한다. 다만, 최대이용전력이 계약전력의 30% 미만인 경우에는 계약전력의 30%를 당월의 요금적용전력으로 한다.

[표1] 수요지역별 송전 이용요금 단가

수요지역		사용요금 (원/kWh)	기본요금 (원/kW/월)
수도권지역	서울특별시, 인천광역시, 경기도	2.44	
비수도권지역	부산광역시, 대구광역시, 광주광역시, 대전광역시, 울산광역시, 강원도, 충청북도, 충청남도, 전라북도, 전라남도, 경상북도, 경상남도, 세종특별자치시	1.42	667.61
제주지역	제주특별자치도	69.5	

[표2] 발전지역별 송전 이용요금 단가

발전지역		사용요금 (원/kWh)	기본요금 (원/kW/월)
수도권 북부지역	서울특별시 일부(강북구, 광진구, 노원구, 도봉구, 동대문구, 마포구, 서대문구, 성동구, 성북구, 용산구, 은평구, 종로구, 중구, 중랑구), 경기도 일부(의정부시, 구리시, 남양주시, 고양시, 동두천시, 파주시, 포천시, 양평군, 양주시, 가평군, 연천군)	1.25	667.36
수도권 남부지역	서울특별시 일부(강남구, 강동구, 송파구, 강서구, 관악구, 영등포구, 구로구, 금천구, 동작구, 서초구, 양천구), 인천광역시, 경기도 일부(과천시, 수원시, 안양시, 의왕시, 군포시, 성남시, 평택시, 광명시, 안산시, 산성시, 오산시, 용인시, 이천시, 하남시, 광주시, 여주시, 화성시, 부천시, 김포시, 시흥시)	1.20	
비수도권지역	부산광역시, 대구광역시, 광주광역시, 대전광역시, 울산광역시, 강원도, 충청북도, 충청남도, 전라북도, 전라남도, 경상북도, 경상남도, 세종특별자치시	1.92	
제주지역	제주특별자치도	1.90	

[표3] 배전 이용요금표

이용전압별	기본요금	사용요금
저압(600V 이하)	1,066원/kW	11.33원/kWh
고압 이상(600V 초과)	548원/kW	3.05원/kWh

29

다음 [상황]을 읽고, C기업이 2022년 6월에 지불해야 하는 배전 이용요금을 고르면?(단, 원 단위 미만은 절사하고, 언급되지 않은 내용은 고려하지 않는다.)

─ 상황 ─

부산광역시에 위치한 C기업은 2021년 6월 한국전력공사와 300kW에 해당하는 저압 전력 사용에 관한 계약을 맺었다. 그리고 C기업은 예비배전접속설비를 상시배전접속설비와 같은 변전소에 접속하여 사용하였다. 지난 1년간 이용전력은 다음과 같다.

(단위: kWh)

	2021년							2022년					
6월	7월	8월	9월	10월	11월	12월	1월	2월	3월	4월	5월	6월
172	211	159	198	208	240	201	270	205	221	296	289	220

① 146,402원
② 146,861원
③ 147,028원
④ 147,672원
⑤ 148,109원

30

다음 [상황]을 읽고, A기업과 B기업이 지불해야 하는 2022년 8월 송전 이용요금으로 바르게 짝지어진 것을 고르면?(단, 원 단위 미만은 절사하고, 언급되지 않은 내용은 고려하지 않는다.)

┌─ 상황 ├─

　수요고객에 해당하는 A기업은 경기도 용인시에 있고, 2021년 8월 한국전력공사와 전력 500kW에 해당하는 계약을 맺고 사용하기 시작하였다. A기업의 지난 1년간 이용전력은 다음과 같다.

(단위: kWh)

	2021년				2022년							
8월	9월	10월	11월	12월	1월	2월	3월	4월	5월	6월	7월	8월
127	91	82	145	113	52	58	69	135	124	141	102	78

　그리고 발전고객에 해당하는 B기업 역시 경기도 용인시에 있고, 2021년 A기업과 같은 달에 한국전력공사와 전력 300kW에 해당하는 계약을 맺고 사용하기 시작하였다. B기업의 지난 1년간 거래전력은 다음과 같다.

(단위: kWh)

	2021년				2022년							
8월	9월	10월	11월	12월	1월	2월	3월	4월	5월	6월	7월	8월
172	211	159	198	208	240	201	220	205	221	296	289	270

	A기업	B기업
①	100,331원	180,511원
②	100,331원	200,532원
③	100,331원	222,693원
④	102,048원	180,511원
⑤	102,048원	200,532원

[31~32] H기업에서는 직원 책상과 의자 노후화로 인하여 새 제품을 구입하려고 한다. 이를 바탕으로 이어지는 질문에 답하시오.

1. 개요

H기업에서는 직원들의 컴퓨터용 책상 및 사무용 의자를 새제품으로 교체·재설치를 진행하고자 한다. 이에 총무팀에서 A~E의 5개 업체를 선정하였고, 업체별 견적을 다음과 같이 정리하였다. H기업에서는 앞으로 자사 사무용 물품 구입에 대한 거래를 지속하고자 한 업체에서 모든 물품을 구입하고자 한다.

2. 필요 물품

가. 컴퓨터용 책상

총무팀	재무팀	개발팀	영업팀	기획팀	디자인팀
A Type: 2개 B Type: 3개 C Type: 0개	A Type: 4개 B Type: 1개 C Type: 3개	A Type: 0개 B Type: 3개 C Type: 5개	A Type: 1개 B Type: 2개 C Type: 4개	A Type: 5개 B Type: 1개 C Type: 4개	A Type: 3개 B Type: 4개 C Type: 2개

나. 사무용 의자

총무팀	재무팀	개발팀	영업팀	기획팀	디자인팀
A Type: 1개 B Type: 5개	A Type: 6개 B Type: 3개	A Type: 4개 B Type: 1개	A Type: 2개 B Type: 7개	A Type: 3개 B Type: 4개	A Type: 2개 B Type: 5개

3. 업체에 따른 물품 가격
(단위: 원)

구분	컴퓨터용 책상			사무용 의자	
	A Type	B Type	C Type	A Type	B Type
A업체	57,000	49,000	59,000	49,000	50,000
B업체	60,000	46,000	60,000	46,000	52,000
C업체	58,000	50,000	58,000	51,000	48,000
D업체	58,000	47,000	61,000	50,000	49,000
E업체	59,000	48,000	62,000	48,000	51,000

4. 기타사항

가. A업체에서는 물품 종류와 관계없이 50개 이상을 구입하면 전체 금액에서 5% 할인

나. B업체에서는 사무용 의자 B Type에 대하여 20개 이상 구입 시 20% 특별 할인

다. C업체에서는 컴퓨터용 책상 A Type에 대하여 15개 이상 구입 시 30% 특별 할인

라. D업체에서는 컴퓨터용 책상 50개 이상 구입 시 책상 구입 가격의 10% 할인, 사무용 의자 30개 이상 구입 시 의자 구입 가격의 10% 할인

마. E업체에서는 물품 종류와 관계없이 50개 구입 시 전체 금액의 7% 할인, 100개 구입 시 전체 금액의 10% 할인

5. 배정 예산

　총무팀에 배정된 예산은 450만 원이고, 예산의 10% 이내로 추가 예산을 신청할 수 있다.

31

다음 중 자료에 대한 설명으로 옳은 것을 고르면?

① 사무용 의자 견적이 가장 저렴한 곳은 D업체이다.
② 모든 업체에 대하여 추가 예산 없이 물품을 구입할 수 있다.
③ 견적이 가장 저렴한 업체에서 구입한다면 C업체에서 구입하게 된다.
④ 기타사항을 반영하지 않을 때, 사무용 의자 견적이 가장 비싼 곳은 A업체이다.
⑤ 기타사항을 반영하지 않을 때, 컴퓨터용 책상 견적이 가장 저렴한 곳이 전체 견적도 가장 저렴하다.

32

총무팀에서 다음 [조건]을 바탕으로 물품을 구입하기로 했을 때, 최종 선정되는 업체를 고르면?

┤ 조건 ├

[표] 업체별 점수

구분	A업체	B업체	C업체	D업체	E업체
배송	4점	3점	4점	5점	3점
A/S	3점	4점	1점	5점	2점
업계 신뢰도	5점	2점	2점	3점	3점

[최종 선정 방식]

　　　총점(점)＝(최종 견적 점수)×4＋(배송 점수)×1＋(AS 점수)×3＋(업계 신뢰도 점수)×2

※ 최종 견적 점수는 가장 저렴한 업체가 5점이고, 순차적으로 1점씩 감점한 것으로 함.
※ 총점이 동점인 경우, A/S 점수가 높은 업체를 최종 선정함.

① A업체　　　　　　② B업체　　　　　　③ C업체
④ D업체　　　　　　⑤ E업체

박 대리는 2024년 2월 2일부터 2024년 2월 8일까지 해외여행을 가려고 한다. 다음 자료를 바탕으로 할 때, 옳은 것을 고르면?

[해외여행 계획]

- 예상 경비: 800,000원
- 여행 후보지: 태국, 싱가포르, 베트남 중 1곳
- 왕복 항공료는 예상 경비의 50%를 초과하지 않도록 한다.
- 적어도 48시간 이상 여행지에서 머무를 예정이다.

[표] 항공운항표

	출발지-도착지	운항편명	비용	출발시각	비행시간
출국	인천-베트남	IV001	160,000원	2/3, 10:00	3시간
	인천-중국	IC002	130,000원	2/3, 11:00	1시간
	중국-베트남	CV003	130,000원	2/3, 13:00	2시간
	인천-태국	IT004	180,000원	2/5, 15:30	5시간
	인천-싱가포르	IS005	190,000원	2/2, 23:00	7시간
	중국-싱가포르	CS006	120,000원	2/3, 14:00	4시간
	중국-태국	CT007	80,000원	2/3, 10:00	3시간
	베트남-태국	VT008	100,000원	2/3, 14:00	2시간
	출발지-도착지	운항편명	비용	출발시각	비행시간
입국	베트남-인천	VI001	150,000원	2/5, 11:00	3시간
	중국-인천	CI002	120,000원	2/6, 02:00	1시간
	베트남-중국	VC003	140,000원	2/5, 10:00	2시간
	태국-인천	TI004	190,000원	2/7, 18:30	5시간
	싱가포르-인천	SI005	230,000원	2/4, 12:00	7시간
	싱가포르-중국	SC006	120,000원	2/5, 20:00	4시간
	태국-중국	TC007	80,000원	2/7, 20:00	3시간
	태국-베트남	TV008	100,000원	2/5, 19:00	2시간

※ 모든 시각은 한국을 기준으로 함.
※ 다른 나라를 경유할 경우 항공료 20%를 할인함. ⓔ 인천에서 중국을 경유하여 베트남으로 가는 총 항공료가 20만 원일 경우, 최종 항공료는 16만 원임.
※ 경유 시 환승 딜레이는 없다고 가정함.

① 여행 후보지 중 갈 수 없는 곳이 있다.
② 박 대리는 2월 6일 내로 귀국하게 된다.
③ 어디를 가더라도 귀국 시에 경유하게 된다.
④ 태국으로 여행을 가게 된다면 왕복 항공료는 368,000원이다.
⑤ 싱가포르 여행 시, 직항보다 경유해서 갔을 때 더 적은 왕복 항공료를 지불하게 된다.

[표] A~D 업체의 복사기 사양 (단위: 만 원)

제조사	A사	B사	C사	D사
분당 속도(매)	35	40	35	30
첫 장 복사(초)	4.2	3.9	5.6	7.8
메모리(MB)	512	256	1,024	512
옵션	팩스	팩스	–	팩스
무게(kg)	78.4	75.2	82.2	77.2
1일 권장 사용량	320장	310장	400장	340장
유지 비용/장	8원	7원	6원	8원
제품 특징	상대적 저렴한 가격 A/S 용이	상대적 저렴한 가격 A/S 용이	환경 친화적 60만 장 드럼 수명	환경 친화적 30만 장 드럼 수명
추천 업종	일반 사무실	20인 이상 사무실		일반 사무실
가격(VAT 포함)	270만 원	265만 원	260만 원	255만 원

34

다음 중 복사기 사양을 비교한 설명으로 옳은 것을 고르면?

① 가격과 유지 비용으로 볼 때 C사의 제품이 가장 경쟁력이 떨어진다.
② 드럼의 수명이 길며 메모리 용량이 큰 제품은 D사의 제품이다.
③ B사의 제품이 가장 뛰어난 점은 복사 속도밖에 없다.
④ 많은 인원이 사용해야 하며 팩스 기능도 필요하다면 B사의 제품이 가장 적당하다.
⑤ 첫 장의 복사 속도가 빠를수록 분당 복사 수량도 더 많다.

35

총무부에서는 A~D사의 복사기 중 한 대를 구매하려고 한다. 각 복사기의 1일 권장 사용량에 맞게 사용할 계획이며, 1년간의 유지 비용과 구매 가격의 합계가 가장 저렴한 것을 선택하고자 한다. 다음 중 총무부가 선택할 업체와 1년간의 '유지 비용+구매 가격'이 바르게 짝지어진 것을 고르면?(단, 1년은 '30일×12개월'로 계산한다.)

① A사, 3,621,600원
② B사, 3,276,000원
③ B사, 3,431,200원
④ C사, 3,444,000원
⑤ C사, 3,464,000원

36

P기업에서는 신제품 홍보를 위하여 A지역, B지역, C지역에서 판촉 행사를 진행하였다. 지역별 편성한 행사 예산과 실제 소요 비용이 다음 [표]와 같을 때, 옳은 것을 고르면?

[표] 지역별 행사 예산과 실제 소요 비용
(단위: 만 원)

구분	A지역		B지역		C지역	
	예산	실제 소요 비용	예산	실제 소요 비용	예산	실제 소요 비용
인건비	500	467	450	441	600	580
교통비	75	70	80	75	90	85
시설비	100	120	120	100	80	100
재료비	60	72	70	80	50	45
사무비품비	30	30	35	32	70	80
광고비	400	420	300	310	300	280
관리비	100	86	120	120	80	90

① 총예산보다 실제 소요 총비용이 많은 지역이 있다.
② 지역별 실제 소요된 총비용의 순위는 지역별 총예산 순위와 동일하다.
③ A~C지역 행사에서 실제 소요된 인건비의 합은 전체 인건비 예산액의 96%이다.
④ B지역은 모든 항목의 실제 소요 비용이 예산액 이하이다.
⑤ 모든 지역에서 실제 소요 비용이 가장 큰 항목과 가장 작은 항목이 각각 동일하다.

[37~38] 다음은 P회사의 직원근무평정 규정이다. 이를 바탕으로 이어지는 질문에 답하시오.

- 직원근무평정은 근태, 직무수행능력, 근무실적으로 나누어 평정한다.
- 평정요소와 평정요소별 배점 만점은 다음과 같다.

평정요소	근태		직무수행능력				근무실적		
	성실성	협조성	전문지식	기획력	창의력	판단력	직무의 질	직무의 양	실적
만점	10점	5점	5점	20점	10점	10점	10점	5점	15점

- 평정요소별로 A, B, C, D, E등급으로 평가한다. A등급은 각 요소가 만점, E등급은 각 요소의 만점에 5분의 1을 곱한 값을 부여하고, 등급 간의 배점 차이는 동일하도록 점수를 부여한다.
- 직원 가~아의 근무평정 결과 및 기본급, 승진 대상자 여부는 다음과 같다.

직원	근태		직무수행능력				근무실적			기본급 (만 원)	승진대상 여부
	성실성	협조성	전문지식	기획력	창의력	판단력	직무의 질	직무의 양	실적		
가	A	B	C	B	D	B	A	B	C	380	○
나	A	A	B	D	C	A	A	B	C	420	
다	A	C	D	B	C	A	B	B	A	360	○
라	B	C	B	B	A	B	B	D	B	380	
마	C	B	B	C	A	A	C	A	B	400	○
바	C	A	E	B	B	A	D	B	C	410	
사	D	B	A	A	B	C	B	B	B	370	
아	A	B	B	B	A	C	B	C	A	350	○

37

P회사에서는 승진 대상자 중 총점이 75점 이상인 사람을 승진시킨다고 한다. 이때 승진을 한 사람의 수를 고르면?

① 없음　　　　　② 1명　　　　　③ 2명　　　　　④ 3명　　　　　⑤ 4명

38

P회사에서는 근무평정점수의 순위가 1위인 직원에게 기본급의 3배, 2위와 3위인 직원에게 기본급의 2배, 4위와 5위인 직원에게 기본급의 1.5배, 6위 이하인 직원에게 기본급만큼의 성과급을 지급하려고 한다. 승진대상자가 아닌 직원들의 성과급의 합을 고르면?(단, 총점이 동일한 경우 근무실적, 직무수행능력, 근태 순으로 점수가 높은 직원의 순위가 더 높다.)

① 1,950만 원　　② 1,955만 원　　③ 2,140만 원　　④ 2,325만 원　　⑤ 2,330만 원

39

다음 구직급여액에 대한 설명으로 옳은 것을 고르면?

[구직급여액]
- 구직급여 지급액 = (구직급여 1일 지급액) × (소정급여일수)
- 구직급여 1일 지급액 = (이직 전 평균시간급의 60%) × (1일 소정근로시간(8시간))
- 구직급여 1일 상한액: 66,000원
- 구직급여 1일 하한액: (퇴직 당시 최저임금법상 시간급 최저임금의 80%) × (1일 소정근로시간(8시간))

연도	2023년	2022년	2021년	2020년
시간급 최저임금	9,620원	9,160원	8,720원	8,590원

※ 구직급여 1일 지급액은 하한액 이상 상한액 미만으로 함. 구직급여 1일 지급액이 하한액 미만인 경우 하한액을 구직급여 1일 지급액으로 산정하며, 상한액 초과인 경우 상한액을 구직급여 1일 지급액으로 산정함.

- 구직급여의 소정급여일수(이직일 2019.10.1. 이후)

고용보험 가입기간 연령	1년 미만	1년 이상 3년 미만	3년 이상 5년 미만	5년 이상 10년 미만	10년 이상 50년 미만
50세 미만	150일	180일	210일	240일	–
50세 이상 및 장애인	120일	180일	210일	240일	270일

※ 연령은 퇴사 당시의 만 나이임.
※ 구직급여는 소정급여일수를 초과하여 지급되지 않음.

① 2020년 구직급여 1일 하한액은 2023년보다 8,240원 적었다.

② 고용보험 가입기간이 3년 4개월인 만 26세 근로자가 2023년 실직하여 구직급여 수급 대상자일 경우 받게 될 구직급여 1일 하한액은 63,568원이다.

③ 고용보험 가입기간이 2년이고, 퇴직 당시 시간급 12,000원을 받던 만 30세 근로자가 2023년 실직하여 구직급여 수급 대상자일 경우 받게 될 구직급여액은 1일 57,600원이다.

④ 고용보험 가입기간이 4년이고, 퇴직 당시 시간급 2만 원을 받던 만 40세 근로자가 2023년 실직하여 구직급여 수급 대상자일 경우 받게 될 구직급여액은 1,400만 원 이상이다.

⑤ 고용보험 가입기간이 10년 이상인 만 50세의 근로자가 2023년 실직하여 구직급여 수급 대상자일 경우 받게 될 구직급여액은 최대 1,782만 원이다.

40

재무팀에는 강 주임을 포함하여 6명의 직원들이 근무한다. 다음 [조건]을 바탕으로 강 주임이 동계 휴가를 갈 수 있는 날을 고르면?

┤ 조건 ├
- 모든 직원은 2월 중에 3일의 휴가를 써야 한다.
- 휴가는 3일을 반드시 붙여 써야 한다.
- 휴가 3일 사이에 주말 및 공휴일이 끼어들 수 있으며, 주말 및 공휴일은 휴가 일수에서 제외한다.
- 평일에는 사무실에 최소한 4명이 근무하고 있어야 한다.
- 직원들의 스케줄은 다음과 같다.
    - 이 부장은 2월에 7일 연속으로 쉬고, 2/28일에 외근을 나간다.
    - 한 차장은 2/23~2/25일에 휴가를 가고, 매주 월요일에 출장을 나간다.
    - 송 과장은 2/14~2/16에 휴가를 가고, 2/10~2/11에 외근을 나간다.
    - 유 과장은 2/22~2/24에 휴가를 가고, 2/17~2/18에 출장을 나간다.
    - 김 대리는 2/9~2/11에 휴가를 가고, 2/17에 사무실에서 교육을 듣는다.
    - 강 주임은 2/3에 사무실에서 교육을 듣는다.

[2월 달력]

일	월	화	수	목	금	토
		1 설	2 설연휴	3	4	5
6	7	8	9	10	11	12
13	14	15	16	17	18	19
20	21	22	23	24	25	26
27	28					

① 2/4~2/8 ② 2/8~2/10 ③ 2/16~2/18
④ 2/18~2/22 ⑤ 2/23~2/25

※ 전기 외 직렬만 풀이하시기 바랍니다.

[41~42] 다음은 A사의 제조 식품에 부여되는 시리얼 번호 부여 방식 및 A사 제조 식품의 시리얼 번호에 대한 자료이다. 이를 바탕으로 이어지는 질문에 답하시오.

제조 식품 시리얼 번호 부여 방식

2105DJCK022111

1~4자리는 생산 시기를 의미한다. 5~6자리는 생산 공장을 의미한다. 7~8자리는 제품 종류를 의미한다. 9~10자리는 보관 방식을 의미한다. 11~14자리는 유통 기한을 의미한다. 자세한 코드 설명은 다음과 같다.

생산시기	생산공장	제품 종류	보관방식	유통기한
YYMM으로 부여한다.	IN 인천 AS 안산 IC 이천 DJ 당진	IC 빙과류 SN 스낵류 CK 쿠키류 CA 케이크류 CN 사탕, 젤리류 CH 초콜릿류	01 냉동 02 냉장 03 상온	유통 기한은 YYMM으로 부여한다. 제품 종류가 IC의 경우 9999를 부여한다. 제품 종류가 CA의 경우 생산 후 3개월까지이다. 제품 종류가 SN, CK의 경우 생산 후 6개월까지이다. 제품 종류가 CN, CH의 경우 생산 후 12개월까지이다.

[표] A사 제조 식품의 시리얼 번호

2108INCA012111	2103ICCA022106	1912DJCK032006
2201ASIC019999	2111INCH022211	2002ASCN032102
2112ICCH022212	2007ICIC019999	2105INCK032111
2008DJIC029999	2104ASCK032110	2009DJSN032103
2101ASCN032201	1907ASCN032001	2201ASSN032207

41

다음 중 2021년 5월 이후에 제품이 가장 많이 생산된 공장과 제품 종류로 바르게 짝지어진 것을 고르면?

생산 공장	제품 종류
① 안산 공장	스낵류
② 안산 공장	빙과류
③ 이천 공장	케이크류
④ 인천 공장	쿠키류
⑤ 인천 공장	초콜릿류

42

A사의 제품이 가장 많이 생산된 공장에서 5번째로 생산된 제품에 대한 설명으로 옳은 것을 고르면?(단, 동일한 시기에 생산된 제품의 경우 유통기한이 긴 제품을 후순위로 둔다.)

① 안산 공장에서 생산된 케이크류의 제품이다.
② 2022년 1월에 생산되었으며 상온 보관해야 하는 제품이다.
③ 인천 공장에서 생산되었으며 냉동 보관해야 하는 제품이다.
④ 쿠키류의 제품이며 유통기한은 2021년 10월까지이다.
⑤ 이천 공장에서 생산되었으며 쿠키류의 제품이다.

[43~44] 다음은 원자력 발전소의 운영 현황과 분류 코드의 일부를 나타낸 자료이다. 이를 바탕으로 이어지는 질문에 답하시오.

호기	위치	용량(만kW)	원자로형	상업운전일
고리#1	부산광역시 기장군	58.7	가압경수로	1978. 4. 29.
고리#2		65.0		1983. 7. 25.
고리#3		95.0		1985. 9. 30.
고리#4		95.0		1986. 4. 29.
신고리#1		100.0		2011. 2. 28.
신고리#2		100.0		2012. 7. 20.
신고리#3	울산광역시 울주군	140.0	신형경수로	2016. 4. 20.
신고리#4		140.0		2017. 2. 20.
월성#1	경북 경주시	67.9	가압중수로	1983. 4. 22.
월성#2		70.0		1997. 7. 1.
월성#3		70.0		1998. 7. 1.
월성#4		70.0		1999. 10. 1.
신월성#1		100.0	가압경수로	2012. 7. 31.
신월성#2		100.0		2015. 7. 24.

행정구역	부산	울산	경북	전남
	20	21	22	23
지역	고리	신고리	월성	신월성
	LAB	LEA	LIX	LAK
호기	1호기	2호기	3호기	4호기
	NA	ND	NJ	NK
용량	60만 미만	60만 이상 80만 미만	80만 이상 100만 미만	100만 이상
	PS	PU	PV	PW
원자로형	가압경수로	신형경수로	가압중수로	신형중수로
	G1365	L4251	D3315	E3457
상업운전일	1970년대	1980년대	1990년대	2000년대 이후
	YS	YE	YN	YO

[원자력 발전소 분류 코드 생성 방법]
'행정구역 → 지역 → 호기 → 용량 → 원자로형 → 상업운전일' 코드를 차례로 나열한다.
⑩ 울산광역시 신고리 3호기는 용량 100만kW 이상의 신형경수로이며, 상업운전일이 2000년대 이후이므로 분류 코드는 21LEANJPWL4251YO가 된다.

43

다음 중 자료를 바탕으로 신월성 2호기의 분류 코드를 고르면?

① 22LAKNJPWG1365YO
② 22LAKNDPWG1365YO
③ 22LJXNDPWG1365YO
④ 22NDLAKPWG1365YO
⑤ 22LAKNDPWG1365YN

44

다음 중 자료를 바탕으로 분류 코드 20LABNDPUG1365YE에 해당하는 원자력 발전소를 고르면?

① 고리 2호기　　　　　② 고리 3호기　　　　　③ 신고리 2호기
④ 신고리 3호기　　　　⑤ 신월성 2호기

[45~46] 다음은 주민등록번호에 관한 내용이다. 이를 바탕으로 이어지는 질문에 답하시오.

주민등록번호 13자리는 일정한 규칙을 가지고 부여되는 숫자다. 각 자리가 의미하는 것은 다음과 같다.(단, 이는 2020년 10월 이전까지만 적용되던 규칙이며, 그 후에 태어난 사람은 생년월일과 성별을 제외한 나머지 6자리가 무작위 숫자로 부여된다.)

- 생년월일: 태어난 연도의 뒤 2자리, 태어난 월, 태어난 일을 조합한다.
- 성별: 출생시기와 성별에 따라 0~9 중 하나의 숫자가 부여된다.

남성			여성		
부여번호	출생시기	비고	부여번호	출생시기	비고
9	1800~1899년	생존자 없음	0	1800~1899년	생존자 없음
1	1900~1999년	한국인	2	1900~1999년	한국인
3	2000~2099년		4	2000~2099년	
5	1900~1999년	외국인	6	1900~1999년	외국인
7	2000~2099년		8	2000~2099년	

※ '9'와 '0'은 생존자가 없으므로 현재 사용될 일이 거의 없지만, 상속 절차나 생전 재산 목록 조회 등의 행정적 절차에 가끔 이용됨.

- 출생지역 조합번호: 네 자리 중 앞의 두 자리는 출생지역에 따라 다음과 같이 지역번호가 부여된다.

지역명	지역번호	지역명	지역번호	지역명	지역번호
서울특별시	00~08	대전광역시	40~41	대구광역시	67~69
부산광역시	09~12	충청남도	42~43, 45~47	경상북도	70~81
인천광역시	13~15	세종특별시	(구) 44 (신) 96	경상남도	82~84, 86~91
경기도	16~25	전라북도	48~54	울산광역시	85, 90
강원도	26~34	전라남도	55~64	제주도	92~95
충청북도	35~39	광주광역시	(구) 55, 56 (신) 65, 66		

네 자리 중 뒤의 두 자리는 읍·면·동에 따라 부여된다.
- 출생지역의 출생신고 순번: 그날 출생등록을 한 읍·면·동 주민센터에 접수된 출생등록 순서로, 1부터 시작한다.
- 오류검증 번호: 마지막 자리를 제외한 앞 12자리를 각각 a, b, c, d, e, f, g, h, i, j, k, l이라고 한다면 $2a+3b+4c+5d+6e+7f+8g+9h+2i+3j+4k+5l$을 11로 나눠 나온 나머지를 m이라고 둔다. 이 m을 11에서 뺀 1의 자릿수가 마지막 번호이다. 예를 들어 주민등록번호가 123456−123456X이라면, $2+6+12+20+30+42+8+18+6+12+20+30=206$을 11로 나눈 나머지 8을 11에서 뺀 $11-8=3$이 마지막 번호 X다.

45

다음 중 주민등록번호에 대한 해석으로 옳은 것만을 [보기]에서 모두 고르면?

┌─ 보기 ├───
  ㉠ 121212－4452812 → 1912년 12월 12일에 충청남도에서 태어난 한국인 여성
  ㉡ 210430－1104526 → 1921년 4월 30일에 부산광역시에서 태어난 한국인 남성
  ㉢ 201124－4941214 → 2020년 11월 24일에 제주도에서 태어난 한국인 여성
└───

① ㉠   ② ㉡   ③ ㉢

④ ㉠, ㉡   ⑤ ㉡, ㉢

46

다음 중 1958년 5월 8일에 울산광역시에서 태어난 한국인 여성의 주민등록번호로 적절한 것을 고르면?

① 580508－2693424   ② 580508－2841214   ③ 580508－2853317

④ 580508－2852411   ⑤ 580508－2903746

47

다음 글을 이해한 내용으로 적절하지 않은 것을 고르면?

NFT란 하나의 토큰(token)을 다른 토큰으로 대체할 수 없도록 만든 암호화폐다. 다시 말해 NFT는 디지털 콘텐츠를 대체 불가능한 토큰으로 만든 것으로, 여기서 디지털 콘텐츠란 좁게는 디지털 일러스트레이션이나 비디오, 음악 같은 예술작품, 넓게는 게시글이나 밈(meme)도 포함한다. NFT의 개념은 2017년 암호화폐 '이더리움' 기반의 디지털 수집품 프로젝트인 크립토펑스(CryptoPunks)에서 시작됐다. 이후 희귀 고양이 캐릭터를 만들어 거래하는 블록체인 서비스 크립토키티(CryptoKitties)가 화제가 되면서 NFT의 개념이 일반 대중에게 알려지기 시작했다.

NFT의 '대체 불가능성'은 거래 방식에서도 드러난다. 비트코인, 이더리움 등의 암호화폐는 실제 화폐처럼 서로 거래하고 다른 토큰으로 대체할 수 있으나, NFT는 그렇게 할 수 없다. 위조도 어렵게 되어 있다. 이런 특징 때문에 비트코인, 이더리움 등 기존 암호화폐들을 NFT와 구분되는 개념으로 FT(Fungible Token, 대체 가능 토큰)라고 부르기도 한다. 디지털 콘텐츠가 NFT화되면 그 자산은 갤러리에서 거래되는 그림처럼 이 세상에서 단 하나만 존재하는 것이 된다. 해당 자산을 소유하는 것은 단 한 명뿐이며, NFT의 암호화된 정보를 통해 진품 여부를 확인할 수도 있다.

이와 같은 NFT의 기반은 블록체인에 있다. 블록체인은 누구나 열람할 수 있는 장부에 거래 내역을 투명하게 기록하고, 여러 대의 컴퓨터에 이를 복제해 저장하는 분산형 데이터 저장기술이다. 이를 바탕으로 이미 생성된 온라인 이미지나 영상, 음원 등을 디지털 재화에 적용하여, '지적재산권을 서로 투명하게 사고팔 수 있게 하자'라는 취지로 등장한 것이 NFT이다. 즉, 블록체인과 암호화폐가 '사이버 머니'를 넘어 실물 경제에 영향을 주고 있는 것이다.

NFT의 개념이 처음 등장한 것은 2017년이지만, 시장은 2020년부터 급격히 성장했다. NFT 시장 정보 사이트에 따르면 2020년 NFT 시장 규모는 3억 3,800만 달러가 넘는 규모로 성장했다. 2018년에 그 규모가 4,100만 달러였던 것을 생각하면 2년 사이 10배 가까이 성장한 것이다. NFT를 특히 눈여겨보고 있는 이들은 디지털 아티스트들이다. 그동안 디지털 아티스트들은 예술품으로 수익을 내기 위해 인쇄본이나 문구류, 의류, 음반 등 실제 세상에 존재하는 손에 잡히는 물건을 만들어야 했다. 실존하는 물건 형태로 만들어야 사람들이 그들의 작품을 소유할 수 있기 때문이다. 온라인상에 전시되어 있는 그림, 비디오, 음원 등은 예술가들의 포트폴리오나 카탈로그 같은 역할만 할 뿐이다. 관람객은 마음대로 이를 저장할 수도 있고, 심지어 무단으로 복제할 수도 있다. 무단으로 복제하는 경우는 저작권법의 처벌을 받지만, 이를 위해서는 사전에 저작권을 등록하거나 무단 복제를 알게 된 이후에 증명 서류를 제출하는 등 복잡한 법적 과정을 거쳐야 한다. 그러나 NFT가 대중화되고 예술을 거래하는 수단으로서 자리 잡으면 상황은 달라질 것으로 보인다. NFT 안의 정보가 예술품의 소유 사실과 소유권을 명시하기 때문에, 디지털 아트를 굳이 물리적인 상품으로 만들 필요가 없다. 저작권 문제도 비교적 쉽게 해결될 수 있다.

① FT를 소유하고 있는 사람은 다른 사람이 가진 자산과 이를 교환할 수 있다.
② 음원을 NFT로 만들 경우 아티스트는 물리적인 음반을 만들지 않아도 수익을 창출할 수 있다.
③ 기존에 온라인상의 예술품은 무단 사용되어도 저작권이 등록되지 않은 경우에는 처벌할 수 없었다.
④ 크립토키티에서 개인이 만든 고양이 캐릭터는 대체할 수 없는 하나의 토큰으로 볼 수 있다.
⑤ NFT화한 디지털 콘텐츠에 대한 거래 내역은 여러 대의 컴퓨터에 기록 및 저장된다.

48

다음 글을 읽고 디지털 트랜스포메이션을 통해 기업이 얻을 수 있는 효과로 적절하지 <u>않은</u> 것을 고르면?

최근 전 세계 기업들의 화두는 디지털 기술을 비즈니스의 모든 측면에 결합시키는 디지털 트랜스포메이션이다. 전례 없는 코로나19 사태는 기업이 디지털 역량을 강화해 구성원들의 일하는 방식과 비즈니스 모델 혁신을 가속화함으로써 기업 운영을 재구성해야 하는 디지털 전환의 기폭제가 됐다. 데이터 자산이 빠르게 산업 조직의 중추로 자리 잡으면서 오늘날 네트워크에 접속된 근로자들은 데이터에 액세스하고 전 세계 다양한 다른 팀들과 협업함으로써 근본적으로 다른 방식의 가치를 창출한다. 4차 산업혁명으로 기업들이 인공지능, 사물인터넷, 클라우드 등 디지털 기술을 활용해 기존 산업의 프로세스는 물론 기업 가치사슬 변화를 이끌어내는 시점에서 디지털 전환은 이제 선택이 아닌 필수가 됐다.

마켓앤리서치 보고서에 따르면 2021년 세계 디지털 트랜스포메이션 시장 규모는 3,234억 2천만 달러에 이를 것으로 내다봤다. 또 2020~2026년에는 연평균 성장률이 12.12%로 5,749억 1천만 달러 규모로 예측했다. 이 보고서는 북미, 중남미, 유럽, 아시아 전역에 있는 기업의 90%가 디지털 인력이 부족하거나 또는 향후 몇 년 이내에 동일한 기술 부족을 경험할 것으로 내다봤다. 또한 향후 디지털 분야가 문제가 되지 않을 사업 분야는 한 군데도 없을 것으로 전망했다. G20 국가들이 디지털 전환 기술력 격차를 해소하는 데 투자하지 않는다면, 2028년까지 누적 GDP 성장에서 11조 5천억 달러를 놓칠 수 있다고 주장했다. 이런 상황에 대응해 많은 기업들이 디지털 전환을 시도하고 있지만 실제로 성공하는 기업은 일부에 불과하다.

엔지니어링 및 산업용 소프트웨어 분야의 글로벌 기업 아비바(AVEVA)의 오○○ 한국 대표는 디지털 트랜스포메이션 과정이 단순하지만은 않다고 말한다. "디지털 혁신은 인프라와 새로운 기술에 대한 투자가 선행되어야 하고, 사고 방식과 공공 정책 및 비즈니스 모델의 변화가 우선시 되어야 한다. 그리고 개방형 표준 개발과 운영 호환성 증대를 위한 인력 교육 및 현장 기술 교육에 대한 투자가 필요하다. 또한, 데이터 프라이버시 및 시스템 보안 리스크를 줄여주는 높은 수준의 사이버 보안 기술도 확보해야 한다."고 말한다.

디지털 전환의 프로세스는 기업 운영의 범위와 핵심 능력이 기업마다 각각 다르기 때문에 기술 적용과 사고 방식, 기업 문화에 의해 큰 격차가 벌어진다. 즉 모든 기업이 일률적인 방식으로 접근할 수 있는 시스템이 아니라고 지적한다. 기업에서 여러 다른 유형의 기술들과 인력의 사고 방식을 모두 통합해서 인간의 독창성이 기술혁신 및 경험과 결합되어 기업 가치사슬 전반에서 신뢰를 쌓으면서 더 빠르고 지능적이며 더 나은 결과를 제공해야 된다.

① 산더미처럼 쌓인 데이터를 통합된 자동화 분석 툴로 관리할 수 있다.
② 평생학습을 유도할 수 있어 근무지가 기업 내부로 통합되므로 직원들의 효율적인 관리가 가능해진다.
③ 조직의 모든 자산을 기업 정보 저장소에 통합하여 관리할 수 있다.
④ 고객의 요구를 더 잘 파악하여 고객 중심적인 회사의 계획을 세울 수 있다.
⑤ 디지털 혁신을 통해 생산성을 높이고 워크플로우를 최적화하는 데 도움이 될 수 있다.

49

다음 글의 내용과 부합하지 <u>않는</u> 것을 고르면?

음성합성 기술이란 인공적으로 사람의 목소리를 만들어 내는 기술로, 사람의 목소리를 녹음해 문자로 바꾸는 음성인식과 반대의 개념이다. 음성합성은 텍스트를 입력하면 사람의 목소리로 출력된다. 이전에는 음성을 합성하려면 모델 선정, 음성 녹음 및 합성 등 여러 가지 복잡한 단계를 거쳐야 했다. 하지만 지금은 AI 딥러닝 기술의 발전으로 빠른 시간 내에 음성합성을 할 수 있다. 딥러닝 기술을 이용하면 여러 단계를 거칠 필요 없이 입력 텍스트와 이에 대한 음성 데이터만 있으면 음성합성이 가능하다. AI가 사람의 목소리를 듣고 스스로 학습해 발음하는 방법을 터득한다. 실제로 2018년 1월, 구글이 발표한 '타코트론2'의 음성품질 측정점수(MOS)는 4.53으로 실제 사람이 녹음한 음성 점수인 4.58과 비슷했다.

또한 AI를 이용하면 원하는 목소리, 즉 화자에 관한 데이터도 많이 필요하지 않다. 이미 축적된 많은 양의 음성 데이터로 기본 학습을 한 뒤, 화자 데이터를 새롭게 추가해 몇 시간 정도의 적응 훈련을 진행하면 감정과 발화 스타일을 그대로 흉내 낸 화자의 목소리를 만들 수 있다. 이처럼 AI 음성합성 기술은 원하는 목소리(음성)를 짧은 시간에 합성할 수 있기에 '맞춤형 커스텀 보이스'가 가능하다. 원하는 연예인의 목소리로 책을 읽어 주거나 안내방송을 할 수도 있고, 이미 세상을 떠난 사람의 목소리를 재현하거나 발표된 적 없는 새로운 노래를 부르게 할 수도 있다. 음성합성 기술은 감성과 개성까지 표현할 수 있는 방향으로 발전해 다양한 영역에서 활용될 것이다. 일례로 최근 한 방송 프로그램에서 고인이 된 한 가수의 목소리뿐만 아니라 생전 모습까지 재현해 화제가 되었다. 이를 위해 해당 가수의 실제 체형과 비슷한 모델을 선정해 동작을 먼저 촬영한 후, 과거 활동사진과 동영상 자료를 AI에게 학습시킨 뒤, 최적의 얼굴 데이터를 추출했다. 이 데이터를 모델의 동작과 함께 합성해 자연스러운 모습을 구현했다. 이 기술을 '딥페이크'라고 한다. AI의 '딥러닝(Deep Learning)'과 가짜라는 뜻의 'Fake'를 합성한 용어다.

딥페이크 기술의 대표적인 알고리즘을 '생성적 적대 신경망(GAN, Generative Adversarial Network)'이라 한다. GAN에는 '생성자'와 '판별자'라는 두 개의 알고리즘이 있다. 생성자 알고리즘이 가짜 콘텐츠를 만들어 내면, 감별자 알고리즘이 가짜와 진짜를 판별한다. 두 알고리즘이 서로 경쟁하며 차이점을 분석하고 학습해 나가면서 더 정교한 가짜 콘텐츠를 만들어 내는 방식이라 '적대'라는 말이 붙었다. GAN의 창시자 이안 굿펠로우는 GAN을 '지폐위조범'과 '경찰'에 비유했다. 경찰이 진짜 지폐와 위조지폐를 구별해 범인을 잡으면, 지폐위조범은 경찰의 눈을 속이기 위해 더 정교한 위조지폐를 만드는 것과 비슷하다는 뜻이다.

예전에는 영상을 합성하려면 프레임 하나마다 사진을 붙여야 했기 때문에 엄청난 시간과 노력이 필요했다. 하지만 GAN을 이용하면 기존 영상에, 쉽고 정교하게 다른 인물을 자동으로 합성할 수 있다. 가장 유명한 딥페이크 영상으로 2017년 8월 미국 워싱턴대학교 연구팀이 만든 버락 오바마 전 미국 대통령의 가짜 영상을 들 수 있다. 연구팀은 오바마 전 대통령의 실제 연설에서 음성을 추출하고, GAN을 이용해 이 음성에 맞는 입 모양을 만들어 냈다. 딥페이크 기술은 진짜처럼 보이는 콘텐츠를 만들 수 있기 때문에 다양하게 활용될 수 있다.

AI 기반의 음성합성과 딥페이크 기술에 긍정적인 면만 있는 것은 아니다. 누군가 자신이나 가족의 목소리를 AI에 학습시켜 보이스피싱에 동원할 수도 있고, 유명인의 얼굴을 사용해 가짜 뉴스나 합성물 등을 감쪽같이 만들어 낼 수 있기 때문이다. 특히 GAN은 온라인에 소스코드가 공개돼 있어 누구나 딥페이크 영상물을 제작할 수 있기 때문에 악용되는 사례가 많다. 딥페이크의 악용 사례가 증가하면서 마이크로소프트와 구글, 페이스북을 포함한 여러 기업과 연구소들이 딥페이크 사진이나 영상물의 진위를 탐지하는 기술을 개발하고 있다.

① GAN에서 더 많은 판별 과정을 거칠수록 생성자 알고리즘이 내놓는 콘텐츠가 정교해질 것이다.
② GAN의 소스코드는 온라인상에서 쉽게 접근할 수 있어 악용될 가능성이 높다.
③ AI 딥러닝 기술로 별도의 음성 녹음 과정 없이 음성합성을 할 수 있다.
④ GAN을 이용하면 기존에 존재하던 영상의 등장인물을 다른 사람으로 바꿀 수 있다.
⑤ AI 음성합성 기술은 화자의 목소리는 정확히 흉내 내지만 억양은 반영하지 못할 것이다.

50
다음은 4×4 정사각형 모양의 바둑판이고, 아래의 변환 규칙을 적용하여 두 바둑판 무늬가 겹쳤을 때 나올 수 있는 모양으로 옳은 것을 고르면?

작은 네모 칸에 흰색 또는 검은색이 칠해져 있다. 적용할 변환 규칙은 총 3가지이며, 첫 번째 규칙은 검은색 칸과 검은색 칸이 만나면 흰 색으로 바뀐다. 두 번째 규칙은 검은색 칸과 흰색 칸이 만나면 검은색 칸으로 바뀐다. 마지막 규칙은 흰색 칸과 흰색 칸이 만나면 흰 색 칸으로 바뀐다.

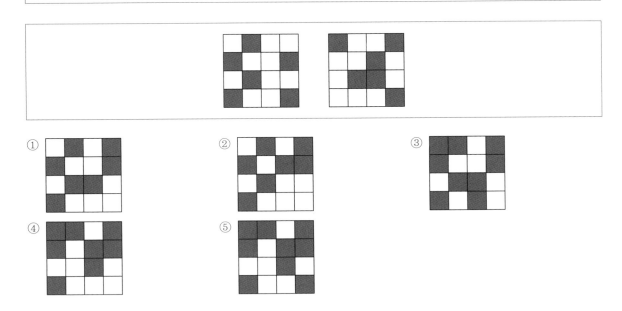

끝이 좋아야 시작이 빛난다.

– 마리아노 리베라(Mariano Rivera)

최신판 한국전력공사 NCS+전공 실전모의고사

발 행 일	2024년 8월 1일 초판
편 저 자	에듀윌 취업연구소
펴 낸 이	양형남
펴 낸 곳	(주)에듀윌
등록번호	제25100-2002-000052호
주 소	08378 서울특별시 구로구 디지털로34길 55
	코오롱싸이언스밸리 2차 3층

www.eduwill.net

대표전화 1600-6700

120만 권 판매 돌파!
36개월 베스트셀러 1위 교재

최신 기출 경향을 완벽 분석한 교재로 가장 빠른 합격!
합격의 차이를 직접 경험해 보세요

2주끝장

판서와 싱크 100% 강의로
2주만에 합격

기본서

첫 한능검 응시생을 위한
확실한 개념완성

10+4회분 기출700제

합격 필수 분량
기출 14회분, 700제 수록

1주끝장

최빈출 50개 주제로
1주만에 초단기 합격 완성

초등 한국사

비주얼씽킹을 통해
쉽고 재미있게 배우는 한국사

* 에듀윌 한국사능력검정시험 시리즈 출고 기준 (2012년 5월~2023년 10월)
* 2주끝장(심화): YES24 수험서 자격증 법/인문/사회 베스트셀러 1위 (2016년 8월~2017년 4월, 6월~11월, 2018년 2월~4월, 6월, 8월~11월, 2019년 2월 월별 베스트) YES24 수험서 자격증 한국사능력검정시험 3급/4급(중급) 베스트셀러 1위 (2020년 7월~12월, 2021년 1월~2월 월별 베스트) 인터파크 도서 자격서/수험서 베스트셀러 1위 (2020년 6월~8월 월간 베스트) 기본서(기본): YES24 수험서 자격증 한국사능력검정시험 3급/4급(중급) 베스트셀러 1위 (2020년 4월 월별 베스트)

에듀윌
공기업

한국전력공사
NCS+전공 실전모의고사

정답과 해설

eduwill

에듀윌
공기업
한국전력공사
NCS+전공 실전모의고사

에듀윌 공기업

한국전력공사
NCS+전공 실전모의고사

정답과 해설

기출복원 모의고사 – 전기 전공

01	02	03	04	05	06	07	08	09	10
⑤	③	④	③	⑤	③	③	④	②	③

11	12	13	14	15
④	⑤	①	④	③

01
정답 | ⑤

[상세해설] [유전체의 경계조건]
- 전계 E는 접선성분 연속($E_{1t}=E_{2t}$)

 $E_1 \sin \theta_1 = E_2 \sin \theta_2$
- 전속밀도 D는 법선성분 연속($D_{1n}=D_{2n}$)

 $D_1 \cos \theta_1 = D_2 \cos \theta_2$

 $\dfrac{\tan \theta_1}{\tan \theta_2} = \dfrac{\varepsilon_1}{\varepsilon_2}$

 $\varepsilon_1 > \varepsilon_2$이면

 → $\theta_1 > \theta_2$

 → $E_1 < E_2$

 → $D_1 > D_2$

[자성체의 경계조건]
- 자속밀도(B) − 법선성분 일정

 $B_1 \cos \theta_1 = B_2 \cos \theta_2$
- 자계의 세기(H) − 접선성분 연속

 $H_1 \sin \theta_1 = H_2 \sin \theta_2$

 $\dfrac{\mu_1}{\mu_2} = \dfrac{\tan \theta_1}{\tan \theta_2}$

 $\mu_1 > \mu_2$이면

 → $\theta_1 > \theta_2$

 → $B_1 > B_2$

 → $H_1 < H_2$

02
정답 | ③

[상세해설] [전기자기학]
그림과 같은 자기모멘트를 갖는 자성체는 반자성체를 나타내며 다음과 같은 특징을 갖는다.
- 반자성체의 비투자율 $\mu_s < 1$이다.
- 금(Au), 구리(Cu), 아연(Zn), 납(Pb), 은(Ag), 비스무트(Bi)

[강자성체]
- 철(Fe), 니켈(Ni), 코발트(Co), 망간(Mn)
- 비투자율: $\mu_s \gg 1$, 자화율: $\chi \gg 0$

[상자성체]
- 백금(Pt), 알루미늄(Al), 텅스텐(Tn), 주석(Sn), 산소(O_2)
- 비투자율: $\mu_s > 1$, 자화율: $\chi > 0$

03
정답 | ④

[상세해설] [전력공학]
P점에서 바라본 계통의 $\%X = 5+3+\dfrac{2\times 2}{2+2}=9[\%]$ 이다.

> **문제해결 Tip**
>
> [단락용량 P_s[MVA]]
>
> $P_s = \dfrac{100}{\%X} P_n$[MVA](단, P_n[MVA]는 기준 용량)
>
> 즉, 단락용량을 구하기 위한 $\%X$를 먼저 구하는 문제 유형도 자주 출제되고 있다.

04
정답 | ③

[상세해설] [전력공학]
전자 유도 장해는 전력선과 통신선 사이의 상호인덕턴스(M)에 의해 유도되는 현상으로 이때 유도되는 전압 $E_m = -jwMl(3I_0)$[V]이다.

※ 정전 유도 장해는 전력선의 영상전압과 상호정전용량에 의해 전압이 유도되는 현상을 말한다.

05
정답 | ⑤

[상세해설] [전기기기]
[절연물의 최고 허용온도[℃]]

절연재료	Y	A	E	B	F	H
허용온도[℃]	90	105	120	130	155	180

따라서 H−B=180−130=50[℃]이다.

06

[상세해설] [전기자기학]

원통도체의 전계 세기 E_0는 $E_o = \dfrac{\lambda}{2\pi\varepsilon_o r}[V/m]$

문제해결 Tip

- 구도체의 전계 세기 E_0는

$E_0 = \dfrac{Q}{S \cdot \varepsilon_o} = \dfrac{Q}{4\pi\varepsilon_o r^2}[V/m]$

- 무한 면전하(무한 평면)의 전계 세기 E_0는

$E = \dfrac{\sigma}{2\varepsilon_o}[V/m]$($\sigma$는 표면 전하밀도)

- 두 도체 사이의 전계 세기 E_0는

$E = \dfrac{\sigma}{\varepsilon_o}[V/m]$($\sigma$는 표면 전하밀도)

07

[상세해설] [전기기기]

히스테리시스 곡선

- 횡(가로)축과 종(세로)축
  - 횡축: 자장의 세기(H)
  - 종축: 자속밀도(B)
- 횡축, 종축과 만나는 점
  - 횡축: 보자력(H_c)
  - 종축: 잔류자기(B_r)

08

[상세해설] [회로이론]

전달함수 $G(s) = \dfrac{출력의\ 라플라스\ 변환값}{입력의\ 라플라스\ 변환값}$이므로 주어

진 입력함수 임펄스 함수 $\delta(t)$를 라플라스 변환하면

1, 출력함수 $\sin t$를 라플라스 변환하면 $\dfrac{1}{s^2+1^2}$이다.

따라서 전달함수 $G(s) = \dfrac{출력의\ 라플라스\ 변환값}{입력의\ 라플라스\ 변환값}$

$= \dfrac{\dfrac{1}{s^2+1^2}}{1} = \dfrac{1}{s^2+1^2}$이 된다.

문제해결 Tip

- $\sin wt$를 라플라스 변환하면 $\dfrac{w}{s^2+w^2}$

- $\cos wt$를 라플라스 변환하면 $\dfrac{s}{s^2+w^2}$

09

[상세해설] [회로이론]

무손실 선로의 특징에서 감쇠정수 $\alpha = 0$, 위상 정수

$\beta = \omega\sqrt{LC}[rad/m]$이므로 $\dfrac{\alpha}{\beta} = 0$이 된다.

- 무손실 선로의 특성
  - 특성 임피던스: $Z_0 = \sqrt{\dfrac{Z}{Y}} = \sqrt{\dfrac{R+j\omega L}{G+j\omega C}} = \sqrt{\dfrac{L}{C}}[\Omega]$
  - 전파 정수: $\gamma = \sqrt{ZY} = \sqrt{(R+j\omega L)(G+j\omega C)}$
    $= \alpha + j\beta$(감쇠 정수 $\alpha = 0$, 위상 정수 $\beta = \omega\sqrt{LC}$
    $[rad/m]$)
  - 전파 속도: $v = \dfrac{\omega}{\beta} = \dfrac{\omega}{\omega\sqrt{LC}} = \dfrac{1}{\sqrt{LC}}[m/s]$
  - 파장: $\lambda = \dfrac{2\pi}{\beta} = \dfrac{2\pi}{\omega\sqrt{LC}} = \dfrac{2\pi}{2\pi f\sqrt{LC}} = \dfrac{1}{f\sqrt{LC}} = \dfrac{v}{f}$

10

[상세해설] [회로이론]

2전력계법에서 역률 $\cos\theta$는

$\cos\theta = \dfrac{P}{P_a} = \dfrac{P_1+P_2}{2\sqrt{P_1^2+P_2^2-P_1P_2}}$

$= \dfrac{100+200}{2\sqrt{100^2+200^2-100\times200}} = \dfrac{\sqrt{3}}{2}$이다.

문제해결 Tip

2전력계법에서

- 유효전력 $P = P_1 + P_2[W]$
- 피상전력 $P_a = 2\sqrt{P_1^2+P_2^2-P_1P_2}[VA]$
- 역률 $\cos\theta = \dfrac{P(유효전력)}{P_a(피상전력)} = \dfrac{P_1+P_2}{2\sqrt{P_1^2+P_2^2-P_1P_2}}$

11

[상세해설] 자기용량 = 부하용량 × $\dfrac{승압전압}{고압측전압}$에서

부하용량 = 자기용량 × $\dfrac{고압측전압}{승압전압} = 6 \times \dfrac{600}{300}$

$= 12[kVA]$이다.

12

[상세해설] [전기응용/공사재료]

흑체에 복사되는 복사 에너지는 스테판-볼츠만의 법칙에 의해서 구한다.

복사 에너지 $E=\sigma T^4[\text{W/m}^2]$(단, σ는 상수, T는 절대온도[$^\circ K$])이고 절대온도가 3배이므로 복사 에너지 $E=3^4=81$(배)가 된다.

문제해결 Tip

[빈의 변위 법칙]

분광 방사 발산도가 최대가 되는 파장 $\lambda_m \propto \dfrac{1}{T}$

(T는 절대온도[$^\circ K$]이다)

[파센의 법칙]

파센의 법칙에 의한 방전 개시 전압 $V=kpd[\text{V}]$

(k:고유 상수, p: 기압[mmHg], d: 거리[m])

13

[상세해설] [전기설비기술기준]

등전위본딩 도체의 단면적 규정

구리	$6[\text{mm}^2]$
알루미늄	$16[\text{mm}^2]$
강철	$50[\text{mm}^2]$

14

[상세해설] [전기응용/공사재료]

CV Cable의 단면도에서 빈칸에 들어갈 명칭은 ⓐ 차폐 연동 테이프, ⓑ 절연체이다.

- XLPE Cable이라고도 하며 폴리에틸렌 케이블의 열에 약한 단점을 보완하기 위해 내열성을 강화한 케이블이다.
- 배전선로에서 주로 이용된다.
- 전기적인 특성이 매우 뛰어나다.

15

[상세해설] [전기설비기술기준]

외부 피뢰시스템

- 수뢰부 시스템
- 인하도선시스템
- 접지극시스템

수평도체 또는 메시 도체인 경우 지지 구조물마다 1가닥 이상의 인하도선을 시설한다.

문제해결 Tip

[병렬인하도선의 최대간격]

피뢰시스템 등급	최대간격[m]
I, II등급	10
III등급	15
IV등급	20

- 낙뢰로부터 보호가 필요한 건축물 또는 지상으로부터 20[m] 이상인 것에 설치한다.
- 측뢰보호가 필요한 경우: 전체 높이 60[m]를 초과하는 건축물의 최상부로부터 20[%] 부분에 한한다.

기출복원 모의고사 – NCS

01	02	03	04	05	06	07	08	09	10
①	②	⑤	④	④	③	⑤	③	④	④
11	12	13	14	15	16	17	18	19	20
①	②	①	①	④	①	⑤	①	②	①
21	22	23	24	25	26	27	28	29	30
⑤	④	③	④	②	④	④	③	④	③
31	32	33	34	35	36	37	38	39	40
①	⑤	④	④	④	④	③	④	①	②
41	42	43	44	45	46	47	48	49	50
③	④	④	③	③	②	①	②	④	①

01
정답 | ①

Quick해설 성염색체 유전 중 색맹에 대해 설명하고 있는 글이다. 2문단에서 사람의 염색체는 44개의 상염색체와 2개의 성염색체로 이루어져 있다고 설명하고 있다. 따라서 '사람의 염색체는 44개의 성염색체와 2개의 상염색체로 이루어져 있다'라는 말은 옳지 않다.

[오답풀이] ② 3문단에서 사람의 염색체 조합을 나타낼 때, 상염색체와 성염색체를 구별하여 표기한다고 설명하고 있다. 따라서 '사람의 염색체는 상염색체와 성염색체를 구별하여 조합한다'라는 말은 적절하다.

③ 4문단에서 '유전자가 성염색체에 놓여있으면 유전 양상은 성(Sex)에 따라 차이를 보인다'라고 설명하고 있다. 따라서 '성(Sex)에 따라 유전 양상이 차이를 보이는 이유는 성염색체 때문이다'라는 말은 적절하다.

④ 6문단에서 '아버지가 색맹(X'Y)이고 어머니는 정상(XX)일 때 태어날 수 있는 자녀들의 유전자 조합에 따른 표현형은 딸들은 모두 색맹유전자를 지닌다'라고 설명하고 있다. 따라서 '아버지가 색맹(X'Y)이고 어머니는 정상(XX)일 때 딸들은 모두 색맹유전자를 지니고 태어난다'라는 말은 적절하다.

⑤ 7문단에서 '성의 결정에 관여하는 염색체는 Y염색체'라고 설명하고 있다. 따라서 '성의 결정에 관여하는 염색체는 Y염색체이다'라는 말은 적절하다.

02
정답 | ②

Quick해설 글의 제목을 찾을 때에는 각 문단의 중심(핵심어)를 찾는 것이 중요하다. 이 글은 1~2문단에서 사람이 가지고 있는 염색체에 대해서 설명해 주고 있다. 따라서 제목이 염색체의 종류와 특징으로 잘못 오해할 소지가 많다. 하지만 4문단을 보면 '색맹 유전에 대해 알아본다'라고 되어 있다. 따라서 이 글의 제목은 '성염색체 유전－색맹 유전'이 적절하다.

03
정답 | ⑤

Quick해설 1문단에서 기업의 연구개발 노력의 결과로 다른 산업 분야의 기업들이 혜택을 누리는 현상을 경제학에서 '기술 파급 효과'라고 부른다라고 설명하고 있다. 따라서 '기업의 연구개발 노력의 결과로 기업이 독점적인 혜택을 누리는 현상을 기술파급효과라 부른다'라는 말은 적절하지 않다.

[오답풀이] ① 3문단에서 '특허는 새로운 기술이나 물건을 발견한 사람에게 일정 기간 배타적인 독점권을 부여하는 제도이다'라고 설명하고 있다.

② 5문단에서 '네거티브 마케팅'이라고 부르는 마케팅 전략이다. 사회적으로 금기시되는 소재를 경쟁사의 상품과 연결하는 등 소비자에게 경쟁사에 대한 부정적인 인식을 심어주는 데 목적을 둔다고 설명하고 있다. 따라서 '소비자에게 경쟁사에 대한 부정적인 인식을 심어주는 데 목적을 둔 마케팅을 네거티브 마케팅이라고 한다'는 적절하다.

③ 6문단에서 '교류는 지금까지 전 세계 송전 체계의 표준으로 남아 있다'라고 설명하고 있다. 따라서 '전 세계 송전체계의 표준은 교류 전압 방식이다'라는 말은 적절하다.

④ 1문단에서 '교류는 변압이 용이하다는 장점 덕분에 장거리 송전에 활용되고 있다. 당시 패배했던 직류 역시 철도와 배터리, 태양광발전, 반도체 등 다양한 분야에 활용되고 있다'라고 설명하고 있다. 따라서 '교류 전압과 직류 전압은 다양한 분야에서 활용되고 있다'는 적절하다.

04

정답 | ④

Quick해설 6문단에서 환상주의의 세계는 게임 및 가상현실 영역에서도 그 자리를 찾았고 이러한 공간 조작의 환상은 게임에 추가적인 복잡성을 더해 플레이어의 문제 해결 기술을 활용하고 가상 세계에서 가능한 것의 경계를 넓힌다고 설명하고 있다. 따라서 '게임 및 가상현실에서의 환상주의는 문제 해결 기술을 저해시켰다'는 적절하지 않다.

[오답풀이] ① 3문단에서 '환상주의는 음악 및 공연 예술의 세계에도 큰 영향을 미쳤고 데이비드 코퍼필드(David Copperfield)와 같은 유명 음악가들은 라이브 공연에 환상을 접목하고 음악, 춤, 놀라운 기술을 결합하여 청중에게 진정한 몰입형 경험을 선사했다'라고 설명하고 있다. 따라서 '음악 및 공연 예술에서의 환상주의는 청중에게 진정한 몰입형 경험을 선사했다'는 적절하다.

② 4문단에서 '환상주의는 소비자를 사로잡고 지속적인 인상을 남기기 위해 기만 기술을 사용하는 광고 및 마케팅 영역으로 진출했다'라고 설명하고 있다. 따라서 '환상주의는 소비자를 사로잡고 지속적인 인상을 남기기 위해 광고 및 마케팅 영역에 진출했다'는 적절하다.

③ 2문단에서 '환상주의가 번성한 가장 두드러진 매체 중 하나는 영화와 텔레비전 영역이다'라고 설명하고 있다. 따라서 '환상주의가 번성한 가장 두드러진 매채 중 하나는 영화와 텔레비전 영역이다'는 적절하다.

⑤ 5문단에서 '소셜 미디어 시대에 환상주의는 인플루언서와 콘텐츠 제작자가 편집 도구와 시각 효과를 사용하여 추종자들에게 매혹적인 환상을 만들어내는 새로운 형태를 취했다. 놀라운 착시부터 입이 떡 벌어지는 마술까지, 이러한 디지털 착시 현상은 온라인 엔터테인먼트의 필수 요소가 되었다'라고 설명하고 있다. 따라서 '소셜미디어 시대의 환상주의는 온라인 엔터테인먼트의 필수 요소가 되었다'는 적절하다.

05

정답 | ④

Quick해설 4문단에서 '광고는 주의를 끌고 호기심을 불러일으키기 위해 시각적인 속임수와 환상을 사용하는 경우가 많다'라고 설명하고 있다. 따라서 '광고는 주의를 끌고 호기심을 불러일으키기 위해 사실의 재현과 환상을 사용한다'는 적절하지 않다.

[오답풀이] ① 1문단에서 '매혹적인 속임수와 놀라운 속임수를 지닌 환상주의는 역사상 항상 청중을 사로잡았다. 마술 쇼의 초창기부터 영화와 TV의 현대 세계에 이르기까지 환상주의는 대중문화에 침투하여 우리를 경외심과 경이로움에 빠뜨렸다'라고 설명하고 있다. 따라서 '매혹적인 속임수의 환상주의는 대중문화에 침투하여 우리에게 경외심과 경이로움을 선사했다'는 적절하다.

② 2문단에서 '수많은 영화와 TV 프로그램이 환상주의라는 개념을 받아들여 놀라운 속임수와 영리한 속임수를 선보였다'라고 설명하고 있다. 따라서 '수많은 영화와 TV프로그램은 환상주의라는 개념을 받아들여 놀라운 속임수와 영리한 속임수를 선보였다'는 적절하다.

③ 3문단에서 '음악과 환상의 결합은 공연에 또 다른 볼거리를 더해주며, 관객은 예술가의 기술과 창의성에 경외감을 느끼게 한다'라고 설명하고 있다. 따라서 음악과 환상의 결합은 관객들에게 예술가의 기술과 창의성을 느끼게 해 주었다.

⑤ 7문단에서 '환상주의는 다양한 형태의 엔터테인먼트에 스며들어 전 세계적으로 청중을 사로잡는 대중문화의 필수적인 부분이 되었다'라고 설명하고 있다. 따라서 '환상주의는 청중을 사로잡는 대중문화의 필수적인 부분이 되었다'는 적절하다.

06

정답 | ③

Quick해설 빈칸 추론 유형으로, 전반적인 내용 파악만 되면 충분히 풀 수 있는 문제이다. 3문단에서 '달에는 지구에서 얻기 힘든 자원이 풍부하다. 대표적인 자원이 '헬륨3'이다. 헬륨3은 헬륨의 동위원소로 차세대 핵융합 발전 원료로 주목받는 물질이다'라고 설명하고 있다. 따라서 빈칸에 들어갈 말로 바르게 짝지은 것은 ③이다.

07

정답 | ⑤

Quick해설 6문단에서 '국제연합(UN)은 우주 공간과 천체는 인류 공동의 유산이기 때문에 특정 국가나 기관이 상업적 목적으로 소유권을 주장할 수 없고 조약은 공동 합의에 불과해 강제할 만한 법적인 효력이 없다'고 말하고 있다. 또한 '조항도 미비해 국가나 기관이 소유할 수 없다는 조항만 있고 개인이 소유할 수 없다는 조항은 없다'라고 설명하고 있다. 따라서 '달의 소유권은 국가나 개인에게 없으며 법적 효력도 가지고 있지 않다'라는 말은 적절하지 않다.

[오답풀이] ① 2문단에서 '나사의 달 탐사 위성이 달에 '얼어붙은 물'이라는 자원이 존재할 가능성을 보여주는 실험 결과를 얻은 후부터 달은 다시 전 세계 우주 연구의 중심이 되고 있다'라고 설명하고 있다. 따라서 '달에 인간의 생존과 관련된 물질이 존재할 가능성을 보여주는 실험 결과 이후 전 세계 우주 연구의 중심이 되고 있다'라는 말은 적절하다.

② 3문단에서 '지구에 부족한 희귀 광물들이 다량 묻혀 있을 것으로 추정하고 이 원소들은 채굴 및 가공 과정에서 엄청난 비용 부담 및 환경오염을 일으킨다'고 설명하고 있다. 따라서 '헬륨3과 같은 지구에 부족한 희귀 광물들은 환경오염과 비용 부담 증가라는 문제점을 가지고 있다'는 적절하다.

③ 4문단에서 '달은 자전 주기와 공전 주기가 같기 때문에 지구와 톱니바퀴처럼 맞물려 돌아가고 지구에서 영원히 볼 수 없는 부분이 있다'라고 설명하고 있다. 따라서 '달의 뒷면을 지구에서 영원히 볼 수 없는 이유는 자전 주기와 공전 주기의 동일성 때문이다'는 적절하다.

④ 4문단에서 '창어 4호가 최초로 달의 뒷면에 도착했다'고 말하고 있다. 또한 '평평하고 낮은 앞면에 비해 뒷면은 험한 산지가 많아 더 많은 자원이 숨어있을 수도 있다'라고 설명하고 있다. 따라서 '창어 4호가 최초로 달의 뒷면에 도착한 사건은 중국의 자원 확보에 큰 도움을 줄 수 있다'라는 말은 적절하다.

08 　　　　　　　　　　　　　　　정답 | ③

Quick해설 문단의 소제목을 찾는 방법은 핵심어와 중심 문장을 찾는 방법이 가장 효과적이다. 3문단은 이란의 석유 수출 중단으로 인해 2차 오일 쇼크가 일어났고 이후 세계 각국에서 대체 가능한 친환경에너지에 눈을 돌렸다고 설명하고 있다. 그리고 이로 인해 '그린플레이션'

현상이 일어났다고 설명하고 있다. 따라서 3문단의 소제목은 '2차 오일 쇼크와 그린플레이션'이 적절하다.

[오답풀이] ① 1문단은 최근 요소수 품귀 사태를 사례로 들면서 자원의 희소성으로 인한 자원의 중요성에 대해 이야기하고 있다. 그리고 세계 각국에서 '자원 전쟁'이 시작되었다고 설명하고 있다. 따라서 1문단의 소제목은 '자원의 희소성으로 인한 자원 전쟁의 시대'가 적절하다.

② 2문단은 19세기 '석유의 시대'가 열리면서 아랍 국가들이 석유를 무기로 사용하면서 '1차 오일 쇼크'가 발생했다는 내용을 설명하고 있다. 따라서 2문단의 소제목은 "전 세계를 뒤흔든 '오일 쇼크'"가 적절하다.

④ 4문단은 20세기 후반부터 전 세계적으로 '희토류'가 각광받고 있으며 전 세계 나라들이 중국에 의존할 수밖에 없는 현실이라는 점을 설명하고 있다. 그리고 중국이 이 희토류를 국가 전략 무기로 사용하고 있다는 내용을 설명하고 있다. 따라서 4문단의 소제목은 "중국의 전략 무기 '희토류'"가 적절하다.

⑤ 5문단은 유럽 국가들이 석유 파동으로 인해 '서머타임' 제도를 도입했다는 내용을 설명하고 있다. 따라서 5문단의 소제목은 "석유 파동의 확대 '서머타임'"이 적절하다.

09 　　　　　　　　　　　　　　　정답 | ④

Quick해설 3문단에서 '풍력·태양광 발전량이 에너지 수요를 못 쫓아가면서 화석 연료 몸값이 올라가게 되었다'라고 설명하고 있다. 따라서 '풍력. 태양광 발전량이 풍부해지면서 화석 연료 가격의 하락에 영향을 미쳤다'는 적절하지 않다.

[오답풀이] ① 1문단에서 '석탄 공급이 줄자 석탄 가격이 급등하게 되었다고 그 결과 석탄에서 추출하는 요소의 가격도 급등했다'라고 설명하고 있다. 따라서 '최근 석탄 공급량의 하락은 요소 가격의 상승으로 이어졌다'는 내용은 적절하다.

② 2문단에서 '20세기 들어 세계 곳곳에서 대형 유전이 발견되었고 공급이 늘자 석유 가격은 떨어졌다. 원유 정제 기술을 갖고 있는 셸 등 대형 석유 회사들은 중동 산유국에서 원유를 값싸게 사들여 큰 이득을 남긴 반면, 정작 산유국들은 큰 이익을 누리지 못해 불만이 커졌다'라고 설명하고 있다. 따라서

'20세기에 들어 석유 공급량의 증가는 산유국들의 이익 감소에 영향을 미쳤다'라는 내용은 적절하다.

③ 3문단에서 세계 원유의 10%를 차지하던 이란이 석유 수출을 중단하자 원유 가격은 또 치솟았다. 이를 '2차 오일 쇼크'라고 한다. '석유 파동 후 수십 년이 지나 선진국들은 기후 변화에 대한 관심을 갖게 되었다'라고 설명하고 있다. 따라서 '원유 가격의 상승은 선진국들의 기후 변화에 관심을 가지게 된 계기가 되었다'라는 말은 적절하다.

⑤ 5문단에서 '서머타임이 인간의 생체 리듬을 깨뜨리고, 경제 효과도 별로 없다면서 반대하는 의견도 나오고 있는 실정이다'라고 설명하고 있다. 따라서 '서머 타임 제도는 유럽 여러 나라의 경제 발전에 큰 영향을 미치지 못했다'라는 말은 적절하다.

10
정답 | ④

Quick해설 3문단에서 '과거에 쌍꺼풀 수술이 열풍이었던 것처럼, 현재는 각종 안티에이징 시·수술 또한 점차 일반화, 대중화되어 가고 있는 것이 사실이다'라고 설명하고 있다. 따라서 노화 방지를 위한 각종 안티에이징 시술은 아직까지는 대중화되어 있지 않다는 적절하지 않다.

[오답풀이] ① 2문단에서 '나이가 들면서 정상적인 노화의 과정으로 근육 및 지방이 위축되고, 결합조직이 느슨해지면서 지방 조직이 원래의 위치에서 벗어나 중력방향으로 늘어지게 된다'라고 설명하고 있다. 따라서 '근육 및 지방이 위축되고 결합 조직이 느슨해지면서 정상적인 노화가 시작된다'는 적절하다.

② 2문단에서 '피부는 누적된 자외선 노출과 노화 자체의 과정으로 인해 탄력이 줄어들고 모공이 확장되며, 여러 가지 색소 질환들이 생긴다. 이와 더불어 혈관의 수축과 탄성이 저하되어 안면홍조, 모세혈관 확장증 등의 증상이 나타나게 된다'라고 설명하고 있다. 따라서 누적된 자외선 노출과 더불어 혈관의 수축과 탄성이 저하되어 안면홍조 증상이 나타난다는 적절하다.

③ 4문단에서 '다양한 기능성 화장품들과 마사지, 자외선차단 등의 방법으로 관리하는 것이 1차적인 관리법이 될 수 있다'라고 설명하고 있다. 따라서 '노화 방지를 위한 1차적인 관리법에는 기능성 화장품과 마사지, 자외선 차단 등이 있다'는 적절하다.

⑤ 5문단에서 '시술이나 수술 후에는 정도의 차이가 있을 뿐, 붓기나 멍이 있을 수 있고 감각저하가 있을 수도 있다'고 설명하고 있다. 따라서 '노화 방지를 위한 시술이나 수술 후에는 붓기나 멍이 있을 수 있고 감각 저하가 있을 수 있다'는 적절하다.

11
정답 | ①

Quick해설 자리를 A, B, C, D, E라고 하고, 사람을 a, b, c, d라고 하면(e는 오지 않은 상태라고만 가정), 자기 자리에 앉지 않은 사람은 0명, 1명, 2명으로 나눌 수 있다.

• 0명인 경우: 자리 A, B, C, D에 각각 사람 a, b, c, d가 앉는 경우 1가지

• 1명인 경우: 자리 A, B, C에 각각 사람 a, b, c까지만 앉고, 사람 d가 자리 E에 앉을 경우는 1가지이다. 이때, 사람 a, b, c의 경우도 고려하면 총 4가지이다.

• 2명인 경우: 자리 A와 B에 각각 사람 a, b까지만 앉고, 사람 c와 사람 d에 대해서는 다음과 경우를 고려한다.

  − 사람 c가 자리 D에, 사람 d가 자리 C에
  − 사람 c가 자리 D에, 사람 d가 자리 E에
  − 사람 c가 자리 E에, 사람 d가 자리 C에

위 경우로 총 3가지이다. 이때 4명 중 2명을 고르는 경우의 수는 $_4C_2 = 4 \times 3 \div 2 = 6$(가지)이므로, 총 $3 \times 6 = 18$(가지)이다.

따라서 잘못 앉은 지원자 수가 2명 이하일 경우의 수는 $1 + 4 + 18 = 23$(가지)이다.

12
정답 | ②

Quick해설 24개의 수 조합은 1, 2, 3, 4가 균일하게 나온다. 24개의 수에서 일의 자리만 생각하면 1, 2, 3, 4가 6번씩 나오면 총 24개의 수를 만든다. 따라서 24개의 수의 일의 자리 수를 각각 더하면 $1 \times 6 + 2 \times 6 + 3 \times 6 + 4 \times 6 = 6 + 12 + 18 + 24 = 60$이다.

십의 자리의 수를 각각 더하면 10배인 $60 \times 10 = 600$이 된다.

같은 방법으로 계산해 보면 다음과 같다.

(일의 자리의 합) + (십의 자리의 합) + (백의 자리의 합) + (천의 자리의 합)
$= 60 + 600 + 6,000 + 60,000 = 66,660$

문제해결 Tip

네 자리 수를 모두 더하려면 시간이 오래 걸리므로 만들 수 있는 네 자리 수 중 천의 자리와 백의 자리 수만 더하여 빠르게 정답을 찾을 수 있어야 한다.

$12 \times 2 + 13 \times 2 + 14 \times 2 + 21 \times 2 + 23 \times 2 + 24 \times 2 + 31 \times 2 + 32 \times 2 + 34 \times 2 + 41 \times 2 + 42 \times 2 + 43 \times 2 = (12 + 13 + 14 + 21 + 23 + 24 + 31 + 32 + 34 + 41 + 42 + 43) \times 2 = 660$

13
정답 | ①

Quick해설 주어진 글에서 '(영업이익)=(매출액)−(영업비용)'이고, '(당기순이익)=(영업이익)+(영업외손익)−(법인세)'임을 알 수 있다. 2018년과 2020년은 당기순이익이 영업이익보다 크므로 당기순이익률도 더 높다.

[오답풀이] ② 5년간 △△기업의 영업외손익은 $700 + (-360) + 420 + (-250) + (-90) = 420$(억 원)이다.

③ 2019년 영업외손익은 −360억 원이고 2020년에는 420억 원이다. 따라서 2020년 영업외손익은 전년 대비 780억 원 증가했으므로 800억 원 미만으로 증가했다.

④ 2022년 △△기업의 매출액은 2019년 대비 $\frac{1,650 - 1,050}{1,050} \times 100 = 57.1(\%)$ 증가했으므로 55% 이상 증가했다.

⑤ 2021년 △△기업의 영업비용은 1,680억 원이다. 이중 판매관리비가 60%를 차지한다면 매출원가는 $1,680 \times (1 - 0.6) = 672$(억 원)이다.

14
정답 | ①

Quick해설 ㉠ 2018년 △△기업의 영업이익은 $1,280 - 1,040 = 240$(억 원)이므로 영업이익률은 $\frac{240}{1,280} \times 100 = 18.8(\%)$이다. 따라서 2018년 △△기업은 수익성이 좋은 회사이다.

㉣ 2018년과 2022년 △△기업의 당기순이익률을 각각 구하면 다음과 같다.

• 2018년: $\frac{1,280 - 1,040 + 700 - 70}{1,280} \times 100 = 68.0(\%)$

• 2022년: $\frac{1,650 - 1,490 - 90 - 40}{1,650} \times 100 = 1.8(\%)$

따라서 △△기업의 2018년 대비 2022년 당기순이익률은 $68.0 - 1.8 = 66.2(\%\text{p})$ 감소했다.

[오답풀이] ㉡ 2019년 △△기업의 영업이익은 $1,050 - 960 = 90$(억 원)이므로 영업이익률은 $\frac{90}{1,050} \times 100 = 8.6(\%)$이다. 즉, 10% 미만이다. 그리고 영업외손익이 −360억 원이므로 당기순이익이 음수일 것이다. 즉, 당기순이익률 또한 음수로 나타날 것이다. 따라서 2019년 △△기업은 수익성이 좋은 회사가 아니다.

㉢ 2020년 △△기업의 당기순이익은 $1,320 - 1,440 + 420 - 45 = 255$(억 원)이므로 당기순이익률은 $\frac{255}{1,320} \times 100 = 19.3(\%)$이다. 즉, 20% 미만이다.

15
정답 | ④

Quick해설 9월 취업준비자 수는 전월 대비 $\frac{732 - 670}{670} \times 100 = 9.3(\%)$ 증가했으므로 10% 미만으로 증가했다.

[오답풀이] ① 실업자 수와 실업률은 모두 '증가−감소−감소−감소'로 일치한다.

② 7~11월 구직단념자는 $546 + 533 + 556 + 526 + 535 = 2,696$(천 명)이다. 따라서 평균은 $2,696 \div 5 = 539.2$(천 명)이므로, 54만 명 미만이다.

③ 7월 취업자 수는 27,083천 명이고 11월에는 27,184천 명이므로 7월 대비 11월 취업자 수는 $27,184 - 27,083 = 101$(천 명) 증가했다. 즉, 10만 명 이상 증가했다.

⑤ 취업자 전월 대비 증감 인원으로 주어진 값의 절댓값이 176으로 가장 큰 8월이 전월 대비 가장 큰 폭으로 변화했다.

16
정답 | ①

Quick해설 ㉢ 2021년 12월 실업자는 전월 대비 10% 감소한 $909 \times 0.9 = 818$(천 명)이므로 하반기 월평균 실업자는 $(1,039 + 1,133 + 1,024 + 973 + 909 + 818) \div 6 = 983$(천 명)이다. 따라서 98.3만 명이므로 98만 명보다 많다.

[오답풀이] ㉠ 2021년 하반기 취업자는 월평균 2,718.7

만 명이므로 12월 취업자는 $27,187 \times 6 - (27,083 + 26,907 + 27,055 + 27,090 + 27,184) = 27,803$ (천 명)이고, 6월은 $27,083 + 43 = 27,126$(천 명)으로 6월 대비 $27,803 - 27,126 = 677$(천 명) 증가했다. 따라서 67.7만 명이므로 70만 명 미만으로 증가했다.

ⓒ 취업준비자는 12월에 74만 명으로 예상되므로 전월 대비 증가율은 $\dfrac{740 - 701}{701} \times 100 ≒ 5.6(\%)$이다.

ⓔ 구직단념자는 매월 취업준비자의 70% 이상이므로 12월 구직단념자는 $740 \times 0.7 = 518$(천 명) 이상이고, 전월 대비 $\dfrac{535 - 518}{535} \times 100 ≒ 3.2(\%)$, 즉 4% 미만으로 감소했다.

ⓜ 12월 실업률은 전월 대비 0.2%p 감소하여 3%이므로 하반기에는 가장 낮다. 따라서 실업률이 가장 높은 8월과 $4 - 3 = 1(\%p)$, 즉 1.2%p 미만으로 차이 난다.

17
정답 | ⑤

Quick해설 녹색제품 구매계획 금액의 비중은 $\dfrac{7,974,279}{8,194,838}$ $\times 100 ≒ 97.3(\%)$이고, 녹색제품 구매 금액의 비중은 $\dfrac{6,078,105}{6,729,154} \times 100 ≒ 90.3(\%)$로 7%p 낮다.

[오답풀이] ① 녹색제품 구매계획 금액보다 더 많은 금액을 쓴 녹색제품은 복사기, OA칸막이, 노트북, 카트리지(토너/잉크), 페인트 다섯 가지이다.

② 화장지는 전체 구매 금액과 녹색제품 구매 금액이 3,440천 원으로 동일하다.

③ 책상(탁자)의 경우 $\dfrac{357,477}{557,773} \times 100 ≒ 64.1(\%)$ 구매했으므로 옳지 않다.

④ 주어진 자료에서는 녹색제품 구매 개수를 알 수 없다.

> **문제해결 Tip**
> ③ 모든 물품의 비중을 구하지 않고, 전체 구매 금액에 0.7을 곱하여 녹색제품 구매 금액과 비교한다. 앞 두 자리에 0.7을 곱했을 때 녹색제품 구매 금액보다 크지 않은 물품은 책상(탁자)이고, 정확히 계산해 보면 $557.773 \times 0.7 = 390,441.1$(천 원)으로 녹색제품 구매 금액보다 크다.

18
정답 | ①

Quick해설 전체 구매계획 금액에서 녹색제품 구매계획 금액 비중을 각각 구하면 다음과 같다.

ⓐ $617,009 \div 622,676 \times 100 ≒ 99.1(\%)$

ⓑ $882,540 \div 917,590 \times 100 ≒ 96.2(\%)$

ⓒ $253,610 \div 267,821 \times 100 ≒ 94.7(\%)$

ⓓ $4,077 \div 4,160 \times 100 ≒ 98.0(\%)$

따라서 녹색제품 구매계획 금액 비중이 큰 순서대로 나열하면 ⓐ-ⓓ-ⓑ-ⓒ이다.

19
정답 | ②

Quick해설 ⓐ 2017년 공공기관 자산은 전년 대비 185.9조 원에서 177.9조 원으로 감소했다.

ⓔ 비율(%)에 대한 증감은 %p의 단위로 나타낸다. 따라서 2019년에는 부채비율이 2.9%p 감소했다고 해야 한다.

[오답풀이] ⓑ 다른 기간에 비해 2017년과 2018년 사이 $140.8 - 125.6 = 15.2$(조 원) 증가하여 가장 큰 폭을 나타낸다.

ⓒ 제시된 [표]에서 자산은 $204.9 - 193.4 = 11.5$(조 원) 증가했고, 부채는 전년과 동일함을 알 수 있다.

20
정답 | ①

Quick해설 2019년 자산은 전년 대비 $204.9 - 193.4 = 11.5$(조 원) 증가했으므로 증가율은 $\dfrac{11.5}{193.4} \times 100 ≒ 5.9(\%)$이다.

2019년 자본은 전년 대비 $152.4 - 140.8 = 11.6$(조 원) 증가했으므로 증가율은 $\dfrac{11.6}{140.8} \times 100 ≒ 8.2(\%)$이다.

21
정답 | ⑤

Quick해설 A의 발언에 따라 A-D, B의 발언에 따라 B-E, C의 발언에 따라 C-E-D 또는 C-D-E 순으로 교실에 도착했다. 또한, D의 발언을 보면 D는 B보다 빨리 교실에 도착했다. E의 발언에 따라 D, E 순으로 도착했다.

이때 D의 발언은 B와 E 2명의 발언과 모순되며 D의 발언이 참인 경우 나열이 불가능하다.

따라서 거짓을 말하는 사람은 D이고, 가장 늦게 교실에 도착한 사람은 E이다.

> **문제해결 Tip**
> 서로 모순되는 주장을 하는 사람을 파악하여, 참/거짓을 구분한다.

22
정답 | ④

Quick해설 A가 던진 주사위의 합은 3, 6, 9, 12 총 4가지 경우가 있다. 이중 2번 모두 같은 숫자가 조건을 만족하는 경우는 (3, 3)과 (6, 6) 2가지가 존재한다.

[오답풀이] ① 3과 4의 최소공배수는 12이다.
② 주사위의 합이 홀수가 나오려면 (홀수, 짝수) 또는 (짝수, 홀수)가 나와야 한다.
③ 3과 5의 최소공배수는 15이지만, 던진 주사위의 합은 12를 초과할 수 없다.
⑤ 주사위의 합이 짝수가 나오려면 (홀수, 홀수) 또는 (짝수, 짝수)가 나와야 한다.

> **문제해결 Tip**
> 각각의 최소공배수와 홀수, 짝수의 합을 구분한다.

23
정답 | ②

Quick해설 동아리별로 행사 일정이 가능한 날짜를 작성하면 다음과 같다.

첫째 주	둘째 주	셋째 주	넷째 주	다섯째 주
축구, 사진, 댄스	등산	축구, 사진, 댄스	축구, 여행	등산, 축구, 사진, 댄스, 여행

축구 동아리-사진 동아리-댄스 동아리 순으로 예약하므로 첫째 주에 축구 동아리가 오게 되고, 셋째 주에 사진 동아리 그리고 다섯째 주에 댄스 동아리가 오게 된다. 먼저 배치 후 주차별 1개 동아리만 예약 가능하도록 일정을 작성하면 다음과 같다.

첫째 주	둘째 주	셋째 주	넷째 주	다섯째 주
축구	등산	사진	여행	댄스

> **문제해결 Tip**
> 조건에 어긋나는 보기를 삭제한 후에 조건에 맞게 배치표를 작성한다.

24
정답 | ③

Quick해설 박 인턴은 신입직원이기 때문에 전근여비 지급기준에 의거하여 입사 전 거주지가 서울이므로 서울본부에서 본사까지 300km 이상의 기준액을 적용받는다. 서울본부에서 본사까지의 거리는 김 부장 발령사항에서 찾을 수 있다.

[오답풀이] ① 본부근속이 6개월 미만인 경우 전근여비 교통비 및 이전료 모두 6개월 이상인 경우의 $\frac{1}{2}$이다.
② 가족동반 부임 시 단신부임 교통비의 $\frac{1}{2}$을 추가 지급하므로 단신부임교통비 $\times (1+\frac{1}{2})$로 1.5배이다.
④ 전근여비 지급가능 사유에 따르면, 징계처분으로 전근 시 전근여비를 받을 수 없다.
⑤ 6개월 미만인 경우와 6개월 이상인 경우로 나눠서 정리하면 다음과 같다.
  • 6개월 미만의 경우: 100km 미만 직원은 300,000원, 200~299km 직원은 900,000원
  • 6개월 이상의 경우: 100km 미만 직원은 600,000원, 200~299km 직원은 1,800,000원

  따라서 모두 $\frac{1}{3}$이다.

25
정답 | ④

Quick해설 이 대리는 5개월 근무하고 이동하기 때문에 (전근여비 교통비+이전료)÷2를 지급받게 되고, 가족동반이기 때문에 교통비는 1.5배가 된다. 따라서 (50+15)÷2=32.5(만 원)의 전근여비를 지급받게 된다.

[오답풀이] ① 김 부장은 300km 이상, 6개월 이상 근무, 가족동반이기 때문에 (200+60)×1=260(만 원)의 전근여비를 받는다.
② 오 차장은 200~299km, 6개월 이상 근무, 가족동반이기 때문에 (150+45)×1=195(만 원)의 전근여비를 받는다.

③ 최 과장은 100~199km, 6개월 미만 근무, 단신부임이기 때문에 $(100+20) \times \frac{1}{2} = 60$(만 원)의 전근여비를 받는다.

⑤ 박 인턴은 300km 이상, 신입사원, 단신부임이기 때문에 $(200+40) \times 1 = 240$(만 원)의 전근여비를 받는다.

문제해결 Tip
기간과 비고를 참조하여, 전근여비규정에 맞게 계산한다.

26
정답 | ②

Quick해설 1회 충전 시 최대주행거리는 '전비×배터리용량'으로 계산되며, B의 경우 385km이다.
A의 경우 390km, C의 경우 337.5km, D의 경우 320km, E의 경우 352km로 가장 긴 차종은 A이다.

[오답풀이] ① 평일 전 시간대에서 봄·가을이 여름, 겨울보다 충전요금이 저렴하다.

③ 최대부하 시간대는 봄, 여름, 가을, 겨울 모두 경부하 및 중간부하 시간대보다 비싸다.

④ 토요일 최대부하 시간대 충전요금은 중간부하 시간대 요금을 적용하기 때문에 동일하다.

⑤ 일요일 충전요금은 전 구간 경부하 시간대 요금을 적용하기 때문에 동일하다.

27
정답 | ④

Quick해설 고객 A는 전월 140kWh에서 180kWh로 약 29% 증가했고, 고객 B는 240kWh에서 360kWh로 50% 증가, 고객 C는 260kWh에서 420kWh로 약 62% 증가했다.

[오답풀이] ① ~200kWh, 201~300kWh, 301~400kWh, 401~450kWh, 450kWh로 구간을 나눌 수 있으며, 모든 구간에서 기본요금은 저압이 고압보다 비싸다.

② 401~450kWh 사용 시 주택용 저압의 기본요금은 7,300원, 고압은 1,260원으로 약 5.8배이다. 따라서 5배 이상 높다.

③ 고객 D와 고객 E 모두 전월 대비 당월 전기사용량이 각각 88.5%, 83.3%로 10% 이상 감소했다.

⑤ 주택용 저압 기준 최저구간 기본요금은 910원, 최고구간 기본요금은 7,300원으로 약 8.02배이고, 주택용 고압 기준 최저구간 기본요금은 730원, 최고구간 기본요금은 6,060원으로 약 8.3배이다. 따라서 8배 이상 높다.

문제해결 Tip
증감에 관한 계산을 근사치로 계산하여 선택지와 비교한다.

28
정답 | ③

Quick해설 '기본요금+구간별 전력량요금'을 구해 합산한다.
- 당월 사용량: 420kWh
- 기본요금: 7,300원
- 전력량요금: $200 \times 120 + 200 \times 215 + 20 \times 307 = 73,140$(원)
→ 전기요금: 80,440원

[오답풀이] ① 당월 사용량이 180kWh이므로 기본요금은 910원, 전력량요금은 $180 \times 120 = 21,600$(원)이다. 따라서 전기요금은 22,510원이다.

② 당월 사용량이 360kWh이므로 기본요금은 1,260원, 전력량요금은 $300 \times 105 + 60 \times 174 = 41,940$(원)이다. 따라서 전기요금은 43,200원이다.

④ 당월 사용량이 460kWh이므로 기본요금은 6,060원, 전력량요금은 $300 \times 105 + 150 \times 174 + 10 \times 242 = 60,020$(원)이다. 따라서 전기요금은 66,080원이다.

⑤ 당월사용량이 350kWh이므로 기본요금은 1,600원이고, 전력량요금은 $200 \times 120 + 150 \times 215 = 56,250$(원)이다. 따라서 전기요금은 57,850원이다.

29
정답 | ②

Quick해설 잠실역, 사당역의 경우 8일 주차비용이 각각 230,400원, 172,800원으로 월 정기권 250,000원, 180,000원을 구매하는 것보다 일 주차권 요금을 지불하는 것이 더 저렴하다.

[오답풀이] ① 일 주차권과 월 정기권이 각각 18,700원, 120,000원으로 영등포구청역 공영주차장이 가장

저렴하다.

③ 수서역 공영주차장에 1시간 주차 시 요금은 3,840원이며, 경차의 경우 50% 감면되므로 1,920원이다.

④ 400분 주차 시 잠실역 32,000원, 한강진역 40,000원, 사당역 24,000원, 수서역 25,600원, 영등포구청역 20,800원이고, 일 주차권 구매 시 잠실역 28,800원, 한강진역 36,000원, 사당역 21,600원, 수서역 23,000원, 영등포구청역 18,700원으로 일 주차권 요금을 지불하는 게 더 저렴하다.

⑤ 한강진역 공영주차장 월정기권 구매 시 280,000원이며, 보훈대상자는 30% 감면되므로 196,000원으로 200,000원 이하이다.

문제해결 Tip

시간당요금, 일 주차권, 월 정기권을 비교한다.

30
정답 | ③

Quick해설 해당자별 감면 조건을 고려한다. 2자녀 가족은 월 정기권에 대한 감면 혜택이 없으므로, 수서역 공영주차장 월 정기권 요금은 150,000원이다. 월 정기권 요금은 3자녀 이상만 50% 감면이다.

[오답풀이] ① 국가유공자 시간주차권 80% 감면이므로, 잠실역 공영주차장에 6시간 주차 시 $28,800 \times 0.2 = 5,760$(원)이다.

② 저공해차 월 정기권 20% 감면이므로, 사당역 공영주차장의 월 정기권을 구매하면 $180,000 \times 0.8 = 144,000$(원)이다.

④ 보훈대상자 시간주차권 50% 감면이므로, 영등포구청역 공영주차장에 4시간 주차 시 $12,480 \times 0.5 = 6,240$(원)이다.

⑤ 전기차 충전 이용 시간주차권 1시간 면제 후 50% 감면이므로 한강진역 공영주차장에 6시간을 주차할 때 $30,000 \times 0.5 = 15,000$(원)이다.

31
정답 | ①

Quick해설 워크숍 참여 예정 인원이 130명이므로, A업체와 C업체에서 할인 받을 수 있다. 또한, B업체의 경우에도 총 4식(중식, 석식, 조식, 중식)이 되어 할인을 받을 수 있다. 그리고 비용 처리를 위해 법인 카드로 결

제하므로 D업체에서는 할인 받을 수 없다. 이때, A업체와 D업체를 비교 시 동일한 10% 할인이지만, D업체에서는 할인을 받을 수 없으므로 다음과 같다.

업체	가격(원)			합계(원)
	조식	중식(2번)	석식	
A	13,500	22,500	27,000	13,500+22,500×2+27,000=85,500
D	13,000	24,000	30,000	13,000+24,000×2+30,000=91,000

A업체가 더 저렴하므로 D업체는 제외한다.

또한 E업체는 할인 받을 수 없고, 식사가격도 다른 업체들에 비해 비싸므로 제외한다.

남은 A업체(10% 할인), B업체(5% 할인), C업체(석식 15% 할인)를 비교 시 다음과 같다.

업체	가격(원)			합계(원)
	조식	중식	석식	
A	13,500	22,500	27,000	13,500+22,500×2+27,000=85,500
B	11,400	26,600	30,400	11,400+26,600×2+30,400=95,000
C	13,000	24,000	25,500	13,000+24,000×2+25,500=86,500

A업체가 B업체, C업체보다 저렴하지만, B업체와 E업체만 VAT(10%) 포함 가격이므로 A업체와 C업체는 10%의 VAT를 가산해야 한다.

업체	합계
A	85,500×1.1=94,050(원)
B	95,000원
C	86,500×1.1=95,150(원)

따라서 A업체가 가장 저렴하므로, A업체를 선택한다.

32
정답 | ⑤

Quick해설 예산을 최소화 하는 방향이므로 식당은 A업체를 선택할 것이다. 이때, A업체, 교육시설, 숙박시설 모두 VAT(10%)를 고려해야 하는 항목이다. 하지만, 비용에 대한 비교만 하면 되므로 VAT(10%)를 고려할 필요가 없다.

구분	조식	중식	석식	교육시설	숙박시설
비용	13,500	22,500×2	27,000	800,000	80,000
130명 비용	13,500×130 =1,755,000	22,500×2 ×130 =5,850,000	27,000×130 =3,510,000	800,000×2 =1,600,000	80,000× 130÷2 =5,200,000
식사 및 시설비용	1,755,000+5,850,000 +3,510,000=11,115,000			1,600,000 +5,200,000 =6,800,000	
전체 비용	11,115,000+6,800,000=17,915,000				

따라서 '조식 총비용(1,755,000원)<전체 비용 (17,915,000원)의 10%(1,791,500원)'이므로 10% 이상을 차지하는 것은 아니다.

[오답풀이] ① 식사 총비용 중 중식 총비용은 50% 이상을 차지한다.
→ 식사 총비용(11,115,000원)의 50%(5,557,500 원)<중식 총비용(5,850,000원)
② 전체 비용은 시설 비용의 2배 이상이다.
→ 시설 비용의 2배(6,800,000×2=13,600,000 원)<전체 비용(17,915,000원)
③ 교육시설 비용은 숙박시설 비용의 30%를 상회한다.
→ 숙박시설 비용(5,200,000원)의 30% (1,560,000원)<교육시설 비용(1,600,000원)
④ 중식 총비용은 조식 총비용의 3배를 초과한다.
→ 조식 총비용의 3배(1,755,000×3=5,265,000 원)<중식 총비용(5,850,000원)

문제해결 Tip
①, ④ 식사 비용만을 비교한 것이므로, 130명의 식사 비용을 계산하여 비교할 필요가 없다. 즉, 1명의 조식, 중식, 석식, 전체 비용으로 비교 가능하다.

33
정답 | ③

Quick해설 ○○기관이 사택을 이용한 임대 수익을 올리기 위해 1,100만 원에 입찰되어 진행되는 사업
→ 공유재산 임대(사용·수익허가)의 경우 수의 계약은 금액과 무관하게 일상감사를 진행하나 입찰의 경우 1천만 원 초과 시 일상감사 대상에 속한다.

[오답풀이] ① 갑작스런 폭우로 인한 굴착 보수 공사 금액 1,200만 원이 지출되는 사업

→ 천재지변, 재해복구사업 등 긴급을 요하는 사업은 일상감사 대상에서 제외
② 시설 유지 보수를 위해 들어가는 인건비 1,000만 원이 자본예산으로 매달 지출 되는 사업 → 정기적으로 지출하는 인건비는 일상감사 대상에서 제외
④ 작년 일상감사를 마친 3천만 원 계약금액 전산시스템 구축 사업이 추진 중 설계 변경으로 인해 200만 원이 더 증액이 되어버린 상황
→ 설계 변경으로 인한 계약금액 10% 이상 증액 또는 감액되는 사업은 일상감사를 진행하지만, 3천만 원에 대한 200만 원은 10%가 되지 않으므로 일상감사 대상에서 제외
⑤ 송전철탑 안전 발판 1,200만 원어치를 구입하기 위해 조달청에 발주를 넣어 입찰 계약을 진행한 사업
→ 물품구입비 500만 원을 초과하는 경우이지만, 조달청에 발주를 넣어 입찰 계약을 진행한 경우에는 일상감사 대상에서 제외

34
정답 | ④

Quick해설 사안이 복잡하여 최종 결과 통보 때까지 최대한의 시간이 소요되었다고 했으므로 일상감사 수행 시에도 검토기간(7일 이내)은 연장이 되었을 것이다.
즉, 의뢰일 다음날부터 최대 7일+7일(기간 연장)+조치결과 통보(최대 14일)를 의미한다.
일상감사 의뢰부터 감사결과 통보 날짜는 다음과 같다.(※ 의뢰일 다음날부터 최대 7일+최대 7일)

일요일	월요일	화요일	수요일	목요일	금요일	토요일
			9/20 (감사 의뢰)	9/21	9/22	9/23
9/24	9/25	9/26	9/27	9/28	9/29	9/30
10/1	10/2	10/3	10/4 (기간 연장)	10/5	10/6	10/7
10/8	10/9	10/10	10/11	10/12	10/13 (감사결과 통보)	10/14

감사결과 통보부터 조치결과 통보는 다음과 같다.(※ 감사결과 통보 받은 다음날부터 최대 14일)

일요일	월요일	화요일	수요일	목요일	금요일	토요일
10/8	10/9	10/10	10/11	10/12	10/13 (감사결과 통보)	10/14
10/15	10/16	10/17	10/18	10/19	10/20	10/21
10/22	10/23	10/24	10/25	10/26	10/27	10/28
10/29	10/30	10/31	11/1	11/2 (조치결과 통보)	11/3	11/4

따라서 집행부서의 강 대리는 늦어도 11월 2일까지는 감사 담당자에게 조치결과를 제출해야 한다.

35
정답 | ④

Quick해설 • 주어진 운전전류 범위는 $50 \sim 80A$이므로 운전전류는 $80A$까지 사용 가능해야 한다. 그러므로 가능한 전기온풍기의 운전전류 코드는 80이다.

→ VK $-$ 80

• 난방 면적의 범위는 $26 \sim 36m^2$가 가능해야 하므로 주어진 난방 면적을 모두 가능하게 할 수 있는 제품이어야 한다. 그러므로 가능한 제품 규격은 $L(30 \sim 38)$ 또는 $XL(36 \sim 42)$가 가능하다.

→ VK $-$ 80L 또는 VK $-$ 80XL

• 인입전압 범위는 $200 \sim 380V$ 모두를 포함할 수 있는 380이 적절하다.

→ VK $-$ 80L380 또는 VK $-$ 80XL380

• 가능한 모델에 따른 12대 제품의 가격을 계산하면 다음과 같다.

→ VK $-$ 80L380: $200,000 \times 12 + 25,000 \times 12 = 2,700,000$(원)

→ VK $-$ 80XL380: $200,000 \times 12 + 29,000 \times 12 = 2,748,000$(원)

따라서 예산 범위 $2,620,000 \sim 2,720,000$원에 가능한 제품 코드 번호는 VK $-$ 80L380이다.

36
정답 | ②

Quick해설 35번에서 예산을 제외한 조건에서 가능한 최대 예산 범위는 $2,700,000$원이 아닌 $2,748,000$원이다.

[∵ VK $-$ 80XL380: $200,000 \times 12 + 29,000 \times 12 = 2,748,000$(원)]

또한, 해당 제품의 운전전류는 $80A$이므로 구매 가능한 누전차단기는 22GRC2 $-$ 3P80A($80A$ 초과)이다. 그리고 차단기는 전기온풍기 2대당 1대 꼴로 주문하므로, 차단기를 총 6대 주문할 예정이다.

가능한 총예산은 $2,748,000$원(전기온풍기 12대) $+ 28,000 \times 6$(차단기 6대) $= 2,916,000$(원)이다. 따라서 최대 $2,916,000$원까지 가능하다.

37
정답 | ③

Quick해설 오리엔테이션에 참석할 인원은 신입사원 120명과 진행요원 15명으로 총 135명이다. 따라서 세미나실의 경우 D연수원($150 \sim 170$명)은 해당되지 않는다.

신입사원 120명과 진행요원 15명은 다른 방을 이용하며, 최대한 비용을 줄여야 하므로 최대인원이 들어가도록 해야 한다.

• A연수원 vs B연수원

룸의 가격은 A연수원이 1만 원 더 비싸고, 세미나실(1일)은 B연수원이 10만 원 더 비싸다. 차이나는 값만 비교하면 다음과 같다(추가 인원은 동일하므로 무시).

연수원	룸	룸 비용	세미나실 비용
A	• 신입사원: 120명÷6명 =20(개) • 진행요원: 3개	$23 \times 1 = 23$(만 원)	
B	• 신입사원: 120명÷6명 =20(개) • 진행요원: 3개		$10 \times 2 = 20$(만 원)

따라서 B연수원이 더 저렴할 것으로 예상된다.

• C연수원 vs E연수원

룸의 가격은 C연수원이 5만 원 더 비싸고, 세미나실(1일)은 E연수원이 60만 원 더 비싸다. 비교하면 다음과 같다.

연수원	룸	추가인원	룸 비용	세미나실 비용
C	• 신입사원: 120명÷8명=15(개) • 진행요원: 2개	• 신입사원: 2명×15=30(명) • 진행요원: 3명	255+33=288(만 원)	
E	• 신입사원: • 120명÷6명=20(개) • 진행요원: 3개	• 신입사원: 1명×20=20(명) • 진행요원: 0명	230+20=250(만 원)	60×2=120(만 원)

따라서 룸 비용은 C연수원이 288－250＝38(만 원) 더 비싸지만, 세미나실 비용은 E사원이 120만 원 더 비싸므로 전체 비용은 C연수원이 더 저렴할 것으로 예상된다.
• B연수원 vs C연수원
룸의 가격은 C연수원이 5만 원 더 비싸고, 세미나실(1일)은 B연수원이 10만 원 더 비싸다.
비교하면 다음과 같다.

연수원	룸	추가인원	룸 비용	세미나실 비용
B	• 신입사원: • 120명÷6명=20(개) • 진행요원: 3개	• 신입사원: 2명×20=40(명) • 진행요원: 3명	230+43=273(만 원)	10×2=20(만 원)
C	• 신입사원: 120명÷8명=15(개) • 진행요원: 2개	• 신입사원: 2명×15=30(명) • 진행요원: 3명	255+33=288(만 원)	

세미나실 비용은 B연수원이 20만 원 더 비싸고, 룸 비용은 C연수원이 288－273＝15(만 원) 더 비싸므로, 전체 비용은 C연수원이 더 저렴할 것으로 예상된다.
따라서 규 대리는 C연수원을 예약할 것이다.

38
정답 | ④

Quick해설 오리엔테이션에 참여하는 총인원은 135명(신입사원 120명, 진행요원 15명)이므로 RED(120명)를 이용할 수 없다. 또한, 1일 차 교육은 4시간 동안 진행되

어야 하므로 BLUE(3시간)을 이용할 수 없다.
그리고 세미나실은 이틀 연속 동일한 장소이어야 하고, 1일 차(4시간)는 늦어도 15시에는 예약 가능해야 하고, 2일 차(3시간)는 9시에 예약 가능해야 한다.
BLACK은 20일(1일 차) 오후 시간은 예약 불가능하다.
GREEN은 20일(1일 차) 오후 시간은 가능하고, 21일(2일 차) 오전에는 예약 불가능하다.
PINK는 20일(1일 차) 오후 시간은 가능하고, 21일(2일 차) 오전에도 예약 가능하다.
따라서 20~21일은 PINK로 예약 가능하다.

[오답풀이] ① 3~4일: 일요일이 겹치므로 오리엔테이션 예약을 할 수 없다.
② 12~13일
  • BLACK: 12일(1일 차) 오후 시간은 예약 불가능하다.
  • GREEN: 12일(1일 차) 오후 시간은 가능하고, 13일(2일 차) 오전에는 예약 불가능하다.
  • PINK: 12일(1일 차) 오후 시간은 가능하고, 21일(2일 차) 오전에는 예약 불가능하다.
③ 18~19일
  • BLACK: 18일(1일 차) 오후 시간은 예약 가능하고, 19일(2일 차) 오전에는 예약 불가능하다.
  • GREEN: 18일(1일 차) 오후 시간은 불가능하다.
  • PINK: 18일(1일 차) 오후 시간은 불가능하다.
⑤ 25~26일
  • BLACK: 25일(1일 차) 오후 시간은 예약 가능하고, 26일(2일 차) 오전에는 예약 불가능하다.
  • GREEN: 25일(1일 차) 오후 시간은 불가능하다.
  • PINK: 25일(1일 차) 오후 시간은 가능하고, 26일(2일 차) 오전에는 예약 불가능하다.

39
정답 | ①

Quick해설 공장에서 생산하는 정상 자재는 모두 판매되므로, 1년 동안 매출이 가장 높은 자재는 생산량이 가장 많은 자재를 의미한다. 이때, 불량률이 주어져 있으므로 불량률을 제외한 합계를 구하면 된다. 각 자재의 분기별 불량률을 더하면 다음과 같다.

자재	불량률(%)				합계(%)
	1분기	2분기	3분기	4분기	
A	5	10	5	10	30
B	10	2	10	2	24
C	5	5	2	5	17
D	10	5	2	10	27
E	5	5	5	5	20

A자재는 분기별 불량률의 합이 30%이므로 정상품은 총 $400-30=370(\%)=(95+90+95+90)\%$이다. 즉, 1년 생산량은 50톤×370%×90일이 된다. 가장 높은 매출의 자재만 선택하면 되므로 무조건 계산하기보다는 동일한 부분은 제외하고 다른 부분만 비교하여 크기를 정하면 된다. 마찬가지로 B자재의 정상품은 $400-24=376(\%)$이고, 생산량은 45톤×376%×90일이다.

C자재의 정상품은 $400-17=383(\%)$이고, 생산량은 40톤×383%×90일이다.

D자재의 정상품은 $400-27=373(\%)$이고, 생산량은 40톤×373%×90일이다.

E자재의 정상품은 $400-20=380(\%)$이고, 생산량은 45톤×380%×90일이다.

먼저, 'D생산량<C생산량'이고, 'B생산량<E생산량'이므로, C생산량, E생산량, A생산량만 비교하면 된다.

- C생산량: 40톤×383%×90=13,788(톤)
- E생산량: 45톤×380%×90=15,390(톤)
- A생산량: 50톤×370%×90=16,650(톤)

따라서 1년 동안 A자재 생산량이 가장 크므로 매출액 역시 가장 높다.

문제해결 Tip

C생산량, E생산량, A생산량 비교 시 정확하게 계산하지 않아도 수치의 비율 비교를 통해 누가 더 큰지 알아 낼 수 있다.

- C생산량(40톤×383%) vs E생산량(45톤×380%)
  - 40톤×1.1≒45(톤)
  - 380%×1.01≒383(%)
  - 따라서 'C생산량<E생산량'이다.
- E생산량(45톤×380%) vs A생산량(50톤×370%)
  - 45톤×1.1≒50(톤)
  - 370%×1.03≒380(%)
  - 따라서 'E생산량<A생산량'이다.

40

Quick해설 전체 정상 자재 생산량이 가장 많은 분기는 불량률이 가장 낮은 분기를 의미한다. 즉, 자재별 불량률이 가장 낮은 분기를 표시하면 다음과 같다.

자재	불량률(%)			
	1분기	2분기	3분기	4분기
A	5	10	5	10
B	10	2	10	2
C	5	5	2	5
D	10	5	2	10
E	5	5	5	5

각 자재의 생산량은 다르지만, 크게 차이나지 않고, 3분기의 불량률이 B자재를 제외하고 모두 가장 낮으므로 3분기의 생산량이 가장 많을 것으로 예측된다.

3분기에 불량품을 제외한 정상 자재의 1일 생산량과 매출액을 계산하면 다음과 같다.

자재	1일 생산량	1일 매출액(원)
A	50톤×95%=47.5(톤)	47.5톤×800,000 =38,000,000
B	45톤×90%=40.5(톤)	40.5톤×800,000 =32,400,000
C	40톤×98%=39.2(톤)	39.2톤×800,000 =31,360,000
D	40톤×98%=39.2(톤)	39.2톤×800,000 =31,360,000
E	45톤×95%=42.75(톤)	42.75톤×800,000 =34,200,000

수익은 매출에서 비용을 뺀 결과를 의미한다. 즉, 높은 수익을 올리기 위해서는 최저 비용이 되어야 하므로 교통수단별 운반비용이 더 낮은 교통수단을 선택해야 한다. 즉, 자재별 선택하는 교통수단과 1일 운반비용은 다음과 같다.

자재	발전소와의 거리(km)	교통수단별 운반비용 (원/km)		1일 운반비용(원)
		화물트럭	화물기차	
A	100	80,000	60,000	100×60,000 =6,000,000
B	15	20,000	23,000	15×20,000 =300,000

기출복원 모의고사 • 17

	C	20	18,000	15,000	$20 \times 15,000$ $=300,000$
	D	26	20,000	24,000	$26 \times 20,000$ $=520,000$
	E	60	57,000	45,000	$60 \times 45,000$ $=2,700,000$

1일 매출액에서 1일 운반비용을 제외한 수익이 가장 높다면 한 분기 동안의 수익 역시 가장 높을 것이다. 그러므로 1일 매출액에서 1일 운반비용을 제외한 값이 가장 높은 자재인 B가 수익 역시 가장 높을 것이다. 계산한 값은 다음과 같다.

자재	1일 매출액(원)	1일 운반비용(원)	1일 수익 (매출액-운반비용)
A	38,000,000	6,000,000	32,000,000원
B	32,400,000	300,000	32,100,000원
C	31,360,000	300,000	31,060,000원
D	31,360,000	520,000	30,840,000원
E	34,200,000	2,700,000	31,500,000원

41
정답 | ③

Quick해설 2019년 8월을 기준으로 가장 최신이어야 하므로 제조연도는 1907이 되어야 한다. 또한 서울 공장에서 제작된 여름용 반바지이므로 다음 코드는 A01－A1이 되어야 한다. 바지 사이즈는 가장 큰 것이어야 하므로 다음 코드는 CC2가 되어야 한다. 따라서 올바른 제품 코드는 ③이다.

42
정답 | ④

Quick해설 2018년 하반기이므로 제조연도는 1810, 대구 2공장이므로 생산 공장 코드는 C02, 겨울 털바지이므로 바지 종류는 B2, 사이즈는 38cm/15인치이므로 BB1이 된다.

43
정답 | ④

Quick해설 조건에 맞추어 계산한 숫자의 합이 324이고, 324 이상이면서 324와 가장 가까운 11의 배수는 330이므로 체크숫자는 330－324＝6이다.

[상세해설] 체크숫자는 ISBN의 각 자릿값에 10부터 1까지의 자연수를 차례로 곱해서 더한 값이 11의 배수가 되도록 정한다. $(10 \times 7) + (9 \times 8) + (8 \times 1) + (7 \times 7) + (6 \times 3) + (5 \times 9) + (4 \times 8) + (3 \times 4) + (2 \times 9)$ ＋체크숫자＝a라고 할 때, a가 11의 배수가 되도록 해야 하므로 324＋체크숫자＝a가 11의 배수여야 한다. 324 이상이면서 324와 가장 가까운 11의 배수는 330이므로 체크숫자는 330－324＝6이다.

44
정답 | ③

Quick해설 도서 청구기호 '423.72최26ㅈ'를 가진 책은 첫 두 자리 숫자에 의해 자연과학의 물리학 분야 책인 것을 알 수 있다. 또한 소수점 이하 두 자리 숫자가 76이 아니므로 자습서나 문제집 형태는 아닌 것 역시 알 수 있다.

[오답풀이] ① 셋째 자리 숫자가 3이지만 수학 분야 도서가 아니므로 통계에 관한 내용은 아닌 것을 알 수 있다.
② 물리학 분야의 도서이다.
④ 저자 이름의 첫 번째 글자는 26에 의해 '두' 또는 '뚜'이다.
⑤ 정확한 저자명과 책의 제목 글자 수를 알 수는 없으며, 책 제목의 첫 글자 초성이 'ㅈ'인 것만 알 수 있다.

45
정답 | ③

Quick해설 AC65QK02S2B 제품은 국내 출시 제품이고, 규격이 70 미만이고, 옵션이 2개이고, 검정색이므로 제품 수거 시점부터 38시간, 즉 4일 이내 정기 정비를 받을 수 있다.

[오답풀이] ① AA75QI12S2W 제품을 2022년 3월 구매했다면 구입 내역 증빙이 가능한 경우 무상 수리 기간이 2024년 3월까지이므로 무상 수리를 받을 수 없다.
② AB55QI02S2G 제품은 구입 내역 증빙이 불가능한 경우 무상 수리 기간이 2023년 2월까지이므로 무상 수리를 받을 수 없다.
④ AA75QK07S3W 제품은 국내 출시 제품이지만 규격이 70 이상이므로 제품 수거가 불가능하다.

⑤ AC45QI01S1R 제품은 해외 출시 제품이므로 정기 정비 접수가 불가능하다.

46
정답 | ②

Quick해설 텔레매틱스 서비스란 통신(Telecommunication)＋정보과학(Informatics)의 합성어로 자동차와 컴퓨터, 이동통신, GPS(Global Positioning System) 기술의 결합을 의미한다. 즉, 자동차, 이동통신, 단말기, 콘텐츠, 애플리케이션이 상호 유기적으로 결합하여 차량 내에서 멀티미디어 서비스를 이용할 수 있는 환경을 제공한다. 커넥티드 카는 주요 기능인 차량 내 엔터테인먼트 제공과 더불어, 모바일 정보 제공, 차량 제어 및 관리, 안전 기능, 운전 기능 보조 등의 역할을 수행한다. 커넥티드 카는 '연결된 자동차', 즉 모바일 기기 또는 자동차의 단말을 통한 인터넷 연결 정보 검색 및 다른 자동차와의 통신을 통해 얻은 정보를 자동차와 운전자가 공유하는 자동차를 의미하므로, 텔레매틱스 서비스가 핵심적으로 활용되는 기술이라고 할 수 있다.

47
정답 | ①

Quick해설 ㉠~㉢을 정보처리 과정에 따라 구분하면 다음과 같다.

㉠ 기획: 5W2H에 맞게 기획을 하는 것을 정보의 전략적 기획이라 하며, 이는 정보활동의 첫 단계로서 정보관리의 가장 중요한 단계이다.

㉡ 관리: 정보의 관리란 수집된 다양한 형태의 정보를 어떤 문제해결이나 결론 도출에 사용하기 쉬운 형태로 바꾸는 일이다. 정보를 관리할 때에는 목적성(사용 목적을 명확히 설명해야 한다), 용이성(쉽게 작업할 수 있어야 한다), 유용성(즉시 사용할 수 있어야 한다)의 세 가지 원칙을 고려해야 한다.

㉢ 수집: 정보의 수집은 다양한 정보원으로부터 목적에 적합한 정보를 입수하는 것이라 할 수 있다. 정보수집의 목적에는 여러 가지가 있지만, 최종 목적은 '예측'을 잘하는 것이다.

㉣ 활용: 정보 활용능력은 정보기기에 대한 이해나 최신 정보기술이 제공하는 주요 기능, 특성에 대한 지식을 아는 능력만 포함되는 것이 아니라 정보가 필요하다는 문제 상황을 인지할 수 있는 능력, 문제 해결에 적합한 정보를 찾고 선택할 수 있는 능력, 찾은 정보를 문제해결에 적용할 수 있는 능력, 윤리의식을 가지고 합법적으로 정보를 활용할 수 있는 능력 등 다양한 능력이 수반되어야 한다.

따라서 정보처리 과정의 단계에 맞는 순서는 ㉠－㉢－㉡－㉣이 된다.

48
정답 | ②

Quick해설 순서대로 변환 규칙에 따라 변환하면 다음과 같다.

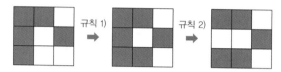

49
정답 | ④

Quick해설 순서대로 변환 규칙에 따라 변환하면 다음과 같다.

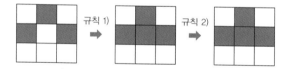

50
정답 | ①

Quick해설 공식적으로 ISO/IEC 27001:2022로 알려진 ISO 27001은 국제 표준화 기구(ISO)에서 만든 정보보안 표준으로, 정보보안 관리 시스템(ISMS)을 수립, 구현 및 관리하기 위한 프레임워크와 지침을 제공하는 것이다.

ISO 27001은 '정보보안 관리 시스템의 구축, 구현, 운영, 모니터링, 검토, 유지 관리 및 개선을 위한 모델을 제공'하기 위해 개발되었다고 정의된다. 물론, 문서화, 관리 책임, 내부 감사, 지속적인 개선, 시정 및 예방 조치에 대한 모든 세부 정보가 포함된다.

실전모의고사 1회 – 전기 전공

01	02	03	04	05	06	07	08	09	10
⑤	④	②	④	②	③	④	①	②	③

11	12	13	14	15
①	④	④	⑤	②

01
정답 | ⑤

[상세해설] 정사각형 꼭짓점에서 중심까지의 거리는 $r=1[\text{m}]$이므로 점 전하 1개에 의한 중심의 전위는

$$V_1 = \frac{1}{4\pi\varepsilon_0} \times \frac{Q}{r}$$

$$= 9\times10^9 \times \frac{Q}{r} = 9\times10^9 \times \frac{2\times10^{-9}}{1} = 18[\text{V}]$$

따라서 정사각형 네 곳의 의한 중심의 총 전위는
$V_0 = 4V_1 = 4\times18 = 72[\text{V}]$이다.

02
정답 | ④

[상세해설] 내압이 다를 때는 각각의 콘덴서의 전하량 Q를 구해서 Q가 가장 작은 것부터 파괴가 된다. 먼저 Q를 구하면

- $Q_1 = C_1 V_1 = 3\times300 = 900[\mu\text{C}]$
- $Q_2 = C_2 V_2 = 4\times200 = 800[\mu\text{C}]$
- $Q_3 = C_3 V_3 = 5\times250 = 1{,}250[\mu\text{C}]$

전하량 Q가 작은 순으로 파괴가 되므로 $4[\mu\text{C}] \rightarrow 3[\mu\text{C}] \rightarrow 5[\mu\text{C}]$ 순으로 파괴가 된다. 단, 내압이 같은 경우에는 정전 용량 C가 작은 것부터 파괴가 된다.

03
정답 | ②

[상세해설] • 환상 솔레노이드의 내부 자계의 세기 H

$H = \frac{NI}{2\pi r}[\text{AT/m}]$이므로

$H = \frac{500\times2}{2\pi\times10\times10^{-2}} \fallingdotseq 1{,}592[\text{AT/m}]$

• 무한장 솔레노이드의 내부 자계의 세기

$H = \frac{NI}{l} = n_0 I[\text{AT/m}]$

(단, l은 자로의 길이, n_0는 단위 길이당 권수)

04
정답 | ④

[상세해설] 콘덴서 용량 Q_c

$Q_c = P(\tan\theta_1 - \tan\theta_2)$

$= 1{,}200\times\left(\frac{0.8}{0.6} - \frac{\sqrt{1-0.85^2}}{0.85}\right) \fallingdotseq 856[\text{kVA}]$

문제해결 Tip

- $\tan\theta = \dfrac{\sin\theta}{\cos\theta}$
- $\sin\theta = \sqrt{1-\cos^2\theta}$

05
정답 | ②

[상세해설] [연가 목적]

- 통신선의 유도장해 방지
- 수전단 전압의 일그러짐 방지
- 선로 정수의 평형
- 유도 장해 감소
- 소호 리액터 접지 시 직렬 공진 방지

06
정답 | ③

[상세해설] 순싯값 $i(t) = I_m \sin(\omega t \pm \theta)[\text{A}]$이고 '최댓값$=\sqrt{2}\times$실횻값'이므로 $I_m = 300\sqrt{2}$

따라서 순싯값 $i(t) = 300\sqrt{2}\sin\left(\omega t - \dfrac{\pi}{6} + \dfrac{\pi}{3}\right)[\text{A}]$가 된다.

따라서 $i(t) = 300\sqrt{2}\sin\left(\omega t + \dfrac{\pi}{6}\right)[\text{A}]$이다.

07
정답 | ④

[상세해설] • 애자련 보호: 소호각(초호각, 아킹혼)을 설치하여 애자련의 전압분담을 통한 연능률을 개선하여 애자의 열적 파괴를 방지한다.

문제해결 Tip

[전선의 진동 방지]
- 댐퍼
- 아머로드
- 클램프를 설치

[상하 전선의 도약 방지]
- off set을 한다.

08

[상세해설] $R-L-C$ 직렬 공진 시에는 허수 부분이 "0" 상태가 되어 저항 R만의 회로가 되므로 전압과 전류는 동위상 즉 0°가 된다.

> **문제해결 Tip**
>
> • 공진 조건: $wL = \dfrac{1}{wC}$
>
> • 직렬 공진 주파수 $f = \dfrac{1}{2\pi\sqrt{LC}}[\mathrm{Hz}]$
>
> • 공진 임피던스 Z=R

09

[상세해설] $Z(s) = \dfrac{(s-2)(s+3)(s-1)}{(s+1)(s+4)}$ 함수에서 영점이 되기 위해서는 분자를 "0"으로 만드는 s값이어야 하므로 $s = 2, -3, 1$이 된다.

> **문제해결 Tip**
>
> $Z(\mathrm{s}) = \dfrac{(s-2)(s+3)(s-1)}{(s+1)(s+4)}$ 함수에서 극점이 되기 위해서는 분모를 "0"으로 만드는 s값이어야 하므로 $s = -1, -4$ 이다.

10

[상세해설] 실지수 $R.I = \dfrac{XY}{H(X+Y)}$ 를 이용하여 실지수를 구하면 $R.I = \dfrac{10 \times 8}{3 \times (10+8)} ≒ 1.48$이다.

11

[상세해설] • 확도(슬랙): 곡선 궤도를 운행하는 경우에 열차가 원활하게 통과하도록 내측 궤조의 궤간을 넓히는 정도를 말한다.

• 확도 $S = \dfrac{l^2}{8R}[\mathrm{m}]$(단, l은 고정 차축 거리 [m], R은 곡선 반지름 [m])

> **문제해결 Tip**
>
> • 고도(캔트): 열차가 곡선부 운행 시 원심력에 대비하여 안쪽 레일보다 바깥쪽 레일을 조금 높여주는 것이다.
> • 침목: 레일을 지지하는 목재이다.
> • 도상: 침목 사이에 깔아놓는 자갈이다.
> • 복진지: 열차 운행 시 궤도가 열차의 전·후 방향으로 이동하는 것을 방지한다.

12

[상세해설] 교류 전압을 직류 전압으로 변환하는 기기는 컨버터이다.

> **문제해결 Tip**
>
> • 초퍼: 직류를 다른 크기의 직류로 변환하는 기기이다.
> • 인버터: 직류를 교류로 변환하는 기기이다.
> • 변류기: 대전류를 소전류로 변성하는 기기이다.
> • 사이클로 컨버터: 교류를 다른 크기의 교류로 주파수 변환하는 기기이다.

13

[상세해설] [비례추이를 할 수 없는 것]
• 동기속도   • 2차 효율
• 2차 동손   • 출력
[비례추이를 할 수 있는 것]
• 토크   • 역률
• 1차 전류   • 2차 전류
• 1차 입력

14

[상세해설] [전기설비기술기준]

구분	정격전류	용단전류	용단시간
포장 퓨즈	1.3배 견딤	2배 전류에 용단	120분
비포장 퓨즈	1.25배 견딤	2배 전류에 용단	2분

15

[상세해설] 지선은 강도를 보강하기 위해 사용하나 철탑에는 사용하지 않는다.

문제해결 Tip

[지선의 특징]
- 안전율은 2.5이다.
- 철탑에 사용하지 않는다.
- 3가닥 이상의 연선이다.
- 허용 인장하중의 최저는 4.31[kN]이다.
- 소선은 지름이 2.6[mm] 이상인 금속선이다.
- 도로 횡단 시 5[m] 이상이다.
- 보도는 2.5[m] 이상이다.

실전모의고사 1회 – NCS

01	02	03	04	05	06	07	08	09	10
③	④	③	②	①	④	③	④	②	⑤
11	12	13	14	15	16	17	18	19	20
②	⑤	③	④	⑤	①	⑤	②	③	④
21	22	23	24	25	26	27	28	29	30
④	④	④	⑤	④	⑤	⑤	⑤	④	③
31	32	33	34	35	36	37	38	39	40
①	⑤	⑤	④	⑤	②	②	⑤	⑤	③
41	42	43	44	45	46	47	48	49	50
④	②	⑤	④	④	②	④	③	②	⑤

01

Quick해설 [다]의 처음 부분에 실리콘 태양전지의 장단점에 대해 설명을 하고 있기는 하지만 중간 부분부터는 염료감응 태양 전지의 생성 원리에 대해서 설명을 하고 있다.

[오답풀이] ① [가]는 신재생에너지에 대한 관심이 높아지면서 태양이 무한한 잠재력을 인정받고 있으며, 많은 기술 개발이 이루어졌는데 특히, 그 중 염료감응 태양전지가 주목받고 있다는 설명을 하고 있다.
② [나]는 태양이 지속가능한 친환경에너지로 조명을 받고 있다는 설명과 더불어 장점에 대한 설명을 하고 있다.
④ [라]는 염료감응 태양전지의 장점에 대한 설명을 하고 있다.
⑤ [마]는 염료감응 태양전지의 많은 장점에도 불구하고 광전 변환의 효율성이 낮아 기술개발이나 연구가 활발히 이루어지고 있지 않다는 점을 설명하고 있다.

02

Quick해설 (마)에서 '염료감응 태양전지에 대한 기술개발이나 연구는 활발히 이루어지고 있지 않다'라고 설명하고 있다. 따라서 '염료감응 태양전지에 대한 기술개발이나 연구는 활발히 이루어지고 있다'는 적절하지 않다.

[오답풀이] ① (라)에서 '염료감응 태양전지의 가장 큰 장점은 흐린 날씨든, 실내이든 장소를 불문하고 누구나 태양 에너지를 생성할 수 있다는 것이다'라고 설명하고 있다.

② (가)에서 '식물의 광합성 작용을 이용해 태양광을 전기로 바꾸는 염료 감응형 태양전지(Dye Sensitized Solar Cell, DSSC)가 주목받고 있다'라고 설명하고 있다.

③ (나)에서 '태양은 지속 가능한 친환경 에너지로 조명받고 있다. 이유는 태양이 존재하는 한 무한한 양을 자랑하는 지속가능성을 지녔기 때문이다'라고 설명하고 있다.

⑤ (다)에서 '이러한 태양을 이용해 에너지로 변환한 전지를 개발하는 기술 중 현재 가장 상용화된 기술은 실리콘 태양전지다'라고 설명하고 있다.

03
정답 | ③

Quick해설 2문단에서 '기망은 재산상의 거래관계에서 서로 지켜야 할 신의와 성실의 의무를 저버리는 모든 행위를 통칭한다. 의도적으로 상대방을 착오에 빠지게 하여 사익을 추구하는 것이 바로 기망이다. 기망행위를 통해 본인이 직접적으로 얻지 않더라도 제3자로 하여금 이득을 보게 하여 편취하는 경우에도 사기죄는 인정된다'고 설명하고 있다. 하지만 3문단에 단순히 경제적 사정으로 돈을 갚지 못한 경우에는 '단순 채무불이행 문제가 될 수 있기 때문에 민사소송으로 해결해야 한다고' 설명하고 있다. 따라서 기망행위에 해당하는 것은 ㉠, ㉢, ㉣이다.

04
정답 | ②

Quick해설 스마트폰의 위치 측정 기술을 설명하는 글이다. 따라서 위치의 종료와 개념을 설명하는 [가]가 첫 문단으로 적절하다. [가] 다음으로는 실내에서의 위치 측정 방법과 실외에서의 위치 측정법에 대한 설명이 이어져야 한다. 하지만 [나]에서 '한편'이라는 접속어가 나왔으므로 실외에서의 위치 측정 방법을 설명한 [마]가 [나] 앞으로 와야 한다.
이후 순서는 실내에서의 위치 측정 방법으로 비콘을 사용한다고 [나]에서 설명하고 있고 그 종류에 대한 설명이 이어지고 있으므로 문단 [다], [라], [바] 순으로 이어지는 것이 적절하다.

05
정답 | ①

Quick해설 3문단에서 전체 수면 시간 중 렘수면과 비렘수면의 경험 비율은 약 1:4라고 하였다는 점에서 렘수면보다 비렘수면이 차지하는 비중이 높음을 알 수 있으므로 적절하지 않다.

[오답풀이] ② 2문단에서 수면 시간을 줄이는 조건에 배정된 사람들이 소음에 반응해 분노가 높아지는 경향을 보였다고 하였다.

③ 4문단에서 긍정적인 기억은 해마가 처리하고 부정적인 기억은 편도체에서 처리한다고 하였다.

④ 1문단에서 분노가 습관이 된 사람은 화를 냄으로써 의식을 각성하고 자신이 분노한 상황을 이해하려 한다고 하였다.

⑤ 3문단에서 뇌는 렘수면 중 낮에 수집한 단기기억을 장기기억으로 저장한다고 하였다.

06
정답 | ④

Quick해설 빈칸이 포함된 문단은 렘수면 동안 감정적 기억이 통합되는 과정을 밝히기 위한 실험 결과에 관한 내용으로, 빈칸에 이어지는 내용에서 렘수면 동안 뇌신경 세포 중 세포체 단계에서 부정적인 감정을 폐기한다고 하였다. 따라서 빈칸에는 렘수면 동안 부정적인 감정의 신호를 차단하는 경향이 나타난다는 내용이 들어가는 것이 가장 적절하다.

07
정답 | ③

Quick해설 주어진 글은 2036년까지의 전력수급을 안정적으로 대응하기 위한 기본계획을 신재생에너지 비중을 확대하고 반면에 석탄 발전 비중은 축소하는 방향으로 설계했다는 내용의 글이다. 4문단에서 더불어 전력수급 안정이 중요하나 석탄 발전 비중 감소 등을 통해 온실가스 배출목표도 달성할 예정이라고 하였다. 따라서 빈칸에 들어갈 문장은 ③이다.

08   정답 | ④

Quick해설 2문단을 통해 왼손잡이는 '상상력, 패턴 인식, 창의력' 등에 기민하고, 오른손잡이는 '읽기와 쓰기, 개념적, 논리적 사고'에 기민함을 알 수 있다. 그리고 3문단의 "뇌의 좌반구가 인간의 행동을 지배하는 권력을 갖게 되었기 때문에 오른손 선호에 이르렀다는 생각"을 2문단의 정보에 접하면, 오른손이 가진 능력이 인간의 행동을 지배하는 권력을 갖기 때문에 선호된다는 것을 이끌어 낼 수 있다. 그런데 ④는 오른손이 가진 능력인 '언어 개념'이 아닌 왼손이 가진 '패턴 인식'이 인류의 행동 성패를 좌우한다고 했으므로 기존의 견해와 상충되므로 논지를 반박하는 사례로 적절하다.

[오답풀이] ① 글의 내용과 일맥상통하므로 제시문의 논지를 강화하는 예시로 적절하다.
② 왼손에 대한 반감 정도가 왼손잡이의 비율에 영향을 준다는 내용을 찾을 수 없다. 그러므로 논지를 약화시키는 예시로도 볼 수 없다.
③ 오른손잡이와 왼손잡이가 뇌의 해부학적 구조에서 유의미한 차이를 보이는가에 대해 언급하지 않고 있다. 그러므로 논지를 약화시키는 예시로 활용할 수 없다.
⑤ 오른손에 대한 선호가 생물학적 기능의 영향을 받은 것으로 파악하고 있을 뿐, 외부 문화와의 교류를 원인으로 들고 있는 것은 아니다. 주어진 글에서는 찾을 수 없는 내용이므로 논지를 약화시키는 예시로 적절하지 않다.

09   정답 | ②

Quick해설 1문단에서 리튬 이온 배터리에 대해 설명하고, 2문단에서 에너지 밀도가 떨어지는 문제가 발생함을, 3~5문단에서 이를 해결하기 위한 방법들을 소개하고 있으므로 에너지 밀도를 유지하는 방법을 다룬 글임을 알 수 있다.

[오답풀이] ① 리튬 이온 배터리의 수명을 늘리는 방법은 알 수 없다.
③ 리튬 이온 배터리의 충전 속도와 관련된 내용은 찾아볼 수 없다.
④ 리튬 이온 배터리의 율속 특성에 관한 내용은 4~5문단에서만 확인할 수 있다.
⑤ 리튬 이온 배터리의 전기 생산 능력을 향상시키는 방법은 찾아볼 수 없다.

10   정답 | ⑤

Quick해설 5문단에서 층상 전이 금속 산화물의 구조에 따라 층 사이의 반발이 달라지는 것은 알 수 있지만, 반발이 약해지면 전이 금속의 이동이 자유롭기 때문에 율속 특성을 개선하지 못하므로 적절하지 않다.

[오답풀이] ① 3문단에서 전이 금속을 활용한 산화－환원 버퍼를 추가로 포함시키면 망간이 환원 반응에 참여하는 것을 막을 수 있음을 알 수 있다.
② 1문단에서 산화 반응은 양극에서 전자를 잃는 반응임을 알 수 있다.
③ 2문단에서 양극재로 사용되는 전이 금속 산화물은 층상 구조가 일반적임을 알 수 있다.
④ 3문단에서 일반적으로 배터리는 충전과 방전의 과정을 반복하면서 동일한 양의 전자를 주고받기 때문에 전압이 서서히 감소함을 알 수 있다.

11   정답 | ②

Quick해설 팀원 A, 팀원 B, 팀원 C의 근속년수를 각각 a, b, c라고 하면,
· 팀원 A의 근속년수와 팀원 C의 근속년수를 모두 더하면 20년이므로, $a+c=20$ … ㉠
· 팀원 A와 팀원 B의 근속년수가 같으므로, $a=b$ … ㉡
· 9년 뒤 팀원 C의 근속년수가 팀원 A의 근속년수의 2배에서 1년 모자라므로,
$(c+9)=(a+9)\times2-1$ … ㉢
㉢식을 정리하면 $2a+17=c+9 \rightarrow 2a-c=-8$이다.
이 식을 ㉠식과 연립하면 $a=4$(년), $c=16$(년)이고, ㉡

식에 대입하면 b=4(년)이다.

따라서 팀원 A, 팀원 B, 팀원 C의 근속년수를 모두 합하면 4+4+16=24(년)이다.

12

Quick해설 ⓒ 연간 실질GDP 증가율이 2023년에는 2.7%였지만, 2024년에는 2.6%로 예상되는 상황이다.

ⓒ 2023년에는 설비투자 증가율이 −2.5%였지만, 2024년에는 1.9%로 증가세로 전환될 것으로 예상된다.

ⓔ 2024년 통관수출의 연간 증가율은 $\frac{6,330-6,104}{6,104}$ ×100≒3.7(%)이므로, 3%대로 예상된다.

[오답풀이] ㉠ 2024년 연간 설비투자 증가율은 1.9%로 전년 대비 증가하였지만, 건설투자 증가율은 −3.1%이므로 투자가 증가할 것으로 예상된다는 것은 적절하지 않다.

13

Quick해설 2010년 제품 E의 판매량은 2,500대이고 2014년에는 1,800대이다. 따라서 2014년 제품 E의 판매량은 4년 전 대비 $\frac{2,500-1,800}{2,500}$ ×100=28(%) 감소하였다. 즉, 30% 미만으로 감소하였다.

[오답풀이] ① 제품 D의 연도별 판매량 합계는 8+24+30+16=78(백 대)이므로 연평균 판매량은 7,800÷4=1,950(대)이다. 즉, 1,900대 이상이다.

② 다섯 개 제품 모두 [그래프1]을 통해 꾸준히 증가하거나 감소하지 않는다는 것을 알 수 있다.

④ 2014년 제품 총판매량은 31+28+17+24+18=118(백 대)이고 2018년은 29+14+21+30+22=116(백 대)이다. 따라서 4년 전 대비 11,800−11,600=200(대) 감소하였다.

⑤ 2018년 제품 A의 판매액은 150×0.12=18(억 원)이고 2022년 제품 A의 판매액은 120×0.24=28.8(억 원)이다. 따라서 4년 전 대비 10억 원 이상 증가하였다.

14

Quick해설 2018년 제품별 총판매액을 구하면 다음과 같다.

- 제품 A: 150×0.12=18(억 원)
- 제품 B: 150×0.35=52.5(억 원)
- 제품 C: 150×0.25=37.5(억 원)
- 제품 D: 150×0.10=15(억 원)
- 제품 E: 150×0.18=27(억 원)

이를 이용하여 제품 1대당 가격을 구하면 다음과 같다.

- 제품 A: 18÷29≒0.62(백만 원)
- 제품 B: 52.5÷14=3.75(백만 원)
- 제품 C: 37.5÷21≒1.79(백만 원)
- 제품 D: 15÷30=0.5(백만 원)
- 제품 E: 27÷22≒1.23(백만 원)

이때, 1.79×2=3.58<3.75이므로 제품 B가 제품 C보다 2배 이상 비싸다.

[오답풀이] ① 가장 비싼 제품은 B이다.

② 제품 A는 약 62만 원이므로 60만 원 이상이다.

③ 제품 A는 제품 E보다 싸다.

⑤ 0.5×3=1.5>1.23이므로 제품 E가 제품 D보다 3배 미만으로 비싸다.

15

Quick해설 2023년 산업기술인력은 총 684천 명이고 12대 산업기술인력은 56+18+15+30+102+171+26+12+84+26+81+34=655(천 명)이다. 따라서 해당 비중은 $\frac{655}{684}$ ×100≒95.8(%)이므로 94% 이상임을 알 수 있다.

[오답풀이] ① 12대 산업별 기술인력 현황만 주어져 있으므로 인력부족률은 알 수 없다.

② 2015년 산업기술인력은 602천 명이고 2021년 산업기술인력은 638천 명이다. 따라서 2021년 산업기술인력은 2015년 대비 $\frac{638-602}{602}$ ×100≒6.0(%) 증가하였으므로 5% 이상 증가하였음을 알 수 있다.

③ [그래프1]은 2년마다의 자료를 제시하므로 해마다 꾸준히 감소하였는지는 알 수 없다.

④ [그래프2]에서 주어진 기술인력은 12대 산업에 관한 자료이므로, 산업 전체에서 종사자 수가 세 번째

로 낮은지는 알 수 없다.

16

정답 | ①

Quick해설 $(인력부족률) = \dfrac{(부족인원)}{(현원)+(부족인원)} \times 100$이

므로 $4.4 = \dfrac{x}{617+x} \times 100$이 성립한다. 식을 정리하면

$x ≒ 28.4$(천 명)이다.

따라서 2017년 산업기술인력 부족인원은 28,400명이다.

17

정답 | ⑤

Quick해설 ㉡ 2017년 남자의 비만율은 44%이고 2022년 남자의 비만율은 49.1%이다. 따라서 2022년 남자의 비만율은 5년 전 대비 $49.1-44.0=5.1(\%p)$ 증가하였다.

㉢ 2022년 40대 이상 남자의 비만율을 살펴보면, 40대 54.9%, 50대 49.0%, 60대 43.4%, 70대 39.1%, 80대 이상 31.5%로 연령대가 높을수록 낮아짐을 알 수 있다.

㉣ 2022년 여자의 연령대별 비만율을 살펴보면, 20대 이하 18.7%, 30대 22.7%, 40대 25.8%, 50대 29.8%, 60대 35.7%, 70대 42.3%로 연령대가 높을수록 비만율이 높음을 알 수 있다.

[오답풀이] ㉠ 2019년 이후 남자의 비만율은 꾸준히 증가하지만, 여자의 비만율은 그렇지 않다. 2022년에는 오히려 전년 대비 비만율이 감소하였다.

18

정답 | ②

Quick해설 2022년 남자 비만율이 49.1%이므로 비만인 남자 인구수는 $2,582 \times 0.491 ≒ 1,268$(만 명)이고, 여자 비만율이 29.2%이므로 비만인 여자 인구수는 $2,585 \times 0.292 ≒ 755$(만 명)이다. 따라서 구하는 값은 $1,268-755=513$(만 명)이다.

19

정답 | ③

Quick해설 남성 암 발생률 추이에서 해마다 발생률이 꾸준히 증가하는 암은 췌장암, 폐암, 전립선암으로 3개이다.

[오답풀이] ① 해마다 남성의 위암 발생률은 여성보다 2배 이상 높다.

② 남성은 2020년까지 증가하다가 감소하고, 여성은 2019년까지 증가하다가 감소한다.

④ 눈으로 어림계산 하였을 때 2017년과 2018년 발생률 차이가 3보다 큰 암은 위암, 대장암, 전립선암이므로 이에 관하여 확인해보면 된다.

• 위암: $85.8-82.3=3.5$(명)
• 대장암: $69.5-64.6=4.9$(명)
• 전립선암: $36.2-32.4=3.8$(명)

따라서 대장암이 4.9명으로 가장 많이 증가하였다.

⑤ 여성의 유방암 발생률은 2015년에 51.8명/10만 명이고 2021년에는 72.1명/10만 명이다. 따라서 2015년 대비 2021년 여성의 유방암 발생률은 $\dfrac{72.1-51.8}{51.8} \times 100 ≒ 39.2(\%)$ 증가하였으므로 35% 이상으로 증가하였다.

20

정답 | ④

Quick해설 2016년 남성 폐암 환자 수는 $\dfrac{57.3}{100,000} \times$ $2,567 ≒ 1.5$(만 명)이고, 여성 폐암 환자 수는 $\dfrac{23.4}{100,000}$ $\times 2,555 ≒ 0.6$(만 명)이므로 2016년 10만 명당 폐암 환자 수는 $\dfrac{1.5+0.6}{2,567+2,555} \times 100,000 ≒ 41.0$(명)이다.

그리고 2021년 남성 폐암 환자 수는 $\dfrac{66.0}{100,000} \times$ $2,586 ≒ 1.7$(만 명)이고, 여성 폐암 환자 수는 $\dfrac{28.7}{100,000}$ $\times 2,589 ≒ 0.7$(만 명)이므로 2021년 10만 명당 폐암 환자 수는 $\dfrac{1.7+0.7}{2,586+2,589} \times 100,000 ≒ 46.4$(명)이다.

따라서 2021년 국민 10만 명당 폐암 환자의 수는 2016년 대비 $46.4-41.0=5.4$(명) 증가하였다.

21

정답 | ④

Quick해설 제시된 조건을 바탕으로 A~E의 희망 부서와 소속 부서를 정리하면 다음과 같다.

구분	A	B	C	D	E
소속 부서		홍보부		재무부	
희망 부서	재무부				영업부

이때 홍보부를 희망한 사람은 영업부에 배정되었다고 했으므로 C의 희망 부서가 홍보부, 소속 부서가 영업부임을 알 수 있다.

영업부를 희망한 사람은 1명이라고 했으므로 B와 D는 재무부 또는 홍보부이다. 이때 희망 부서에 배정된 사람은 1명이고, 홍보부를 희망한 사람은 영업부에 배정되었다고 했으므로 B와 D 모두 재무부임을 알 수 있다.

구분	A	B	C	D	E
소속 부서		홍보부	영업부	재무부	
희망 부서	재무부	재무부	홍보부	재무부	영업부

희망 부서에 배정된 사람은 1명인데 이는 D이므로 A와 E의 희망 부서와 소속 부서는 달라야 한다. 이에 따라 A는 영업부, E는 재무부이다.

구분	A	B	C	D	E
소속 부서	영업부	홍보부	영업부	재무부	재무부
희망 부서	재무부	재무부	홍보부	재무부	영업부

따라서 희망 부서와 소속 부서가 동일한 사람은 D이다.

22

정답 | ④

Quick해설 A 또는 C가 승진을 했다면 자신이 승진을 하지 않았다는 D, E의 발언이 참이다. 이 경우 참을 말하는 직원이 2명 이상이므로 모순이다. 따라서 A와 C는 승진을 하지 않았고, A와 C의 발언은 거짓이다. 또한 C의 발언이 거짓이므로 E는 A보다 시험 점수가 낮다. A가 승진을 하지 않았으므로 A는 시험 점수가 2등 이하이고, 이에 따라 E는 3등 이하가 된다. 따라서 자신의 시험 점수가 두 번째로 높다고 한 E의 발언이 거짓이다. 이때 E의 점수가 가장 높지 않으므로 B의 발언이 참이다. 따라서 남은 D의 발언은 거짓이고, D가 승진을 하였다.

23

정답 | ④

Quick해설 주어진 글에서 필자가 주장하는 바의 핵심은 전기자동차 보급을 위해 기술개발과 법적, 제도적 지원이 필요하다는 점이며, 그러한 점을 뒷받침하기 위해 구체적인 현상을 언급하고 있다. 따라서 필자의 주장의 근거가 되는 배경지식은 세계 각국이 이미 전기자동차 보급을 위해 기술개발 및 제도 개선 등의 노력을 기울이고 있다는 점이 되어야 하므로 ④가 가장 적절하다.

24

정답 | ⑤

Quick해설 사무실 이전일은 다음 주 목요일이고, 자재팀은 이전일 하루 전에 부서별로 방문하여 폐기 물품을 처리해야 하므로 다음 주 수요일에 폐기물 처리를 시행한다. 각 부서는 다음 주 화요일까지 폐기 물품을 사무실 한쪽에 쌓아 두어야 하므로 폐기 물품을 자재팀 방문 하루 전까지 분류하여 따로 쌓아두어야 하는 것은 옳다. 그러나 추가 폐기물은 이전일에 직접 폐기하는 것이 아니라 자재팀(#1237)으로 전화하여 추가로 폐기해야 한다. 추가 폐기물을 자재팀이 처리한다는 것은 작업원 배치도에서 폐기장소에 자재팀 직원 2명이 배치된 것으로도 알 수 있다.

[오답풀이] ① 개인 물품 중 분실 및 섞임이 우려되는 물건은 각자 지참해야 하지만, 부피가 커 개인이 운반하기 어려운 물품은 포장 박스에 넣어 운반할 수 있다.
② 이전일 작업원 배치도의 엘리베이터를 보면 이전 전과 후 모두 엘리베이터별로 각 1명, 총 2명이 필요하다. 즉, 엘리베이터는 각각 2개씩임을 알 수 있다.
③ 경리팀은 보안팀(#1357)에 전화하기 전에 시설관리팀(#1663)에 먼저 전화하여 보안 문서를 암호화하여야 한다.
④ 사무실 이전일이 다음 주 목요일이므로 각 부서의 보안 문서는 보안팀(#1357)에 전화하여 다음 주 목요일까지 보안팀에서 보관할 수 있도록 해야 한다.

25

정답 | ①

Quick해설 각 부서 사무실에 4명이 배치되고, 자재팀은 추가로 상차장소에 2명, 폐기장소에 2명이 배치되므로 적어도 8명이 필요하다.

[오답풀이] ② 각 부서 사무실에 4명이 배치되고, 영업팀은 이전 전 엘리베이터에 2명이 배치되므로 적어도 6명이 필요하다.
③ 각 부서 사무실에 4명이 배치되고, 인사팀은 이전 전 사무실 층에 3명이 배치되므로 적어도 7명이 필요하다.
④ 각 부서 사무실에 4명이 배치되고, 보안팀은 이전 후 사무실 층에 1명이 배치되므로 적어도 5명이 필요하다.

⑤ 각 부서 사무실에 4명이 배치되고, 시설관리팀은 이전 후 사무실 층에 2명이 배치되므로 적어도 6명이 필요하다.

26
정답 | ②

Quick해설 전기사용 설비용량이 계약전력을 초과하지 않는 24시간 편의점의 경우 450시간 초과사용이 불가피한 것으로 보고 450시간 초과요금 적용이 제외될 수 있다. 그러나 전기사용 설비용량이 계약전력을 초과하는 경우에는 450시간 초과사용이 불가피한 것으로 볼 수 없으므로 450시간 초과요금을 부과할 수 있다.

[오답풀이] ① 첫 번째 초과하는 달에는 초과요금 부과를 예고하고, 두 번째 달부터 초과요금을 부과한다.
③ 최대수요전력을 계량할 수 있는 전력량계를 설치한 고객은 검침 당월을 포함한 직전 12개월 중 12월분, 1월분, 2월분, 7월분, 8월분, 9월분 및 당월분의 최대수요전력 중 가장 큰 최대수요전력을 요금적용전력으로 하며, 가장 큰 최대수요전력이 계약전력의 30% 미만인 경우에는 계약전력의 30%를 요금적용전력으로 한다. 따라서 계약전력의 30%가 150kWh이고, 최대수요전력이 100kWh이므로 요금적용전력은 150kWh이다.
④ 임시철거기간이 임시철거하는 검침월을 포함하여 3개월이 경과될 경우에는 넷째 월분부터 계약전력을 요금적용전력으로 할 수 있으므로 6월부터 계약전력을 요금적용전력으로 한다.
⑤ 요금적용전력의 결정에 따라 제1항(최대수요전력을 계량할 수 있는 전력량계를 설치한 고객) 이외의 고객은 계약전력을 요금적용전력으로 한다.

27
정답 | ⑤

Quick해설 초과전력이 480kW이고, 6회 이상 초과하였으므로 초과요금은 $480 \times 6,000 \times 2.5 = 7,200,000$(원) $= 720$(만 원)이다.

28
정답 | ⑤

Quick해설 다른 선택지의 내용들은 모두 수정 또는 삭제, 추가에 대한 올바른 지적이지만, ⑤는 주어진 자료에 따르면 불법 주정차 차량이 정지선을 침범한 경우 도로교통법 제25조의 정지선 침범에 따른 범칙금이 불법 주정차에 대한 과태료와 별개로 부과되므로 올바른 지적이 아니다.

29
정답 | ④

Quick해설 6월이며, 27일이 수요일이라는 정보를 토대로 6월 달력을 그려 병문안이 가능한 마지막 날을 기준으로 거꾸로 날짜를 계산해 보면 다음과 같다.

일	월	화	수	목	금	토
					1	2
3	4	5	6	7	8	9
10	11	12	13	14	15	16
17	18	19	20	21	22	23
24	25	26	27	28	29	30

27일이 병문안이 가능한 마지막 날이므로, 6일 동안의 병문안은 22일에 시작되어야 한다. 이를 위해서 안내문이 5일 전에 공지되어야 하나, 5일 전인 17일이 일요일이므로 직전 근무일인 15일까지 안내문이 공지되어야 한다. 이를 위해서는 검토 기간을 감안하여 2일 전인 13일까지 병원장의 승인을 받아야 한다. 따라서 결재까지 소요되는 2일을 감안하면 행정팀의 승인 서류는 늦어도 11일까지 작성되어야 하는 것을 알 수 있다.

30
정답 | ③

Quick해설 앞 문제에서 작성한 달력과 함께 살펴보면 어렵지 않게 정답을 찾을 수 있다.
A는 해외여행으로 13~22일까지 병문안이 불가하다.
B, C는 봉사활동으로 26일에 병문안이 불가하다.
D는 자가격리로 20~23일까지 병문안이 불가하다.
E, H는 중요한 약속으로 27일에 병문안이 불가하다.
F, G는 교회 행사로 24일에 병문안이 불가하다.
따라서 병문안 가능 기간인 22~27일 중 22일, 23일, 24일, 26일, 27일은 개인 일정이 있어 모두가 함께 병문안을 갈 수는 없으므로 남는 25일이 정답이다.

31

Quick해설 윤 사원이 처리할 업무를 시간의 순서대로 나열하면 다음과 같다.

• 23일까지 꼭 처리해야 할 일
  ㉠ 협력사 세미나(16시)
  ㉢ 신입사원 OJT 교육(11시) 준비
  ㉣ 기획팀 업무 인수인계 진행
  ㉤ 거래처 직원 미팅(15시)
  ㉥ 총무팀 박 대리(15시)
  ㉦ 마이크 및 음향 시설(16시 전)

  ㉢이 가장 먼저 진행되어야 하며, 그 다음은 ㉣이다. ㉤ 전에 ㉥이 먼저 진행되어야 하고, ㉤ 이후 ㉠과 ㉦이 진행되어야 한다. 이를 정리하면 ㉢－㉣－㉥－㉤－㉠/㉦이 적합하다.

• 24일까지 꼭 처리해야 할 일
  ㉡ 신제품 프로모션 기획안 제출
  ㉧ 신제품 프로모션 기획 회의

  기획안 제출은 24일 오전까지 제출해야 하므로, ㉡－㉧이 적합하다. 따라서 ㉢－㉣－㉥－㉤－㉠/㉦－㉡－㉧이 적절하다.

32

Quick해설 ㉢ 공용 차량을 이용하였고, 점심시간은 출장 시간에 포함되므로 자동차 운임 실비 10,000원을 지급받는다.

[오답풀이] ㉠ 인천광역시에서 숙박할 경우, 1박당 지급받을 수 있는 숙박비의 상한액이 80,000원이므로 항상 80,000원을 받을 수 있는 것은 아니다.

㉡ 1일 이내에 4시간 이상 근무지 내 출장을 2회 이상 간 경우, 자동차 운임 실비 합산액은 1일 2만 원을 넘지 못하므로 20,000원을 지급받는다.

33

Quick해설 • 운전원은 본연의 업무 외 근무지에서 공용 차량으로 5시간 동안 운전하였으며, 자동차 운임은 실비 기준에 따라 0원, 일비 25,000원, 식비 25,000원으로 총 50,000원을 지급받는다.

• 갑 부장은 서울 지역으로 1박 2일 출장을 다녀왔으므로 자동차 운임 실비가 일비로 대체되어 일비 50,000원, 식비 50,000원 그리고 숙박비 100,000원으로 총 200,000원의 출장 여비를 지급받는다.

• 을 차장은 인천 지역으로 1박 2일 출장을 다녀왔으므로 자동차 운임 실비가 일비로 대체되어 일비 50,000원, 식비 50,000원 그리고 숙박비 80,000원으로 총 180,000원의 출장 여비를 지급받는다.

따라서 3명의 출장 여비 총액은 430,000원이다.

34

Quick해설 특허의 권리를 3년 이후에도 계속 유지하려면 연차등록료를 내야 한다. 이때, 개인의 경우 연차등록료가 50% 감면된다. 개인이 청구항 5개를 포함한 4～6년 차 연차등록료 기본료는 매년 36,000원, 가산료(청구항 5개)는 매년 $20,000 \times 5 = 100,000$(원)이므로 매년 총 136,000원이고, 개인이므로 50% 감면되어 $136,000 \times 50\% = 68,000$(원)이다.

[오답풀이] ① 중소기업의 출원료와 심사청구료는 70% 감면되므로 해당 금액의 30%만 내면 된다. 또한, 심사청구료는 청구항 2개가 포함되어 있으므로 가산료도 함께 계산해야 한다. 출원료는 $46,000원 \times 30\% = 13,800$(원), 심사청구료는 $(166,000원 + 51,000원 \times 2) \times 30\% = 80,400$(원)이다.

② 개인의 경우 설정등록료는 70% 감면되므로 해당 금액의 30%만 내면 된다. 1～3년분 설정등록료 기본료는 39,000원, 가산료(청구항 1개)는 36,000원이므로 총 3년간의 연차료는 $(39,000원 + 36,000원) \times 30\% = 22,500$(원)이다.

④ 출원서(국어)를 전자문서로 제출하는 경우 46,000원, 서면으로 제출하는 경우 66,000원이고, 출원서(외국어)를 전자문서로 제출하는 경우 73,000원, 서면으로 제출하는 경우 93,000원이다. 그러므로 서면으로 제출한 경우에는 전자문서로 제출한 경우보다 20,000원을 더 내야 한다.

⑤ 출원료 제출 시 첨부서류 중 명세서, 도면 및 요약서를 특허청에서 제공하지 않은 소프트웨어로 작성하여 제출한 경우(「특허법 시행규칙」 제21조제5항에 따라 임시 명세서를 제출하는 경우는 제외)에는 매건 56,000원으로 한다. 또한, 서면으로 제출 시

출원료는 매건 66,000원이므로 서면으로 제출한 경우보다 10,000원 적게 낸다.

35

정답 | ②

Quick해설 중견기업은 출원료, 심사청구료, 설정등록료, 연차등록료 모두 30%를 감면 받는다. 또한, 기술 1개당 청구항 2개로 진행되므로 총청구항은 4개(두 개의 기술)이다.

- 전자출원료(외국어): 73,000원
- 심사청구료: 166,000원+51,000원×4=370,000(원)
- 설정등록료(1~3년분): 39,000원+36,000원×4= 183,000(원)
- 연차등록료(4~6년분): (36,000원+20,000원×4)× 3=348,000(원)
- 연차등록료(7~9년분): (90,000원+34,000원×4)× 3=678,000(원)
- 연차등록료(10~12년분): (160,000원+49,000원× 4)×3=1,068,000(원)
- 연차등록료(13~15년분): (324,000원+49,000원× 4)×3=1,560,000(원)

총금액: 73,000+370,000+183,000+348,000+678,000+1,068,000+1,560,000=4,280,000(원)

중견기업이므로 30% 감면 받으면 4,280,000원× 70%=2,996,000(원)이므로 예산은 적어도 2,996,000원으로 책정해야 한다.

문제해결 Tip

선택지를 확인해 보면 모두 천의 자리 숫자가 다르므로, 천의 자리 숫자만 알아도 정답을 선택할 수 있다. 중견기업은 모두 30%를 감면 받으므로 총 금액에 대해 70%(0.7)를 곱한 값이 된다. 즉, 만의 자리 숫자에 0.7을 곱한 값에 의해 천의 자리 숫자가 정해진다. 따라서 만과 천의 자리 숫자의 합으로 정답을 찾을수 있다.

총금액(만과 천의 자리 숫자 합): 73+70+83+48+78 +68+60=480이고, 80×0.7=56

선택지 ②번의 경우 천의 자리 숫자가 6이므로 정답이 된다.

36

정답 | ④

Quick해설 마케팅사업부는 총 20명이므로 인원 배분률을 적용하면 S등급은 2명, A등급은 3명, B등급은 5명, C등

급은 4명, D등급은 4명, E등급은 2명이다. 이에 따라 업무 평정 총점이 높은 순으로 순위를 매긴 후, 등급별 인원 수만큼 순차적으로 등급을 책정하면 다음과 같다.

구분	분야별 업무 평정(점)			총점 (점)	순위	등급
	국가 자격증 점수	업무수행 능력 점수	가족 수당 점수			
직원12 (주임)	37	20	33	90	1	S
직원2 (대리)	34	23	33	90	2	
직원14 (대리)	31	25	32	88	3	A
직원8 (대리)	34	21	32	87	4	
직원18 (사원)	37	20	29	86	5	
직원19 (과장)	32	23	31	86	6	B
직원1 (사원)	35	21	29	85	7	
직원11 (차장)	35	18	31	84	8	
직원4 (과장)	33	21	30	84	9	
직원20 (사원)	33	22	29	84	10	
직원16 (부장)	31	21	31	83	11	C
직원15 (사원)	34	19	29	82	12	
직원13 (사원)	32	23	26	81	13	
직원5 (사원)	30	19	31	80	14	
직원17 (주임)	30	20	29	79	15	D
직원3 (주임)	32	18	28	78	16	
직원9 (사원)	31	20	27	78	17	
직원6 (사원)	32	18	27	77	18	
직원10 (사원)	29	18	29	76	19	E
직원7 (사원)	30	15	28	73	20	

따라서 직원17의 등급은 D등급인 것을 알 수 있다.

37

Quick해설 • 직원13(사원)：C등급이므로 지급률은 60%이다. 이에 따라 직원13에게 지급해야 할 성과급은 $2,500,000 \times 0.6 = 1,500,000$(원)이다.

• 직원4(과장)：B등급에 과장이면서 팀장이므로 직위 및 직책에 따른 추가 지급률을 고려하면, 총지급률은 $80+3+8=91$(%)이다. 이에 따라 직원4에게 지급해야 할 성과급은 $4,200,000 \times 0.91 = 3,822,000$(원)이다.

38

정답 | ②

Quick해설 업체별 사은품 1, 2의 합계 금액과 할인금액을 표로 정리해 보면 다음과 같다. 구매 수량은 각각 400개 이상이어야 한다.

공급처	물품	세트당 포함 수량 (개)	세트 가격	합계	할인가
A업체	사은품1	100	85만 원	340만 원	5,025,500원 (5% 할인)
	사은품2	60	27만 원	189만 원	
B업체	사은품1	110	90만 원	360만 원	5,082,500원 (5% 할인)
	사은품2	80	35만 원	175만 원	
C업체	사은품1	90	80만 원	400만 원	5,120,000원 (20% 할인)
	사은품2	130	60만 원	240만 원	

따라서 A업체에서 구매할 경우 5,025,500원으로 가장 저렴한 것을 알 수 있다.

39

정답 | ⑤

Quick해설 사은품1의 세트당 가격을 5만 원 인하하면 총구매 가격이 $(5 \times 75 + 4 \times 60) \times 0.8 = 4,920,000$(원)이 되어 A업체의 구매 가격보다 낮아진다.

[오답풀이] ① 사은품1의 세트당 포함 수량이 100개가 되면 세트 수량이 5개에서 4개로 줄어들어 구매 가격이 80만 원 낮아지나, 할인이 적용되지 않아 최종 구매가는 오히려 비싸진다.

② 사은품2의 세트당 가격을 2만 원 인하하면 총구매 가격이 5,056,000원이므로 A업체보다 비싸다.

③, ④ 모두 가장 낮은 가격이 되기에는 적절한 방법이 아니다.

40

정답 | ③

Quick해설 각 연구소의 항목별 점수가 다음과 같다.

연구소	연구원 평균 근속 연수	선임 연구원 수	최근 3년 이내 논문 수	비고	최종 점수
A	2점	5점	4점	3점	14점
B	0점	3점	12점		15점
C	2점	5점	8점	1점	16점
D	5점	5점	6점		16점
E	10점	3점	0점		13점

따라서 C와 D의 최종 점수가 16점으로 가장 높고, 이 중 최근 3년 이내 논문 수가 더 많은 연구소는 C이므로 C의 순위가 가장 높다.

41

정답 | ④

Quick해설 앞 두 자릿수 문자가 시리즈 코드를 의미하는 것은 출원번호에만 해당되며, 등록번호의 앞 두 자릿수 문자는 일련번호 또는 유형 구분 코드가 된다.

[오답풀이] ① 모든 출원번호는 9자리, 모든 등록번호는 8자리이다.

② 등록번호의 유형이 '특허'라면, 출원번호의 시리즈 코드와 동일한 두 자릿수 문자로 시작하는 등록번호가 있을 수 있으므로 이런 경우에는 앞 두 자릿수 문자만으로 두 특허번호의 출원 또는 등록 순서를 알 수 없다.

③ 재발행 특허인 경우 'RE'로 시작하는 번호이므로 이전과 달라진다.

⑤ 출원번호 29로 시작하는 것은 디자인에 관한 특허 출원 건이므로 특허 등록을 하면 디자인 유형인 D로 시작하는 등록번호를 부여받는다.

42

정답 | ②

Quick해설 ㉠ 출원번호는 '/'가 포함되어 있는 2)이며, 1)은 식물 특허, 3)은 디자인 특허번호이다.

㉢ 재발행 특허는 'RE'로 시작하는 8자리 문자＋숫자

여야 하므로 관련 특허번호는 없다.

[오답풀이] ㉡ 문자와 특수기호가 적절하게 사용되었으므로 3개의 특허번호는 모두 올바른 체계를 따르고 있다.

㉣ 3)은 끝자리 번호가 59이며, 1)은 60이지만, 두 특허번호는 유형이 다른 식물 특허와 디자인 특허에 대한 것이므로 다른 유형간의 두 특허번호만으로는 어느 것이 먼저 출원 또는 등록된 것인지를 알 수 없다.

43 정답 | ⑤

Quick해설 ⑤의 음원 코드는 02003의 코드이므로 현악 클래식 음원이다.

[오답풀이] ① 2020년 10월에 영국 Orion사에서 제작한 현악 영화음악으로 1,015번째 입고 음원이다.
② 2019년 1월에 프랑스 Saka사에서 제작한 관악 영화음악으로 12,000번째 입고 음원이다.
③ 2017년 5월에 스페인 O'heil사에서 제작한 현악 영화음악으로 10번째 입고 음원이다.
④ 2017년 11월에 미국 May사에서 제작한 관악 영화음악으로 2,053번째 입고 음원이다.

44 정답 | ④

Quick해설 ㉠ 코드 체계가 동일하게 구성되어 있으므로 모든 음원은 제작 연월 4자리 수, 음원 제작지 코드 2자리 수, 음원 코드 5자리 수, 시리얼 번호 5자리 수로 총 16자리 수문자로 된 코드를 갖는다.

㉡ 예를 들어, 같은 뉴에이지 음원이라도 피아노로 연주되면 01002, 경음악은 040011이므로 서로 다른 코드를 갖는다.

㉣ 마지막 5자리의 숫자는 입고 수량을 나타내는 시리얼 번호이므로 더 클수록 더 많은 수량이 입고된 것을 의미한다.

[오답풀이] ㉢ 한국과 미국에서 제작한 민속음악 장르 음원의 코드는 음원 제작지 코드 2자리 수가 다를 것이며, 나머지가 모두 동일할 수 있어 시리얼 번호를 포함, 최대 14자리가 같을 수 있다. 또한 모든 코드 번호가 달라도 민속음악 장르를 나타내는

05013은 동일할 것이므로 최소 5자리가 동일할 수 있다. 따라서 최소 5자리에서 최대 14자리까지 동일한 경우가 있게 된다.

45 정답 | ④

Quick해설 Ⅳ－SeBE－B－02045는 XY 코드 부여가 올바르지 않으므로 온라인 문서를 열람할 수 있는 비밀번호가 아니다.

[오답풀이] ① 2000년에 3번째로 발행된 경영기획실 주관 외부 배포용 감리 보고서(입찰을 통한 용역)
② 2001년에 100번째로 발행된 정책본부 주관 내부 배포용 정책 백서(위탁 연구)
③ 1998년에 32번째로 발행된 글로벌협력단 주관 내부 배포용 세미나 자료집(공모)
⑤ 1996년에 8번째로 발행된 공공데이터혁신본부 주관 내부 배포용 기타 이슈(위탁 연구)

46 정답 | ②

Quick해설 디지털문화본부는 Ⅴ 코드이므로 '문서3'이다. 또한 사업 결과 분야는 XYZ 중 Y에 해당하는 코드가 B여야 하므로 옳다.

[오답풀이] ① 일련번호가 007인 '문서1'의 등록 순서가 가장 빠르다.
③ 정책본부의 코드는 Ⅱ이므로 해당하는 문서가 없다.
④ 정책 분야에 관련된 문서는 XYZ 중 Y에 해당하는 코드가 P이므로 '문서2'가 되며, 이것은 C에 해당하는 코드가 A이므로 자체 수행이 아닌 위탁 연구에 의해 작성된 자료가 된다.
⑤ 분석 분야의 내용은 Y에 해당하는 코드가 A이므로 해당하는 문서가 없다.

47 정답 | ④

Quick해설 '참여방법'에 따르면 한전 에너지마켓플레이스는 해당 내용에 대한 보다 상세한 정보를 제공하는 곳이라고 하였을 뿐, 한전 에너지마켓플레이스의 중개로 구매계약과 판매계약을 체결할 수 있는지는 알 수 없으므로 옳지 않다.

[오답풀이] ① 한국전력공사는 제3자간 전력거래계약 제도 시행에 발맞춰 RE100 이행을 적극 지원하고, 2050 탄소중립 달성에 기여하고자 제도 활성화에 앞장서고 있다고 하였으므로 옳다.

② 한전이 구매계약(재생에너지 발전사업자—한전), 판매계약(한전—전기사용자)을 각각 체결한다고 하였으므로 상호 간 계약의 당사자가 되는 것은 아니다.

③ 발전사업자는 발전에너지원이 태양광, 풍력, 수력, 지열, 해양에너지, 바이오의 6개 중 하나이며, 설비용량이 1,000kW를 초과하되 2인 이상 합산하여 1,000kW 초과 시에도 참여 가능하다고 하였으므로 옳다.

⑤ RE100이란 기업이 전력사용량의 100%를 재생에너지로 대체하는 자발적 캠페인으로, 이행 방안에 자가 발전이 포함되어 있다.

48

정답 | ③

Quick해설 지문인식은 지문이 손상되거나 장갑을 끼는 경우 인식이 어렵고, 얼굴인식은 안경이나 마스크를 착용할 경우 인식이 어려운 반면 홍채인식은 만 1세 어린이부터 장갑, 마스크, 안경을 착용하는 의료, 농업 및 중공업 종사들까지도 적합하다고 하였으므로 인식 시점에서 사용자의 상태와 관계없이 가장 편리한 방식은 홍채인식임을 알 수 있다.

[오답풀이] ① 홍채는 패턴이 변하지 않으며, 지문 역시 상처가 나는 등의 특별한 경우가 아니면 변하지 않는다. 얼굴인식의 경우, 노화, 성형 등에 따라 변하기 쉬워 장기간 사용 측면에서는 인식률이 가장 떨어진다고 할 수 있다.

② 인식 시 접촉식으로 이루어지는 지문인식은 바이러스 전파 위험이 높은 반면 비접촉식으로 이루어지는 얼굴인식과 홍채인식은 바이러스 전파 위험이 낮음을 알 수 있다.

④ 홍채인식이 가장 높은 정확도를 보이며, 얼굴인식이 가장 낮은 정확도를 보인다.

⑤ 마스크 착용 상태에서도 얼굴을 인식할 수 있는 기술이 개발되고 있으며, 이로 인해 인식률이 높아지고 있다.

49

정답 | ②

Quick해설 순서대로 변환 규칙에 따라 변환하면 다음과 같다.

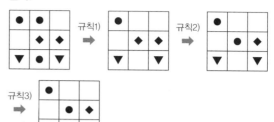

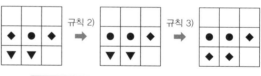

50

정답 | ⑤

Quick해설 [추가 조건]을 통해 가능한 규칙 적용의 순서는 다음 4가지 경우다.

• 규칙 2), 규칙 1), 규칙 3)

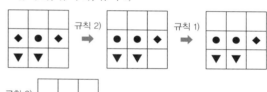

• 규칙 2), 규칙 3), 규칙 1)

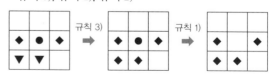

• 규칙 3), 규칙 1), 규칙 2)

• 규칙 3), 규칙 2), 규칙 1)

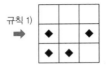

규칙 3) ➡ 규칙 2) ➡

규칙 1) ➡

따라서 정답은 ⑤이다.

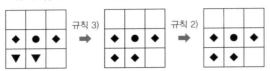
01	02	03	04	05	06	07	08	09	10
①	②	⑤	①	⑤	⑤	③	③	③	③

11	12	13	14	15
②	③	③	③	②

01
정답 | ①

[상세해설]

구분	임피던스 궤적	어드미턴스 궤적
R–L 직렬회로	1상한의 반직선 형태	4상한의 반원 형태
R–C 직렬회로	4상한의 반직선 형태	1상한의 반원 형태
R–L 병렬회로	1상한의 반원 형태	4상한의 반직선 형태
R–C 병렬회로	4상한의 반원 형태	1상한의 반직선 형태

02
정답 | ②

[상세해설] $A=1+\dfrac{Z_2}{Z_3}$, $B=Z_2$,

$C=\dfrac{Z_1+Z_2+Z_3}{Z_1 Z_2}$, $D=1+\dfrac{Z_2}{Z_1}$

03
정답 | ⑤

[상세해설] $div(f\dot{A})$

$=(\dfrac{\partial}{\partial x}i+\dfrac{\partial}{\partial y}j+\dfrac{\partial}{\partial z}k)(x^2yzi+xy^2zj+xyz^2k)$

$=2xyz+2xyz+2xyz=6xyz\ (x=2,\ y=1,\ z=1)$

$=12$

04
정답 | ①

[상세해설] [단락비가 큰 발전기]

• 발전기의 크기가 크고 중량이 무겁다.

• 전기자 반작용의 영향이 작다.

• 전압 변동률이 작다.

• 선로의 충전 용량이 크다.

• 안정도가 양호하다.

• 저속기에 이용된다.

• 수차형에 이용된다.

05

[상세해설] [유도 발전기 특징]
- 효율이 낮고 역률 조정이 힘들다.
- 풍력발전기, 조력발전기 등에도 이용이 된다.
- 동기발전기보다 제작 가격이 저렴하다.
- 공극 치수가 작아서 운전 시 주의가 필요하다.

06

정답 | ⑤

[상세해설] [전력계통 운영시스템 EMS의 중요한 특징]
- 전력 수급 조정
- 발전기 운영 계획 수립 필요
- 계통 보호
- 휴전 검토 등 필요

07

정답 | ③

[상세해설] [접근 상태]
- 1차 접근 상태
  - 지지물의 높이와 수평거리로 같은 거리를 말한다.
- 2차 접근 상태
  - 지지물로부터 수평거리로 3[m] 미만의 거리를 말한다.
  - 2차 접근 상태가 1차 접근 상태보다 더 위험한 상태를 말한다.

08

정답 | ③

[상세해설] ⓐ 단로기, ⓑ 피뢰기이다.
OCR: 과전류 계전기
MOF: 전력수급용 계기용 변성기
CB: 차단기
CT: 변류기
PT: 계기용 변압기

09

정답 | ③

[상세해설] [상별 전선의 색상]

상(문자)	색상
L1	갈색
L2	흑색
L3	회색
N	청색
보호도체	녹색-노란색

10

정답 | ③

[상세해설] 1선의 작용 정전 용량
$C_n = C_s + 3C_m = 0.004 + 3 \times 0.008 = 0.028[\mu\text{F}/\text{km}]$

11

정답 | ②

[상세해설] [고속의 증식로]
- 냉각재로 Na을 사용한다.
- 증식비가 1을 초과하는 원자로를 말한다.
- FBR는 고속 증식로를 말한다.

문제해결 Tip

CANDU는 중수로를 말한다.
PWR는 가압수형 경수로를 말한다.
BWR는 비등수형 경수로를 말한다.

12

정답 | ③

[상세해설] 자화의 세기 $J = \chi H = \mu_0(\mu_s - 1)H$이므로
$J = \mu_0(\mu_s - 1)H = 4\pi \times 10^{-7} \times (501 - 1) \times 400$
$\quad = 0.08\pi$

13

정답 | ③

[상세해설]
- 이도가 5[m]일 경우의 전선 길이
$$L_1 = S + \frac{8D_1^2}{3S} = 100 + \frac{8 \times 5^2}{3 \times 100} ≒ 100.67[\text{m}]$$
- 이도가 6[m]일 경우의 전선 길이
$$L_2 = S + \frac{8D_2^2}{3S} = 100 + \frac{8 \times 6^2}{3 \times 100} = 100.96[\text{m}]$$

- 증가되는 전선의 길이

  $L_2 - L_1 = 100.96 - 100.67 = 0.29[m]$

14

정답 | ③

[상세해설] 회로에서 $Z_{11} = 8[\Omega]$, $Z_{12} = 3[\Omega]$, $Z_{21} = 3[\Omega]$, $Z_{22} = 4[\Omega]$, $I_1 = 2[A]$, $I_2 = 4[A]$이므로

$$\begin{cases} V_1 = Z_{11}I_1 + Z_{12}I_2 \\ V_2 = Z_{21}I_1 + Z_{22}I_1 \end{cases}$$이고

$$\begin{cases} V_1 = 8 \times 2 + 3 \times 4 = 28[V] \\ V_2 = 3 \times 2 + 4 \times 4 = 22[V] \end{cases}$$

15

정답 | ②

[상세해설] 전위분포 V와 전계의 세기 E와의 관계식은 다음과 같다.

$$E = -grad V = -\left(\frac{\partial}{\partial x}i + \frac{\partial}{\partial y}j + \frac{\partial}{\partial z}k \right)(12x + 7y^2)$$

$$= -(12i + 14yj) \ [x=1, y=2]를 대입하면$$

$$= -12i - 28j$$

실전모의고사 2회 – NCS

01	02	03	04	05	06	07	08	09	10
②	②	④	③	④	①	①	②	②	③
11	12	13	14	15	16	17	18	19	20
②	①	④	③	④	④	③	⑤	①	③
21	22	23	24	25	26	27	28	29	30
②	④	④	④	④	④	②	④	④	③
31	32	33	34	35	36	37	38	39	40
④	④	②	①	③	④	③	③	④	③
41	42	43	44	45	46	47	48	49	50
①	④	③	②	③	④	①	⑤	①	③

01

정답 | ②

Quick해설 문장 삽입 문제는 들어갈 문장 앞과 뒤의 문장을 살펴보아야 한다. 주어진 문장은 '직접 핵심 원재료를 채굴하지 않고도 폐배터리에서 다시 원재료를 얻을 수 있다'이다. ⓒ 앞 문장에서 배터리 원자재 수급이 갈수록 어려워지고, 원재료 자원도 유한하다고 말하면서 기업들의 투자가 늘 것이라고 말하고 있다. 따라서 주어진 문장이 들어가기에 적절한 부분은 ⓒ이다.

02

정답 | ②

Quick해설 주어진 글은 전기차 보급의 증가에 따른 배터리 시장의 확대와 폐배터리 산업의 전망에 대해 설명하고 있다. 우선 전기차 보급이 크게 늘고 있다는 [가] 문단이 맨 처음 와야 한다. 그리고 배터리 사용 증가에 따른 폐배터리 시장이 증가하고 있다는 [다] 문단이 오는 것이 자연스럽다. 이어서 폐배터리 시장의 예로 독일과 우리나라 예를 들고 있는 [나]와 [라] 문단이 차례로 이어져야 한다. 마지막으로 배터리 관계자가 산업의 전망을 이야기하는 [마] 문단이 오는 것이 적절하다. 따라서 [가]~[마]를 순서대로 배열하면 '[가]-[다]-[나]-[라]-[마]'이다.

03

정답 | ④

Quick해설 마지막 문단에 따르면 PDK 플라스틱은 높

은 산성 용액에 담그면, 산이 단량체 사이의 결합을 끊고 플라스틱을 화학 첨가물에서 분리하도록 도움을 주어 어떤 복합 첨가물도 분리한다고 하였다. 그리고 크리스텐슨 박사가 PDK 접착제를 만들기 위해 다양한 산을 유리에 바르는 실험 과정에서 PDK 플라스틱의 순환 가능성을 발견했다고 하였으므로, PDK 플라스틱에 산을 발라 플라스틱을 화학 첨가물에서 분리하는 것은 순환에 해당됨을 알 수 있다.

[오답풀이] ① 1문단에 따르면 페트병의 20~30%만이 재활용된다고 하였다.

② 2문단에 따르면 플라스틱을 유용하게 만드는 화학 첨가물(충전제, 가소제 등)은 중합체가 아니라 단량체에 묶여 있다.

③ 3문단에 따르면 플라스틱의 단량체를 다시 사용하는 것은 업사이클이 아니라 순환에 해당한다. 업사이클은 더 좋은 플라스틱으로 만드는 것이다.

⑤ 4문단에 따르면 산을 통해 재활용된 PDK 중합체는 원래 재료의 색깔이나 특징을 물려받지 않고도 전혀 새로운 플라스틱 재료를 형성할 수 있는 것이다.

04
정답 | ③

Quick해설 제시된 글은 최근 황토와 함께 주목받은 야산이 시대에 따라 다르게 인식되어 온 과정을 설명하고 있다. 크게 일제의 야산 보호 정책, 1960년대 이후 인력을 투입한 개발 정책, 화학 비료를 통한 정책으로 그 변화 과정을 살펴볼 수 있으며, 인위적인 야산 개발 정책보다 숲을 가꾸는 것이 식물량을 확보할 수 있다는 입장을 제시함으로써 최대한 중립적인 태도를 견지하고자 했다. 그런데 3문단에서 1960년대 인력의 투입을 통한 야산 개발은 실효를 거두지 못했다고 말하고 있으므로 적절하지 않다.

[오답풀이] ① 2~3문단에서 확인할 수 있다.

② 황토방, 침대 등을 통해 농작물 재배 외의 쓸모를 찾을 수 있음을 확인할 수 있다.

④ 1문단과 5문단을 통해서 확인할 수 있다.

⑤ 2문단에서 야산 개발은 경제 개발 5개년 계획의 시행과 더불어 개간촉진법이 공포되면서 본격화되었다고 하였다.

05
정답 | ④

Quick해설 1문단에서 다시점 비디오에 대해 설명한 이후, 패럴랙스 배리어 방식과 렌티큘러 렌즈 방식으로 나누었음을 알 수 있다. 따라서 뒤에 이어질 내용은 패럴랙스 배리어 방식을 설명하는 [나] 문단과 렌티큘러 렌즈 방식을 설명하는 [가] 문단이 차례대로 배열되어야 한다. 이후 데이터 부호화 기술을 설명하는 [라] 문단과 이에 따른 문제점을 설명하는 [다] 문단이 이어지는 것이 자연스럽다.

06
정답 | ①

Quick해설 시간의 중복성을 해결하기 위해 프레임 거리를 최소화하여 화질과 관련한 부호화 효율을 높게 함을 알 수 있고, 이는 중복성을 제거하고 참조하는 부분이 많아지기 때문임을 알 수 있다.

[오답풀이] ② 인접한 프레임과 중복되는 내용이 많아지더라도 중복된 내용이 제거되고 나면 데이터의 양이 줄어드는지는 알 수 없다.

③ 인접한 프레임과의 거리가 최소화되면 중복성에 의한 화질은 좋아진다.

④ 인접한 프레임들이 서로 데이터를 주고받는 것은 부호화 효율과 관련이 없다.

⑤ 인접한 프레임으로부터 참조하지 못하는 부분이 늘어나면 중복된 부분이 없다는 의미이므로 부호화 효율이 낮아진다.

07
정답 | ①

Quick해설 [가] 문단에서는 이명 질환의 개념을 설명하면서 이러한 질환은 대부분의 정상인들이 경험하는 증상이라고 하였으나, 환자의 현황에 대해서는 언급하지 않았다.

[오답풀이] ② [나] 문단에서는 신경계통의 이상, 혈관계와 근육계의 병변 등 이명 질환의 발생 원인에 대해 언급하였다.

③ [다] 문단에서는 이명 질환의 다양한 검사 방법을 제시하면서, 환자 스스로 이명을 진단할 수는 없으나 증상에 대한 기록이 중요함을 설명하였다.

④ [라] 문단에서는 이명 질환의 치료 방법에 대해 언급하였다.

⑤ [마] 문단에서는 모든 이명 증상이 치료 대상이 되지는 않는다고 설명하며 증상에 따른 대응 방법을 제시하였다.

08
정답 | ②

Quick해설 [마] 문단에서 이명은 청력이 떨어지면서 발생하는 경우가 많다고 하였다.

[오답풀이] ① [다] 문단에서 이명에 대한 정보를 기록하는 것이 진단 및 치료에 도움이 될 수는 있으나 환자 스스로 이명의 원인을 파악하는 법은 없다고 하였다.

③ [나] 문단에서 혈관성 이명이란 중이와 내이에 인접한 혈관인 경정맥과 경동맥으로 혈류가 지나가는 소리가 전달되어 들리는 경우로, 귀에서 맥박이 뛰는 소리나 '쉭, 쉭' 하는 피가 혈관을 지나가는 소리가 들릴 수 있다고 하였다.

④ [가] 문단에서 이명으로 들리는 소리는 원칙적으로 의미가 없는 단순한 소리로, 의미 있는 소리, 음악, 언어 등이 들리면 이는 이명이 아니고 환청이라고 하였다.

⑤ [라] 문단에서 보청기를 착용하여 청력을 증강시켜 외부의 소리를 잘 듣게 하는 이명 차폐 효과를 볼 수 있다고 하였다.

09
정답 | ②

Quick해설 주어진 보도자료는 한국전력이 수소·암모니아의 발전 기술개발 및 국내외 수소·암모니아 공급망 확보를 위한 MOU를 민간기업(○○홀딩스, △△케미칼)과 체결하였다는 내용을 주요 내용으로 하고 있다. 따라서 보도자료의 제목으로는 '한전, 암모니아 및 수소 발전 상용화 위해 민간기업과 본격 협력체계 구축'이 가장 적절하다.

10
정답 | ③

Quick해설 수소 발전은 2035년에 30% 이상 혼소를 상용화하여, 2040년에 30~100% 혼소 또는 전소하는 것을 목표로 하고 있다고 하였다.

[오답풀이] ① 이번 MOU에서 한전은 수소를 연료로 하는 발전사업을 계획하고 있어 안정적인 수요처 제공 및 핵심기술 개발에 강점을 가지고 있다고 하였다.

② 수소·암모니아 발전을 상용화하면 기존 석탄발전소와 연계된 송변전 설비를 활용할 수 있어 탄소중립 추진에 따른 기존 전력설비의 좌초자산화를 막는 데 일조할 수 있다고 하였다.

④ 이번 MOU 체결로 한 회사가 일시적으로 수소·암모니아 재고가 부족할 경우 다른 회사가 우선 공급하고 되돌려 받는 스왑거래도 추진된다고 하였다.

⑤ 한전은 MOU를 체결한 각 기업과 이산화탄소 포집을 전제로 한 화석연료 기반 블루수소 생산을 위한 국내외 프로젝트에 공동 개발 및 투자한다고 하였다.

11
정답 | ②

Quick해설 기업 A의 작년 상반기 매출액을 x억 원이라고 하면, 기업 B의 작년 상반기 매출액은 $(70-x)$억 원이다. 올해 기업 A의 매출 증가액은 $\frac{10}{100}x$억 원이고, 올해 기업 B의 매출 증가액은 $\frac{20}{100}(70-x)$억 원이다.

이때, $\frac{10}{100}x : \frac{20}{100}(70-x) = 2:3$이 성립한다.

양변에 100을 곱하고 식을 정리하면

$10x : (1,400-20x) = 2:3$

$2,800-40x = 30x \rightarrow x=40$

따라서 두 기업 A, B의 작년 상반기 매출액은 각각 40억 원, 30억 원이므로 올해 두 기업의 매출액은 각각 $40 \times 1.1 = 44$(억 원), $30 \times 1.2 = 36$(억 원)이다.

그러므로 올해 두 기업의 상반기 매출액 합계는 $44+36=80$(억 원)이다.

12
정답 | ①

Quick해설 2년차 직원의 성과급을 a만 원이라고 하면 3

년차 직원의 성과급은 1.35a만 원이다. 그리고 이에 따라 4년차 직원의 성과급은 $1.35a \times 0.8 = 1.08a$(만 원)이 된다. 이때, 4년차 직원의 성과급이 2년차 직원의 성과급보다 360만 원 더 많다고 하였으므로 $1.08a - a = 0.08a = 360$이 성립한다.

즉, $a = 360 \div 0.08 = 4,500$(만 원)이므로 3년차 직원의 성과급은 $4,500 \times 1.35 = 6,075$(만 원)이고, 4년차 직원의 성과급은 $4,500 \times 1.08 = 4,860$(만 원)이다.

따라서 3년차 직원의 성과급과 4년차 직원의 성과급의 차이는 $6,075 - 4,860 = 1,215$(만 원)이다.

13

정답 | ④

Quick해설 ⓛ 2020년 남자의 생산가능인구가 18,000천 명이므로 2020년 남자의 경제활동인구는 $18,000 \times 0.8 = 14,400$(천 명)이다. 또한, 2020년 여자의 생산가능인구가 17,000천 명이므로 2020년 여자의 경제활동인구는 $17,000 \times 0.65 = 11,050$(천 명)이다. 따라서 2020년 전체 경제활동인구는 $14,400 + 11,050 = 25,450$(천 명)이므로 경제활동참가율은 $\frac{25,450}{35,000} \times 100 \fallingdotseq 72.7(\%)$로 70% 이상이다.

ⓒ ⊙에 의해 2021년 경제활동 인구는 $15,000 + 13,500 = 28,500$(천 명)이고, ⓛ에 의해 2020년 경제활동인구는 25,450천 명이므로 $\frac{28,500 - 25,450}{25,450} \times 100 \fallingdotseq 12.0(\%)$다. 즉, 10% 이상 증가하였다.

ⓔ 2020년 남자의 경제활동인구는 14,400천 명이고 남자 실업자 수가 400천 명이므로 남자의 실업률은 $\frac{400}{14,400} \times 100 \fallingdotseq 2.8(\%)$이다. 또한, 2020년 여자의 경제활동인구는 11,050천 명이고 여자 실업자 수가 500천 명이므로 실업률은 $\frac{500}{11,050} \times 100 \fallingdotseq 4.5(\%)$이다.

[오답풀이] ⊙ 2021년 남자의 생산가능인구가 20,000천 명이므로 2021년 남자의 경제활동인구는 $20,000 \times 0.7 = 15,000$(천 명)이다. 그리고 2021년 남자의 실업률이 5%이므로 남자의 실업자 수는 $15,000 \times 0.5 = 750$(천 명)임을 알 수 있다. 한편, 2021년 전체 경제활동참가율이 75%이므로 여자의 경제활동참가율 또한 75%여야 한다. 2021년 여자의 생산가능인구가 18,000천 명이므로 2021년 여자의 경제활

동인구는 $18,000 \times 0.75 = 13,500$(천 명)이다. 그리고 2021년 여자의 실업률이 4%이므로 여자의 실업자 수는 $13,500 \times 0.04 = 540$(천 명)임을 알 수 있다. 따라서 2021년 실업자 수는 $750 + 540 = 1,290$(천 명)이므로 130만 명 미만이다.

14

정답 | ③

Quick해설 2020년 남자 생산가능인구가 18,000천 명이고, 고용률이 70%이므로 남자 취업자 수는 $18,000 \times 0.7 = 12,600$(천 명)이다. 2020년 여자 생산가능인구가 17,000천 명이고, 고용률이 50%이므로 여자 취업자 수는 $17,000 \times 0.5 = 8,500$(천 명)이다. 그러므로 2020년 취업자 수는 $12,600 + 8,500 = 21,100$(천 명)이다.

또한, 2021년 남자 생산가능인구가 20,000천 명이고, 고용률이 65%이므로 남자 취업자 수는 $20,000 \times 0.65 = 13,000$(천 명)이다. 2021년 여자 생산가능인구가 18,000천 명이고, 고용률이 60%이므로 여자 취업자 수는 $18,000 \times 0.6 = 10,800$(천 명)이다. 그러므로 2021년 취업자 수는 $13,000 + 10,800 = 23,800$(천 명)이다.

따라서 2020년 대비 2021년 취업자 수 증가율은 $\frac{23,800 - 21,100}{21,100} \times 100 \fallingdotseq 12.8(\%)$이다.

15

정답 | ④

Quick해설 • 가은: 영화 산업의 사업체 수와 총비용은 매년 증가하고 있다.

• 류진: 영화 산업의 개인 대상 마케팅 경로의 비중은 다음과 같다.

2017년: $25.3 + 20.1 = 45.4(\%)$

2018년: $22.0 + 13.0 = 35.0(\%)$

2019년: $25.2 + 16.0 = 41.2(\%)$

2020년: $25.6 + 16.0 = 41.6(\%)$

2021년: $23.0 + 19.9 = 42.9(\%)$

따라서 매년 감소하지는 않는다.

[오답풀이] • 나래: 2019년 영화 산업의 총비용에서 가장 많은 비중을 차지하는 비용은 486,364백만 원인 작품 제작비이고, 그 비중은 $\frac{486,364}{629,535} \times 100 \fallingdotseq 77.3$ $(\%)$로 50% 이상이다.

- 다현: 2020년 영화 산업의 기업 대상 마케팅 경로의 비중을 모두 더하면 $18.0+25.5+2.8+8.0=54.3$ (%)로 절반 이상이다.

16

정답 | ④

Quick해설 ㉠ 연구개발에 대한 비용도 매년 증가하고 있다.

㉡ 2017년의 경우 기업이 $12.1+23.1+1.1+8.6=44.9$(%)이고, 개인이 $25.3+20.1=45.4$(%)이므로 기업이 개인보다 비중이 낮다.

㉣ 2021년에는 2020년 대비 감소하였다.

[오답풀이] ㉢ 매년마다 기업을 대상으로 한 마케팅 경로 중 투자사 및 유통사 접촉의 비중이 가장 높다.

17

정답 | ③

Quick해설 과체중 신호가 심각하지 않다고 응답한 인지자는 179명이다. 이 중 과체중 위험 신호 완화 방법을 시도하지 않았다고 응답한 인지자가 58.1%이므로 시도한 응답자는 41.9%이다. 그런데 식사 조절과 운동을 시도했다고 응답한 인지자는 36.9%와 7.8%이므로 합계 44.7%가 되어 중복응답임을 고려할 때, 적어도 $44.7-41.9=2.8$(%)의 인지자는 중복응답을 한 것이 된다. 따라서 $179×0.028≒5.01$(명)이므로 중복응답 즉, 식사 조절과 운동을 모두 시도했다고 응답한 인지자는 적어도 5명 이상이 된다.

[오답풀이] ① 전체 설문조사 대상자는 1,500명이며, 과체중 위험 신호를 인지한 적이 있다고 응답한 60대 남성은 60대 남성 176명 중 49.4%인 약 87(명)이다. 따라서 $87÷1,500×100=5.8$(%)로 6% 이하가 된다.

② 40대부터는 연령대가 높아질수록 응답자 수가 많아지고 있으며, 과체중 위험 신호를 인지한 적이 있다고 한 응답자의 '비율'도 비례하여 많아지고 있다. 그러므로 과체중 위험 신호를 인지한 적이 있다고 한 응답자의 수는 계산하지 않고도 연령대가 높아질수록 더 많다는 것을 알 수 있다.

④ 과체중 위험 신호를 3회 이상 인지한 인지자는 236

명이며, 과체중 위험 신호 완화 방법을 시도하지 않은 인지자가 41.1%이므로 시도한 인지자 비율은 $100-41.1=58.9$(%)이다. 따라서 과체중 위험 신호를 3회 이상 인지한 인지자 중 과체중 위험 신호 완화 방법을 시도한 인지자는 $236×0.589≒139$(명)으로 130명 이상인 것을 알 수 있다.

⑤ 60대 인지자는 모두 $392×0.37≒145$(명)이다. 또한 여성 인지자는 모두 $757×0.152≒115$(명)이다. 만일 여성 인지자 모두가 60대라고 가정하면 60대 인지자의 나머지 30명은 남성일 수밖에 없으므로 이것은 남성 60대 인지자의 최소 수치가 된다. 따라서 60대 인지자 중 남성은 30명 이상인 것을 알 수 있다.

18

정답 | ⑤

Quick해설 인지자 중 과체중 위험 신호 완화 방법을 시도하지 않았다는 응답자 비율을 통해 과체중 위험 신호 완화 방법을 시도한 인지자의 비율과 수를 알 수 있다. 따라서 '시도하지 않음'의 응답자 비율이 가장 높은 60대는 과체중 위험 신호 완화 방법을 시도한 인지자 비율이 $100-62.8=37.2$(%)로 가장 낮음에도 불구하고, 인지자의 수가 $392×0.37≒145$(명)으로 가장 많아 과체중 위험 신호 완화 방법을 시도한 인지자 수가 $145×0.372≒54$(명)으로 가장 많은 연령대인 것을 알 수 있다.

[오답풀이] ① 여성은 과체중 위험 신호 인지자의 비율이 757명 중 15.2%이므로 $757×0.152≒115$(명)이며, 60대 연령 인지자는 392명 중 37.0%이므로 $392×0.37≒145$(명)이 되어, 여성 인지자의 수는 60대 연령 인지자의 수보다 적다.

② 연령대별 인지자 수는 259명 중 4.6%로 $259×0.046≒12$(명)인 20대가 가장 적다.

③ 남성 인지자는 743명 중 28.8%의 비율이므로 $743×0.288≒214$(명)이다. 이 중 38.8%가 식사 조절로 과체중 위험 신호 완화를 시도했다고 응답했으므로 $214×0.388≒83$(명)으로 80명 이상이다.

④ 40대와 50대의 인지자 수는 각각 $295×0.214≒63$(명)과 $301×0.256≒77$(명)이다. 이 중 식사 조절로 과체중 위험 신호 완화를 시도한 사람은 40대가

$63 \times 0.524 ≒ 33$(명), 50대가 $77 \times 0.468 ≒ 36$(명)이 므로 40대보다 50대가 더 많다.

19

Quick해설 2020년 남성 종사 인원은 2019년 대비 $592,238 - 585,186 = 7,052$(명) 감소하였다.

[오답풀이] ② 2014년 여성 종사 인원은 2,539명이고 2021년에는 55,160명이다. $55,160 ÷ 2,539 ≒ 21.7$ 이므로 2021년 여성 종사 인원은 2014년 대비 20 배 이상 증가하였다.

③ 직접 계산해보지 않더라도 여성은 약 1.7~1.8배 증 가하였는데, 남성은 1.5배 미만으로 증가하였으므 로 옳은 설명임을 알 수 있다.

④ 2014년부터 2018년까지 여성의 추가 필요인력은 $819 + 1,402 + 1,790 + 2,293 + 3,421 = 9,725$(명) 이다. 따라서 여성의 추가 필요인력은 연평균 $9,725 ÷ 5 = 1,945$(명)이다.

⑤ 데이터 관련 엔지니어 업종에 종사하는 인원은 2015 년에 $270,500 + 5,761 = 276,261$(명)이고, 2018년 에 $482,743 + 17,920 = 500,663$(명)이다. 따라서 2018년 데이터 관련 엔지니어 업종에 종사하는 인 원은 3년 전 대비 $\dfrac{500,663 - 276,261}{276,261} \times 100 ≒$ $81.2(\%)$ 증가하였으므로 증가율은 80% 이상이다.

20

Quick해설 ⓒ 2020년과 2021년에 대하여 전년 대비 여 성 추가 필요인력의 증가율을 각각 구하면 다음과 같다.

- 2020년: $(7,616 - 4,872) ÷ 4,872 \times 100 ≒ 56.3(\%)$
- 2021년: $(12,043 - 7,616) ÷ 7,616 \times 100 ≒ 58.1(\%)$

따라서 전년 대비 여성 추가 필요인력의 증가율은 2021년이 2020년보다 높다.

ⓔ 2021년 추가 필요인력은 $78,080 + 12,043 = 90,123$ (명)이다. 그리고 2021년 종사 인원은 $625,270 + 55,160 = 680,430$(명)이다. 따라서 추가 필요인력만 큼 2022년에 데이터 관련 엔지니어 업종에 종사하 는 인원이 증가하였다면 2022년 종사 인원은

$680,430 + 90,123 = 770,553$(명)이다.

[오답풀이] ⓐ 2016년 여성 추가 필요인력은 1,790명이 고 2021년에는 12,043명이다. $12,043 ÷ 1,790 ≒$ 6.7이므로 2021년 여성 추가 필요인력은 2016년의 7배 미만이다.

ⓑ 2019년만 보더라도 남성 추가 필요인력이 8만 명 이상이나 2020년에는 2019년 대비 남성의 종사 인 원이 감소하였으므로 옳지 않다.

21

Quick해설 B의 말이 참이라면 B는 A보다 순위가 낮다. 이 경우 B가 3위라면 거짓을 말해야 하므로 B가 2위이 고, A가 1위이다. 만약 B의 말이 거짓이라면 B는 A보 다 순위가 높아야 하는데 B가 거짓을 말하려면 B가 3 위여야 하므로 모순이다. 따라서 B는 참을 말하고, B가 속한 조는 2위, A가 속한 조는 1위이다. 이때, A의 발 언은 참이고, A는 C와 같은 조이다. 따라서 C도 참을 말하고, A와 C는 1조이다.

만약 E의 말이 참이라면 E는 B와 같은 조이고, D의 말 이 거짓이 되므로 1조는 A, C, 2조는 D, 3조는 B, E이 고, 순위는 1조, 3조, 2조 순이다. E의 말이 거짓이라면 E는 D와 같은 조이고, 이때 D의 말이 거짓이 되므로 1 조는 A, C, 2조는 D, E, 3조는 B이고, 순위는 1조, 3조, 2조 순이다.

따라서 D, E의 참, 거짓에 관계없이 1위, 2위, 3위를 순 서대로 나열하면 1조, 3조, 2조이다.

22

Quick해설 C와 D의 말에서 E의 발령에 모순이 생긴다. 그러므로 C나 D 중에 한 명은 거짓을 말하고 있다.

- C의 말이 거짓인 경우

D의 말에 따르면 A는 사업개발팀, E는 민원대응팀 에 발령받았음을 알 수 있다. 그리고 E의 말도 참이 므로 C는 경영관리팀에 발령받았고, D는 조직문화팀 에 발령받았다. 또 A의 말도 참이므로 B는 사무영업 팀에 발령받았다. 이를 정리하면 A는 사업개발팀, B 는 사무영업팀, C는 경영관리팀, D는 조직문화팀, E 는 민원대응팀에 발령받았다.

실전모의고사 2회 · 41

• D의 말이 거짓인 경우

　E의 말이 참이므로 C는 경영관리팀에 발령받았고, D는 조직문화팀에 발령받았다. 이때 B의 말도 참이므로 E가 민원대응팀에 발령을 받아야 하는데, 이는 D의 말과 모순이 되므로 D의 말은 거짓이 아니다.

따라서 ④가 옳은 내용이다.

23

정답 | ④

Quick해설 대상가구 중 출산가구와 다자녀가구는 구매 금액의 10%이기 때문에 150만 원 구매 시 10%, 15만 원의 지원금을 받을 수 있다.

[오답풀이] ① 에너지캐시백 사업 사업개요에 따르면, 절감률 30% 한도로 지급하기 때문에 30% 이상 시에도 30% 한도로 적용된다.

② 고객 A는 전월 대비 당월 전기사용량은

$\frac{280-270}{280} \times 100 ≒ 3.6(\%)$ 절감이다. 따라서 3%

이상~5% 미만 구간에 해당된다.

③ 고객별로 절감률을 계산하면, 고객 A 3.6%, 고객 B 10.9%, 고객 C 6.5%, 고객 D 23.9%, 고객 E 9.2%로 고객 D가 가장 크다.

⑤ 고객 D는 3자녀 이상 가구이지만, 고효율 가전제품 구매지원 대상 TV(1등급)에 해당되지 않는다.

24

정답 | ②

Quick해설 고객 C의 경우 가전제품 지원액은 488,000 원이지만, 최대 300,000만 원이 적용된다. 고객별 에너지캐시백과 고효율가전제품 구매금액지원을 정리하면 다음과 같다.

고객	절감량 (kWh)	절감률 (%)	구간 할인 금액 (원)	캐시백 (원)	가전제품 구매액 (원)	지원율 (%)	지원액 (원)
A	10	3.6	30	300	780,000	20	156,000
B	27	10.9	80	2,160	1,560,000	10	156,000
C	21	6.5	60	1,260	2,440,000	20	300,000
D	85	23.9	100	8,500	1,800,000	0	0
E	20	9.2	60	1,200	550,000	10	55,000

25

정답 | ④

Quick해설 점수를 줄 수 있는 방향은 마주 보는 쪽이나 오른쪽뿐인데 B와 C는 모두 0점이므로 B와 C는 둘 다 파란색을 뽑아서 오른쪽 사람에게 점수를 주었다. 즉, A가 얻은 4점은 C가 파란색 4점짜리 카드를 뽑아서 얻은 점수이다. B도 오른쪽 사람에게 점수를 주어야 하므로 D는 B로부터 점수를 얻었고, A는 4점이 모두 채워진 상태이므로 A는 마주 보고 있는 D에게 점수를 주었다. 그리고 D 역시 A나 C에게 점수를 줄 수 없는 상황이므로 자신에게 점수를 주었다고 보아야 한다. 즉, 자신을 포함하여 D는 세 번 득점했고, 총점이 9점이므로 각 카드의 점수는 모두 3점이고, D는 자신에게 3점을 주었으므로 노란색 카드를 뽑았음을 알 수 있다.

26

정답 | ④

Quick해설 제10조에 '사업자는 운송물을 수탁한 후 그 포장의 외부에 운송물의 종류·수량, 운송상의 특별한 주의사항, 인도 예정일(시) 등의 필요한 사항을 표시해야 합니다'라고 규정하고 있으므로 언급된 사항은 사업자의 의무사항으로 볼 수 있다.

[오답풀이] ① 사업자는 운송물의 포장이 운송에 적합하지 아니한 때에는 송화인에게 필요한 포장을 하도록 청구하거나, 송화인의 승낙을 얻어 운송 중 발생할 수 있는 충격량을 고려하여 포장을 하여야 하며, 사업자가 이를 준수하지 않아 발생한 파손에 대하여는 송화인에게 손해배상을 해야 한다고 명시되어 있다. 따라서 언급된 바와 같은 경우에는 사업자가 재포장에 대한 규정을 준수하지 않은 것으로 볼 수 있어 사업자에게 손해배상 책임이 있다.

② 사업자가 운송물을 운반하는 도중 운송물의 포장이 훼손되어 재포장을 한 경우에는 지체 없이 고객(송화인)에게 그 사실을 알려야 한다고 명시되어 있다.

③ 운송물이 운송장의 기재 내용과 다를 경우 송화인이 재포장을 위한 비용을 부담해야 하나, 사업자는 반드시 운송물을 확인 전 송화인에게 이를 통보하여 동의를 얻어야 한다고 명시되어 있다.

⑤ 수화인의 위치(인도 예정 장소)가 도서, 산간벽지인 경우는 수탁일로부터 3일인 10월 8일에 인도할 수도 있으므로 반드시 10월 7일에 인도해야 하는 것은 아니다.

27

Quick해설 사업자는 운송장에 기재된 운송물의 종류와 수량에 관하여 송화인의 동의를 얻어 그 참여하에 이를 확인할 수 있다. 따라서 어떤 경우에도 운송물이 운송장 기재 내용과 다르다는 것은 확인을 통하여 결정하는 것이지, 포장 상태만으로 판단하여 수탁을 거절하는 것은 적절하지 않다.

[오답풀이] ① 제9조 제2항의 규정에 의한 청구나 승낙을 거절하여 운송에 적합한 포장이 되지 않은 경우에 해당한다.
③ 최장변이 100cm를 초과하지는 않으나, 세 변의 합이 220cm를 초과하므로 수탁 거절 사유에 해당한다.
④ 운송물 1포장의 무게가 25kg을 초과하는 경우에 해당한다.
⑤ 운송물 1포장의 가액이 300만 원을 초과하는 경우에 해당한다.

28

정답 | ④

Quick해설 [표1]을 이용하여 정답을 찾을 수 있으며, 정확한 전기요금 계산법을 알고 있어야 한다. 기본 요금은 사용한 전력량에 해당하는 구간에 기재된 수치를 한 번 적용하며, 전력량 요금은 각 구간별 전력량 단가를 다르게 적용해 주어야 한다. 따라서 다음과 같이 계산할 수 있다.

[350kWh 전력 사용의 경우]
- 저압: 기본요금 3,850원, 전력량 요금 $(100 \times 60.7)+$ $(100 \times 125.9)+(100 \times 187.9)+(50 \times 280.6)$ $=6,070+12,590+18,790+14,030$ $=51,480$(원) 합계 55,330원
- 고압: 기본요금 3,170원, 전력량 요금 $(100 \times 57.6)+$ $(100 \times 98.9)+(100 \times 147.3)+(50 \times 215.6)$ $=5,760+9,890+14,730+10,780$ $=41,160$(원) 합계 44,330원

따라서 저압과 고압의 전기요금 차액은 $55,330-44,330=11,000$(원)이다.

29

정답 | ③

Quick해설 초과 사용 전기요금의 차액을 묻고 있으므로 두 가구의 초과 요금만 계산하면 된다. 초과 사용 전기요금은 주어진 요금의 1.5배이므로 다음과 같이 계산할 수 있다.
- 여름철 500kW 초과 → $500 \times 100 \times 1.5$ $=75,000$(원)
- 겨울철 800kW 초과 → $800 \times 95 \times 1.5$ $=114,000$(원)

따라서 두 가구의 초과 사용 전기요금의 차액은 $114,000-75,000=39,000$(원)이다.

30

정답 | ③

Quick해설 제8조 '차량의 수리'에서 '차량의 정기 점검·수리는 각 차량 소속 기관별로 자동차 종합 정비 사업장 또는 소형 자동차 정비 사업장에서 수리를 해야 하며 계약을 할 수 없을 때와 경미한 수리는 관리 부서장이 지정하는 자동차 부분 정비 사업장에서 수리를 할 수 있다.'고 규정하고 있다.

[오답풀이] ① 제12조 제2항에 따라 차량 배차 요청이 있을 경우, 즉시 배차 승인을 하는 것이 아니라 사용 신청 순위, 업무 경중과 완급 등 제반 사항을 검토한 후에 알맞게 승인하여야 한다.
② 제11조에 따라 타 기관 및 공단 관련 협회 등에 차량을 지원하는 경우에는 유류를 지급하지 아니한다.
④ 제12조 제1항에 따라 사용 내역과 관련된 세부 사항은 차량 배차 신청 시에 명시하여 승인을 요청하여야 한다.
⑤ 제9조 제2호에 따라 공휴일 및 일과 시간 후의 차량 사용의 경우, 허가를 득하지 않고 사용 시 발생하는 제반 사고 및 경비에 대하여는 사용자가 책임을 져야 한다.

31

정답 | ④

Quick해설
- 일일 총생산량: $600+550+450+500+400=2,500$(개)
- 일일 가동비용: $150+130+100+80+50=510$(만 원)

32

Quick해설 각 공장의 생산성과 효율성을 구하면 다음과 같이 나타낼 수 있다.

공장	하루 생산량	하루 가동시간	생산성	하루 가동비용	효율성
A	600	10	60.0	150	4.0
B	550	8	68.8	130	4.2
C	450	7	64.3	100	4.5
D	500	6	83.3	80	6.3
E	400	5	80.0	50	8.0

D의 생산성은 83.3이고, A의 생산성의 1.5배는 $60 \times 1.5 = 90$이므로 1.5배 이하이다.

[오답풀이] ① 생산성이 가장 높은 공장은 83.3으로 D가 가장 높다.

② 효율성은 E가 8로 가장 높다.

④ E의 효율성은 A의 $8 \div 4 = 2$(배)로 2배 이상이다.

⑤ 생산성이 가장 낮은 공장은 60, 효율성이 가장 낮은 공장은 4로 모두 그 이상이다.

33

정답 | ③

Quick해설 문화재 이송 비용은 $(2 \times 150 + 5 \times 120 + 10 \times 50) + (3 \times 150 + 18 \times 100 + 40 \times 60) = 6,050$(만 원)이다. 일별 보관 비용은 다음과 같다.

- 1일 차: 고려 시대 1급 문화재를 이관하므로 고려 시대 1급 문화재의 보관 비용은 발생하지 않는다.
- 2일 차: 조선 시대 1급 문화재를 이관하므로 하루 보관하고, 보관 비용은 $3 \times 10 = 30$(만 원)이다.
- 3일 차: 고려 시대 2급 문화재를 이관하므로 이틀 보관하고, 보관 비용은 $8 \times 5 \times 2 = 80$(만 원)이다.
- 4일 차: 조선 시대 2급 문화재를 10개 이관하므로 3일 보관하고, 보관 비용은 $5 \times 10 \times 3 = 150$(만 원)이다.
- 5일 차: 조선 시대 2급 문화재를 8개 이관하므로 4일 보관하고, 보관 비용은 $5 \times 8 \times 4 = 160$(만 원)이다.
- 6일 차: 고려 시대 3급 문화재를 모두 이관하므로 5일 보관한다. 3급 문화재의 경우 1일 차 보관 비용이 면제되므로 보관 비용은 $3 \times (5-1) \times 10 = 120$(만 원)이다.

- 7일 차: 조선 시대 3급 문화재를 모두 이관하므로 6일 보관하는 것이다. 3급 문화재의 경우 1일 차 보관 비용이 면제되고, 5일을 초과한 일수는 1일당 50% 할증이 붙으므로 보관 비용은 $3 \times (5-1) \times 40 + 3 \times 1.5 \times 40 = 660$(만 원)이다.

따라서 총보관 비용이 $30 + 80 + 150 + 160 + 120 + 660 = 1,200$(만 원)이므로 이관 비용은 $6,050 + 1,200 = 7,250$(만 원)이다.

34

정답 | ①

Quick해설 첫 번째 자료에 관리자 수를 추가하여 정리해 보면 다음과 같다.

(단위: 명)

구분 \ 기업	A기업	B기업	C기업	D기업	E기업
직원 수	900	30,000	13,300	4,200	18,000
관리자 수	44	1,260	450	130	860
필요 관리자 수	$\frac{900}{22}$ ≒41	$\frac{30,000}{19}$ ≒1,579	$\frac{13,300}{20}$ =665	$\frac{4,200}{21}$ =200	$\frac{18,000}{20}$ =900
부족 인원	+3	−319	−215	−70	−40

따라서 관리자 충원이 필요 없는 기업은 A기업 1개임을 알 수 있다.

35

정답 | ④

Quick해설 2021년 C기업의 직원 수는 13,300명이다. C기업은 100명을 채용하고 1,200명이 퇴직하므로 매년 1,100명씩 줄어든다. 그리고 퇴직 인원 중 6명이 관리자이다. 이를 토대로 직원 수와 관리자 보유 기준을 정리하면 다음과 같다.

구분	직원 수	관리자 수	보유 기준에 따른 필요 관리자 수
2021년	13,300명	450명	13,300÷20=665(명)
2022년	12,200명	444명	12,200÷20=610(명)
2023년	11,100명	438명	11,100÷20=555(명)
2024년	10,000명	432명	10,000÷20=500(명)
2025년	8,900명	426명	8,900÷21 ≒ 424(명)

따라서 C기업의 실제 관리자 수가 보유 기준에 따른 필요 관리자 수보다 높아지는 첫해는 2025년이다.

36

Quick해설 9월 4일 공고 시작, 9월 13일 접수 마감, 10월 17일 심의 마감, 10월 18일 공개 및 통보, 10월 25일 교부신청서 제출마감, 10월 30일 지원금 지급하면, 10월 31일이 2023년 ICT 기술지원사업이 시작될 수 있는 날 중 가장 늦은 날이다.

[상세해설] 2023년 9월과 10월의 달력에 각 절차별로 가장 늦은 날을 표시하면 다음과 같다. 이때, 기가인터넷 분야의 평균 사업예산이 $37,500 \div 15 = 2,500$(만 원)으로 2,000만 원을 초과하여 지원신청서 심의 기간이 15일에서 최대 20일까지 연장된다. 또한 토요일은 법정공휴일이 아니므로 추석 다음 날과 토요일이 겹치더라도 10월 2일은 대체휴일이 아니다.

일	월	화	수	목	금	토
9월 3일	4 공고	5 접수 시작	6	7	8	9
10	11	12	13 접수 마감	14 심의 시작	15	16
17	18	19	20	21	22	23
24	25	26	27	28 추석 전날	29 추석	30 추석 다음 날
10월 1일	2	3 개천절	4	5	6	7
8	9 한글날	10	11	12	13	14
15	16	17 심의 마감	18 공개 및 통보	19	20	21
22	23	24	25 신청서 제출 마감	26	27	28
29	30 지원금 지급 마감	31 사업 실시				

따라서 ICT 기술지원사업이 시작될 수 있는 날 중 가장 늦은 날은 10월 31일이다.

37

Quick해설 연속해서 예약하지 않는 경우 서로 다른 예약 건으로 간주한다. 따라서 2시간 예약을 2회 하였으므로 예약 비용은 $20 + 20 = 40$(만 원)이다.

[오답풀이] ① 가능한 빠르게 3시간 연속해서 예약이 가능한 경우는 목요일 09:00~12:00에 B회의실이므로 옳은 답변이다.

② A회의실은 토요일에만 2시간 연속해서 예약을 할 수 있으므로 옳은 답변이다.

③ 가능한 가장 긴 시간대는 금요일 A회의실 09:00~13:00, B회의실 11:00~15:00이고, A회의실 4시간 이용 시 비용은 $20 + 2 \times 8 = 36$(만 원), B회의실 4시간 이용 시 비용은 $25 + 2 \times 10 = 45$(만 원)이므로 옳은 답변이다.

⑤ 일요일에 B회의실을 3시간 예약하는 경우 비용은 $40 + 15 = 55$(만 원)이므로 옳은 답변이다.

38

Quick해설 A회의실에서 수요일에 2시간 예약 가능한 시간대는 12:00~14:00이다. 그런데 09:00~12:00, 13:00~16:00에만 회의를 진행하므로 12:00~14:00에는 회의를 진행할 수 없다. A회의실로 옮긴다면 가능한 빠른 날은 목요일 14:00~16:00이다. 따라서 수요일에 가능하다는 박의 의견은 적절하지 않다.

[오답풀이] ① 월요일 13:00~15:00에 B회의실을 예약할 수 있으므로 적절한 의견이다.

② A회의실의 2시간 기본 예약 비용은 20만 원, B회의실의 2시간 기본 예약 비용은 25만 원이므로 적절한 의견이다.

④ 화요일에는 A회의실과 B회의실 모두 11:00~13:00, 15:00~17:00에 예약 가능한데 12:00~13:00, 16:00~17:00에는 회의 가능 시간대가 아니므로 적절한 의견이다.

⑤ 금요일 이전에 09:00~12:00, 13:00~16:00에 예약 가능한 회의실은 목요일 B회의실 09:00~12:00이므로 적절한 의견이다.

39

Quick해설 정(5,311만 원) − 을(5,211만 원) − 갑(5,017만 원) − 병(4,755만 원) 순이다.

[상세해설] 갑~정의 2022년 기본연봉은 다음과 같다.

구분	2021년 기본연봉액	2021년 성과연봉 중 대표이사가 정하는 금액	2022년 기본연봉
갑	4,800만 원	31,000×0.07=2,170(천 원) =217(만 원)	5,017만 원
을	5,100만 원	37,000×0.03=1,110(천 원) =111(만 원)	5,211만 원
병	4,600만 원	31,000×0.05=1,550(천 원) =155(만 원)	4,755만 원
정	5,200만 원	37,000×0.03=1,110(천 원) =111(만 원)	5,311만 원

따라서 정−을−갑−병 순이다.

40

정답 | ③

Quick해설 을(5,823만 원) − 정(5,719만 원) − 병(5,443만 원) − 갑(5,361만 원) 순이다.

[상세해설] 갑~정의 2022년 성과연봉은 다음과 같다.

구분	2021년 성과평가 순위	2021년 평가등급	2022년 성과연봉
갑	6위(전체의 60%)	B등급	86,000×0.04=3,440(천 원) =344(만 원)
을	3위(전체의 30%)	A등급	102,000×0.06=6,120(천 원) =612(만 원)
병	2위(전체의 20%)	S등급	86,000×0.08=6,880(천 원) =688(만 원)
정	9위(전체의 90%)	B등급	102,000×0.04=4,080(천 원) =408(만 원)

그러므로 갑~정의 2022년 연봉은 다음과 같다.
- 갑: 5,017+344=5,361(만 원)
- 을: 5,211+612=5,823(만 원)
- 병: 4,755+688=5,443(만 원)
- 정: 5,311+408=5,719(만 원)

따라서 을−정−병−갑 순이다.

41

정답 | ①

Quick해설 고객은 남성 수영복을 특급 배송으로 시켰으나, 4일이 지나고서야 배송 완료되었으므로 특급 배송이 일반 배송 코드로 잘못 입력된 상황이다. 따라서 품목과 배송 코드가 ××1001××××인 상품 운영코드에 해당하는 ①이 정답이다.

42

정답 | ④

Quick해설 한 업체에서는 하나의 품목만 생산하므로 품목 코드 12가 포함되어 있는 상품 운영코드를 확인하면 된다. F업체를 제외하면 업체 코드가 16인 G업체가 가방을 생산하므로 정답은 ④이다.

43

정답 | ③

Quick해설 2010년 1월에 구입했으므로 '201001'로 시작하고, 회의실용(2인) 책상이므로 그 뒤에 'DE(02)'가 붙는다. 또한 제일 먼저 구입한 회의실 책상이라고 하였으므로 수량코드는 '0001'이다. 그리고 A와 B는 홍보팀이므로 마지막에 관리부서 코드명인 'PRT'가 붙는다.

44

정답 | ②

Quick해설 네 번째와 다섯 번째 숫자는 출판국가 번호이므로 ISBN 번호만으로 도서 출간 국가를 알 수 있다.

[오답풀이] ① 발행자 번호는 000010~999999번까지이므로 자릿수가 6자리로 동일하여 발행자 번호가 달라지더라도 전체 자릿수는 달라지지 않는다.
③ 체크 기호는 앞의 숫자들에 따라 정해진 연산 방식에 의해 자동으로 점검되는 숫자이므로 발행자 번호가 달라지더라도 체크 기호는 달라지지 않는다고 할 수 없다.
④ 해당 도서의 주 독자 연령층은 독자대상기호와 관련 있는 사항이므로 부가기호의 첫째 자릿수인 독자대상기호가 달라진다.
⑤ 발행형태기호는 종이 재질에 따라 구분되는 것이 아니며, 도서의 크기나 발행 형태에 따라 구분된다.

46 · 정답과 해설

45

Quick해설 ⓒ 여성을 주 독자층으로 하는 도서는 독자대상기호가 2일 것이므로, 부가기호의 첫 번째 자릿수가 2인 b 1개가 해당된다.

ⓒ d의 발행자 번호가 000008로 되어 있으나, 발행자 번호는 000010~999999번까지 부여되는 것이므로 올바르지 않은 번호이다.

[오답풀이] ⑤ a는 독자대상기호가 7이므로 아동용 도서이며, b는 여성, c와 d는 중고등학생을 대상으로 하는 도서이므로 모든 도서가 중고등학생용 도서는 아니다.

ⓔ 전자출판물은 발행형태기호가 5일 것이므로 d가 해당되나, 사전류의 발행형태기호는 1이므로 이에 해당하는 도서는 없다.

46

정답 | ④

Quick해설 2005년에 입사하여 재무부장으로 근무 중인 1976년생 민태구(남) 부장의 사원 번호는 '76MM−FM06−05'이다. 따라서 정답은 ④이다.

[오답풀이] ① 현진우 부서원의 사원 번호가 '78HM−PR05−07'이므로 직급이 차장이다.

② 생년월일과 사원 번호를 비교해 보면 홍보부서의 직원 모두 일치하므로 잘못 기재된 직원은 없다.

③ 2001년에 입사하여 개발부에 근무 중인 1979년생 이수영(여) 차장의 사원 번호는 '79LW−RN05−01'이다.

⑤ 2020년에 입사하여 영업부서에 근무 중인 1994년생 여직원은 성 씨와 직급을 알 수 없으므로 해당 여직원의 사원 번호는 '94×W−SA××−20'일 수 있다.

47

정답 | ①

Quick해설 유비쿼터스 컴퓨팅에서는 사물이 모든 정보를 수집하는데, 이 때 정보수집의 핵심 장치가 센서가 된다.

[오답풀이] ② 필요한 정보를 저장해 두는 역할은 리더가 아닌 태그가 담당한다.

③ 가격이 더 저렴한 태그는 수동형 태그이며, 반영구적 사용이 가능하다.

④ USN의 정보 전달 체계는 센서 노드→싱크 노드→게이트웨이의 순으로 이어진다.

⑤ 센서 노드는 싱크 노드와의 정보 전달 뿐만 아니라 자신이 수집한 정보와 다른 센서 노드로부터 전송받은 정보를 자신보다 더 가까운 센서 노드에도 정보를 전달하며, 이 과정을 통해 결국 싱크 노드에 정보가 모이게 되는 것이다.

48

정답 | ⑤

Quick해설 ⓒ N사가 필요한 컴퓨팅 자원을 M사로부터 대여하여 서비스를 운영한 사례이므로 장비 자체를 클라우드형으로 제공하는 IaaS에 해당한다.

ⓒ A씨는 C사가 제공하는 플랫폼 내에서 컴퓨팅 자원을 이용하였으므로 플랫폼 자체를 클라우드형으로 제공하는 서비스인 PaaS에 해당한다.

49

정답 | ①

Quick해설 변환 규칙 (D)에 따라 흰 칸에 맞닿은 주변 칸을 흰 칸으로 만들고, 반시계 방향으로 90도 회전하여 변환하면 다음과 같다.

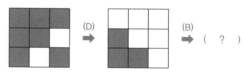

변환 규칙 (B)에 따라 시계 방향으로 90도 회전 후 색 반전하면 다음과 같은 결과를 얻을 수 있다.

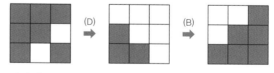

따라서 정답은 ①이다.

50

정답 | ③

Quick해설 각각 (C, B), (C, D), (E, B), (E, D)의 4가지의 변환 경우가 생긴다.

• (C, B) 변환

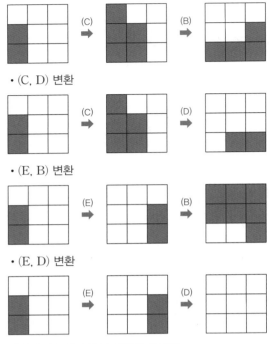

• (C, D) 변환

• (E, B) 변환

• (E, D) 변환

따라서 가능하지 않은 모양은 ③이다.

실전모의고사 3회 – 전기 전공

01	02	03	04	05	06	07	08	09	10
③	⑤	①	⑤	②	①	②	③	⑤	②

11	12	13	14	15					
①	②	④	④	③					

01
정답 | ③

[상세해설] 반구의 입체각은 2π[sr]이다.

• 도체에 따른 입체각
  - 구: 4π[sr]
  - 반구: 2π[sr]
  - 원통: π^2[sr]
  - 원뿔: $2\pi(1-\cos\theta)$[sr]

02
정답 | ⑤

[상세해설] 전계에서의 전기 이중층은 자계에서 자기 이중층(판자석)에 해당한다.

• 전기 이중층과 자기 이중층
  - 전기 이중층: $+q$[C], $-q$[C]의 전하가 미소간격을 두고 평면적으로 분포하는 형태
  - 자기 이중층: $+m$[wb], $-m$[wb]의 자하가 미소간격을 두고 평면적으로 분포하는 형태로 다르게는 판자석이라 한다.

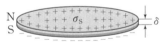

03
정답 | ①

[상세해설]

• x축 $= \dfrac{(30\times2)+(70\times2)+(100\times2.5)}{30+70+100} \fallingdotseq 2.3$[km]

• y축 $= \dfrac{(30\times1)+(70\times1.5)+(100\times2)}{30+70+100} \fallingdotseq 1.7$[km]

• 부하 중심거리 $L = \dfrac{\sum\limits_{i=1}^{n} I_i l_i}{\sum\limits_{i=1}^{n} I_i} = \dfrac{I_1 l_1 + I_2 l_2 + I_3 l_3 + \cdots}{I_1 + I_2 + I_3 + \cdots}$

주어진 조건에 대해 각 축에 대한 중심거리를 계산하

면 다음과 같다.

1. x축

$$L_x = \frac{\sum_{i=1}^{n} I_i l_i}{\sum_{i=1}^{n} I_i}$$

$$= \frac{(30 \times 2) + (70 \times 2) + (100 \times 2.5)}{30 + 70 + 100}$$

$$= \frac{60 + 140 + 250}{30 + 70 + 100} = \frac{450}{200} = 2.25$$

$$\fallingdotseq 2.3[\text{km}]$$

2. y축

$$L_y = \frac{\sum_{i=1}^{n} I_i l_i}{\sum_{i=1}^{n} I_i}$$

$$= \frac{(30 \times 1) + (70 \times 1.5) + (100 \times 2)}{30 + 70 + 100}$$

$$= \frac{30 + 105 + 200}{200} = \frac{335}{200} = 1.675$$

$$\fallingdotseq 1.7[\text{km}]$$

그러므로 부하의 중심은 $(2.3, 1.7)[\text{km}]$이다.

04

정답 | ⑤

[상세해설] 언측법에 대한 내용이다.

[유량 측정법]

1. 간접적인 유량 측정법
    1) 유속계법: 단면을 일정한 간격으로 구분하여 프로펠러형의 날개차를 흐르는 물에 회전시켜 회전수로부터 유속을 구하여 평균 유속과 단면을 곱하여 전체 유량을 산출하는 방법으로 대유량 측정하는 데 사용
    2) 부표법: 흐름이 안정된 하천의 직선 부분에 부표를 띄워 두 점 간의 거리와 통과시간으로부터 유속을 구하여 유량을 산출(단, 평균 유속은 일반적 표면 유속의 80[%]로 한다.)
    3) 염수 속도법: 수압관이나 수로 등의 흐르는 물에 일정한 간격을 두고 한 쌍의 전극을 설치하여 상류에서 염수를 주입하면 전극을 통과할 때 전류가 급증하는 것을 이용하여 유속을 계산하여 유량 산출
    4) 수압 시간법: 수차 입구의 안내 날개를 서서히 폐쇄하여 유속을 저하, 수압관내의 수압이 상승

하는 것을 응용하여 수압의 변화와 시간으로부터 유량 산출
    5) 피토관법: 유체 속에 흐름 방향으로 피토관을 넣고 측정할 유체를 작은 구멍으로 흐르게 하여 발생한 압력으로 유속을 측정하여 유량 산출
2. 직접적인 유량 측정법
    1) 염분법(염분 농도법): 하천의 상류에서 농도가 알려져 있는 식염수 또는 염화칼륨 용액 등을 흘려, 하류에서 혼합된 혼합수를 채취해 염분의 농도를 측정하여 유량을 계산
    2) 언측법: 하천의 흐름을 가로질러서 차단벽을 설치하여 흐르는 물이 차단벽을 월류할 때의 수위를 측정하여 유량 계산 측정이 쉽고 정확한 결과를 얻으며, 소하천 또는 수로용으로 사용되는 방법. 여기서 차단벽을 '언(堰)'이라 함.
    3) 수위 관측법: 하천의 유량과 수위 사이에 일정한 관계가 있는 것을 이용하는 것으로 측정 지점의 수위 유량도를 미리 구하고 양수표로 수취를 측정하여 관계된 수식을 이용하여 유량을 계산

05

정답 | ②

[상세해설] 소호리액터 접지를 적용할 수 있는 공칭 전압은 66[kV]이다.

• 접지 방식별 적용 공칭 전압

공칭 전압[kV]	접지 방식
765	직접접지(유효접지)
345	
154	
66	소호리액터 접지
22	비접지
13.2/22.9	다중접지(수변전용)

06

정답 | ①

[상세해설] [유도 전동기 회전속도]

$$N = (1 - s)N_s[\text{rpm}]$$

(s = 슬립, N_s = 동기(회전자계)속도[rpm]$\left(= \frac{120f}{p} \right)$,

f = 주파수[Hz], p = 극수)

권선형 유도기에서 2차 저항과 슬립은 비례관계($r_2 \propto s$)이므로, 2차 저항을 4배로 하면 슬립 또한 4배가 되어 회전속도가 바뀌게 되므로, 다음과 같이 계산할 수 있다.

ⓐ 동기속도 $N_s = \dfrac{120f}{p} = 120 \times \dfrac{50}{6} = 1,000[\text{rpm}]$

ⓑ 슬립 $s = \dfrac{N_s - N}{N_s} = \dfrac{1,000 - 960}{1,000} = \dfrac{40}{1,000} = 0.04$

ⓒ 저항 변경 시 회전속도: 2차 저항이 4배가 되어 슬립 또한 4배가 되므로

$$N = (1 - 4s)N_s = (1 - 4 \times 0.04) \times 1,000$$
$$= 0.84 \times 1,000 = 840[\text{rpm}]$$

07
정답 | ②

[상세해설] 단권 변압기는 %임피던스가 작고, 단락전류가 크다.

• 단권 변압기의 특징
 − 동량이 감소하여 경제적이다.
 − 동손이 감소하여 효율이 좋다.
 − 전압변동률이 작다.
 − 누설리액턴스가 작다. (%임피던스가 작다.)
 − 1차, 2차 회로가 전기적으로 완전히 절연되지 않는다.
 − 1차, 2차가 절연이 되지 않으므로 1차측에 이상전압 발생 시, 2차측에 고전압이 걸릴 우려가 있다.
 − 단락전류가 크므로 열적 또는 기계적 강도가 커야한다.

08
정답 | ③

[상세해설] 워드레오나드방식의 특징이다.

• 워드레오나드방식
 보조 전동기(직류 전동기)와 직류 발전기(보조 발전기)를 추가로 사용하여 주전동기의 속도를 제어

하는 방식(MGM 제어방식)으로, 직류 발전기의 계자회로망을 조정하여 주전동기의 속도를 광범위하게 조정할 수 있는 특징이 있으나, 보조 전동기와 보조 발전기로 인해 설치 비용이 많이 드는 방식이다. 권상기 등에 사용되며, 정토크, 가변속도 용도로 적합하다.

09
정답 | ⑤

[상세해설] $C = \dfrac{1}{\sqrt{Z_{01}Z_{02}}} \sinh\theta$ 이다.

• 영상 파라미터
 ① 1차 영상 임피던스 $Z_{01} = \sqrt{\dfrac{AB}{CD}}$

 2차 영상 임피던스 $Z_{02} = \sqrt{\dfrac{DB}{CA}}$

 $Z_{01} \cdot Z_{02} = \dfrac{B}{C}, \; \dfrac{Z_{01}}{Z_{02}} = \dfrac{A}{D}$

 ② 대칭회로망의 경우 '$A = D$'이므로

 $Z_{01} = Z_{02} = \sqrt{\dfrac{B}{C}}$

 이때의 영상 임피던스를 특성 임피던스라고 한다.
 ③ 영상 전달정수 $\theta = \ln(\sqrt{AD} + \sqrt{BC}) = \alpha + j\beta$
 (α: 감쇠정수, β: 위상정수)
 ④ 영상 파라미터로 표현한 4단자 정수

$$\begin{bmatrix} A\,B \\ C\,D \end{bmatrix} = \begin{bmatrix} \sqrt{\dfrac{Z_{01}}{Z_{02}}}\cosh\theta & \sqrt{Z_{01}Z_{02}}\sinh\theta \\ \dfrac{1}{\sqrt{Z_{01}Z_{02}}}\sinh\theta & \sqrt{\dfrac{Z_{02}}{Z_{01}}}\cosh\theta \end{bmatrix}$$

[오답풀이]

③ 영상 파라미터로 표현한 4단자 정수 A를 이용하면

 $A = \sqrt{\dfrac{Z_{01}}{Z_{02}}}\cosh\theta$에서

 $\cosh\theta = A\sqrt{\dfrac{Z_{02}}{Z_{01}}} = A\sqrt{\dfrac{D}{A}} = \sqrt{AD}$

④ 영상 파라미터로 표현한 4단자 정수의 관계를 이용하면

 $\dfrac{B}{A} = \dfrac{\sqrt{Z_{01}Z_{02}}\sinh\theta}{\sqrt{\dfrac{Z_{01}}{Z_{02}}}\cosh\theta} = Z_{02}\tanh\theta$

$$\tanh\theta = \frac{B}{AZ_{02}} = \frac{B}{A}\sqrt{\frac{CA}{DB}} = \sqrt{\frac{BC}{AD}}$$

10
정답 | ②

[상세해설] 회로에 인가되는 전체 전압은 다음과 같이 표현된다.

$$v = v_R + v_L = Ri + L\frac{di}{dt}$$
$$= \sqrt{2}IR\sin wt + \sqrt{2}IwL\cos wt$$
$$= \sqrt{2}I(R\sin wt + wL\cos wt)[\text{V}]$$

11
정답 | ①

[상세해설] 그래프의 시간함수를 나타내면 다음과 같다.
[$u(t)$의 라플라스 변환]

$$u(t) \xrightarrow{\ \mathcal{L}\ } \frac{1}{s}$$

[시간 추이 정리]
$f(t)$가 시간에 대해 a만큼 지연이 있을 때의 변환

$$f(t-a) \xrightarrow{\ \mathcal{L}\ } e^{-as}F(s)$$

그래프에서 $f(t) = 6u(t-2) - 6u(t-4) - 3u(t-6) + 3u(t-8)$이므로,
이를 라플라스 변환하면 다음과 같이 나타낼 수 있다.

$$F(s) = \frac{6}{s}e^{-2s} - \frac{6}{s}e^{-4s} - \frac{3}{s}e^{-6s} + \frac{3}{s}e^{-8s}$$
$$= \frac{6}{s}(e^{-2s} - e^{-4s}) - \frac{3}{s}(e^{-6s} - e^{-8s})$$

12
정답 | ②

[상세해설] 알칼리 축전지의 공칭 전압은 1.2[V/cell]이다.
• 알칼리 축전지의 특징
  ⓐ 공칭 전압: 1.2[V/cell], 공칭 용량: 5[Ah]
   ＊연(납)축전지 공칭 전압: 2.0[V/cell], 공칭 용량: 10[Ah]
  ⓑ 납축전지에 비해 수명이 길다.
  ⓒ 진동과 충격에 강하다.
  ⓓ 충방전 특성이 양호하다.
  ⓔ 방전시 전압 변동이 작다.
  ⓕ 사용온도 범위가 넓다.
  ⓖ 납축전지에 비해 공칭 전압이 낮고 비싸다.

13
정답 | ④

[상세해설] $N = \dfrac{DES}{FU} = \dfrac{200 \times 20 \times 20}{3,000 \times 0.6 \times 0.8}$

$\quad \fallingdotseq 55.56 = 56$(개)

[광속, 조도, 등 개수 관계식] $FUN = DES$
여기서, F＝광속[lm], U＝조명률, N＝등 개수,

$\qquad D$＝감광보상률$(=\dfrac{1}{M})$, E＝조도[lx],

$\qquad S$＝면적, M＝유지율(보수율)

주어진 조건에 대한 등 개수를 계산하면 다음과 같다.

$$N = \frac{DES}{FU} = \frac{200 \times 20 \times 20}{3,000 \times 0.6 \times 0.8} = \frac{1,000}{18}$$

$\quad \fallingdotseq 55.56 = 56$(개)

14
정답 | ④

[상세해설] 고압 가공전선로의 목주의 풍압하중에 대한 안전율은 1.3, 굵기는 말구(末口)지름 0.12[m] 이상이어야 한다.
한국전기설비규정(KEC) [332.7 고압 가공전선로 지지물의 강도]
고압 가공전선로의 지지물로서 사용하는 목주는 다음에 따라 시설하여야 한다.
1. 풍압하중에 대한 안전율은 1.3 이상일 것.
2. 굵기는 말구(末口)지름 0.12[m] 이상일 것.

15
정답 | ③

[상세해설] 합성수지관 공사에 의하여 시설하는 경우에는 옥내에 시설하는 저압 전선으로 나전선을 사용할 수 없다.
한국전기설비규정(KEC) [231.4 나전선의 사용 제한]
옥내에 저압전선에는 나전선을 사용하여서는 아니 된다. 다만, 다음 중 어느 하나에 해당하는 경우에는 사용 가능하다.
1. 애자공사에 의하여 전개된 곳에 다음의 전선을 시설하는 경우
  (1) 전기로용 전선
  (2) 전선의 피복 절연물이 부식하는 장소에 시설하는 전선

(3) 취급자 이외의 자가 출입할 수 없도록 설비한 장소에 시설하는 전선
2. 버스덕트 공사에 의하여 시설하는 경우
3. 라이팅덕트 공사에 의하여 시설하는 경우

01	02	03	04	05	06	07	08	09	10
④	⑤	⑤	①	⑤	③	①	⑤	③	②
11	12	13	14	15	16	17	18	19	20
③	⑤	②	⑤	⑤	②	②	①	②	④
21	22	23	24	25	26	27	28	29	30
④	①	③	④	③	③	②	⑤	⑤	④
31	32	33	34	35	36	37	38	39	40
②	④	④	②	⑤	②	④	③	④	⑤
41	42	43	44	45	46	47	48	49	50
③	③	④	③	②	②	③	②	⑤	①

01
정답 | ④

Quick해설 보도자료는 한전이 출산가구의 에너지비용 부담 경감을 위해 영아의 주민등록상 주소를 기준으로 적용하던 복지할인 대상을 실거주지로 확대한다는 내용이다. 따라서 보도자료의 제목으로 가장 적절한 것은 ④이다.

[오답풀이] ① 여름철 사회적 배려계층의 복지할인 한도를 확대한다는 내용이 있을 뿐 한시적 전기요금 분할제도에 대한 내용과는 거리가 멀다.
② 3자녀 이상 가구 전기요금 복지 할인 제도는 이미 시행되고 있는 제도이다.
③ 에너지 취약계층의 전기요금 인상 유예기간 연장한다는 내용은 찾아볼 수 없다.
⑤ 주어진 보도자료는 정책적 지원대상 및 사회적 배려계층의 에너지비용 부담 경감에 관한 내용이다.

02
정답 | ⑤

Quick해설 보도자료에 따르면 한전은 전기요금 복지할인 적용대상 중 월 200kWh 이하 사용가구에 대해서는 추가로 감액을 실시한다고 하였으므로 장애인 가구이면서 월 200kWh 이하 사용가구는 중복 요금 할인이 적용된다는 내용은 글의 내용과 일치한다.

[오답풀이] ① 요금 할인적용은 신청일이 속하는 월분부터 적용된다고 하였다.

② [표]에 따르면 3자녀 이상 가구는 정률 할인 대상으로 월 1만 6천 원 한도 내에서 30% 할인된다.

③ 출산가구의 할인적용장소 확대로 주민등록지 외의 장소에서 조부모가 영아를 돌보는 등의 사유로 실거주지에서 신청하는 경우에도 할인 혜택을 받을 수 있게 되었다고 하였다.

④ 할인신청은 한전사이버지점, 한전ON 등 온라인뿐만 아니라 전국 한전 지사 방문 및 팩스로도 가능하다고 하였다.

03
정답 | ⑤

Quick해설 4문단에서 18세기를 언급한 것은 다이어트가 오늘날과는 다른 이유로 행해졌음을 보여주기 위해서이다. 날씬한 몸매로 자신의 상품 가치를 높이고자 한 것은 현대의 여성들이다.

[오답풀이] ① 2문단에서 '마릴린 먼로'의 예시를 통해 설명하고 있다.

② 2문단에서 1930년대와 1950년대 사람들이 선호하는 이미지의 예를 통해 설명하고 있다.

③ 2문단에서 사람들이 선호하는 몸의 이미지는 당대의 경제 상황과 밀접한 관련이 있음을 설명하고 있다.

④ 3문단에서 대중 매체는 소비를 조장하며 사람들은 이러한 영상 매체에서 본 이미지를 모방하여 자신을 표현한다고 했다.

04
정답 | ①

Quick해설 ㉠은 몸에 대한 현대인들의 잘못된 인식을 보여주는 것이다. 그런데 ①에서 '세수'를 언급한 것은 현대인이 바쁘다는 것을 강조하기 위해서일 뿐이다. 만약 세수에 집착하고 있다는 내용이라면 ㉠과 어느 정도 연관이 있을 것이다. ①에서는 오히려 세수할 시간도 없다는 내용이므로 ㉠과 거리가 멀다.

[오답풀이] 나머지 선택지는 모두 매체 등을 통해 자본주의에 섞인 상품화에 대하여 화자가 맹목적으로 받아들이거나 논리적으로 지배되는 모습을 나타낸다.

05
정답 | ⑤

Quick해설 3문단에서 초음파를 압전 소자에 가해 주면 공기의 압력이 변해 압전 효과로 고주파 교류가 발생하고, 역으로 압전 효과가 발생하면 초음파가 발생함을 알 수 있다.

[오답풀이] ① 2문단에서 초음파는 진동수가 20,000Hz 이상이기 때문에 사람의 귀로 들을 수 없음을 알 수 있으므로 이보다 낮아야 사람이 감지할 수 있음을 추론할 수 있다.

② 4문단에서 인체 부위에 젤리를 발라 주어야 피부 사이의 공기층을 없애 반사로 인한 음파의 손실을 최소화할 수 있음을 알 수 있다.

③ 4문단에서 초음파가 반사되어 돌아올 때의 세기는 통과한 조직의 밀도와 두께가 클수록 약해짐을 알 수 있다.

④ 2문단에서 초음파는 투과성이 강하고 직진성이 탁월해 미세한 구조까지 자세하게 볼 수 있음을 알 수 있다.

06
정답 | ③

Quick해설 주어진 글은 태양광 및 풍력발전 같은 신재생에너지 발전이 각광을 받고 있으나 그에 따른 부작용도 있음을 설명하고 있다. 1~3문단에서는 신재생에너지 발전이 필수적이며 이를 위해 정부와 기업에서 지원을 하고 있다는 내용이다. 그러나 4문단에서는 태양광 및 풍력발전을 위해서는 입지가 중요하고, 고가의 시설 비용이 든다는 내용을, 마지막 문단에서는 신재생에너지의 생산비용이 너무 높아 수익률이 떨어지고 있다는 내용에 대해 말하고 있다. 즉 신재생에너지를 활용하여 에너지 사업을 시행할 때 장애물이 되는 것은 환경적(㉠)인 이유라기보다는 경제적(㉡)인 문제가 된다.

07
정답 | ①

Quick해설 글의 제목을 찾을 때에는 각 문단의 핵심어를 찾는 것이 중요하다. 1문단과 2문단에서 민족의 개념과 우리나라에서의 민족정신에 대해서 이야기하고 있다. 3~4문단에서는 계몽주의의 발생 및 발전 과정, 그리고 민족주의와의 관계를 밝히고 있다. 따라서 이 글의 제목으로는 '계몽주의와 민족정신'이 적절하다.

08

정답 | ⑤

Quick해설 4문단에서 계몽주의의 보편성에 반대한 것은 헤르더의 '민족정신'이라고 하였으므로 적절하지 않다.

[오답풀이] ① 1문단에서 21세기 한국의 민족주의는 진지한 이념이나 이데올로기라기보다는 일종의 강령이라고 했으므로 적절하다.
② 2문단에서 21세기 우리나라에 살고 있는 사람들에 대한 가장 포괄적인 규정은 자본주의적 생산양식 속에서 소비 대중으로 전락한 군집이라는 것이라고 했으므로 적절하다.
③ 4문단에서 서구의 근대는 계몽주의 정신으로부터 시작되었으며, 프랑스 혁명에서 구체화되었다고 했으므로 적절하다.
④ 4문단에서 계몽주의는 인간의 이성적·주체적 자율성이 핵심이며 일그러진 서구 중심주의가 식민지 미개인들을 계몽시키려 했던 흉악한 역사 때문에 그 본질이 흐려지기는 하였어도 이것이 없다면 의미를 잃는다고 했으므로 적절하다.

09

정답 | ③

Quick해설 3문단에서 '탐지 역치'란 냄새를 탐지할 수 있는 최저 농도이며, 메탄올의 탐지 역치가 박하 향에 비해 약 3,500배가량 높다고 언급하고 있다. 따라서 박하 향의 탐지 역치는 메탄올의 탐지 역치보다 낮다.

[오답풀이] ① 1문단에서 취기재의 분자가 코의 내벽에 있는 후각 수용기를 자극하기 때문에 우리가 어떤 냄새가 난다고 탐지할 수 있다고 언급하고 있다.
② 1문단에서 후각은 우리 몸에 해로운 물질을 탐지하는 문지기 역할을 하는 중요한 감각이라고 언급하고 있다.
④ 2문단에서 개의 후각 수용기는 10억 개에 달하는 반면 인간의 후각 수용기는 1천만 개에 불과하다고 언급하고 있다.
⑤ 2문단에서 인간도 다른 동물과 마찬가지로 취기재의 분자 하나에도 민감하게 반응하는 후각 수용기

를 갖고 있다고 언급하고 있다.

10

정답 | ②

Quick해설 4문단에서 취기재의 정체를 인식하려면 취기재의 농도가 탐지 역치보다 3배가량은 높아야 한다고 언급하고 있다. 이로 보아 ㉠의 상태는 취기재의 농도가 탐지 역치보다는 높지만 3배에는 미치지 못하는 것에 해당한다고 볼 수 있다. 따라서 일단 농도가 탐지 역치보다 높아야 냄새의 존재 유무를 탐지할 수 있다. 그리고 탐지 역치의 3배가 넘는 농도를 가져서는 안 된다. 그래야 취기재의 정체를 인식하지는 못하기 때문이다. 이러한 조건을 만족하는 것은 탐지 역치가 10인 취기재의 농도가 15인 경우에 해당한다. 농도(15)가 탐지 역치(10)보다 높으므로 냄새의 존재를 확인할 수는 있으나, 농도가 15에 불과하므로 탐지 역치의 세 배(30)가 넘지는 않기 때문이다.

[오답풀이] ①, ④ 취기재의 농도가 탐지 역치보다 낮으므로 ㉠의 경우에 해당하는 사례로 볼 수 없다.
③, ⑤ 취기재의 농도가 탐지 역치의 3배보다 높으므로 ㉠의 경우에 해당하는 사례로 볼 수 없다.

11

정답 | ③

Quick해설 매출액은 (정가)×(판매량)으로 구할 수 있다. 작년 판매량을 a개라고 하면 올해 판매량은 $0.8a$개이므로 $5{,}000a = 5{,}000\left(1 + \dfrac{x}{100}\right) \times 0.8a$가 성립한다. 양변을 $5{,}000a$로 나누고 식을 정리하면

$$1 = 0.8\left(1 + \frac{x}{100}\right) \qquad \therefore x = 25$$

따라서 올해 이 상품의 정가는 $5{,}000 \times 1.25 = 6{,}250$(원)이다.

12

정답 | ⑤

Quick해설 난시만 있는 직원 수를 a명이라고 하면, 근시만 있는 직원 수는 $2a$명이다. 그리고 근시만 있는 직원 수와 난시만 있는 직원 수의 합은 근시와 난시가 모두 없는 직원의 수보다 1명 더 많다고 하였으므로 근시와

난시가 모두 없는 직원 수는 $(2a+a)-1=(3a-1)$(명)이다. 이때, 근시와 난시가 모두 있는 직원의 수를 x명이라고 하면, 다음과 같은 벤다이어그램으로 나타낼 수 있다.

전체
$(3a-1)$명

근시 난시

$2a$명 x명 a명

(시력 검사를 한 전체 직원 수)=(근시만 있는 직원)+(난시만 있는 직원)+(근시와 난시 모두 있는 직원)+(근시와 난시 모두 없는 직원)이고, 시력 검사를 한 전체 직원 수는 근시와 난시가 모두 없는 직원 수의 2배보다 12명 더 많으므로 다음과 같이 식을 세울 수 있다.

$2(3a-1)+12=(3a-1)+2a+a+x$

이를 정리하면, $6a-2+12=6a-1+x \rightarrow x=11$

따라서 난시와 근시가 모두 있는 직원의 수는 11명이다.

13

정답 | ②

Quick해설 2022년 영남 지부의 조직 기증 건수는 총 $4+1+4+9+4+4+7+2+2+5+8+9=59$(건)이다. 따라서 월평균 기증 건수는 $59 \div 12 ≒ 4.9$(건)이므로 5건 미만이다.

[오답풀이] ① 주어진 자료를 통해 매달 장기 기증 건수가 조직 기증 건수보다 많다는 것을 알 수 있다.

③ 2022년 상반기 중부 지부 조직 기증 건수는 $4+5+7+4+7+8=35$(건)이고, 하반기는 $7+1+5+8+3+4=28$(건)이므로 상반기가 하반기보다 $35-28=7$(건) 더 많다.

④ 충청·호남 지부의 상반기 뇌사자 장기 기증 건수는 $8+5+7+9+5+12=46$(건)이고, 하반기는 $5+5+10+2+6+10=38$(건)이다. 따라서 하반기 장기 기증 건수의 상반기 대비 감소율은 $\frac{46-38}{46} \times 100 ≒ 17.4$(%)이다.

⑤ 월별 뇌사자 장기 기증 누적 건수가 가장 많은 달은 7월(43건)이고 가장 적은 달은 2월(22건)이다. 따라서 장기 기증 누적 건수가 가장 많은 달은 가작 적

은 달보다 기증 건수가 $\frac{43-22}{22} \times 100 ≒ 95.5$(%) 더 많다.

14

정답 | ⑤

Quick해설 2022년 뇌사자 장기 기증 건수는 총 $41+22+39+34+42+36+43+25+32+24+28+39=405$(건)이고, 조직 기증 건수는 총 $15+7+16+17+14+16+14+7+15+15+14+17=167$(건)이다.

이를 토대로 2021년 대비 2022년 장기 기증 및 조직 기증, 그리고 전체 기증에 관한 증감률을 구하면 다음과 같다.

· 장기 기증: 감소하였으므로 감소율은
  $\frac{442-405}{442} \times 100 ≒ 8.4$(%)이다.

· 조직 기증: 증가하였으므로 증가율은
  $\frac{167-115}{115} \times 100 ≒ 45.2$(%)이다.

· 전체 기증: 2021년 전체 기증 건수는 $442+115=557$(건)이고 2022년 전체 기증 건수는 $405+167=572$(건)이므로 증가율은
  $\frac{572-557}{557} \times 100 ≒ 2.7$(%)이다.

따라서 정답은 ⑤이다.

15

정답 | ⑤

Quick해설 전월 대비 마늘의 수출액이 가장 많이 증가한 달은 3월($839-701=138$(천 달러))이다. 그런데 양파는 전월 대비 수출액 증감량이 가장 큰 달은 8월($896-767=129$(천 달러))이다. 3월의 전월 대비 양파의 수출액 증감량은 $918-813=105$(천 달러)로 두 번째로 많이 변하였다.

[오답풀이] ① 7월부터 12월까지 마늘의 총수입액은 $651+685+663+684+727+747=4,157$(천 달러)이므로 월평균 수입액은 $4,157 \div 6 ≒ 692.8$(천 달러)이다. 즉, 69만 달러 이상이다.

② 마늘의 1월 수출액은 708천 달러이고, 12월 수출액은 879천 달러이다. 따라서 1월 대비 12월의 마늘 수출액은 $\frac{879-708}{708} \times 100 ≒ 24.2$(%) 증가하였으

므로 25% 미만으로 증가하였다.

③ 양파는 전월 대비 3개월 연속 수입액이 상승한 적이 없다. 그러나 마늘의 수입액은 10~12월에 전월 대비 상승하였다.

④ 1월부터 5월까지 양파의 월평균 수출액은 $(884+813+918+906+830)\div5=870.2$(천 달러)이고 월평균 수입액은 $(770+666+754+742+706)\div5=727.6$(천 달러)이다. 따라서 월평균 수출액은 월평균 수입액보다 $870.2-727.6=142.6$(천 달러) 많으므로 14만 달러 이상 많다.

16
정답 | ②

Quick해설 10월에 양파 수출액이 850천 달러이고 수입액이 721천 달러이므로 1톤당 수출액은 $\frac{850}{500}=1.7$(천 달러/톤)이고, 1톤당 수입액은 $\frac{721}{400}=1.8025$(천 달러/톤)이다. 따라서 10월 양파의 1톤당 수출액과 수입액의 합을 1달러 미만 단위를 절사하여 구하면 $1,700+1,802.5 ≒ 3,502$(달러)이다.

17
정답 | ②

Quick해설 ㉠ 2020년의 총전기 수요의 예상 수치는 539.2TWh이다. $539.2×1.30=700.96≒701.0$이므로 20년 뒤인 2040년에는 총전기 수요가 약 30% 증가할 것이다.

㉣ 연도별로 (총전기 수요)×0.1을 해보면 해당 연도의 (가정에서의 전기 수요)보다 낮다는 것을 확인할 수 있다. 따라서 가정에서의 전기 수요는 언제나 총전기 수요의 10%보다 많다.

[오답풀이] ㉡ 제시된 [표]에는 2000년과 2018년의 전기 수요에 대한 자료가 나와 있지만, 그 사이 연도에 해당하는 전기 수요에 관한 내용은 없다. 따라서 2000년부터 2018년까지 모든 부문에서 전기 수요가 해마다 증가하였는지는 확인할 수 없다.

㉢ 실제로는 전기 자동차의 대중화로 수송 부문에서 전기 소비가 늘어날 것으로 예상된다. 하지만 제시된 [표]만 확인하였을 때는 그 내용을 알 수 없다.

18
정답 | ①

Quick해설 65세 이상 인구수를 알고 있으므로 노년부양비를 계산하기 위해서는 15~64세 인구를 알아야 한다. 전체 인구에서 0~14세 인구와 65세 이상 인구를 제외하면 15~64세 인구가 된다. 이를 통해 노령화지수를 통해 노년부양비를 계산할 수 있다.

1990년	2000년	2010년	2020년	2030년	2040년	2050년	2060년
7.4	10.1	14.8	21.8	38.2	58.2	72.6	82.6

예를 들어, 2060년의 경우, 0~14세 인구를 a라 하면, $(18,536\div a)×100=434.6$이므로 이를 계산하면 a는 약 4,265천 명이 된다. 따라서 15~64세 인구는 $45,246-18,536-4,265=22,445$(천 명)이다. 계산하면 노년부양비는 $18,536\div22,445×100≒82.6$이 된다. 이와 같이 계산하면, 연도별 노년부양비는 다음과 같다. 따라서 2000년부터 10을 넘고 있으며, 이후 매 조사년도마다 증가하는 것을 알 수 있다.

[오답풀이] ② 2030년 수치는 38.2이다.

③ 2060년에 최고치를 기록한다.

④ 2020년에 20을 넘었으며 2040년과 2050년, 2060년은 50을 넘은 58.2, 72.6, 82.6까지 기록한다.

⑤ 2050년과 2060년의 차이는 $82.6-72.6=10$으로 15 미만이다.

19
정답 | ②

Quick해설 ㉠ 2019년 게임 산업 종사자는 68.3천 명이고, 매출액은 126.7천억 원이다. 따라서 1명당 매출액은 $126.7\div68.3≒1.86$(억 원)이므로 1.8억 원 이상임을 알 수 있다.

㉣ 2019년부터 2022년까지 전년 대비 게임 산업 매출액 증감률의 증감 추이는 [증가-감소-증가-증가]이고, 수출액 증감률의 증감 추이는 [감소-증가-감소-감소]로 정반대임을 알 수 있다.

[오답풀이] ㉡ 2022년 C 국가에서 게임 산업 종사자는 전년 대비 $65.7-64.7=1$(천 명) 증가하였다. 그러나 신규 입사자가 1천 명 증가하였는지는 알 수 없다.

㉢ C 국가의 게임 산업 수출액에 대하여 전년 대비 증가율이 가장 높은 해는 2020년이다. 그런데 2020

년 매출액은 전년 대비 128.3−126.7=1.6(천억
원) 증가하였음을 알 수 있다.

20
정답 | ④

Quick해설 연도별로 A~E의 5개 국가 전체 종사자 수
를 구하면 다음과 같다.
- 2018년: 66.7÷0.184=362.5(천 명)
- 2019년: 68.3÷0.214≒319.2(천 명)
- 2020년: 64.2÷0.158≒406.3(천 명)
- 2021년: 64.7÷0.161≒401.9(천 명)
- 2022년: 65.7÷0.192≒342.2(천 명)

따라서 정답은 ④이다.

21
정답 | ④

Quick해설 D가 받을 수 있는 등급은 1번째, 2번째, 3번
째이며, E가 받을 수 있는 등급은 4번째와 5번째이다.
C와 A는 나란히 묶이므로 D가 올 수 있는 곳은 B보다
앞 또는 B와 C 사이가 된다.
따라서 D−B−C−A−E 또는 B−D−C−A−E가
되며 어떤 경우든 가장 높은 등급의 제품 2개는 B와 D
이다.

22
정답 | ①

Quick해설 갑과 정의 말이 서로 모순이므로 둘의 말을
먼저 비교해 본다.
1) 갑의 말이 참이고, 정의 말이 거짓일 때
   갑의 말이 참이면 병의 말도 반드시 참이어야 한다.
   병의 말이 참이면 을의 말은 거짓이 된다. 따라서 갑
   과 병의 말이 참이므로 이 경우에 출장지는 부산이
   고, 갑과 병이 출장자이다.
2) 정의 말이 참이고, 갑의 말이 거짓일 때
   정의 말이 참이면 갑의 말은 거짓이 된다. 그러면 병
   의 말은 거짓이 되고, 을의 말은 참이 된다. 따라서
   을과 정의 말이 참이므로 이 경우에 출장지는 대전이
   고, 을과 정이 출장자이다.
1)의 경우에 따라 갑의 말이 참이라면, 출장자는 갑과
병이다.

[오답풀이] ② 출장지는 부산이 될 수도 있고, 대전이
   될 수도 있다.
③ 을의 말은 참일 수도 있고, 거짓일 수도 있다.
④ 을과 병은 출장을 같이 갈 수가 없다.
⑤ 2)의 경우에 따르면 정은 출장을 갔다왔다.

23
정답 | ⑤

Quick해설 J사의 지난달 손익분기점 매출액은 1,500÷
{(5,000−2,500)÷5,000}=3,000(만 원)이다.

[상세해설] (손익분기점 매출액)=(고정비)÷{(매출
액−변동비)÷매출액} 식을 바탕으로 구하도록 한다.
J사의 지난달 매출액은 5,000만 원, 변동비는 2,500만
원, 고정비는 1,500만 원이므로 J사의 지난달 손익분기
점 매출액은 1,500÷{(5,000−2,500)÷5,000}=
3,000(만 원)이다.

24
정답 | ②

Quick해설 J사의 지난달 손익분기점 매출액은 3,000만
원이고 J사는 한 가지 제품만 생산 및 판매하며, 제품 1
개당 판매 가격은 23만 원이다. 3,000÷23≒130.4이므
로 130개를 초과해서 판매해야 한다. 따라서 J사가 지
난달 손익분기점 매출액을 달성하기 위해 판매해야 하
는 제품의 최소 개수는 131개이다.

25
정답 | ②

Quick해설 BLINK가 3,275대, ChargePoint가
68,000대 이상, EVgo가 1,200대 이상, Tesla가 7,843
대의 충전기를 보유하고 있다. 따라서 북미의 주요 전기
차 충전 네트워크 기업이 보유한 충전기는 최소 3,275
+68,000+1,200+7,843=80,318(대)이다.

26
정답 | ④

Quick해설 ⊙ 가장 많은 충전기를 보유한 기업은 68,000
   대 이상을 보유하고 있는 ChargePoint이므로
   ChargePoint가 가장 앞서가고, EVgo는 아직 보
   급 중인 충전기 대수가 1,200대에 불과해 가장 적다.

© 레벨3 중 충전 속도가 가장 느린 50kW도 1시간에 120~180마일만큼을 충전하므로 레벨3의 충전 속도가 레벨1~3 중에서 가장 빠르다. 또한 레벨3은 레벨1, 2와는 다르게 표준 충전 커넥터가 도입되지 않았다.

© Tesla는 슈퍼차저(SuperCharger)라고 불리는 자체 커넥터 및 네트워크를 사용하여 접근성이 약간 떨어지는 대신, 레벨3의 평균 충전 요금이 28센트/kWh로 전체 평균 59센트/kWh보다 낮은 편이다.

[오답풀이] ② ChargePoint는 매장이나 회사가 비용을 부담하고 고객에게 서비스 차원에서 무료로 충전기를 이용하게 하는 곳도 존재한다. 따라서 무료로 이용할 수 있는 충전기가 있다는 점은 Tesla만의 고유한 장점이라고 볼 수 없다.

27
정답 | ②

Quick해설 © 자격수준과 훈련시간은 산업현장의 직무수행 수준과 학습난이도에 따른 학습수준으로 결정되는 것이다. 따라서 똑같은 직무라면 근무환경과 관계없이 똑같은 자격수준을 갖게 된다.

[오답풀이] ⊙ 3-②의 선택능력단위에서 직종 및 기업의 직무수행 시 반드시 필요하지는 않지만, 연계성이 있거나 사전 학습 시 직무수행에 도움이 되는 능력단위를 훈련받게 된다고 제시하고 있다. 따라서 직무수행 시 꼭 필요하지 않은 것을 훈련받을 수도 있다.

© 주어진 자료를 살펴보면 신직업자격이란 지식기반이 아닌, 현장 대응 능력 위주의 자격임을 알 수 있다. 따라서 신직업자격을 잘 이수했다면 현장 상황에 대응하는 능력이 높을 것이다.

28
정답 | ⑤

Quick해설 · 정규: 신직업자격의 운영 주체가 산업계 단체이지만, 주어진 자료의 '2. 개발 목적'에서 선별기능을 통해 기업에서 직원을 채용할 때 비용이 절감됨을 제시하고 있다.

· 민서: '4. 기존자격과 다른 점'에서 신직업자격은 NCS를 기반으로 한 다양한 평가 방식을 제시함을 알 수 있다.

· 재준: 3-①에서 Level 2의 내용을 살펴보면 600시간 이상 훈련을 받았더라도 전공지식 수준이 아닌, 기초적인 훈련으로 가능한 직무가 있음을 알 수 있다.

[오답풀이] · 한울: 3-②에서 필수능력단위가 훈련시간의 50% 이상을 차지한다고 하였으므로 선택능력단위에 해당하는 훈련은 많아야 절반 정도에 그칠 수밖에 없다.

29
정답 | ②

Quick해설 기업별로 긍정적 평가와 부정적 평가를 한 사람 수를 각각 구해보면 다음과 같다.

(단위: 명)

구분	긍정적 평가	부정적 평가
A기업	$1,200 \times 0.35 = 420$	$1,200 \times 0.65 = 780$
B기업	$800 \times 0.45 = 360$	$800 \times 0.55 = 440$
C기업	$500 \times 0.7 = 350$	$500 \times 0.3 = 150$
D기업	$1,000 \times 0.55 = 550$	$1,000 \times 0.45 = 450$
E기업	$900 \times 0.6 = 540$	$900 \times 0.4 = 360$
F기업	$600 \times 0.25 = 150$	$600 \times 0.75 = 450$
G기업	$400 \times 0.4 = 160$	$400 \times 0.6 = 240$

이때, C기업에 대하여 긍정적 평가를 한 사람 수는 350명이고, E기업에 대하여 부정적 평가를 한 사람 수는 360명이다. 따라서 C기업에 대하여 긍정적 평가를 한 사람 수는 E기업에 대하여 부정적 평가를 한 사람 수보다 적다.

[오답풀이] ① D기업에 대하여 부정적 평가를 한 사람 수는 450명이고, F기업에 대하여 부정적 평가를 한 사람 수도 450명이다. 따라서 D기업에 대하여 부정적 평가를 한 사람 수는 F기업에 대하여 부정적 평가를 한 사람 수와 같다.

③ G기업에 대하여 긍정적 평가를 한 사람 수의 3배는 $160 \times 3 = 480$(명)이고, A기업에 대하여 긍정적 평가를 한 사람 수는 420명이다. 따라서 G기업에 대하여 긍정적 평가를 한 사람 수의 3배는 A기업에 대하여 긍정적 평가를 한 사람 수보다 많다.

④ B기업에 대하여 부정적 평가를 한 사람 수는 440명이고, E기업에 대하여 긍정적 평가를 한 사람 수는 540명이다. 따라서 B기업에 대하여 부정적 평가를

한 사람 수는 E기업에 대하여 긍정적 평가를 한 사람 수보다 540－440＝100(명) 더 적다.

⑤ A기업에 대하여 부정적 평가를 한 사람 수는 780명이고, B기업에 대하여 부정적 평가를 한 사람 수와 E기업에 대하여 부정적 평가를 한 사람 수의 합은 440＋360＝800(명)이다. 따라서 A기업에 대하여 부정적 평가를 한 사람 수는 B기업에 대하여 부정적 평가를 한 사람 수와 E기업에 대하여 부정적 평가를 한 사람 수의 합보다 적다.

30
정답 | ④

Quick해설 기업별로 세부 항목에 대한 평가 인원수는 다음과 같다.

(단위: 명)

구분	매우 긍정적	긍정적	부정적	매우 부정적
A기업	240	180	480	300
B기업	80	280	280	160
C기업	250	100	75	75
D기업	150	400	300	150
E기업	135	405	225	135
F기업	120	30	270	180
G기업	120	40	200	40

따라서 기업별 종합 점수는 다음과 같다.

- A기업: $240 \times 3 + 180 \times 1 - 480 \times 1 - 300 \times 2$
  $= -180$(점)
- B기업: $80 \times 3 + 280 \times 1 - 280 \times 1 - 160 \times 2$
  $= -80$(점)
- C기업: $250 \times 3 + 100 \times 1 - 75 \times 1 - 75 \times 2$
  $= 625$(점)
- D기업: $150 \times 3 + 400 \times 1 - 300 \times 1 - 150 \times 2$
  $= 250$(점)
- E기업: $135 \times 3 + 405 \times 1 - 225 \times 1 - 135 \times 2$
  $= 315$(점)
- F기업: $120 \times 3 + 30 \times 1 - 270 \times 1 - 180 \times 2$
  $= -240$(점)
- G기업: $120 \times 3 + 40 \times 1 - 200 \times 1 - 40 \times 2$
  $= 120$(점)

그러므로 종합 점수가 두 번째로 높은 기업은 E기업이다.

31
정답 | ②

Quick해설 무게가 무겁다고 반드시 사용가능면적이 넓은 것은 아니다. 제품 C의 경우 27kg으로 가장 무겁지만, 사용가능면적은 25평으로 가장 좁다.

[오답풀이] ⑤ 소비전력당 1년간 유지비용은 '1년간 유지비용÷소비전력'으로 계산할 수 있으며, 제품 A 133, 제품 B 150, 제품 C 133, 제품 D 136, 제품 E 135로 제품 B가 가장 높다.

32
정답 | ④

Quick해설 각 구매계획안의 조건에 부합하는 제품을 고르면 다음과 같다.

- 28평 이상: 제품 C 제외
- 에너지 효율등급: 제품 E 제외
- 필수스마트 기능: 제외 제품 없음
- 1년간 유지비 200,000원 미만: 제품 A 제외

제품 B와 제품 D의 냉난방 능력과 가격을 비교하면 다음과 같다.

구분	냉방 성능 (BTU/h)	난방 성능 (BTU/h)	1대당 가격(원)
제품 B	15,000	18,000	800,000
제품 D	19,000	21,000	1,100,000

따라서 F사에 가장 적합한 제품은 제품 D이며, 1대당 가격은 110만 원이므로 4대 구매 시 440만 원의 예산이 필요하다.

33
정답 | ④

Quick해설 항목별로 계산하면 다음과 같다.

- 공사비＝25평×1.6×800만 원＝3억 2천만 원
- 기타사업비＝3억2천×30%＝9,600만 원
- 건축비＝4억 1,600만 원
- 1평당대지지분수익＝(8억－4억 1,600만 원)/10평
  ＝3,840만 원
- 일반분양기여대지지분＝(15평－2평－10평)＝3평

- 일반분양기여금＝3,840만 원×3＝1억 1,520만 원
- 재건축분담금＝4억 1,600만 원－1억 1,520만 원＝3억 80만 원

34

정답 | ②

Quick해설 $5,040×0.35+(5,040÷12)×2+(5,040÷12)×3=3,864$(만 원)으로 3,500만 원 이상이다.

[오답풀이] ① $(600×12)×0.25+600×0.75×2+600×3=4,500$(만 원)으로 5,000만 원 미만이다.

③ $5,040×0.45+(5,040÷12)×2+(5,040÷12)×3=4,368$(만 원)으로 4,500만 원 미만이다.

④ $600×2=1,200$(만 원)으로 1,500만 원 미만이다.

⑤ $(5,040÷12)×2=840$(만 원)으로 800만 원 이상이다.

35

정답 | ⑤

Quick해설 과락과 가중치를 고려하지 않을 때 직원별 합산점수 최하위 E(325)와 최상위 C(430)의 점수 차이는 105점으로 100점 이상이다.

[오답풀이] ① KPI역량점수에서 과락기준은 80점 미만으로 B(75)와 E(78)는 과락대상이다.

② 어학점수에서 과락 기준은 85점 미만으로 G(80)는 과락대상이다.

③ 근속년수에서 과락 기준은 5년 미만으로 D(4년)는 과락대상이다.

④ 과락과 가중치를 고려하지 않을 때 직원별 합산점수 상위 2명은 A(405)와 C(430)이다.

구분	진급 시험 점수	KPI 역량 점수	인사 고과	어학 점수	근속 년수	합계
A	85	80	100	90	50	405
B	78	75	50	85	70	358
C	88	90	100	92	60	430
D	82	85	50	88	40	345
E	80	78	0	87	80	325
F	83	80	100	85	50	398
G	79	85	50	80	60	354
H	81	82	100	91	50	404

36

정답 | ②

Quick해설 직원 B, 직원 D, 직원 E, 직원 G는 과락대상자이므로, 점수 계산에서 먼저 배제한다.

나머지 직원 A, 직원 C, 직원 F, 직원 H의 점수를 각각 구하면 다음과 같다.

- 직원 A＝$(85×30\%)+(80×25\%)+(100×20\%)+(90×15\%)+(5×10\%×10)=84$(점)
- 직원 C＝$(88×30\%)+(90×25\%)+(100×20\%)+(92×15\%)+(6×10\%×10)=88.7$(점)
- 직원 F＝$(83×30\%)+(80×25\%)+(100×20\%)+(85×15\%)+(5×10\%×10)=82.65$(점)
- 직원 H＝$(81×30\%)+(82×25\%)+(100×20\%)+(91×15\%)+(5×10\%×10)=83.45$(점)

따라서 상위 2명인 직원 A(84점)와 직원 C(88.7점) 2명이 진급대상자로 선정된다.

37

정답 | ④

Quick해설 전공지식, 어학실력, 자격증과 같이 서류전형 또는 필기전형에서 검증할 수 있는 항목보다 면접에서만 평가할 수 있는 도덕성과 리더십이 더 중요하다고 하였다. A가 도덕성이 리더십보다 중요하다고 하였고, B도 이에 동의하였으므로 도덕성, 리더십 순이다. 또한 전공지식보다는 어학실력이 더 중요하다고 하였고, 자격증은 중요하지 않다고 하였으므로 도덕성, 리더십, 어학실력, 전공지식, 자격증 순으로 비중이 높다.

38

정답 | ③

Quick해설 A홀과 C홀의 기본 대관료 대비 리허설 추가 비용 비중은 다음과 같다.

- A홀: $110,000÷660,000×100≒16.7$(%)
- C홀: $24,500÷147,000×100≒16.7$(%)

따라서 해당 비중은 두 홀이 동일하다.

[오답풀이] ① 대관 신청은 반드시 전용 홈페이지에서만 가능하며, 방문, 팩스, 메일 등에 의한 신청은 받지 않는다고 명시되어 있다.

② 계약금을 지불하고 남은 잔금 지불 시점은 티켓 판매 전까지이다.

④ 계약금 지불 후 3일 이내에 방문하여 계약을 체결하며, 티켓 판매일 전에 잔금을 지불하는 과정으로 되어 있으므로 올바른 설명이다.

⑤ 18일까지는 모두 1개 또는 2개의 홀만 예약이 되어 있는 상태이다.

39
정답 | ④

Quick해설 각 홀의 이용 가능 시간은 4시간이 되지 않으므로 2회 공연은 각각 다른 홀에서 진행되어야 한다. 그리고 총대관료가 85만 원을 넘지 않아야 하므로 이용 가능한 홀의 조합은 (A홀, C홀), (B홀, C홀)이다. A홀은 예약이 있는 경우 이용이 불가하나, B홀과 C홀은 17시 예약인 경우에는 15~17시에 2시간 공연이 가능하다. 이에 따라 공연 일정으로 적절한 날짜를 정리하고, 대관료에 따라 가능한 날을 표시하면 다음과 같다.

구분	1일	2일	3일	4일	5일	6일	7일	8일	9일	10일	11일
A	×	×	○	○	×	×	×	○	×	○	○
B	×	○	○	○	×	○	×	○	○	○	×
C	○	×	○	○	○	○	○	×	○	×	×
가능	×	×	○	○	○	×	×	○	×	○	×

따라서 공연 일정으로 가능한 날짜는 3일, 4일, 5일, 8일, 10일로 일수는 5일이다.

40
정답 | ⑤

Quick해설

구분	근무 시간	비상근무비	대체휴가	교통비
월요일	07:00~09:00 2시간 근무	30,000원	3시간	0원
수요일	18:00~24:00 6시간 근무	54,000원	9시간	30,000원
토요일	10:00~15:00 5시간 근무	45,000원	7.5시간	20,000원

총합은 비상근무비 179,000원, 대체휴가 19.5시간이다.

41
정답 | ③

Quick해설 2019년 10월 생산품이므로 1910의 코드가 부여되며, 일본 '왈러스' 사는 5K, 여성용 02와 블라우

스 해당 코드 006, 10,215번째 입고품의 시리얼 넘버는 10215이므로 제품 코드는 1910－5K－02006－10215이다.

42
정답 | ③

Quick해설 2018년 12월에 생산되었으며, 멕시코 Fama 사의 생산품이다. 또한, 아웃도어용 용품을 의미하며 910번째로 입고된 제품임을 알 수 있다. 따라서 상반기에 생산된 제품이라는 설명은 올바르지 않다.

43
정답 | ④

Quick해설 2021년 8월 10일은 판결이 선고된 날이다. 사건이 접수되어 소가 제기된 해는 2021년이나 정확한 월·일은 알 수 없다.

[오답풀이] ① 2021년 8월 10일에 선고되었다.
② 사건부호가 '고단'이므로 형사1심단독사건에 대한 판결이다.
③ 재판법원은 춘천지방법원이다.
⑤ 사건번호가 51이므로 해당 판결은 2021년 춘천지방법원에 51번째로 접수된 형사1심단독사건이다. 따라서 2021년 춘천지방법원에 접수된 형사1심단독사건은 50건 이상임을 알 수 있다.

44
정답 | ③

Quick해설 Error Value는 3, Location Value는 2이므로 3×2＝6이다. 따라서 Input code는 'alert'이다.

[상세해설] JXPNG와 JINRX를 비교하면 순서와 상관없이 동일한 알파벳은 J, X, N 3개이므로 Error Value는 3이다. 또한 UHFBW와 UBFCH를 비교하면 같은 순서에 위치한 동일한 알파벳은 U, F 2개이므로 Location Value는 2이다. 3×2＝6이므로 빈칸에 들어갈 Input code는 'alert'이다.

45
정답 | ②

Quick해설 Error Value는 1, Location Value는 1

이므로 1×1＝1이다. 따라서 Input code는 'caution'
이다.

[상세해설] KXUWS와 BMSTL을 비교하면 순서와
상관없이 동일한 알파벳은 S 1개이므로 Error Value
는 1이다. 또한 IYLDE와 VJRDY를 비교하면 같은
순서에 위치한 동일한 알파벳은 D 1개이므로 Location
Value는 1이다. 1×1＝1이므로 빈칸에 들어갈 Input
code는 'caution'이다.

46
정답 | ②

Quick해설 DVI 커넥터를 VGA 커넥터와 비교 설명하
는 부분에서 정답을 찾을 수 있다. VGA 커넥터는 디
지털 PC 영상을 아날로그 신호로 바꾸고 그대로 출력
을 하기 때문에 선명하지 못하게 출력이 되나, DVI 커
넥터는 디지털 신호를 받아서 그대로 디지털 신호로 출
력을 해주기 때문에 선명하고 고화질의 화면을 볼 수 있
는 것이라고 설명되어 있다.

47
정답 | ③

Quick해설 A가 구입하고자 하는 커넥터 장치는 디지털
방식이어야 하므로 아날로그 방식인 DVI－A는 제외
되며, DVI－D와 DVI－I는 모두 디지털 방식이 가능
하다. 그러나 HDMI 영상단자로 변환이 가능해야 한다
고 하였으므로 DVI－I는 해당되지 않으며, 나머지
DVI－D의 싱글링크와 듀얼링크 중 해상도가 더 높은
것은 듀얼링크이므로 24×1핀의 모양인 DVI－
D(Dual Link)가 정답이다.

48
정답 | ②

Quick해설 클라우드 컴퓨팅이란 인터넷을 통해 제공하
는 서버를 활용해 정보를 보관하고 있다가 필요할 때 꺼
내 쓰는 기술을 말한다. 따라서 클라우드 컴퓨팅의 핵심
은 데이터의 저장·처리·네트워킹 및 다양한 애플리케
이션의 사용 등 IT 관련 서비스를 네트워크 기반으로
제공함으로써 정보의 보관 분야에 획기적인 컴퓨팅 기
술이라고 할 수 있다.

[오답풀이] ① 처음에는 SaaS에만 치중되어 있다가 점
차 영역을 넓혀 나가면서 현재에는 IaaS, PaaS까
지도 아우르는 서비스가 되었다고 언급되어 있다.
③ 클라우드 컴퓨팅의 핵심은 사용자들이 각각의 기술
들에 대한 심도 있는 이해 없이도 해당 서비스를 이
용할 수 있게 해주는 것이라고 언급되어 있다.
④ 데이터 센터를 구축할 필요가 없어 비용이 절감되
며, 데이터 백업 등의 안정성과 보안이 뛰어난 것이
클라우드 컴퓨팅의 장점으로 소개되어 있다.
⑤ 전통적인 IT에서는 기술적 분야를 모두 기업이 관
리하였지만 IaaS, PaaS, SaaS 등의 모델에서는
기업관리 영역이 축소되고 대신 서비스로 제공되는
영역이 늘어난 것이 특징이다.

49
정답 | ⑤

Quick해설 IaaS는 인프라에 대한 컴퓨팅 영역만 제공한
다. 응용서버, 웹서버 등을 운영하기 위해서는 하드웨어
서버, 네트워크, 저장장치, 전력 등 여러 가지 인프라가
필요하다. 이런 것들을 가상의 환경에서 쉽고 편하게 이
용할 수 있게 제공하는 서비스이다.
PaaS는 인프라부터 미들웨어, 플랫폼 영역까지 책임지
고 서비스를 제공한다. 개발자가 개발 환경을 위한 별도
의 하드웨어, 소프트웨어 등의 구축비용이 들지 않도록
개발하고 구축하고 실행하는 데 필요한 환경을 제공하
는 서비스이다.
SaaS는 인프라부터 미들웨어, 플랫폼, 애플리케이션에
이르기까지 서비스 모든 영역을 책임지고 제공한다. 제
공자가 소유하고 운영하는 소프트웨어를 웹 브라우저
등을 통해 사용하는 서비스이다.

50
정답 | ①

Quick해설 하이퍼텍스트는 하이퍼링크(hyperlink) 또
는 하이퍼링킹(hyperlinking)이라고도 한다. 하이퍼
텍스트는 전자매체 이용자가 본문 중에서 한 단어를 선
택하면 그 단어와 관련된 추가 정보를 얻도록 해주는 컴
퓨터 프로그램 기능 가운데 하나이다. 한 문서 안에서의
다른 부분들 혹은 다른 문서들 사이의 하이퍼텍스트 링
크들은 네트워크 구조를 만들어준다. 이러한 연결 구조

는 매개 없는 직접적 정보 건너뛰기를 관련된 정보 조각들로 바꾸어준다. 예를 들어 하이퍼링크로 연결된 정보의 트리 구조는 책으로 된 백과사전이나 사전에서의 선형 구조와 대비된다. 책으로 된 백과사전이나 사전의 항목들은 오직 가나다 혹은 알파벳 순서로 정렬되어 있어서, 순차적인 항목 순서에 의해서만 접근할 수 있다.

[오답풀이] 하이퍼텍스트에 의해 문서에 있는 어떤 단어를 지정하면 그 단어와 연관된 다른 문서로 즉시 이동할 수 있는데, 이러한 문서를 인터넷으로 옮긴 것이 월드와이드웹(www)이다. 인터넷에서는 HTML이라는 언어를 사용하여 하이퍼텍스트를 작성한다. 나머지 선택지의 내용은 주어진 설명과 무관한 용어들이다.

실전모의고사 4회 – 전기 전공

01	02	03	04	05	06	07	08	09	10
①	②	④	③	④	②	③	②	③	①

11	12	13	14	15					
①	⑤	③	③	④					

01 　　　　　　　　　　　　　　　　　정답 | ①

[상세해설] $v_a + v_b + v_c$인 3상 전압의 합에 대칭 3상을 적용하면 다음과 같다.

$v_b = a^2 v_a$, $v_c = a v_a$를 이용하면

$v_a + v_b + v_c = v_a + a^2 v_a + a v_a = v_a(1 + a^2 + a)$

$a^2 + a + 1 = 0$이므로 $v_a(a^2 + a + 1) = 0$이다.

02 　　　　　　　　　　　　　　　　　정답 | ②

[상세해설]

$$i(t) = V_m \sin(\omega t \pm \theta) = 50\sqrt{2}\sin\left(\omega t - \frac{\pi}{6} + \frac{\pi}{4}\right)$$
$$= 50\sqrt{2}\sin(\omega t + 15°)[\text{V}]$$
$$= 50\sqrt{2}\sin\left(\omega t + \frac{\pi}{12}\right)[\text{V}]$$

03 　　　　　　　　　　　　　　　　　정답 | ④

[상세해설] [비정현파 유효전력]

$$P = \sum VI\cos\theta$$
$$= \frac{100}{\sqrt{2}} \times \frac{20}{\sqrt{2}} \times \cos\{30° - (-30°)\}$$
$$- \frac{50}{\sqrt{2}} \times \frac{15}{\sqrt{2}} \times \cos(60° - 30°)$$
$$+ \frac{25}{\sqrt{2}} \times \frac{10}{\sqrt{2}} \times \cos\{0° - (-60° + 90°)\}$$
$$= 283.5[\text{W}]$$

04 　　　　　　　　　　　　　　　　　정답 | ③

[상세해설] 역기전력 $E = V - I_a R_a = 120 - 0.2 \times 100$
$= 100[V]$
그러므로
동력 $P = EI_a = 100 \times 100 = 10,000[\text{W}] = 10[\text{kW}]$

05

[상세해설]

$$손실 \ P_l = 3I^2 R = 3\left(\frac{P}{\sqrt{3}\,V\cos\theta}\right)^2 R = \frac{P^2 R}{V^2 \cos^2\theta}[\text{W}]$$

$$P_l \propto \frac{1}{V^2}, \ P_l \propto \frac{1}{\cos^2\theta}, \ P \propto R^2$$

06

정답 | ②

[상세해설]

$$Q_c = P(\tan\theta_1 - \tan\theta_2) = P\left(\frac{\sin\theta_1}{\cos\theta_1} - \frac{\sin\theta_2}{\cos\theta_2}\right)$$

$$= 1,000 \times \left(\frac{\sqrt{1-0.6^2}}{0.6} - \frac{\sqrt{1-0.8^2}}{0.8}\right)$$

$$= 583[\text{kVA}]$$

07

정답 | ③

[상세해설] [1선 지락전류 I_g]

1선 지락 조건은 $I_0 = I_1 = I_2$, $I_0 = \dfrac{E_a}{Z_0 + Z_1 + Z_2}$

$$I_g = 3I_0 = \frac{3E_a}{Z_0 + Z_1 + Z_2}$$

08

정답 | ②

[상세해설]

- 고감도 고속형: 정격 감도 전류에서 0.1초 이내, 인체 감전 보호용은 0.03초 이내
- 중감도 고속형: 정격 감도 전류에서 0.1초 이내
- 중감도 시연형: 정격 감도 전류에서 0.1초를 초과하고 2초 이내
- 저감도 시연형: 정격 감도 전류에서 0.1초를 초과하고 2초 이내
- 저감도 고속형: 정격 감도 전류에서 0.1초 이내

09

정답 | ③

[상세해설]

- CT(변류기): 1차 측의 대전류를 2차 측의 소전류로 변성

- PF(전력용 퓨즈): 단락 전류를 차단하고, 부하 전류를 통전
- PT(계기용 변압기): 1차 측의 고전압을 2차 측의 저전압으로 변성
- MOF(전력수급용 계기용 변성기): PT와 CT를 한 케이스 안에 내장한 계기용 변성기
- ZCT(영상 변류기): 영상 전류를 검출

10

정답 | ①

[상세해설] $F = \dfrac{u_0 I_1 I_2}{2\pi r} = \dfrac{4\pi \times 10^{-7} \times 200 \times 200}{2\pi \times 4 \times 10^{-2}}$

$$= 0.2[\text{N/m}]$$

11

정답 | ①

[상세해설]

$$div E = \left(\frac{\partial}{\partial x}i + \frac{\partial}{\partial y}j + \frac{\partial}{\partial z}k\right)(x^2 yi + 2xy^2 j + x^2 yk)$$

$$= 2xy + 4xy(x=1,\ y=1)$$

$$= 6$$

12

정답 | ⑤

[상세해설]
- 최초 평행판 콘덴서

$$C_1 = \frac{\varepsilon_0 \times S}{d}[\text{F}]$$

- 면적을 5배로 하고 간격을 $\dfrac{1}{5}$로 줄일 때의 평행판 콘덴서

$$C_2 = \frac{\varepsilon_0 \times 5S}{\dfrac{d}{5}} = 25 \times \frac{\varepsilon_0 S}{d} = 25C_1[\text{F}]$$

13

정답 | ③

[상세해설]
- 비포장 퓨즈
  - 1.25배에 견디는 것
  - 2배의 전류에 2분 이내 용단되는 것
- 포장 퓨즈
  - 1.3배에 견디는 것
  - 2배의 전류에 120분 이내 용단되는 것

14

정답 | ③

[상세해설] $E = \dfrac{z}{a} p \varnothing \dfrac{N}{60}$

$= \dfrac{600}{2} \times 10 \times 0.05 \times \dfrac{100}{60} = 250$

15

정답 | ④

[상세해설]　• 원통(비철극, 비돌극)형
　　－ 비돌극형의 경우 부하각이 90°일 때 최대 출력이 된다.
　　－ 비돌극형의 직축 반작용 리액턴스는 횡축 반작용 리액턴스와 같다.
　• 철극(돌극)형
　　－ 돌극형의 경우 부하각이 60°일 때 최대 출력이 된다.
　　－ 철극형의 직축 반작용 리액턴스는 횡축 반작용 리액턴스보다 크다.
　　－ 돌극형은 공극이 불균일하다.

실전모의고사 4회 – NCS

01	02	03	04	05	06	07	08	09	10
④	②	①	②	①	⑤	①	⑤	③	③
11	12	13	14	15	16	17	18	19	20
④	④	⑤	④	④	③	①	④	②	③
21	22	23	24	25	26	27	28	29	30
③	⑤	④	③	④	③	⑤	③	①	③
31	32	33	34	35	36	37	38	39	40
③	④	①	④	③	②	③	④	⑤	④
41	42	43	44	45	46	47	48	49	50
⑤	②	②	①	②	⑤	③	②	⑤	④

01

정답 | ④

Quick해설　2018년부터 간접활선 공법을 도입하여 2023년 10월 기준 99%의 공법활용률을 보인다고 하였으나, 간접활선공법은 가공 특고압 공사에만 활용 가능하여 지중고압공사를 비롯한 저압공사 등에서는 여전히 감전재해가 발생하고 있다고 하였다.

[오답풀이]　① 한전은 휴전을 확대하기 위해 생명유지장치를 사용하는 고객에서 이동형 발전기를 지원하는 방안 등을 시범사업을 통해 실효성을 검증하고 지속 보완하여 제도로 갖출 예정이라고 하였다.
② SAIDI는 가구당 정전시간을 나타내는 지표로, 수치가 낮을수록 정전 없이 안정적인 전력공급이 이루어지고 있음을 뜻한다고 하였다.
③ 간접활선 공법은 작업자와 전력선에 90cm 이상의 안전거리를 확보하고 절연스틱을 활용해 작업하는 공법이라 하였다.
⑤ 한전이 연간 진행하는 전체 공사 약 27만 건 중 휴전작업은 약 1만 건으로 휴전작업률이 약 4% 수준이라고 하였다.

02

정답 | ②

Quick해설　㉠ 빈칸이 포함된 문장의 앞 내용은 산업안전보건법과 중대재해처벌법 시행 등으로 작업자의 안전이 지속적으로 강조되고 있어 한전에서도 감전 분

야에서의 재해를 줄이기 위해 노력하고 있다는 내용
이며, 뒤에 오는 내용은 전력선에 작업자가 직접 접
촉하지 않는 간접활선 작업을 점차 정착해 나가고
있다는 내용이다. 따라서 빈칸에는 작업자가 활선에
직접 작업하는 직접활선 작업이 정전시간을 줄이는
장점이 있지만 작업자의 감전 재해 위험이 높다는
내용이 오는 것이 자연스럽다.
ⓒ 빈칸이 포함된 문장은 한전에서 휴전작업을 확대하
는 것이 어려운 이유에 대한 내용인데, 바로 뒤에 오
는 문장의 '이로 인한 고객들의 크고 작은 민원뿐만
아니라'라는 표현을 통해 휴전에 대한 고객들의 수용
성이 낮음을 알 수 있다.

03
정답 | ①

Quick해설 6문단에서 포비돈은 요오드와 수소결합을 함
으로써 요오드가 한꺼번에 상처부위로 돌진하지 않아
자극성이 줄어들게 됨을 알 수 있다.

[오답풀이] ② 5문단에서 포비돈은 원래 혈장 대용액으
로 개발된 것으로, 요오드를 섞어서 혈장 대용액 개
발이 가능해진 것이라고 보기 어렵다.
③ 3문단에서 요오드는 아미노산에서 황의 전자를 빼
앗아 결합을 깸을 알 수 있으므로 황의 전자를 빼앗
기게 된다고 보기 어렵다.
④ 1문단에서 손세정제에 빨간약을 섞으면 인체에 깊
숙이 퍼진 상태가 아닌 외부에 노출된 상태인 외피
막 바이러스를 제거할 수 있음을 알 수 있다.
⑤ 3문단에서 요오드는 다른 원소로부터 전자를 잘 뺏
어오는데, 이로 인해 탄소의 이중결합을 깨는 것이
아니다.

04
정답 | ②

Quick해설 본문의 'QR결제는 2024년 디지털 상거래 결
제액의 27%를 차지할 것으로 전망되고 있다.'를 통해
2024년 QR결제 비중이 27%인 것은 맞지만 전체 상거
래 결제액이 아니라 디지털 상거래 결제액의 27%이다.

[오답풀이] ① 기존 국내 모바일 결제는 삼성페이와 애
플페이가 양분하고 있었으며 이들은 일부 스마트폰
과 일부 단말기에서만 가능하다는 제약이 있다는

내용을 통해서 선택지가 옳다는 것을 알 수 있다.
③ '카드사, 밴사, 간편결제사가 모여 협의체를 가동했
다. 독자 QR규격을 제정하고 보급에 나설 계획이
다. QR 규격 개발이 마무리되고, 추가 밴사까지 참
여하면 전국 단위 QR결제가 본격화할 것이다.'를
통해 옳은 내용임을 알 수 있다.
④ '방식은 주로 매장에서 제공하는 QR를 소비자가 직
접 스캔하는 MPM방식과, 반대 방식인 CPM방식
이 있다.'를 통해 선택지가 본문에서 설명하는 반대
방식인 CPM방식임을 알 수 있다.
⑤ '2019년 '카드사 공동 QR페이'를 추진했으나 규격
제정 갈등 때문에 결국 두 진영으로 갈라서면서 무
산된 바 있다.'를 통해 옳은 내용임을 알 수 있다.

05
정답 | ①

Quick해설 이 글은 최초 의견이 모험적인 경우는 더 모
험적인 방향으로, 보수적인 경우는 더 보수적인 방향으
로 결정되어 극단화되는 현상인 집단극화가 발생하는
원인을 사회비교 이론, 설득주장 이론, 사회정체성 이론
으로 나누어 설명하는 글이다. 따라서 이 글의 제목으로
가장 적절한 것은 ①이다.

[오답풀이] ② 집단극화 현상에 관한 비판에 대해서는
다루고 있지 않으므로 적절하지 않다.
③ 집단극화 현상의 변화 양상에 대해서는 다루고 있
지 않으므로 적절하지 않다.
④ 4문단에서 사회정체성 이론은 집단극화를 집단 규
범에 동조하는 현상과 관련지어 설명한다고 하였으
나, 글 전체를 포괄할 수 없으므로 적절하지 않다.
⑤ 집단극화가 발생하는 집단의 문제점에 대해서는 다
루고 있지 않으므로 적절하지 않다.

06
정답 | ⑤

Quick해설 4문단에서 사회정체성 이론에 따르면 사회정
체성 수준이 높은 구성원일수록 자신이 속한 내집단과
자신을 동일시하며, 시간이 갈수록 내집단의 의견은 다
른 집단의 의견과 차별화되고 외집단과는 다른 극단적
인 방향으로 전환된다고 하였으므로 적절하다.

[오답풀이] ① 3문단에서 설득주장 이론에 따르면 사람

들은 집단 의견의 방향과 일치하면서 그럴듯한 주장이 제시되면 극단의 의견이 더 설득적이라 생각하게 된다고 하였으므로 적절하지 않다.

② 4문단에서 집단극화를 집단 규범에 동조하는 현상과 관련지어 설명하는 것은 사회정체성 이론이라고 하였으므로 적절하지 않다.

③ 2문단에서 집단토의 중에 자기의 주장이 상대의 주장보다 못하다는 생각이 들면 좀 더 극단적인 의견을 제시하게 된다고 설명하는 이론은 사회비교 이론이라고 하였으므로 적절하지 않다.

④ 1문단에서 보통 여러 사람이 모여 이야기를 나누면 다양한 의견이 반영되기 때문에 보다 합리적인 결론을 얻을 수 있다고 생각하기 쉽지만, 실제로 집단적 의사 결정을 할 때 다양한 의견을 수렴하기보다 극단적인 방향으로 흐르는 경우가 많다고 하였으므로 적절하지 않다.

07
정답 | ①

Quick해설 [가] 문단에서 유럽은 본래 동질성을 찾기 어려워 하나로 정의할 수 없는 실체였으며, 중세시대에 기독교적 관념을 가지고 있었으나 교회가 무너지고 나서 더 세속적인 관념을 가지게 되었다고 서술하고 있다. 그러나 이를 기독교 세계를 유럽인들끼리 공유했다고 보기에 부족함이 있고, 교회의 붕괴가 세속적 관념을 가지게 된 계기로 보기도 어렵다.
따라서 [가] 문단의 주제로 적절한 것은 '유럽인의 비유럽 세계를 통한 유럽의 개념과 기원의 인식'이다.

08
정답 | ⑤

Quick해설 [다] 문단에서 유럽인들은 유럽의 역동성과 비교하면 동양은 본질적으로 정체된 구조였으며, 열등하고, 감정적이라고 생각하였다고 하였다. 따라서 동양의 문화는 정적이며 감정적인 것이 특징이라는 발언은 유럽인들의 왜곡된 역사의식에 영향을 받은 발언이라고 볼 수 있다. 또한, 동양이 서양에 비해 정신문명이 발전하였다는 생각 자체가 유럽이 동양이나 이집트보다 낫다고 생각한 유럽식의 역사의식과 동일한 것이다. 아울러 동양이 위대함을 유럽인들에게 인식시키는 방안을 개발하고 실천해야 한다는 생각도 동양의 우수한 문명

을 유럽인에게 인정을 받아야 한다는 그릇된 생각에서 비롯되었다고 할 수 있다.

[오답풀이] ①, ②, ③, ④ 특정 문화가 우위에 있다고 판단해서는 안 되며, 역사 발전을 바라볼 때 균형된 시각을 갖추어야 한다는 관점에서 진술된 발언이다.

09
정답 | ③

Quick해설 주어진 글은 해저터널을 제작하는 공법에 대해 전반적으로 설명하고 있다. 우선 육상터널과 차별화된 해저터널의 제작 방법에 대해 언급하면서 해저터널 공법의 종류를 나열하고 있는 [다] 문단으로 글을 시작하는 것이 가장 자연스럽다. 다음으로 현재 가장 많이 사용하는 방식인 NATM 공법에 대해 설명하고 있는 [가] 문단이, 이어 NATM 공법과 더불어 많이 사용되는 TBM 공법에 대해 설명하고 있는 [나] 문단이 차례로 이어져야 한다. 마지막으로 앞서 언급된 NATM 공법과 TBM 공법보다 자주 사용되지는 않지만 두 공법을 사용하기에 어려운 지반에 해저터널을 건설할 때 사용되는 공법인 개착식 공법과 침매터널 공법에 대해 설명하고 있는 [라] 문단이 와야 한다. 따라서 주어진 글의 [가]~[라] 문단을 문맥의 흐름에 맞게 배열하면 [다]-[가]-[나]-[라]이다.

10
정답 | ③

Quick해설 [가] 문단에 따르면 지반을 이루는 암석은 굳기에 따라 가장 딱딱한 극경암부터 경암, 보통암, 연암, 풍화암 등 5개로 구분하는데, 무른 지반일수록 조금씩 발파해야 안전하다고 하였다. 따라서 NATM 공법을 활용 시 지반이 극경암일 때보다 풍화암일 때 발파 빈도가 더 잦을 것임을 알 수 있다.

[오답풀이] ① 제시된 글을 통해 확인할 수 없는 내용이다.

② [나] 문단에 따르면 TBM 공법 시 굴착 기계가 매우 크고 굴착 기계가 앞으로 이동하며 지지용 벽을 만들기 때문에 기계 뒤쪽의 터널 반경이 기계의 폭보다 작아져서 후진이 불가능하다고 하였다. 따라서 제작한 터널 반경이 넓더라도 굴착 기계는 회수하여 재사용하기 힘들 것임을 알 수 있다.

④ [다] 문단에 따르면 해저터널은 터널을 만드는 장소에 따라 바닷속에서 터널을 만드는 NATM 공법과 TBM 공법, 육지에서 터널을 일정 길이로 나눈 유닛을 만들어 바닷속에서 조립하는 침매터널 공법, 바닷물을 뺀 후 터널을 만드는 개착식 공법으로 나눌 수 있다고 하였다. 따라서 침매터널 공법은 NATM 공법보다 육지에서 터널을 제작하는 시간이 길 것임을 알 수 있다.

⑤ [라] 문단에 따르면 개착식 공법은 터널을 만들 공간 양옆에 임시로 댐을 쌓아 고여 있는 물을 퍼낸 후 바닥을 굴착해 터널을 만들고 물을 다시 채우는 방식으로, 폭탄이나 굴착 기계 같은 전문 장비가 필요하지 않다고 하였다. 그러나 이 정보만으로 굴착 시 지반이 내려앉을 위험성은 비교하기 어렵다.

11

정답 | ④

Quick해설 상의의 길이가 하의의 길이의 2배 이상이 될 때 건조기를 n번 돌렸다고 하자. 이때 상의의 길이는 $(100-0.4n)$cm이고, 하의의 길이는 $(70-2.45n)$cm이므로 $2(70-2.45n) \leq 100-0.4n$이 성립한다. 괄호를 풀고 식을 전개하면 $4.5n \geq 40$ $n \geq \dfrac{40}{4.5}=8.\times\times\cdots$

따라서 상의의 길이가 하의의 길이의 2배 이상이 되는 것은 건조기에 두 옷을 적어도 9번 돌렸을 때이다.

12

정답 | ④

Quick해설 주어진 조건에 따라 다음과 같이 표를 만들 수 있다.

(단위: 명)

구분	미니 공기청정기	보조배터리	합계
X지사	18	12	30
Y지사	20	30	50
합계	38	42	80

두 지사에 근무 중인 80명 중 임의로 선택한 1명이 보조배터리를 사은품으로 받은 직원일 사건을 A, X지사에서 근무할 사건을 B라 하면 구하는 확률은 $P(B|A)$이다.

이때, $P(A)=\dfrac{42}{80}=\dfrac{21}{40}$, $P(A \cap B)=\dfrac{12}{80}=\dfrac{3}{20}$이므로

$P(B|A)=\dfrac{P(A \cap B)}{P(A)}=\dfrac{\dfrac{3}{20}}{\dfrac{21}{40}}=\dfrac{2}{7}$이다.

13

정답 | ⑤

Quick해설 2019년 전년 대비 원/달러의 절상률은

$\dfrac{1,156.40-1,115.70}{1,156.40} \times 100 ≒ 3.52(\%)$이므로 옳지 않다.

[오답풀이] ① 2019년 환율은 각각 1,156.40원/달러, 109.1엔/달러이므로 5달러와 $1,156.40 \times 5 = 5,782$(원)은 모두 같은 값어치를 가졌으므로 옳다.

② 2021년 8월 환율은 109.8엔/달러임에 따라 100엔은 $100/109.8 ≒ 0.911$(달러)이므로 옳다.

③ 2021년 10월 환율은 1,029.40원/100엔으로 100엔은 1,029.40원과 값어치가 같아 1,000원보다 값어치가 높으므로 옳다.

④ 2021년 6월부터 9월까지 1달러로 교환할 수 있는 원화의 값은 각각 1,126.10원, 1,150.30원, 1,159.50원, 1,184.0원으로 전월 대비 지속해서 증가했으므로 옳다.

14

정답 | ④

Quick해설 ㉡ 2020년 대비 2022년 제주도의 인구 증감률은 $\dfrac{676-669}{669} \times 100 ≒ 1.0(\%)$이다.

㉣ 2020년의 국토 면적은 $\dfrac{51,836,000}{516} ≒ 100,457.4(\text{km}^2)$,

2021년의 국토 면적은 $\dfrac{51,745,000}{515} ≒ 100,475.7(\text{km}^2)$

이므로 전년 대비 18km² 이상 증가했다.

[오답풀이] ㉠ 6개의 광역시 중 2020년의 인구밀도가 세 번째로 높은 지역은 인천이다.

㉢ 2020~2022년 부산의 인구밀도는 4,358, 4,320, 4,278이고, 도 지역의 인구밀도 합은 3,079, 3,093, 3,096이므로 부산의 인구밀도가 매년 높다.

15

Quick해설 서울특별시의 인구밀도 값을 100으로 했을 때, 대구 지역의 인구밀도 상댓값은 $\dfrac{2,702}{15,699} \times 100 \fallingdotseq 17.2$ 이고, 경기 지역의 인구밀도 상댓값은 $\dfrac{1,335}{15,699} \times 100 \fallingdotseq$ 8.5이다.

16

Quick해설 2018년부터 2020년까지 연간 주행거리를 각각 구하면 다음과 같다.

- 2018년: $221,388-207,196=14,192$(km)
- 2019년: $233,671-221,388=12,283$(km)
- 2020년: $242,726-233,671=9,055$(km)

따라서 2018년부터 2020년까지 연간 주행거리의 평균은 $(14,192+12,283+9,055)\div3\fallingdotseq11,843$(km)이므로 12,000km 미만이다.

[오답풀이] ① 2018년 주행거리는 $221,388-207,196$ $=14,192$(km)이고, 2019년 주행거리는 $233,671$ $-221,388=12,283$(km)이므로 2018년 주행거리가 더 길다. 그러나 연간 주유 금액은 2019년이 더 많으므로 옳지 않다.

③ 2013년 주유 용량은 1,411L이고 2020년 주유 용량은 991L이다. 따라서 2013년 대비 2020년 주유 용량의 감소율은 $\dfrac{1,411-991}{1,411}\times100\fallingdotseq29.8(\%)$이므로 30% 미만이다.

④ 연간 주유 금액이 두 번째로 적은 해는 2017년이다. 2017년의 주행거리는 $207,196-195,277=$ $11,919$(km)이므로 12,000km 미만이다.

⑤ 2016년 주행거리는 $195,277-184,840=10,437$ (km)이고, 2018년 주행거리는 $221,388-$ $207,196=14,192$(km)이다. 따라서 2016년 주행거리보다 2018년 주행거리가 $14,192-10,437=$ $3,755$(km) 더 길다.

문제해결 Tip

④ 2018년부터 2020년까지 연간 주행거리의 평균은 2020년 연말 누적거리와 2018년 연초 누적거리를 이용하여 더욱 간단히 구할 수 있다. 즉, 구하는 거리는 $(242,726$ $-207,196)\div3\fallingdotseq11,843$(km)이다.

17

Quick해설 2014년과 2021년의 연간 주행거리를 각각 구하면 다음과 같다.

- 2014년: $172,414-161,332=11,082$(km)
- 2021년: $254,678-242,726=11,952$(km)

이에 따라 두 해의 연비를 소수점 아래 둘째 자리에서 반올림하여 각각 구하면 다음과 같다.

- 2014년: $11,082\div1,113\fallingdotseq10.0$(km/L)
- 2021년: $11,952\div1,284\fallingdotseq9.3$(km/L)

따라서 정답은 ①이다.

18

Quick해설 ⓒ 2014년 국내 자동차 생산량은 4,657천 대이고, 2020년은 4,227천 대이다. 따라서 $\dfrac{4,657-4,227}{4,657}$ $\times100\fallingdotseq9.2(\%)$ 감소하였으므로 옳지 않다.

ⓒ 4,524천 대는 2017년의 생산량이므로 2017년의 무역수지가 가장 높은지 확인해 보면 된다. [그래프2]에서 2017년의 무역수지와 비슷한 무역수지를 보이는 해는 2016년이다. 2016년과 비교해보았을 때 수출액은 9억 달러 증가하였지만, 수입액은 약 30억 달러 증가하였으므로 무역수지는 감소하였다는 것을 알 수 있다. 따라서 2017년의 무역수지가 2016년보다 낮으므로 옳지 않다.

[오답풀이] ⓒ 2020년 국내 자동차 생산량은 4,227천 대이므로 전 세계 자동차 총생산량의 $\dfrac{4,227}{98,909}\times$ $100\fallingdotseq4.3(\%)$를 차지하고 있다.

19

Quick해설 2019년 독일의 자동차 생산량을 x천 대라고 하면 $\dfrac{4,227}{4,115}=\dfrac{6,051}{x}$가 성립한다.

$\therefore x=\dfrac{4,115\times6,051}{4,227}\fallingdotseq5,891$

따라서 2019년 독일의 자동차 생산량은 5,891천 대이다.

20

정답 | ③

Quick해설 ㉠ 2020년 1분기 매출액은 12.23억 원이고, 영업이익은 0.45억 원이므로 영업이익률은 $\frac{0.45}{12.23} \times 100 ≒ 3.7(\%)$이다. 즉, 3.5% 이상이다.

㉡ 사업별로 영업이익률을 확인하면 다음과 같다.

- A사업: $\frac{0.41}{4.3} \times 100 ≒ 9.53(\%)$

- B사업: $\frac{-0.7}{1.2} \times 100 ≒ -58.3(\%)$

- C사업: $\frac{0.27}{3.5} \times 100 ≒ 7.71(\%)$

- D사업: $\frac{0.13}{4.5} \times 100 ≒ 2.89(\%)$

따라서 2020년 4분기에 영업이익률이 가장 높은 사업은 A사업이다.

㉢ 2018년 2분기부터 2020년까지 분기별로 매출액을 확인해 보면 전 분기 대비 증가와 감소를 계속 반복하고 있음을 확인할 수 있다.

[오답풀이] ㉣ 2019년 총매출액은 $13.16 + 14.39 + 13.60 + 13.81 = 54.96$(억 원)이므로 2021년 P회사의 영업이익률이 7.81%이면 영업이익을 a억 원이라고 할 때, $\frac{a}{54.96} \times 100 = 7.81(\%) \rightarrow a ≒ 4.3$(억 원)

따라서 영업이익은 5억 원 미만이다.

> **문제해결 Tip**
> ㉡ B사업의 영업이익은 0보다 작으므로 영업이익률은 가장 낮다. 그리고 D사업은 A사업과 비교할 때 매출액은 높지만, 영업이익이 더 낮으므로 영업이익률은 더 낮을 수밖에 없다. 따라서 A사업과 C사업만 비교하면 되므로, 2020년 4분기에 영업이익률이 가장 높은 사업은 A이다.

21

정답 | ③

Quick해설 2층부터 내리기 시작하고, G가 다섯 번째로 내리므로 G는 6층에서 내리고, F는 8층에서 내린다. A는 E 바로 다음으로 내리므로 이들은 2층, 3층 또는 3층, 4층 또는 4층, 5층에서 내린다. 만약 E, A가 2층, 3층에서 내린다면 C가 B보다 늦게, D가 C보다 늦게 내리므로 B가 4층, C가 5층, D가 7층에서 내린다. 만약 E, A가 3층, 4층에서 내린다면 B가 2층, C가 5층, D가

7층에서 내린다. 만약 E, A가 4층, 5층에서 내린다면 B가 2층, C가 3층, D가 7층에서 내린다. 따라서 7층에서 D가 내린다는 설명은 항상 옳다.

22

정답 | ⑤

Quick해설 E와 A는 동일 직급자라고 하였으므로 동일 직급자로부터 연락을 받은 E는 바로 하위 직급인 B 한 명에게 연락한 것을 알 수 있다. 또한 바로 상위 직급자로부터 연락을 받은 B는 이를 다시 D에게 연락하였으므로 D는 B와 동일 직급자인 것을 알 수 있다. 따라서 A가 바로 하위 직급인 D로부터 연락을 받고 C에게만 연락하였다는 것은 C는 A의 바로 상위 직급자라는 것을 의미한다.

이를 정리하면 이들의 직급은 'C > E = A > D = B'와 같은 관계인 것을 알 수 있으므로 정답은 ⑤이다.

[오답풀이] ① E와 동일 직급자는 A 한 명이다.
②, ④ A는 D의 바로 상위 직급자이다.
③ C는 A, B와 동일 직급자가 아니다.

23

정답 | ④

Quick해설 아시아의 해외근무수당은 500$, 특수지근무수당은 300$로 합하면 800$이다. 여기에 1$당 1,500원의 환율을 곱해주면 120만 원이다.

24

정답 | ③

Quick해설 첫 번째 달에는 유럽으로 단신 부임이므로, 해외근무수당과 특수지근무수당을 더한 1,500$을 받는다. 두 번째 달은 미주로 가족동반으로, 해외근무수당과 특수지근무수당, 가족수당을 더한 2,100$을 받는다. 세 번째 달도 마찬가지로 2,100$을 받는다. 따라서, 3개월 간 받게 되는 수당의 총합은 5,700$이다.

> **문제해결 Tip**
> 기간 및 근무지별 해외근무수당, 특수지근무수당, 가족수당을 합하여 구한다.

25

Quick해설 D의 최근 2년 월평균 온실가스 배출량은 $296 \times 424 + 60 \times 2,240 = 259,904 (gCO_2)$이고, 온실가스 감축량은 $(296-284) \times 424 + (60-52) \times 2,240 = 23,008 (gCO_2)$이다. 따라서 $(23,008 \div 259,904) \times 100 ≒ 8.85(\%)$ 감축하였으므로 에코 마일리지 지급 대상이고, 5% 이상 10% 미만 절감하였으므로 1만 마일리지를 지급한다.

[오답풀이] ① A의 가입월 이후 6개월간 전기 월평균 사용량은 315kWh이고, 최근 2년 월평균 사용량의 95%는 $338 \times 0.95 = 321.1(kWh)$이다. 가입월 이후 6개월간 수도 월평균 사용량은 $2,350m^3$이고, 최근 2년 월평균 사용량의 95%는 $2,500 \times 0.95 = 2,375(m^3)$이다. 따라서 가입월의 다음 월부터 6개월간 월평균 전기와 수도 사용량은 모두 최근 2년 월평균 사용량보다 5% 이상 감소하였다. 따라서 온실가스 감축량으로 환산하지 않아도 온실가스 감축량이 5% 이상 감소하였음을 알 수 있으므로 A는 에코 마일리지 지급 대상자이다.

② B가 가스 사용을 절감하여 감축한 온실가스는 월평균 $(52-48) \times 2,240 = 8,960(gCO_2)$이다.

③ C는 2월에 가입하였으므로 6월/12월 평가 대상자이다.

⑤ E는 전기에너지를 등록하지 않았으므로 에코 마일리지 지급 대상자가 아니다.

26

Quick해설 타사에서 보장균수가 100억 CFU 이상인 제품들이 출시되어 경쟁력이 떨어졌다고 하였고, G부장이 보장균수를 타사 제품만큼 증가시키기 위한 방법을 알아본다고 하였으므로 현재는 보장균수가 100억 CFU 미만임을 알 수 있다.

[오답풀이] ① 액상, 산제, 츄어블정, 캡슐 제형으로 출시되었다고 하였으므로 옳은 설명이다.

③ 연령별, 성별에 맞는 유산균주가 포함되어 있는 것이 기존 제품의 장점이라고 하였다.

④ G가 지금과 달리 여러 가지 맛을 출시할 수 있다고 하였으므로 츄어블 제제는 현재 요구르트 맛 한 가지로 출시되었음을 알 수 있다.

⑤ 냉장 보관을 해야 하는 것이 기존 제품의 단점이라고 하였다.

27

Quick해설 냉장 보관이 필요한 균주라서 보관법은 바꾸기 힘들고, 홍보 전략을 바꾸기로 하였으므로 적절하지 않다.

[오답풀이] ① A가 기획부장인 D에게 기존 유산균 제품 재구매율을 조사하고, 재구매한 이유와 재구매하지 않은 이유에 대해 조사해 달라고 하였으므로 다음 회의까지 준비해야 할 사항으로 적절하다.

③ A가 영업부장인 B에게 최근 2년간 기존 유산균 판매율 변화에 대해 조사해 달라고 하였으므로 다음 회의까지 준비해야 할 사항으로 적절하다.

④ A가 개발부장인 G에게 재무부에 제품 리뉴얼에 사용할 수 있는 예산 규모를 문의하라고 하였으므로 다음 회의까지 재무부에서 개발부에 예산을 알려주어야 한다.

⑤ 홍보부장인 F가 리뉴얼 제품 홍보 및 판촉 행사 방안을 팀원들과 논의한다고 하였으므로 다음 회의까지 준비해야 할 사항으로 적절하다.

28

Quick해설 에너지효율개선사업을 지원받은 가구는 2년 이내(19년, 20년 지원가구) 재지원이 불가능하지만 2019년~2020년 효율개선사업 지원가구 중 100만 원 이하 지원가구는 재지원이 가능하다.

[오답풀이] ① 도배, 장판, 싱크대 등 단순 주택개선 희망 가구는 지원이 불가능하다.

② 에너지바우처, 연탄쿠폰 지원대상 등 에너지 사용에 어려움을 겪는 가구 등이 사업 추천 대상이다.

④ 아동, 노인, 장애인 등 에너지취약계층이 포함된 가구는 지원 기준 중 하나이므로 반드시 충족해야 하는 조건은 아니다.

⑤ 공공임대 등 LH, 지방도시공사 소유주택 거주가구는 지원이 불가능하다.

29

Quick해설 C 기업은 예비배전접속설비를 상시배전접속설비와 같은 변전소에 접속하였으므로 기본요금 단가의 50%를 적용한다. 그리고 2021년 7월분, 8월분, 9월분, 12월분과 2022년 1월분, 2월분, 6월분에 해당하는 요금 중 최대이용전력은 2022년 1월의 270kW이므로 배전 이용 요금은 $1,066 \times 0.5 \times 270 + 11.33 \times 220 ≒ 146,402$(원)이다.

30

정답 | ②

Quick해설 A기업의 경우 직전 12개월 및 당월의 최대 이용전력이 145kWh로, 계약전력(500kW)의 30% 미만이므로 계약전력의 30%에 해당하는 전력을 곱하여 기본요금을 계산해야 한다. 즉, A기업의 2022년 8월 송전 요금 중 기본요금은 $667.61 \times 500 \times 0.3 ≒ 100,141$(원)이다. 그리고 경기도 용인시의 사용요금 단가는 2.44원/kWh이므로 A기업의 2022년 8월 송전 요금 중 이용요금은 $78 \times 2.44 ≒ 190$(원)이다. 따라서 A기업의 2022년 8월 송전 요금은 $100,141 + 190 = 100,331$(원)이다.

B기업의 경우 2022년 8월 송전 요금 중 기본요금은 $667.36 \times 300 = 200,208$(원)이고, 이용요금은 $270 \times 1.2 = 324$(원)이다. 따라서 B기업의 2022년 8월 송전 요금은 $200,208 + 324 = 200,532$(원)이다.

31

정답 | ③

Quick해설 필요 물품별로 수량을 확인해 보면 다음과 같다.
- 컴퓨터용 책상 A Type: $2+4+0+1+5+3=15$(개)
- 컴퓨터용 책상 B Type: $3+1+3+2+1+4=14$(개)
- 컴퓨터용 책상 C Type: $0+3+5+4+4+2=18$(개)
- 사무용 의자 A Type: $1+6+4+2+3+2=18$(개)
- 사무용 의자 B Type: $5+3+1+7+4+5=25$(개)

물품별 구입 수량에 따라 업체별로 견적을 확인해 보면 다음과 같다.
- A업체: $(57,000 \times 15 + 49,000 \times 14 + 59,000 \times 18)$
$+ (49,000 \times 18 + 50,000 \times 25)$
$= 2,603,000 + 2,132,000 = 4,735,000$

- B업체: $(60,000 \times 15 + 46,000 \times 14 + 60,000 \times 18)$
$+ (46,000 \times 18 + 52,000 \times 25)$
$= 2,624,000 + 2,128,000 = 4,752,000$

- C업체: $(58,000 \times 15 + 50,000 \times 14 + 58,000 \times 18)$
$+ (51,000 \times 18 + 48,000 \times 25)$
$= 2,614,000 + 2,118,000 = 4,732,000$

- D업체: $(58,000 \times 15 + 47,000 \times 14 + 61,000 \times 18)$
$+ (50,000 \times 18 + 49,000 \times 25)$
$= 2,626,000 + 2,125,000 = 4,751,000$

- E업체: $(59,000 \times 15 + 48,000 \times 14 + 62,000 \times 18)$
$+ (48,000 \times 18 + 51,000 \times 25)$
$= 2,673,000 + 2,139,000 = 4,812,000$

이때, 기타사항을 반영하여 최종 견적을 확인하면 다음과 같다. 그런데 컴퓨터용 책상은 47개, 사무용 의자는 43개를 구입해야 하므로 D업체와 E업체에 대해서는 일부만 할인이 적용된다.
- A업체: $4,735,000 \times 0.95 = 4,498,250$(원)
- B업체: $4,752,000 - 52,000 \times 25 \times 0.2 = 4,492,000$(원)
- C업체: $4,732,000 - 58,000 \times 15 \times 0.3 = 4,471,000$(원)
- D업체: $4,751,000 - 2,125,000 \times 0.1 = 4,538,500$(원)
- E업체: $4,812,000 \times 0.93 = 4,475,160$(원)

따라서 견적이 가장 저렴한 업체에서 구입한다면 C업체에서 구입하게 된다.

[오답풀이] ① 업체별로 사무용 의자에 대한 견적을 확인하면 다음과 같다.
- A업체: $2,132,000 \times 0.95 = 2,025,400$(원)
- B업체: $2,128,000 - 52,000 \times 25 \times 0.2$
$= 1,868,000$(원)
- C업체: $2,118,000$(원)
- D업체: $2,125,000 \times 0.9 = 1,912,500$(원)
- E업체: $2,139,000 \times 0.93 = 1,989,270$(원)

즉, 사무용 의자 견적이 가장 저렴한 곳은 B업체이다.

② D업체는 견적이 4,538,500원이므로 D업체에서 물품을 구입하게 된다면 추가 예산을 신청해야 한다.

④ 기타사항을 반영하지 않을 때, 사무용 의자 견적이 가장 비싼 곳은 2,139,000원의 E업체이다.

⑤ 기타사항을 반영하지 않을 때, 컴퓨터용 책상 견적이 가장 저렴한 곳은 2,603,000원의 A업체이다. 그런데 전체 견적이 가장 저렴한 곳은 4,732,000원의 C업체이다.

32

Quick해설 최종 선정 방식에 따라 업체별 총점을 확인해 보면 다음과 같다.

- A업체: $2 \times 4 + 4 \times 1 + 3 \times 3 + 5 \times 2 = 31$(점)
- B업체: $3 \times 4 + 3 \times 1 + 4 \times 3 + 2 \times 2 = 31$(점)
- C업체: $5 \times 4 + 4 \times 1 + 1 \times 3 + 2 \times 2 = 31$(점)
- D업체: $1 \times 4 + 5 \times 1 + 5 \times 3 + 3 \times 2 = 30$(점)
- E업체: $4 \times 4 + 3 \times 1 + 2 \times 3 + 3 \times 2 = 31$(점)

이때, 네 업체 A, B, C, E가 31점으로 동점이므로 A/S 점수가 가장 높은 D업체가 최종 선정된다.

33

정답 | ①

Quick해설 적어도 48시간 이상 여행지에서 머물러야 하므로 박 대리는 베트남을 제외한 태국 또는 싱가포르로 다음과 같이 여행을 갈 수 있다.

- 태국으로 여행가는 경우
  - 출국(인천−베트남−태국을 IV001+VT008로 이동) → $(160,000 + 100,000) \times 0.8 = 208,000$(원)
  - 입국(태국−인천을 TI004로 이동) → 190,000원
  즉, 왕복 항공료는 $208,000 + 190,000 = 398,000$(원)
- 싱가포르로 여행가는 경우
  - 출국(인천−싱가포르를 IS005로 이동) → 190,000원
  - 출국(인천−중국−싱가포르를 IC002+CS006으로 이동) → $(130,000 + 120,000) \times 0.8 = 200,000$(원)
  - 입국(싱가포르−중국−인천을 SC006+CI002로 이동) → $(120,000 + 120,000) \times 0.8 = 192,000$(원)
  즉, 최소 왕복 항공료는 $190,000 + 192,000 = 382,000$(원)

[오답풀이] ② 박 대리가 태국으로 여행을 가게 되면 2월 7일 23시 30분에 귀국한다.
③ 박 대리가 태국으로 여행을 가게 되면 직항으로 귀국하게 된다.
④ 태국으로 여행 갈 때의 왕복 항공료는 398,000원 이다.
⑤ 싱가포르로 여행 갈 때 중국을 경유하면 직항보다 더 많은 왕복 항공료를 지불해야 한다.

> **문제해결 Tip**
> - 주어진 내용을 읽고, 항공운항표에서 선택할 수 없는 운항 편을 먼저 지운다.
> - 출발시각 및 비행시간 등을 고려하고, 여행지에서 48시간을 머무르는 것을 정확하게 계산하여 도착할 수 있는 경로를 선택하도록 한다.

34

정답 | ④

Quick해설 B사의 제품은 20인 이상의 사무실에 추천할 만한 제품이며, 옵션에 팩스 기능이 포함되어 있으므로 가장 적절한 선택이라고 할 수 있다.

[오답풀이] ① A사의 제품이 장당 유지 비용과 가격 면에서 가장 비싸므로 가장 경쟁력이 떨어진다.
② C사의 제품이 60만 장의 드럼 수명과 1,024MB의 메모리 용량을 가졌으므로 해당 부분에서 D사의 제품보다 우수하다.
③ B사의 제품은 무게 면에서도 가장 우수한 특징을 보이고 있다.
⑤ A사의 제품은 C사의 제품보다 첫 장의 복사 속도가 더 빠르지만 분당 복사 수량은 35매로 양사의 제품이 동일하다.

35

정답 | ③

Quick해설 구매 가격과 1일 권장 사용량에 따른 유지비용을 계산하여 정리하면 다음 표와 같다.

구분	A사	B사	C사	D사
유지 비용	8원	7원	6원	8원
1일 권장 사용량	320장	310장	400장	340장
1년간 유지 비용	$8 \times 320 \times 30 \times 12$ $=921,600$(원)	$7 \times 310 \times 30 \times 12$ $=781,200$(원)	$6 \times 400 \times 30 \times 12$ $=864,000$(원)	$8 \times 340 \times 30 \times 12$ $=979,200$(원)
가격	2,700,000원	2,650,000원	2,600,000원	2,550,000원
유지 비용+ 구매 가격	3,621,600원	3,431,200원	3,464,000원	3,529,200원

따라서 B사가 3,431,200원으로 가장 저렴하다.

36

Quick해설 A~C 지역 행사의 인건비 예산액은 500＋450＋600＝1,550(만 원)이고, 실제 소요 비용은 467＋441＋580＝1,488(만 원)이다. 1,550×0.96＝1,488(만 원)이므로 옳은 설명이다.

[상세해설] 각 지역별 예산과 실제 소요 비용의 합은 다음과 같다.

(단위: 만 원)

구분	A지역		B지역		C지역	
	예산	실제 소요 비용	예산	실제 소요 비용	예산	실제 소요 비용
합계	1,265	1,265	1,175	1,158	1,270	1,260

따라서 A~C 지역 전체 인건비 예산액 중 실제 소요된 인건비는 $\frac{467＋441＋580}{500＋450＋600} \times 100 ＝ 96$(％)이다.

[오답풀이] ① A지역은 예산과 실제 소요 비용이 동일하고, B지역과 C지역은 예산보다 실제 소요 비용이 더 적다.

② 지역별 실제 소요 비용 순위는 A, C, B이고, 예산액 순위는 C, A, B이므로 서로 다르다.

④ 재료비, 광고비는 실제 소요 비용이 예산액을 초과한다.

⑤ 모든 지역에서 실제 소요 비용이 가장 큰 항목은 인건비이지만, 실제 소요 비용이 가장 작은 항목은 A지역과 B지역은 사무비품비, C지역은 재료비이므로 옳지 않다.

37

정답 | ②

Quick해설 협조성, 전문지식, 직무의 양은 배점의 만점이 5점이고, 각 등급 간의 점수 차이는 5÷5＝1(점)이므로 A등급은 5점, B등급은 4점, C등급은 3점, D등급은 2점, E등급은 1점이다. 성실성, 창의력, 판단력, 직무의 질은 배점의 만점이 10점이고, 각 등급 간의 점수 차이는 10÷5＝2(점)이므로 A등급은 10점, B등급은 8점, C등급은 6점, D등급은 4점, E등급은 2점이다. 실적은 배점의 만점이 15점이고, 각 등급 간의 점수 차이는 15÷5＝3(점)이므로 A등급은 15점, B등급은 12점, C등급은 9점, D등급은 6점, E등급은 3점이다. 기획력은

배점의 만점이 20점이고, 각 등급 간의 점수 차이는 20÷5＝4(점)이므로 A등급은 20점, B등급은 16점, C등급은 12점, D등급은 8점, E등급은 4점이다.

승진 대상자는 가, 다, 마, 아이고, 가, 다, 마, 아의 근무평정점수는 다음과 같다.

(단위: 점)

직원	근태		직무수행능력				근무실적			총점
	성실성	협조성	전문지식	기획력	창의력	판단력	직무의 질	직무의 양	실적	
가	10	4	3	16	4	8	10	4	9	68
다	10	3	2	16	6	10	8	4	15	74
마	6	4	4	12	10	4	6	5	12	69
아	10	4	4	16	10	8	8	4	15	76

따라서 총점이 75점 이상인 직원은 아가 유일하므로 아만 승진한다.

38

정답 | ③

Quick해설 가의 총점은 68점, 다의 총점은 74점, 마의 총점은 69점, 아의 총점은 76점이다. 승진대상자가 아닌 직원들의 근무평정점수는 다음과 같다.

(단위: 점)

직원	근태		직무수행능력				근무실적			총점
	성실성	협조성	전문지식	기획력	창의력	판단력	직무의 질	직무의 양	실적	
나	10	5	4	8	6	10	10	4	9	66
라	8	3	4	16	10	8	8	2	12	71
바	6	5	1	16	8	10	4	4	9	63
사	4	4	4	20	6	8	8	4	12	71

라와 사의 총점이 동일하고, 근무실적 점수는 라가 8＋2＋12＝22(점), 사가 8＋4＋12＝24(점)으로 사가 더 높다.

1위는 아(76점), 2위는 다(74점), 3위는 사(71점), 4위는 라(71점), 5위는 마(69점), 6위는 가(68점), 7위는 나(66점), 8위는 바(63점)이다. 따라서 아는 기본급의 3배, 다와 사는 기본급의 2배, 라와 마는 기본급의 1.5배, 가, 나, 바는 기본급과 동일한 성과급을 지급한다.

74 · 정답과 해설

승진대상자가 아닌 직원들의 성과급의 합은 420＋380 ×1.5＋410＋370×2＝2,140(만 원)이다.

39

정답 | ⑤

Quick해설 고용보험 가입기간이 10년 이상인 만 50세 이상의 근로자가 실직했을 때 받게 될 구직급여액은 최대 $66,000 \times 270 = 17,820,000$(원)이다.

[오답풀이] ① 2020년 구직급여 1일 하한액은 2023년보다 $(9,620-8,590) \times 0.8 \times 8 = 6,592$(원) 적었다.

② 고용보험 가입기간이 3년 4개월인 만 26세 근로자가 2023년 실직하여 구직급여 수급 대상자일 경우 받게 될 구직급여 1일 하한액은 $9,620 \times 0.8 \times 8 = 61,568$(원)이다.

③ 구직급여 1일 지급액은 $12,000 \times 0.6 \times 8 = 57,600$(원)으로 2023년 구직급여 1일 하한액 $9,620 \times 0.8 \times 8 = 61,568$(원)보다 적다. 이때 구직급여 지급액은 1일 하한액보다 적을 수 없으므로 고용보험 가입기간이 2년이고, 퇴직 당시 시간급 12,000원을 받던 만 30세 근로자가 2023년 실직하여 구직급여 수급 대상자일 경우 받게 될 구직급여액은 1일 61,568 (원)이다.

④ $20,000 \times 0.6 \times 8 = 96,000$(원)은 구직급여 1일 상한액인 66,000원보다 많고, 구직급여액은 상한액을 초과할 수 없다. 고용보험 가입기간이 4년이고 직전 기간급 2만 원을 받던 만 40세 근로자가 2023년 실직하여 구직급여 수급 대상자일 경우 받게 될 구직급여액은 총 $66,000 \times 210 = 13,860,000$(원)이다.

40

정답 | ④

Quick해설 이 부장은 2월에 7일 연속으로 쉬므로, 2/3~2/7에 휴가를 갔다. 직원들의 스케줄을 달력에 표시하면 다음과 같다.

일	월	화	수	목	금	토
		1 설	2 설연휴	3 이 부장 휴가 강 주임 교육	4 이 부장 휴가	5
6	7 이 부장 휴가 한 차장 출장	8	9 김 대리 휴가	10 송 과장 외근 김 대리 휴가	11 송 과장 외근 김 대리 휴가	12
13	14 한 차장 출장 송 과장 휴가	15 송 과장 휴가	16 송 과장 휴가	17 유 과장 출장 김 대리 교육	18 유 과장 출장	19
20	21 한 차장 출장	22 유 과장 휴가	23 한 차장 휴가 유 과장 휴가	24 한 차장 휴가 유 과장 휴가	25 한 차장 휴가	26
27	28 이 부장 외근 한 차장 출장					

평일에는 사무실에 최소한 4명이 근무하고 있어야 하고, 휴가는 3일을 붙여서 써야 하므로 강 주임이 휴가를 갈 수 있는 날은 2/18~2/22뿐이다.

41

정답 | ⑤

Quick해설 2021년 5월 이후에 생산된 제품은 6개이다. (2108INCA012111, 2201ASIC019999, 2112ICCH022212, 2111INCH022211, 2105INCK032111, 2201ASSN032207) 이 중 인천 공장에서 3개의 제품이 생산되었고, 초콜릿류 제품은 2개의 제품이 생산되었다.

42

정답 | ②

Quick해설 A사의 제품이 가장 많이 생산된 공장은 안산 공장이다. 6개의 제품이 생산되었으며 제품의 생산 순서는 다음과 같다.

1907ASCN032001－2002ASCN032102－
2101ASCN032201－2104ASCK032110－
2201ASSN032207－2201ASIC019999

안산 공장에서 생산된 다섯 번째 제품의 시리얼 번호는 2201ASSN032207이다. 이 제품은 2022년 1월에 생산된 스낵류의 제품이며 상온 보관이 가능하고 유통 기한은 2022년 7월까지이다.

43　　　　　　　　　　　　　　　　　정답 | ②

Quick해설 신월성 2호기는 행정구역상 경북에 위치하고 있으므로 행정구역 코드는 22이다. 신월성은 지역코드가 LAK이며, 2호기이므로 코드는 ND이다. 또한, 신월성 2호기의 용량이 100만kW이므로 용량코드는 PW, 가압경수로이므로 원자로형 코드는 G1365가 된다. 마지막으로 상업운전일이 2015년으로 2000년대 이후이므로 상업운전 코드는 YO가 된다. 따라서 신월성 2호기의 분류 코드는 22LAKNDPWG1365YO이다.

44　　　　　　　　　　　　　　　　　정답 | ①

Quick해설 분류 코드 20LABNDPUG1365YE에 해당하는 원자력 발전소는 행정구역상 부산(20)에 위치하는 고리(LAB) 2호기(ND)이다. 고리 2호기는 용량 65만kW(PU)의 가압경수로(G1365)이며 상업운전일이 1983년으로 1980년대(YE)이다. 따라서 분류 코드 20LABNDPUG1365YE에 해당하는 원자력 발전소는 고리 2호기이다.

45　　　　　　　　　　　　　　　　　정답 | ②

Quick해설 ⓒ 성별 숫자가 1이므로 1900~1999년에 태어난 한국인 남성이다. 따라서 생년월일은 1921년 4월 30일이고, 출생지역 조합번호가 10이므로 부산광역시에서 태어났다.

[오답풀이] ㉠ 성별 숫자가 4이므로 2000~2099년에 태어난 한국인 여성이다. 따라서 생년월일은 2012년 12월 12일이고, 출생지역 조합번호가 45이므로 충청남도에서 태어났다.

ⓒ 성별 숫자가 4이므로 2000~2099년에 태어난 한국인 여성이다. 따라서 생년월일은 2020년 11월 24일인데, 2020년 10월 이후에는 출생지역 조합번호, 출생지역의 출생신고 순번, 오류검증 번호가 무작위 숫자로 부여되므로 제주도에서 태어났는지는 알 수 없다.

46　　　　　　　　　　　　　　　　　정답 | ⑤

Quick해설 생년월일이 1958년 5월 8일이므로 앞 6자리는 580508이고, 1900~1999년에 울산광역시에서 태어난 한국인 여성이므로 뒤 7자리는 285 또는 290으로 시작한다. 따라서 ①, ②는 정답이 될 수 없다. 285 또는 290 뒤 3자리는 어떤 번호든지 가능하고, 580508－290374의 마지막 오류검증 번호는 다음과 같이 구할 수 있다.

$5\times2+8\times3+0\times4+5\times5+0\times6+8\times7+2\times8+9\times9+0\times2+3\times3+7\times4+4\times5=269$이고, 이를 11로 나누면 나머지는 5이다. 따라서 마지막 번호는 $11-5=6$이다.

[오답풀이] ①, ② 출생지역 조합번호가 잘못되었다.

③ 580508－285331의 마지막 오류검증 번호는 다음과 같이 구할 수 있다.

$5\times2+8\times3+0\times4+5\times5+0\times6+8\times7+2\times8+8\times9+5\times2+3\times3+3\times4+1\times5=239$이고, 이를 11로 나누면 나머지는 8이다. 따라서 마지막 번호는 $11-8=3$이다.

④ 580508－285241의 마지막 오류검증 번호는 다음과 같이 구할 수 있다.

$5\times2+8\times3+0\times4+5\times5+0\times6+8\times7+2\times8+8\times9+5\times2+2\times3+4\times4+1\times5=240$이고, 이를 11로 나누면 나머지는 9이다. 따라서 마지막 번호는 $11-9=2$이다

47　　　　　　　　　　　　　　　　　정답 | ③

Quick해설 4문단에서 기존에 온라인상의 예술품을 무단으로 복제하는 경우 저작권법의 처벌을 받는데, 이를 위해 사전에 저작권을 등록하거나 무단 복제를 알게 된 이후 증명 서류를 제출하는 등의 복잡한 법적 과정을 거쳐야 한다고 하였다. 따라서 저작권이 등록되지 않은 경우에 처벌할 수 없는 것은 아니므로 적절하지 않다.

① 2문단에서 FT는 대체 가능한 토큰으로 실제 화폐처럼 서로 거래하고 다른 토큰으로 대체할 수 있다고 하였다.

② 4문단에서 그동안 디지털 아티스트들은 예술품으로 수익을 내기 위해 물리적인 상품을 만들어야 했으나, NFT화하면 그 안에 예술품의 소유 사실과 소유권에 대한 정보가 포함되므로 굳이 물리적인 상품을 만들 필요가 없다고 하였다.

④ 1문단에서 크립토키티는 NFT의 개념으로 희귀 고양이 캐릭터를 만들어 거래하는 블록체인 서비스라고 하였다.

⑤ 3문단에서 NFT는 블록체인을 기반으로 하며, 블록체인은 거래 내용을 여러 대의 컴퓨터에 복제해 저장한다고 하였다.

48
정답 | ②

Quick해설 기업은 디지털 트랜스포메이션을 위한 평생교육 학습장이 될 것이며, 이러한 평생교육을 가능케 하려면 근무 환경이 원격 시스템에 유연한 방향으로 정립되어야 한다. 직업 교육이 어떤 환경에서도 가능하여 적시에 이루어져야 필요한 지식과 기술을 습득하는 것이 쉬워질 수 있다. 따라서 근무지가 기업 내부로 통합된다는 것은 디지털 트랜스포메이션을 통해 얻을 수 있는 효과가 아니다.

[오답풀이] 대부분의 조직에서는 소비자에 대한 데이터가 산더미처럼 쌓여있다. 이런 문제를 AI, 머신러닝과 같이 통합된 자동화 분석 툴을 이용하면 더 적은 인원과 리소스만으로도 사람의 개입을 최소화하면서 끊임없이 증가하는 IT 인프라 자원을 관리할 수 있다. 또한 조직의 모든 자산을 애플리케이션, 데이터세트 및 소프트웨어를 하나의 기업 정보 저장소로 통합할 수 있다. 그뿐만 아니라, 디지털 트랜스포메이션은 데이터를 통해 고객에 대한 통찰력을 얻을 수 있어, 고객의 요구를 더 잘 파악하여 고객 중심적인 회사의 계획을 세울 수 있다. 즉 데이터를 통해 보다 관련성이 높고, 맞춤화되고, 적응력이 뛰어난 정보를 제공할 수 있어 결과적으로 고객은 다양한 옵션, 합리적인 가격, 빠른 배송 등 다양한 혜택을 받을 수 있게 된다. 또한 디지털 혁신은 비즈니스의 민첩성을 향상시킨다. 기업은 디지털 혁신을 통해 유연하게 대처할 수 있는 능력을 바탕으로 소프트웨어를 개발하여 생산성을 높이고 워크플로우를 최적화하는 데 도움이 될 수 있다. 기업의 팀원들은 지루하게 반복되는 수많은 활동을 자동화하고 전사적으로 데이터를 연결하여 보다 효율적인 작업을 통해 비용절감을 달성하고 영업이익을 극대화할 수 있다.

49
정답 | ⑤

Quick해설 2문단에서 AI를 활용하여 음성데이터로 기본 학습을 한 뒤, 화자 데이터를 새로 추가해 적응 훈련을 진행하면 감정과 발화 스타일을 그대로 흉내 낸 화자의 목소리를 만들 수 있다고 하였다. 즉, 목소리뿐만 아니라 발화 스타일인 억양 또한 반영할 수 있음을 알 수 있다.

[오답풀이] ① 3문단에서 GAN에서는 생성자와 판별자 알고리즘이 서로 경쟁하며 차이점을 분석하고 학습해 나가면서 더 정교한 가짜 콘텐츠를 만들어 낸다고 하였다.

② 5문단에서 GAN의 소스코드는 온라인에 공개돼 있어 악용되는 사례가 많다고 하였다.

③ 1문단에 따르면 AI 딥러닝 기술에서는 입력 텍스트와 음성 데이터만 있으면 음성합성이 가능하므로, 별도의 음성 녹음 과정 없이도 음성합성을 할 수 있음을 알 수 있다.

④ 4문단에서 GAN을 이용하면 기존 영상에 쉽고 정교하게 다른 인물을 자동으로 합성할 수 있다고 하였다.

50
정답 | ④

Quick해설 3가지 변환 규칙은 '검은색＋검은색→흰색', '검은색＋흰색→검은색', '흰색＋흰색→흰색'이다. 같은 색이 겹쳐지면 흰색으로, 서로 다른 색이 겹쳐지면 검은색으로 바뀐다는 의미이며, 선택지 ④와 같은 검은색 네모 칸과 흰색 네모 칸의 배열로 바뀌게 된다.

MEMO

MEMO